Freefall

America,
Free Markets,
and the Sinking of the
World Economy

自由市场的坠落

|典藏版|

[美] **约瑟夫·E. 斯蒂格利茨** 著
Joseph E. Stiglitz 诺贝尔经济学奖得主

李俊青 杨玲玲 等译

机械工业出版社
CHINA MACHINE PRESS

图书在版编目（CIP）数据

自由市场的坠落：典藏版 /（美）约瑟夫·E. 斯蒂格利茨（Joseph E. Stiglitz）著；李俊青等译.

北京：机械工业出版社，2025. 3. -- ISBN 978-7-111-77978-0

Ⅰ. F11

中国国家版本馆 CIP 数据核字第 2025M5T237 号

机械工业出版社（北京市百万庄大街 22 号　邮政编码 100037）

策划编辑：周思思　　　　　　　责任编辑：周思思　顾　煦

责任校对：高凯月　马荣华　景　飞　责任印制：常天培

北京联兴盛业印刷股份有限公司印刷

2025 年 6 月第 1 版第 1 次印刷

170mm×230mm · 23.5 印张 · 1 插页 · 311 千字

标准书号：ISBN 978-7-111-77978-0

定价：89.00 元

电话服务　　　　　　　网络服务

客服电话：010-88361066　机　工　官　网：www.cmpbook.com

　　　　　010-88379833　机　工　官　博：weibo.com/cmp1952

　　　　　010-68326294　金　书　网：www.golden-book.com

封底无防伪标均为盗版　机工教育服务网：www.cmpedu.com

出版说明

　　《自由市场的坠落》是约瑟夫·E.斯蒂格利茨教授的经典之作，自首次出版以来，便以其深刻的洞见和对自由市场理论的批判性思考，引发了广泛的关注与讨论。在 2025 年的今天，我们重新推出本书的典藏版，旨在重申其在当下复杂国际经济环境中的价值与意义。

　　斯蒂格利茨教授在书中深刻剖析了自由市场理论的局限性，揭示了全球化进程中市场失灵、不平等加剧以及金融体系的脆弱性等问题。他的观点不仅为经济学界带来了新的视角，也为政策制定者提供了宝贵的参考。

　　近年来，全球经济格局发生了深刻变化，尤其是特朗普再次当选引发新的贸易摩擦，导致了国际经济秩序的动荡。贸易保护主义的抬头、全球经济的不确定性增加，以及贫富差距的进一步扩大，都使得斯蒂格利茨教授在书中提出的观点愈加具有现实意义。他所强调的市场机制的缺陷、政府干预的必要性以及全球合作的重要性，为我们理解和应对当前的经济挑战提供了重要的理论支持。

尽管本书的出版时间较久，但书中所探讨的问题并未过时。相反，在新的历史背景下，这些问题变得更加紧迫。我们希望在保留上一版内容的基础上，推出本书典藏版，让更多读者能够重新审视斯蒂格利茨教授的思想，从中汲取智慧，为构建更加公平、可持续的全球经济体系贡献力量。

目　录

推荐序一

诺贝尔经济学奖获得者约瑟夫·E.斯蒂格利茨无疑是当今最有影响的经济学家之一。与一般西方著名经济学家相比，斯蒂格利茨始终对市场万能论持严厉批评的态度。在亚洲金融危机期间，斯蒂格利茨站在东亚国家一边，反对国际货币基金组织（IMF）开出的错误药方。

在美国次贷危机爆发几年前，斯蒂格利茨就对美国次贷风暴的来临提出预警。当中国的经济政策受到西方政府和经济学家的不公正批评时，斯蒂格利茨站出来仗义执言。与某些玩世不恭、一心只想从中国赚钱的西方经济学家不同，斯蒂格利茨并不回避对中国的政策提出批评意见。总之，斯蒂格利茨不但是一位杰出的经济学家，而且是中国的诤友。

在《自由市场的坠落》一书中，斯蒂格利茨对美国次贷危机的来龙去脉进行了条分缕析，对如何克服危机详细阐述了自己的观点。对于中国读者来说，"自由市场的坠落"是对盛行一时的市场万能论的当头棒喝。"柏林墙"倒塌之后，市场万能论一路凯歌高奏。斯蒂格利茨告诫我们："罗纳德·里根总统和英国的玛格丽特·撒切尔首相开创了'自由市场'的革命，但是很明显，人们总是忘记这样一个事实——市场造成的结果并非总是有效的，我们总是看到资源无法充分利用的情况。"斯蒂格利茨批评格林斯潘、伯南克，声称不仅直到泡沫破灭前他们都无法预知泡沫存在，而且即使知道泡沫的存在，他们也无能为力。

想想在2007年之前，中国的经济学家不也很多是这种态度吗？难道中国的经济学家不应该对这种对于市场经济的盲信进行深入反省吗？当然，我们也必须防止从一个极端走向另一个极端。现在，对于市场经济局限性的新认识也并不意味着我们应该放弃主要通过市场经济进行资源配置的改革。市场经济的核心是竞争，行政手段的不当干预和大企业的垄断与市场万能论对中国经济的可持续增长同样有害。

在过去几十年间，中国的资本市场得到长足发展。虽然经过了政府和从业人员的努力，但中国资本市场依然是一个存在高度投机性的市场。以股市为例，股票价格的大起大落对中国经济资源的合理配置到底发挥了什么积极作用？斯蒂格利茨对美国资本市场的评论是："在理论上，我们还认为市场是可以保证质量的。那些生产过度风险产品的公司会丧失信誉，其股票价格会下跌。但是在今天这个动态变化的世界里，这一市场的教条已经不灵了。"

"总体上，这些金融巫师发明的高风险产品的回报是正常的，它们所隐藏的负面风险会被掩盖很多年。成千上万的资金管理者吹嘘他们可以'战胜市场'，也有很多短视投资者相信他们。但是这些金融巫师也被自己忽悠了，他们也同那些买他们产品的顾客一样被自己欺骗了。这就能帮助我们解释，为什么当市场崩溃的时候，他们自己也握着价值几十亿美元的'有毒'产品。"

中国是幸运的，在我们把美英资本市场作为榜样，正准备全面照搬之前，美国次贷危机突然爆发，我们没有落入陷阱。事实证明，中国市场经济发展的道路必须参照发达国家的经验，但是没有中国可以照抄的理想模式。我们必须自己探索，走出自己的道路。我深信，在我们摸索中国特色市场经济的过程中，斯蒂格利茨的著作和思想可以给我们提供非常有益的启发。

余永定

推荐序二

全球金融危机尚未尘埃落定，这一段故事已经可以当成历史来读了。很多反思金融危机的著作陆续问世。有些是亲历者的记录，比如曾任美国财政部部长的保尔森的《峭壁边缘》，曾任雷曼兄弟副总裁的劳伦斯·G.麦克唐纳的《常识之败》，还有一些是旁观者的点评，比如"末日博士"鲁比尼的《危机经济学》、拉詹的《断层线》。著名经济学家斯蒂格利茨推出了《自由市场的坠落》一书。他的角色与众不同，他在学术界享有极高的声誉，是诺贝尔经济学奖得主。同时，他也有丰富的从政经验，曾任克林顿政府经济顾问委员会主席，后来当过世界银行首席经济学家。

政治圈中的厮混，并没有打磨掉斯蒂格利茨的锐气。相反，他是老当益壮。早在东南亚金融危机爆发之后，斯蒂格利茨就成了一个举世著名的批评者。他杀了个回马枪，矛头直指国际货币基金组织和美国财政部，认为其在全球范围内兜售的"华盛顿共识"迟早会惹出大麻烦。成功的预言家必须有坚毅的定力，因为他们的预言在一开始的时候都会被别人耻笑，只有在忍受了多年的嘲笑和冷遇之后，这些似乎危言耸听的观点才会得到印证。事后看来，东南亚金融危机只是全球金融危机的序幕，危机先在全球金融体系的外围地区爆发，但最终一定会扩散到中心地带。凭着多年的批评言论，斯蒂格利茨当然有资格出这样一本书。在本书中，字里行间，似乎都能读出斯蒂格利茨的愤懑不平，还有一些扬扬得意："我早就告诉过你们了。"

斯蒂格利茨在本书的上半部分主要反思了全球金融危机爆发的根源。他谈到了银行家的贪婪和失范。美国的金融体系并没有实现其真正的职能，即管理风险、配置资源、降低社会中的交易成本；相反，它们制造了更多的风险，扭曲了资源的配置，导致更高的负债，最终增加了社会交易成本。他谈到了金融监管部门的失职。尤其是从里根时期，美国政府开始了对金融监管的放松。尽管保罗·沃尔克在遏制通货膨胀方面立下了汗马功劳，但是因为他主张对金融体系实施更严格的监管，很不对里根的胃口，结果没有办法连任美联储主席。其继任者格林斯潘热衷于放松金融监管。格林斯潘不仅采取降低利率的方法，在刺激经济增长的同时，向市场上注入了大量的流动性，同时他还鼓励金融机构从事风险更高的业务。他在美国金融危机爆发之前一直表扬次级贷款和可调整利率贷款，说这些"金融创新"让美国的金融体系变得更加灵活、稳健。斯蒂格利茨声称，让伯南克连任美联储主席是一个错误，因为伯南克萧规曹随，只知道救市，没有对病入膏肓的金融体系痛下猛药。他对奥巴马的总统经济顾问萨默斯更是耿耿于怀，指出当年就是萨默斯反对对衍生金融产品加强监管。斯蒂格利茨把这些人的家底都抖搂出来，穷追猛打，真是"一个也不放过"。有趣的是，斯蒂格利茨不仅仅批评布什总统，作为一个民主党人，他对奥巴马总统也颇有微词。他认为奥巴马缺乏足够的魄力，当轮船快要沉底的时候，奥巴马所做的只是重新摆摆甲板上的椅子。当经济肌体有了重大的创伤之后，奥巴马所做的只是把伤口晾在太阳下，让阳光给伤口消毒。这是一种"混日子"（muddle through）的做法。斯蒂格利茨还谈到美国经济和社会深层次的问题。在他看来，金融体系出了问题，错在经济体系，经济体系出了问题，症结在美国社会。在过去几十年间，美国的贫富差距不断拉大，尽管在新经济耀眼的光芒下，经济增长速度很快，但工资水平始终没有提高。美国的政客没有真正解决贫富不公的问题，反而避重就轻，通过刺激消费，尤其是住房消费来掩饰问题。但当整个国家高筑的债台轰然倒塌之后，到头来还得是纳税人承担最终的成本。斯蒂格利茨激烈地抨击主流经济学界。他说新古典经济学家已经成了资本主义的啦啦队。雷曼兄弟的倒闭，对新古典经济学家而言，意味着一个时代的巨变。

斯蒂格利茨在本书的第 7 章至第 10 章主要谈论解决问题的办法。他主张必须重新反思市场万能论者的教条，不能认为自发的市场经济会优于政府监管。他谈到如今的危机，几乎和 20 世纪 30 年代的大萧条一样严重。当年，美国正从农业社会转变为工业社会，大萧条之前，农产品价格一直狂跌。这种经济结构的调整使得萧条旷日持久，直到第二次世界大战的爆发，才帮助解决了美国严重的失业问题。如今，美国正面临着制造业衰落的命运。大量的制造业转移到了中国、印度和其他发展中国家，这将使得美国的经济长期低迷。危机之前，中国和其他一些出口国积累了大量的外汇储备，而美国举国上下，靠借钱尤其是借外国人的钱，过着寅吃卯粮的生活。但是，世界已经无法再回去了。国际失衡是难以持续的。走出危机，需要的是前所未有的调整和改革。斯蒂格利茨强调了收入再分配，主张以累进的税收稳定经济，倡议改革国际货币体系，建立新的全球储备体系。他甚至谈到不丹的国民幸福指数（gross national happiness，GNH），主张用 GNH 代替 GDP。他谈到美国不仅有贸易赤字、财政赤字，还有道德赤字（moral deficit）。弥漫在美国经济生活中的急功近利情绪，将会导致美国走向死路。

这些颇为出格的观点，听起来还是有点危言耸听。本书的书名就有些夸张。如果用自由落体形容 2007 年 8 月或是 2008 年 9 月的金融市场，还是比较贴切的。但是，如今，金融危机不是已经逐渐平息了吗？凯恩斯在 1931 年出版的《劝说集》的序言中写道："我们瞻前顾后，看到两边都是悬崖飞瀑，而我们正小憩在其间的一个静静的池边。"正是在那一年，爆发了英镑危机，拉开了 20 世纪 30 年代各国之间贸易战、货币战的混乱局面。2010 年，我们也"小憩在一个静静的池边"。从宏观经济数据来看，中国的经济形势一片大好。经济增长速度高于 10%，而通货膨胀率低于 4%。在全球经济普遍低迷的时候，中国经济却呈现出勃勃的生机。但是，回顾 2011 年，潜在的风险依然隐藏在地平线处。全球金融危机之后，发达国家将进入长期持续的经济低迷。有两位著名的经济学家罗格夫（Rogoff）和莱因哈特（Reinhart）在追溯过去 800 年的金融危机历史之后提醒我们，在金融机构爆发危机之后，政府的财政危机和债务危机将紧随其后。新的贸易战和货币战似乎已箭在弦上，国际资本市场上热钱暗潮涌动。围绕着国际金融监管改革，谈判桌上进行的是一场没有硝烟的战争。国际货币体系中的不稳定性和不平等关系依然存在。

斯蒂格利茨在本书中的观点或许并不完全正确，他对人对事的许多看法，都带有浓厚的个人色彩。他所主张的改革或许很难实现，很多理想主义的设想，最终可能会在政治现实的荆棘中折翼。激进的态度，能够捍卫的不过是一些中庸的观点，能够澄清的无非是一些常识的判断。以斯蒂格利茨为药，而不是补品，可以去邪败火。

何　帆

推荐序三

世界正在发生巨大变革。

变革的范围是如此广泛，从货币金融、经济政治、军事外交、国际关系和战略，直到人们的思维方式和终极价值，无所不包；变化的程度是如此深刻，它必将左右人类的发展道路，任何人都无法回避。

曾日月之几何，而江山不可复识矣！2008年，华尔街金融家制造的次贷危机迅速演变为全球金融海啸，数十万亿美元的财富灰飞烟灭，庞大的金融帝国接二连三地轰然倒台，全世界数以千万计的劳动者丢掉饭碗，一切都是那么出乎意料！超乎想象！又那么无可奈何！幻想早已破灭，希望究竟在何方？

我们可以找到出路吗？

就像面对一个身患疑难绝症的病人，不同的医生会给出不同的诊断一样，经济学者对金融危机根源的解释，从来就没有完全一致的答案。

许多人正在为此艰苦努力，许多人正在为此废寝忘食，许多人正在为此苦思冥想，许多人正在为此奋笔疾书，斯蒂格利茨就是其中一位。

自 2008 年全球金融危机以来，人们诊断的危机根源和恢复药方可谓多如繁星。金融家的贪婪、监管者的错失、华尔街的疯狂、华盛顿的傲慢、货币政策的胡来；东方储蓄，西方消费；东方节俭，西方挥霍；东方贸易顺差，西方贸易逆差；西方向东方借钱，东方给西方融资……

较为学术性和复杂一点儿的假说也不下数十种。"全球储蓄过剩说""全球经济失衡说""市场失败说""政府失败说""资本主义模式崩溃论""美国式资本主义崩溃论""全球经济失衡论""华盛顿共识崩溃论""资本主义危机周期论""蝴蝶效应论""黑天鹅论"……

2010 年，斯蒂格利茨出版的《自由市场的坠落》的引人深思之处，是没有止步于简单罗列经济现象和上述各种假说，而是从西方经济思想和西方社会哲学基础之本源，来探寻西方经济制度之内在缺陷。从危机的表面现象一直向上追溯：从经济现象到个人动机，从个人动机到激励机制，从激励机制到经济制度，从经济制度到制度背后的经济思想，最后一直追溯到西方社会和资本主义制度的哲学和道德基础。

斯蒂格利茨说："我们在错误的道路上已经堕落太久了。唯利是图战胜了道德责任。我们玩命追求高速增长，却不管自然环境和社会是否能够承受增长的代价。极端低俗的个人主义和市场万能论早已严重侵蚀了我们的集体意识。我们玩命追求个人利益，却不能同心协力地解决社会面临的共同难题。个人主义和市场万能论导致社会弱势群体惨遭粗暴剥削和掠夺，社会阶层日益严重分化，人与人之间日益缺乏信任，金融行业盛行欺诈只是冰山一角。亡羊补牢，犹未晚矣！"

　　《自由市场的坠落》让我们再度回到卡尔·波拉尼《大转型：我们时代的政治和经济起源》之基本主题：市场万能的信条将摧毁人类社会的道德基石。斯蒂格利茨大声疾呼："我们应该深刻反思自己的生存方式，我们应该思考究竟需要一个怎样的社会。"

　　当然，读者不需要盲目追随斯蒂格利茨的思维方式，不需要匆忙同意他的结论，更不需要简单附和他的政策建议。因为，面向新的时代，中国人民或许要承担更为重大的责任，中国人民也应该承担更加重大的责任。

向松祚

译者序

　　1955 年，新制度经济学领军人物约翰·肯尼思·加尔布雷斯在其著作《大崩溃》中预言下一次大萧条何时到来时说："我不知道下次大萧条到来的准确时间，但是我知道它一定会发生在上次大萧条（1929 年）后出生的第一位总统上台后的 15 年内。"屈指算来，严重程度仅次于 1929 年大萧条的这次美国次贷危机恰好发生在美国第 54 届总统乔治·W. 布什即将卸任之际，而小布什的出生年份是 1946 年。没有亲历大萧条的美国总统注定要更快地"遗忘"大萧条时代的痛苦和教训，我们又能指望这样的总统会有怎样的经济政策呢？

　　人类是个会"遗忘"的动物。"遗忘"虽能消散我们曾经的痛苦，但也会让我们忘却产生痛苦的原因。每一次危机的产生往往不是因为我们不知道经济危机产生的原因，而是因为我们总会渐渐忘却危机曾给我们带来的痛苦。经济的周期性波动在很大程度上是因为人们总是会周期性地"遗忘"。在这次危机渐行渐远之际，当世界范围内各国政府都在调高经济增长预期的时候，当我们又在渐渐"遗忘"这场危机的时候，全面反思和检讨这场危机，就显得那么紧迫和必要。

约瑟夫·E.斯蒂格利茨的最新力作《自由市场的坠落》，无疑为我们提供了检讨和反思这场危机所需的最为全面和权威的信息。作为诺贝尔经济学奖得主、世界银行首席经济学家和克林顿政府经济顾问委员会主席，斯蒂格利茨是一个坚定的凯恩斯主义者，多重身份使他能够在很多世界重大经济事件方面获得更为全面、翔实的信息，了解支配这些重大经济决策背后的思想根源。要真正了解这次次贷危机的根源，我们必须了解这些决定美国历次重大经济决策背后的思想观念。危机的产生主要取决于这些充满冲突的思想观念，在过去的几十年里，诱人的物质主义战胜了道德承诺，顽固的市场狂热信徒腐化了集体意识，加剧了社会的分化，侵蚀了社会成员之间的信任，而这一切并不仅仅发生在华尔街。现在，弥补这一切可能还为时未晚，不要再用下次危机的痛苦来祭祀我们今天的"遗忘"。

不论你是业内的经济学家还是政界的决策者，或者你只是冷眼看世界的思考者，在《自由市场的坠落》中几乎都能找到你想要的东西。斯蒂格利茨在反思自由主义和经济危机的同时，话题几乎触及当今世界经济发展的所有核心命题：为什么华尔街的贪婪无法得到约束？奥巴马应对危机的政策有什么致命的缺陷？世界范围内需求不足的根源在哪里？世界经济失衡能否持续？世界范围内的不平等加剧的根源何在？如何重构新古典经济学？斯蒂格利茨似乎对中国情有独钟，第8章专门讨论了中国和美国在重建世界新秩序方面的作用和角色。文中有很多关于中国经济的精辟分析，他山之石，可以攻玉，读者一定会有所收获和启发。

翻译工作是一件费心费力的工作，没有团队的合作是不可能完成的，很多优秀的老师和学生参与了本书的翻译工作，为本书倾注了大量的心血。

最后，要感谢机械工业出版社的工作人员，没有他们饱含责任心的大量辛勤工作，本书不会这么高效和高质量地出版。

本书最终由本人统稿和审定，文责自负。

李俊青

前　言

　　在始于 2008 年的严重经济衰退中，美国以及全世界的上百万百姓失去了房子和工作，并为此感到焦虑和恐惧，还有很多人将自己的退休金或者孩子的教育费进行了投资，而现在只能眼睁睁看着这些投资的价值不断缩水。这场始于美国并迅速蔓延到全球的危机已经使得全球范围内几千万人丢掉了工作，使上千万人沦为贫困人口。[1]

　　世界应该不是这个样子。信奉自由市场和全球化的现代经济学曾许诺给人类一个繁荣富裕的未来。在 20 世纪后半叶，人们大肆鼓吹具有惊人创新能力的新经济、放松金融管制和金融创新，人们都认为所有这一切能够让我们进行更好的风险管理，消灭经济的周期波动。即使新经济和现代经济学的联手还不能从根本上消除经济波动，但至少我们能将其驯服得更温顺一些。

　　这场自 75 年前大萧条以来最严重的经济衰退彻底粉碎了人们的这一幻想。它正在迫使我们重新思考我们所长期珍视的思想观念。25 年前，自由市场学说已经盛行。人们相信自由和无约束的市场是有效的，即使犯错误，它也会很快自我纠正。最好的政府就是最小的政府，管制只能阻碍创新。中央银行应该具有独立性，并且应将工作重心集中在维持低通胀上。然而，如今即使这一理念的忠实信徒格林斯潘——自由市场理念盛行年代美联储的掌门人，也不得不承认这一理念存在一定的问题，但是对于那些现在正在承受这一理念后果的人们而言，他的反思已经太迟了。

本书是一本关于思想冲突的书，它要澄清那些曾导致我们采取了错误政策的思想理念，这些错误政策直接导致我们突然陷入这场危机，我们要弄清楚我们能从这场危机中吸取什么教训。每一场危机都会结束，但是没有一场危机不会留下思想遗产，更不用说眼前这场如此严重的危机。2008年的这场危机将产生一种新的理念，这种理念将结束一个我们长期争论的命题：究竟何种经济体系能给人类带来最大的福祉。不同的市场经济之间呈现出很多的差异，而且这些差异之间的冲突有时是很剧烈的。

我相信市场经济是每一个成功的经济体的核心所在，但是市场不会自动地运转起来。从这种意义上讲，我是英国著名经济学家约翰·梅纳德·凯恩斯传统观念的信仰者，现代经济学的研究已经深受凯恩斯的影响。政府需要在经济活动中扮演一定的角色，不能仅仅是在每次市场失灵的时候充当消防员，或者仅仅去监管市场以防再次出现类似我们刚刚经历的那样的灾难。经济需要平衡市场和政府的不同角色，政府是可以通过非市场和非政府机构对经济做出重要贡献的。在过去的25年里，美国失去了这一平衡，并将这一失衡的理念推销给了全世界其他国家。

本书就是要弄清楚这一有缺陷的理念是如何导致这场危机的，如何使得那些私人和公共部门的核心决策者无法看清这个令人头疼问题的症结所在，如何使得政策制定者无法制定出应对危机的有效之策。我们制定何种政策将决定这场危机的持续时间。事实上，已经犯下的政策性错误将使得低迷的经济变得更加糟糕和持久。但是管理危机只是我关注的一个方面，我还关心这场危机过后世界将以什么面貌出现。我们不会也不能回到老路上去了。

在危机之前，美国及全世界就已经面临着很多问题，不仅仅是如何应对全球气候的变化。全球化的步伐正在迫使我们迅速改变着经济结构，考验着很多经济体的危机应对能力。在危机过后，这些挑战将依然存在，并将更加严峻，但是我们应对这些问题的资源却会大大减少。

我希望，这场危机会在政策和思想领域产生变革。如果我们能够做出正确的决策，而不仅仅是采取一些政治性或者社会性的权宜之计，我们将不仅仅降低危机再现的可能性，甚至会加快那些提高全球人民生活水平的实际创新活动。但如果我们做出了错误的决策，我们将会面对一个更加分化的社会，一个会导致另外一场危机的脆弱经济，我们将无法应对 21 世纪的挑战。本书的目的之一就是帮助我们更好地理解在后危机时代将会出现的全球新秩序，这一秩序的好坏将取决于我们今天的所作所为。

★ ★ ★

人们可能认为经过 2008 年的这场危机，有关市场万能论的讨论将会结束，持市场万能论观点的人认为，不受约束的市场本身就能确保经济的繁荣和增长。人们可能会认为至少在这场危机的阴霾最终消散之前，人们不会再相信市场会自我修复，不相信仅依赖市场参与者的自利行为就能确保诸事运转正常。

那些市场万能论者还给出了对这场危机不同的解释。他们认为经济只是经历了一次"意外事故"。没有谁会因为一次偶然的碰撞就建议我们停止开车。这种观点的支持者建议我们尽快回归 2008 年之前的世界。他们认为银行家没有做错事情。[2] 他们认为只要做到如下方面,就会重获繁荣:给银行需要的援助,稍稍调整一下监管措施;给公司高层一些严厉的训诫,让他们不要再出现类似于伯纳德·麦道夫这样的欺诈;在商学院增加更多的有关商业道德的课程。

本书认为问题可能没那么简单。在过去的 25 年中,这些被认为能够自我管理的金融机构系统已经被政府多次出手援救。由于这些金融机构幸运地存活下来,我们还得出了错误的经验结论:这些金融机构能够自我正常运转。实际上,在危机之前,我们的经济体系并没有为大多数美国人很好地工作。有些人得到了好处,但是他们不是普通的美国人。

经济学家看待危机的方式就如同医生从病理学角度看待疾病:二者都是通过观察非正常情况下事物的表现来获得有关事物正常运转时的知识。在分析 2008 年的危机时,我感觉自己拥有一个其他分析人员所没有的优势。在某种意义上,我是一个"危机专家",一个"危机病"医生。这次危机不是最近几年的第一场重大危机。发展中国家的危机已经有规律地频繁出现,相关统计表明,在 1970 ~ 2007 年共发生了 124 次。[3] 在 1997 ~ 1998 年的全球金融危机发生时,我正好是世界银行的首席经济学家。我看到了产生于泰国的危机蔓延到东南亚的其他国家,然后是拉美国家和俄罗斯。这是经济危机传染的经典案例:世界经济的某一部分出现问题,然后蔓延到其他地方。一场经济危机的后果可能需要数年才能完全显现出来。以阿根廷危机为例,作为墨西哥危机后遗症的一部分,阿根廷危机始于 1995 年,后来受到 1997 年东南亚危机和 1998 年巴西危机的影响而恶化,但是直到 2001 年这场危机才最终全面爆发。

经济学家可能会对自 70 多年前大萧条以来经济学的发展而感到自豪，但是这并不意味着我们对如何应对危机有了统一的意见和方法。在 1997 年，当我看到美国财政部和国际货币基金组织为应对东南亚危机而提出的一系列政策时，我感到震惊，这些政策都是在大萧条期间赫伯特·胡佛曾经使用过的错误政策，这些政策注定是要失败的。

当我看到 2007 年世界经济再次陷入危机时，我有一种似曾相识的感觉。这次我看到的危机和 10 年前的危机有惊人的相似之处。这里只提及一点，危机刚开始的时候，公众都会否定危机的存在：10 年前，美国财政部和国际货币基金组织一开始都否定东南亚出现了衰退或者萧条。时任美国财政部副部长，后来的奥巴马总统的首席经济顾问的拉里·萨默斯，听到时任世界银行亚洲区副总裁让·米歇尔·塞韦里诺使用"衰退"和"萧条"来形容那时的情况后非常生气。但是当我们看到处于印度尼西亚中部的爪哇岛的失业率高达 40% 时，我们又能用什么词语来描述这一经济低迷状况呢？

在 2008 年也发生了同样的故事，布什政府一开始也否认出现了严重的问题，总统认为我们只是建造了太多的房子。[4] 在危机开始的前几个月里，财政部和美联储就像醉汉驾车一样经常突然改变自己的政策方向，它们会救助一些银行并让剩下的银行自行其是。它们是不可能弄清楚这些决策背后应遵循的基本原则的。布什政府官员认为他们是务实的，但是，公正地说，他们对自己的所作所为一无所知。

在 2007 年和 2008 年年初，当衰退的阴云开始笼罩美国经济时，人们经常询问经济学家是否可能会出现另外一场大萧条，或者至少是一场深度的衰退。大多数经济学家凭直觉回答说："不可能！"对于许多专家而言，在经济科学发达的今天，我们已经了解了很多如何管理全球经济的知识，此时出现这样异常的灾难是难以想象的。但是，在10年前东南亚经济危机爆发时，我们就曾犯过错，并且犯下的是非常糟糕的错误。

不正确的经济理论毫无疑问会导致不正确的政策，但很明显的是，那些信奉这些理论的人认为这些理论是管用的，但他们错了。有缺陷的政策不仅导致了10年前的东南亚危机，而且加剧了那场危机的深度和持续时间，留下的只是被重创的经济和成堆的债务。

从一定程度上讲，10年前的失败实际上是全球政策的失败。危机重创了被我们经常称为全球经济系统边缘地带的发展中国家。负责全球经济体系运行的人们认为，由于他们对那些向发展中国家贷款的西方银行进行了保护，因此不必太担心这些受灾国家人民的生计。如今，当美国和世界其他国家努力重振经济时，他们又在政策和政治上犯下了错误。

自由坠落

当世界经济2008年的表现如同自由落体一般时，我们的信仰也如同自由落体一样坠落。我们长期对于经济、对于美国、对于我们认为的英雄的看法也如自由落体般坠落。在上次重大的金融危机过后的1999年2月15日，三个人的头像登上了《时代》杂志的封面，他们分别是美联储前主席艾伦·格林斯潘、在20世纪90年代长期看好美国经济的财长罗伯特·鲁宾以及二人大力提携的拉里·萨默斯。他们被贴上了"救世委员会"的标签，在公众的眼里，他们被视为救世主。2000年，最火的调查记者鲍勃·伍德沃德将格林斯潘的自传取名为《大师》。[5]

由于我在应对东南亚危机中看到了第一手资料，因此我并没有像《时代》杂志或者鲍勃·伍德沃德那样对这些人还有很好的印象。对我以及大多数东南亚的老百姓来说，那些听命于"救世委员会"的国际货币基金组织以及美国财政部强加给我们的政策使得危机比没有这些政策时表现得更糟。这些政策表明他们缺乏对现代宏观经济学基本原理的理解，当面对经济低迷时，我们亟须扩张货币政策和财政政策。[6]

社会已经对久远的经济学大师失去了尊重。最近几年，我们不仅向鲁宾和格林斯潘这样的"大英雄"问计，而且实际上我们又把华尔街当成了全部，我们试图从华尔街那里获得有关我们现在这个复杂经济系统如何运作的全部秘密。但是，现在我们又能转而依赖谁呢？大多数经济学家是不能提供什么帮助的，他们中的大多数提供的高见就是让政策制定者致力于放松管制。

不幸的是，公众的注意力经常从思想的争斗中转向对个人角色的关注：制造危机的坏蛋和拯救人类的英雄。其他人会写书，实际上已经有人写了，指出是这个或者那个政策制定者，这个或者那个金融高管导致我们遭遇了现在这场危机。本书有一个不同的观点，就是认为所有诸如放松管制这样的关键决策的产生从本质上讲都是政治和经济"力量"——利益、思想和意识形态影响的结果，远不是任何特定个人影响所及。

当1987年罗纳德·里根总统任命格林斯潘为美联储主席时，他是在寻找可以执行其放松管制政策的人选。格林斯潘的前任美联储主席保罗·沃克尔作为央行掌门人由于成功地将美国的通胀从1979年的11.3%降低到1987年的3.6%而广受赞誉。[7]在正常情况下，这样的工作业绩足以让其自动连任。但是沃克尔深知管制的重要性，所以里根希望能有人来接替沃克尔的工作。即使格林斯潘没有得到这份工作，也会有很多人能够并愿意继承放松管制的衣钵。所以问题不是出在格林斯潘那里，而是放松管制的思想在作怪。

本书主要说明经济理念及其如何影响政策，澄清这次危机和这些理念之间的联系，只有这样才能让我们看清楚眼前发生的一切。本书不是侦探小说，但是恰到好处的神秘感是好故事的重要元素：世界上最大的经济体是如何步入自由坠落的深渊的？什么样的政策和事件触发了 2008 年的重大衰退？如果我们不能对这些问题的答案达成共识，我们就不能对下一步的行动达成一致意见，也就不能使我们真正走出危机或阻止下一场危机的来临。剖析要为这次危机承担责任的所有因素，如银行的恶劣行径、监管者的失职或者美联储宽松的货币政策等，并不是件容易的事情，但是，我还是要澄清为什么金融市场和金融机构要为这次危机负责。

寻找危机的根源就像剥洋葱。每一个答案都会进一步提出更深层次的问题：不恰当的激励机制也许会诱导银行家们的短视和冒险行为，但是为什么他们会有那样的不恰当激励机制呢？现有的答案都认为问题出在公司治理上——一套决定激励和薪酬支付的制度。但是为什么市场不对糟糕的公司治理结构和激励机制实施惩罚呢？自然选择的思想认为最优者生存，那些为公司长期优良业绩而设计的公司治理结构和激励机制会最终繁盛起来。此次危机证明这一理论是有问题的。人们可能认为这场危机的问题在于金融部门，但是很明显这些问题更具有普遍性，在其他部门、领域这些问题也是存在的。

更重要的是，当我们透过现象看本质时，除去那些新的金融产品如次级抵押贷款、担保债务产品之外，这次危机和之前在美国及世界各地发生的很多危机都有很多相似之处：产生泡沫，然后破灭，最后是灾难性的破坏。银行根据已经被泡沫高估价值的抵押资产进行贷款，这一切都支撑了泡沫。新的金融创新产品使得银行能够隐藏坏账，将其从资产负债表中剔除，这增加了它们有效的杠杆率水平，也使得泡沫越来越大，使得泡沫破灭时情况变得更糟。新的金融工具（如信用违约互换）由于过于复杂会放大风险，这些声称可以管理风险的新产品实际上大多数只是为了欺骗监管者。本书想回答的最大问题就是，危机为什么再次发生了，是如何发生的，并且为什么规模如此之大。

找到深层次的原因是艰难的，但是那些简单的解释很难有什么说服力。正如我上文所说，那些在华尔街工作的人试图相信他们个人所做的一切并没有什么错误，他们试图相信这个制度本质上还是好的，他们相信自己是这场千年一遇风暴的不幸受害者。但是实际上这场危机并不是碰巧发生在金融市场的事件；它是人为的结果，是华尔街自己创造了它并将其强加给我们社会的其他成员。

对于那些不相信"偶然发生论"的人们，华尔街还有其他的解释：是政府让我们这样做的，政府通过这些金融产品鼓励人们购房并将钱贷给穷人。否则，政府早就会禁止我们这样做了，这是监管者的错误。这些美国金融机构试图推卸其在这场危机中应负责任的做法有很多不恰当的地方，在后面的章节中我会解释为什么这些论调是没有什么说服力的。

相信现有这套制度的人们还有第三种方法为自己辩护，这些辩词曾用来为多年前的安然和世通丑闻进行过辩护：每一种制度都有瑕疵，这次不知什么原因，我们的"系统"（包括监管者和投资者）只是没能最好地做好他们的工作，保护我们免受伤害。犯错误的人包括早年的肯尼斯·莱（安然前CEO）、伯尼·埃博斯（世通CEO）和现在被列入名单并遭到指控的伯纳德·麦道夫以及一群其他人（如艾伦·斯坦福和拉贾·拉贾那纳姆）。但是不论过去还是现在，犯错误的人并不仅仅只有上面那些人，现有金融系统的卫道士根本没有意识到"系统"本身就有问题。[8]

无论什么时候，当我们看到困扰美国金融系统的问题是如此持久、如此无所不在时，那么我们能得出的唯一答案就是：系统出了问题。华尔街的高薪和一门心思赚钱的行为让我们不再仅仅关注那些备受挑战的道德问题，而且问题的普遍性也表明这个系统存在着根本性缺陷。

解释的难度

在政策领域，判定政策是成功还是失败是非常困难的，这比确定谁应受到表扬和给予什么表扬（谁应受到批评和批评什么）难得多。但是，什么是成功或者失败呢？对于美国和欧洲的观察者来说，1997 年东南亚的救助是成功的，因为美国和欧洲没有受到伤害。但对于那些眼看着自己国家的经济崩溃、梦想破灭、公司破产和国家背负数十亿美元债务的人们来说，这场救助是失败的。在那些政策反对者眼里，国际货币基金组织和美国财政部的政策使事情变得更糟。而对于那些政策支持者来说，这些政策阻止了一场灾难。这里存在一个难以回答的问题，如果我们采取了其他政策，事情会变成什么样子？国际货币基金组织和美国财政部的这些政策是延长和加重了危机还是会缩短和减轻了危机？对我而言，答案很清楚：国际货币基金组织和美国财政部推出的高利率和削减支出的政策使事情变得更加糟糕，这些政策和现在这场危机中美国和欧洲所采取的政策是恰好相反的。[9]东南亚各国最终恢复过来，但这并不是国际货币基金组织和美国的功劳，而是东南亚各国自己政策的结果。

相似地，很多人看到在放松管制的年代世界经济得到了长期扩张，于是就认为无约束的自由市场在发挥作用，放松管制带来了经济高速增长，这种增长将会持续下去。但是现实完全不是这个样子。这些增长实际上是建立在巨额债务之上的，毫不夸张地说，这些增长的基础是不稳固的。一些银行一遍又一遍地因为它们的愚蠢借贷行为而寻求政府的救助，这些国家包括泰国、韩国、马来西亚，还有墨西哥、巴西、阿根廷和俄罗斯……这个清单几乎没有尽头。[10] 一场危机过后，世界照旧运行，似乎和没有发生过危机一样，于是很多人就认为市场运行得非常好，但恰恰是政府一次又一次地将市场从错误中拯救出来。那些认为市场经济一切运行正常的人实际上推导出了错误的结论，但是当危机越来越大时，这个错误变得越来越明显，如今已经不容忽视了。

有关特定政策效果的争论可以帮助我们解释糟糕的思想如何会持续这么久。在我看来，2008 年的严重衰退是前几年所遵循政策的必然结果。

很明显，代表金融市场的特殊利益影响了这些政策。更加复杂的是经济学在其中的作用。在众对应对本次危机负责的群体中，我想应该包括经济学界。在过去的 20 年里，虽然经济学的发展已经表明确保这些理论正确是需要限制前提条件的，但是为了特殊的利益，经济学还是支持市场有效并能自我调节的学说。这次危机在剧烈改变经济的同时，也一定会改变经济学（不论是理论还是政策），在第 9 章中，我会讨论经济学的这些变化。

我经常被问及经济学界为何表现得如此糟糕。现实中总是存在一些"熊市"经济学家，他们经常在事前看出问题，能在 5 次衰退中预测出 9 次。还有一小部分经济学家不仅对经济持悲观态度，而且对为什么经济会存在这些不可避免的问题持有相同见解。当我们每年在各种诸如冬季达沃斯世界经济论坛这样的场合聚会时，我们会分享我们的判断，并设法说明为什么我们所坚信会到来的日子迟迟没有出现。

我们这些经济学家擅长识别隐藏在事物发展背后的隐蔽力量，而不擅长预测事情发生的准确时间。在 2007 年的达沃斯论坛上，我处于非常尴尬的处境。在年会上我用强烈的措词预测了即将出现的问题。然而，那时全球经济却表现出强劲的增长势头，7%的世界经济增长率几乎是史无前例的，即使在非洲和拉丁美洲也传来了好消息。我向听众解释说：这要么意味着我们的基本理论是错的，要么就意味着一场危机，而且一旦袭来，它将比我们预计的更加猛烈和持久。很明显，我更倾向于后一种可能。

★ ★ ★

现在这场危机揭示了资本主义系统存在着根本的缺陷，或者至少是20世纪后半叶美国出现的这个特殊"版本"资本主义系统（美国式的资本主义）存在根本缺陷。这并非仅仅是某些人的错误或具体失误所致，也不是几个小问题或几项正确的调整就能解决的。

因为美国人对自己的经济系统太信任了，所以我们很难看出这些缺陷。我们经济系统的优势使得我们对它的缺点视而不见。在所有的竞赛中（美国对欧洲，美国对日本），我们全力支持我们的团队。当欧洲因为没有支持伊拉克战争，而被美国国防部长唐纳德·拉姆斯菲尔德诋毁为"老迈的欧洲"时，在他的心目中，这是一场僵化的欧洲社会模式和充满活力的美国社会模式之间的竞争。在20世纪80年代，日本的成功曾使我们怀疑，我们的系统是否真的比日本的系统好？这种焦虑使我们在1997年东南亚经济危机发生时心中反而略感舒畅，因为很多东南亚国家都在很多方面采取了日本模式。[11]尽管美国没有对日本10年的经济衰退公开表示幸灾乐祸，但我们还是敦促日本采取我们的资本主义模式。

经济数据强化了我们的自欺欺人。毕竟我们的经济体几乎比除了中国之外的所有其他经济体增长得都快。[12]所以，我们总是感觉那么良好。

经济数据已经不是第一次欺骗那些阅读这些数据的人们了，包括欺骗华尔街让其做出非常错误的判断。在20世纪90年代，阿根廷被兜售成拉美国家成功的典范、市场万能论者在南部国家胜利的标志。在很多年里，阿根廷的经济统计数据看起来很好。但是，它的增长同美国一样，也是建立在不可持续的巨额负债消费的基础上。最终，2001年12月，这个国家因为负债过多而经济崩溃。[13]

即使现在，很多人还是不承认我们的市场经济存在严重的问题。每一次衰退都有结束的时候，一旦我们渡过这次难关，这些人仍然期望看到强劲经济增长现象的出现。但是，只要我们认真审视一下美国经济，就能发现这里存在着更深的问题：这个社会的中产阶级收入已经停滞了10年之久；这个社会存在着日益严重的不平等；尽管存在个别例外，但是在统计意义上，美国穷人翻身的可能性比"老迈的欧洲"还要低；[14]我们在标准化教育考试中的平均成绩最多处于中等水平。[15]据说，在美国不仅金融部门而且很多关键部门（包括健康、能源和制造业）表现得都很糟糕。

但是，需要讨论的问题并不仅限于美国国内，在危机前就已经出现的全球贸易失衡不会自己消失。在一个全球化的经济中，我们需要有一个更广阔的视角，才能完全解决美国的问题。全球需求决定全球增长，除非世界经济表现强劲，否则美国很难有一个强劲的复苏，美国将会滑入一个日本式的衰退。只要这个世界的一部分国家继续生产超过它们消费的东西，而另外一部分国家继续消费超过它们生产的东西（这些国家应该多储蓄以备养老之需），那么就很难出现一个强劲的世界经济。

★ ★ ★

当我撰写本书时，我希望新的总统巴拉克·奥巴马会纠正布什政府的错误政策，我们会得到进步，这不仅表现在快速的复苏，还有应对长期的挑战方面。美国的财政赤字会暂时性增加，但是这些钱花得是值得的：它会帮助民众保住他们的房子，增加的投资会提高美国长期的生产效率并保护环境，援助银行的钱应该有回报，我们还应索要额外的回报以弥补公众为它们而承担的风险。

撰写本书还是有些痛苦的，因为我的希望只实现了一部分。但是，我们还是应该为我们能将经济从 2008 年灾难的边缘拯救回来而庆贺。和布什政府一样糟糕的政策是，我们还是给予银行很多免费的援助，而给予房屋所有者的救助要远远小于我的预期。现在的金融系统还是缺乏竞争力的，自认为"越大越不会倒"的银行甚至出现了更加严重的问题，那些本该用于重建经济和创造新的充满活力企业的资金被花在拯救衰败的公司身上。除此之外，在其他方面，奥巴马政府的经济政策还算是走对了路。但当我们已经批评了布什政府的一些政策时，而其继任者奥巴马并没有听从我的建议，还依然执行着这些政策，这显然是不对的。

还存在另外一个原因使我的撰写变得艰难。我批评了很多金融市场上的银行、银行家们以及其他一些人（当然有些人认为那些都是诽谤）。我有很多在这些部门工作的朋友，他们都是充满智慧、勤奋的人，他们也是认真思考过如何为这个待他们不薄的社会做些贡献的好公民，他们为自己所信仰的事业不仅慷慨付出而且勤奋工作。他们不能接受我对他们的讽刺，其实，要知道我的这些批评讽刺并不是针对他们的。事实上，很多金融人士认为他们也是受害者。他们也失去了自己一生中的大部分积蓄。在金融部门内部也有很多经济学家，他们努力预测经济的下一步走势，有很多交易员努力使我们的企业部门更加有效率，有很多分析人员努力使用非常复杂的技术试图去预测利润，以确保投资者能够获得尽可能高的回报，这些人并没有做出给金融行业带来坏名声的不耻行为。

正如现代复杂社会中经常发生的事情一样：糟糕的结果并不是由某个个人造成的。这场危机是金融部门全体人员行动、决定和争论的结果。这个糟糕、失败的金融系统并不是现在才有的，它早就被创造出来了。事实上，我们费了很多工夫、花了很多钱才将其打造成现在这个样子，那些在其中扮演创造者和管理者的人们（包括因为此系统而获得嘉奖的人们）必须为他们的失败而负责。

★ ★ ★

如果我们能够理解造成 2008 年危机的原因，清楚早期应对之策失败的原因，我们就能确保未来出现危机的可能性更小、时间更短以及无辜受害的老百姓更少。我们不会再像前几年那样负债增长，而是可以在一个更加坚实的基础上实现经济的稳健增长，我们甚至能够确保增长的果实被大多数公民所分享。

人的记忆是短暂的，在未来 30 年，新的一代会出现，他们会自信地认为自己不会重蹈前人的覆辙，这些机灵的人们会认为没有什么"禁止进入"的禁地，不管我们设计什么系统，总有人会想方设法规避那些保护我们的监管措施和规则。世界还在变化，为今天而设计的规则在未来的 21 世纪中叶将不再是完美的。但是，在这次大衰退之后，我们会成功地设计出一套监管架构，这套架构会很好地为我们服务半个世纪，并促进经济平稳增长。撰写本书的目的就是希望我们能够做到这些。

第 1 章

酝酿危机

2008 年的这场经济危机让很多人感觉惊讶，但是实际上唯一让人惊讶的就是人们的这种惊讶感觉。对于一些观察人员来说，这场危机就如同教科书上的案例，它不仅是可预测的，而且也确实被预测到了。这个缺乏管制的市场里充斥着流动性、低利率、全球化的房地产泡沫和激增的次级贷款，这些有害的因素都凑到一起了。再加上美国的财政赤字和贸易逆差以及相应在中国积累的巨额美元储备，这一切构成了不平衡的世界经济。

现在这场危机与过去 25 年内发生的很多危机的主要区别是，眼下的这场危机贴有"美国制造"的标签。当先前的危机已经被慢慢驯服时，这场"美国制造"的危机正在全球迅速蔓延。我们都喜欢将美国视为带动全球经济增长的发动机，只会出口好的经济政策而不是坏的经济政策。美国上次输出的主要经济衰退是 20 世纪 30 年代的大萧条。[1]

眼下这场危机的基本发展过程已为人所熟知并经常被提及。美国存在房产泡沫，当泡沫破灭时，房价一落千丈，越来越多的房主发现他们处于负资产状态，他们在抵押贷款上所欠的钱已经超过了他们房子的价值。一旦失去房子，很多人也就失去了他们一生的积蓄和对未来的梦想，因为这些储蓄是孩子的大学学费和他们退休时享受安逸生活所必需的费用。从某种意义上说，美国人以前确实生活在梦中。

世界上最富裕的国家正生活在透支的状态中，美国和世界经济都依赖于这种透支消费。全球经济需要持续增长的消费，但是当很多美国人的收入已经停滞许久的时候，这种增长又怎么可能呢？[2] 美国人想出了一个聪明的办法：借钱然后消费，这样他们的收入仿佛是增长了。他们确实去借钱了。美国人的平均储蓄率接近于零，由于很多美国富人有大量的储蓄，这就意味着美国穷人拥有大量的负储蓄。换句话说，他们背负了太多的债务。借贷双方对这一切都很欢迎：借款人可以继续他们的消费狂欢，而无须面对收入停滞和减少的现实，贷款人则因为可以通过收取不断增加的服务费而享受创纪录的利润。

低利率和宽松的监管激起了房产泡沫。当房子价格飞涨的时候，房主能够从金融机构那里用房子抵押获得贷款。在一年内，这些从抵押证券中得到的贷款高达 9750 亿美元，占 GDP（国内生产总值，测量一个经济体一年内生产的所有产品和劳务总和的指标）的 7%，[3] 这些贷款允许借款者只需支付首付款就可获得一辆新车，还能为他们的退休积攒一些股票资产。但是，所有的这些借款都是建立在预期房价会继续上涨（至少不会下跌）的危险假设上。

有 2/3 ～ 3/4 的经济（GDP）活动与房产有关：建造新房子、购买各种商品填满房子，或者为翻新房子而贷款进行金融消费，这样的经济是不正常的。它是不可持续的，也不能被继续下去。泡沫的破灭首先影响到最差的抵押贷款（次级抵押贷款，即借给那些低收入人群的贷款），但是很快就会传染到所有居民的房产。

因为银行已经基于这些抵押贷款开发了很多复杂的产品，所以当泡沫破灭的时候，影响就会被放大。糟糕的事情会继续，这些产品本质是涉及与美国和全球各地产品相联系的数十亿美元的赌博。由于形势的迅速恶化和银行自身的高杠杆化（银行和居民一样也已经通过大量举债来为它们的投资融资），这些复杂产品对银行来说也已经意味着银行根本不知道自身欠存款人和债券持有人的钱是否超过它们资产的价值。相应地，它们也不知道任何其他银行的状况。银行系统赖以生存的基础——信用和自信消失了。银行之间拒绝相互借贷，或者需要对方为可能出现的风险支付更高的利息。全球信用市场开始消融。

此时，美国和全世界都面临着金融危机和经济危机。经济危机表现在很多方面：首先出现住宅地产危机，接踵而至的是商业地产危机。由于居民看到他们的房产价值严重缩水（如果他们拥有股票，股票价值也同样减少），他们借钱的能力和意愿就会消失，这又导致需求下降。这也会导致库存的周期变化，当信用市场萎缩、需求下降时，公司就会尽快降低库存，这又将导致美国制造业的崩溃。

还存在更深层次的问题是：用什么来代替泡沫破灭之前数年里支撑美国经济的居民的大肆消费？美国和欧洲如何进行它们的经济重组？在经济繁荣时，向服务业转型的经济就已经困难重重了。因为全球化和技术进步的需要，重组是不可避免的，但重组不会一帆风顺。

危机梗概

尽管我们面临的挑战已经很清楚，但是问题依然存在：眼前这一切都是如何发生的呢？市场经济学家认为不应该是这个样子的，一定有地方出现了错误——非常严重的错误。

在历史的长河中找到我们分析的起点并不那么容易。为了简化起见，我们从 2000 年春高科技（或者网络公司）泡沫破灭开始分析。那时，艾伦·格林斯潘正在执掌美联储，他允许了泡沫的出现，那场泡沫实际上已经在 20 世纪 90 年代后期强劲持续膨胀一段时间了。[4] 从 2000 年 3 月～2002 年 10 月，高科技股票的价格降低了 78%。[5] 人们希望这些损失不要在更大的范围影响经济，但这是不可能的。很多投资都发生在高科技领域，当高科技泡沫破灭的时候，这些投资都被终止了。2001 年 3 月，美国陷入了衰退。

乔治·W. 布什政府以高科技泡沫破灭带来的短暂衰退为借口，借机推行了为富人减税的政策，这项政策被布什认为是解决经济问题的万灵药。然而，减税并没能刺激经济，它对经济的作用很有限，这就将重振经济恢复就业的重担交给了货币政策。因此，格林斯潘相应降低了利率，让市场充斥了流动性。由于经济中存在大量的过剩产能，因此，毫无疑问，低利率并没有导致更多的厂房和设备投资，反而只是在别的地方起了作用，它用房产泡沫代替了高科技泡沫，支撑了消费和房地产的繁荣。

随着 2003 年的伊拉克战争，石油价格开始暴涨，这加重了货币政策的负担。美国花费了上千亿美元进口石油，本来这些钱是可以用于支持美国经济的。石油价格从 2003 年 3 月伊拉克战争开始时的每桶 32 美元增加到 2008 年 7 月的每桶 137 美元。这就意味着美国人需要将其战前每天支付进口石油的 2.92 亿美元费用增加到每天 14 亿美元，从而没钱花在房子上了。[6] 因为没有多少通货膨胀的压力，所以格林斯潘感觉他可以继续维持低利率。[7] 他认为，如果没有低利率支持的房地产泡沫，没有房地产泡沫支撑的旺盛消费，美国的经济早已疲软。

在那些低息贷款生意兴隆的年份里，华尔街并没有生产出好的抵押贷款产品。一个好的抵押贷款产品应该具有低的交易成本、低的利息，能够帮助人们管理房屋的风险，比如在房屋贬值的时候保护房主或者在房主失去工作的时候借钱给他。房主还希望其月供是可以预测的，月供不会没有征兆地突然增加，月供不应该有那些隐藏的成本。尽管在其他国家有这样的产品，但是美国金融市场并不打算生产这样的好产品。相反，华尔街却专注于最大化其回报，设计的抵押贷款产品具有很高的交易成本，月供的利息非常容易变化，利息会突然升高，在房子贬值和房主失去工作的时候，这些产品不能去有效地管理风险以保护房主。

我们真正希望抵押贷款市场上的产品设计者能够关心产品的最终用户，而不是只想着最大化他们自己的收益。如果真是这样，他们设计出来的产品应该能够持久地增加房主的利益。他们应该是"时时好才是真的好"。然而，事实上，他们想方设法设计的一系列复杂抵押产品都只是让他们自己在短期内赚到大钱，只给房主带来短暂的好处，这就给整个社会带来了很大的麻烦。

抵押贷款市场的失败预示了遍及整个金融系统的失败，特别是银行系统。银行系统有两个核心的功能：第一个核心功能是提供了一个有效率的支付结算体系，银行通过该体系便利了交易，它将那些购买商品和服务的储户的钱转移给卖家；第二个核心功能是评估和管理风险并进行放贷。第二个功能和第一个功能是有关系的，因为如果一家银行做出了错误的信贷评估，如果它只是肆无忌惮地进行赌博，如果它将大量的钱只是投在具有违约风险的投机生意上，那么它将无法兑现储户的收益。如果银行做得很好，提供贷款启动新生意和发展老生意，那么经济就会增长，工作岗位就会被创造，同时它也能赚到高回报，这些回报足够支付储户的利息并给银行的股东带来竞争性的利润。

从交易费用中快速赚钱的诱惑使得很多大银行偏离了其核心职能。在很多经济体中，中小企业是创造就业岗位的基础，但美国及很多其他国家的银行系统并没有专注于为它们的商业活动进行贷款，而只是一门心思地推行证券化产品，特别是抵押贷款。

最终，痴迷于抵押证券化产品被证明是致命的错误。在中世纪，炼金术士总是设法将不同的金属炼成金子。现代炼金术士则醉心于将有风险的次级抵押贷款产品打造成能够让养老基金愿意持有的 AAA 级产品。同时，信用评级公司也保证银行的所作所为能够成功。最后，银行干脆直接卷入这场赌博，银行不仅充当它们创造的风险资产的中间商，而且实际上还持有这些资产。它们和其监管者可能还以为它们已将其创造的声名狼藉的风险转移给了其他人，但当审判日到来的时候（市场崩溃时），事实证明它们也都被风险套牢了。[8]

谁应该受到谴责

随着人们越来越看清危机的严重程度，到 2009 年 4 月，它已经演变成自大萧条以来最长的一次衰退。很自然地，人们希望找到引起这场灾难的罪魁祸首，然而，现实中人们有很多指责的对象。如果我们想减少类似危机再次发生的可能性，如果我们想纠正当前功能明显失常的金融市场，关键就是明确谁应该受到谴责，或者至少知道什么行为是不对的。我们一定要谨防太过轻率的解释：很多类似的解释都将矛头指向银行家的过度贪婪。这有一些道理，但是这种解释没有指出问题的关键。银行家之所以表现得贪婪是因为他们有动力和机会去这样做，产生这些动力和机会的机制才是我们需要改革的地方。此外，资本主义制度的基础就是追求利润：我们难道应该容忍市场经济中其他人的贪婪行为，而单单指责银行家的贪婪，或者要求其表现得更好一些吗？

在长长的起诉名单中，很自然地，我们先从问题的始作俑者——抵押贷款发起人说起。抵押贷款公司已经将"有毒"资产推销给了上百万的用户，这些用户中的大多数并不知道他们自己到底买了什么。但是，如果没有银行和评级机构的帮助与唆使，抵押贷款公司是不会得逞的。银行将抵押贷款产品买来后进行重新包装，然后再销售给疏于警觉的投资者。美国银行和金融机构对它们这些精巧的新投资工具大肆鼓吹。这些被当作风险管理的工具而进行兜售的产品实际上是非常危险的，它们已威胁到美国金融系统的安全。评级机构本应该对这些日益增多的"有毒"资产进行核查，但实际上它们却为这些产品披上了一层美丽的外衣，以鼓励美国和全球诸如养老基金这样的投资机构购买，这些投资机构本应该将工人养老的钱投在更加安全的资产上的。

总之，美国金融机构已经无法执行其核心功能——管理风险、配置资产和转移储蓄并同时降低交易成本。相反地，它们创造风险、错配资产、鼓励过度负债并增加了交易费用。在 2007 年顶峰，膨胀的资本市场占据了所有公司利润的 41%。[9]

金融系统为什么在管理风险方面表现得如此糟糕，一个主要原因就是市场对风险的错误定价和错误判断。"市场"错误估计了次级抵押贷款产品的违约风险，更严重的错误是，在评级机构和投资银行对这些次级抵押贷款产品重新包装并将其评定为新的 AAA 级产品时，市场信以为真了。银行和银行的投资者还对银行高杠杆率风险做出了错误的判断。通常，为了吸引人们投资于风险资产，一般要求这些风险资产要产生高回报，但这次，这些风险资产只有很少的风险溢价。有时，市场对风险的错误定价和错误判断还来自一个精明的预期：它相信如果出现问题，美联储和财政部就会出手救援。在这一点上，市场是对的。[10]

那时，美联储的掌门人格林斯潘和其继任者伯南克以及其他监管者却站在一旁袖手旁观，任由事态发展下去。他们不仅声称直到泡沫破灭前他们都无法预知泡沫的存在，而且还认为，即使他们知道泡沫的存在，他们也无能为力。这些借口都是错误的。例如，美联储可以提高购房者的首付金额或者提高股票交易的保证金要求，所有这些都可以给过热的市场降温。但是，他们却选择了什么都不做。也许更糟糕的是，格林斯潘还允许银行介入更加有风险的贷款业务，鼓励人们购买可变利率的抵押贷款产品，这些产品的月供可能（实际上已经）很容易变得很高，甚至迫使中等收入的家庭也放弃了赎回权。[11]

尽管放松监管的不良后果已经非常明显，但是那些坚持去监管化的人们还是坚持这样做，他们认为监管的成本会超过其带来的好处。但是，当全球为这场危机承担了上万亿美元的拯救预算和实际成本时，我们很难想象这些放松监管的拥护者还会坚持他们的立场。他们认为监管的真正成本是扼杀了创新。令人遗憾的事实是，在美国的金融市场上创新被用于规避监管、会计准则和税收。他们创造的产品太复杂了，这只会增加风险和信息不对称。很明显，我们不能指望这些金融创新产品能给我们带来持续的经济增长，它只能招致经济泡沫。同时，金融市场的创新并没有为老百姓提供简便的房屋风险管理方法。本应该帮助人们和国家管理他们面临的其他重大风险的金融创新实际上并没有起到那些作用。好的监管应该将创新重新带到正路上，让它增加我们经济的效率和公民的安全。

毫不奇怪，金融部门正在努力地推卸责任，它们声称这次危机只是一次千年一遇的"意外"，不用去理睬它。

金融部门的人们经常抱怨美联储维持了太久的低利率。但这种推卸责任的说法却显得莫名其妙：难道其他工业部门会说，造成它们利润太低和表现太差的原因是它们的投入要素（钢铁和工资）的成本太低了吗？银行的主要"投入"就是它们资金的成本，然而，银行似乎在抱怨美联储让资金太便宜了！实际上，如果低成本的资金能够被很好地使用，例如，这些资金用于支持新技术的投资和企业的发展，我们将会获得一个更具竞争力和活力的经济。

没有低息资金的放松管制也许不会造成泡沫。而且，更重要的是，如果低息的资金是在运行良好或者有良好监管的银行体系内使用，还会带来经济的繁荣，这种情况已经在其他时间和地方得到了印证（由于同样的原因，如果评级机构做好了其本职工作，那么就只会有很少的抵押贷款被卖给养老基金和其他机构，泡沫的规模也会很小。同样的道理，即使评级机构真如其现实那样表现得很差，但如果投资者自己能够正确地判断风险，那么情况也不至于太糟）。总之，导致这场危机的规模如此之大，是很多因素综合失灵的结果。

格林斯潘及其同僚反过来试图将责任推卸给亚洲国家的低利率和由于它们过多储蓄造成的流动性泛滥。[12] 实际上，能够以更优惠的条件吸引资金对我们来说是有好处的，我们求之不得。但美联储实际上却借此声称它们再也无法控制利率了。实际上，美联储当然能够控制利率；美联储选择低利率部分是因为我上面所说的原因。[13]

这些从死亡边缘被拯救回来的人们的忘恩负义行为真是令人震惊，就如农夫和蛇的寓言一样，很多银行家反而抱怨政府。他们埋怨政府没有阻止他们的行为，就如同小孩从糖果店偷了东西被抓住，反而指责店主和警察忙着别的事而没有阻止他，使得小孩以为他干完坏事后可以一走了之。但是，这种狡辩实际上更加不诚实，因为金融市场已经买通"警察"，让他们不要碍事。他们成功地阻止了政府各种管理衍生品和限制掠夺性贷款的努力。他们的努力在整个美国都获得了成功。每一次胜利都给他们带来了更多的金钱，这些金钱又能进一步影响政治进程。他们甚至有一种观点：放松管制已经让他们赚到更多的钱，钱是成功的标志。

保守派是不会喜欢我们对市场的这种指责的。在他们的心目中，如果经济存在问题，那一定是政府的问题。这是政府想增加居民的住房，银行家只是相应地做了他们该做的事情。他们还认为房利美和房地美更是遭到了额外的诽谤，这两家私人公司原本就是政府成立的机构，是被称为《社区再投资法案》（Community Reinvestment Act，CRA）的政府计划的产物，这个法案致力于向资金不足的社区提供贷款。要是没有向这些穷人提供贷款的努力，事情不会变得这么糟。上面这些冗长的狡辩之词大部分都是无稽之谈。AIG 2000 多亿美元的救助资金不论怎么衡量都是巨大的，这些钱大部分是用于弥补其衍生产品（信用违约互换）的损失，这些产品都是银行之间的赌博。银行根本无须通过高风险的运作来推动住房平等化。无须假借政府的住房政策而进行过度的商业房产投资。更不应该总是生产遍及全球的不良贷款，并为此一次又一次地要求救助。此外，实际上，CRA贷款的违约率与其他行业贷款的违约率不相上下，这些表明，如果运行良好，CRA贷款是不会出现太大的风险的。[14] 然而需要指出的是，政府向房利美和房地美授权的是向中产阶级进行的合规贷款（conforming loans）。银行却在没有政府鼓励的情况下，跳到次级抵押贷款上进行放贷，而此前，房利美和房地美并没有进行过次级抵押贷款。总统也许已经发表了一些关于建立（住房）所有权社会的演讲，但是没有迹象表明，在总统发表这些演讲后银行加紧地配合执行了。银行随即应该出台奖惩分明的相关政策，但是银行什么也没做（如果总统的这些演讲都是其要的小把戏，那么奥巴马反复敦促银行重新整合更多的抵押贷款并向更多的小商业公司贷款本应起到一些作用）。更重要的一点是，提倡住房所有权是希望人们拥有永久（至少是长期）的所有权。根本不是让一些人只是对住房所有权拥有几个月，然后榨干他们一生的储蓄，最后一脚将其踢出门外。但是，银行就这么做了。我知道没有政府官员会同意贷款人的掠夺行为，允许他们将钱贷给没有偿付能力的人们，向他们兜售带有高风险和高交易费用的抵押贷款产品。后来，当私人部门已经发明了"有毒"的抵押贷款产品（我会在第4章用较长篇幅讨论它）数年后，被私有化与放松管制的房利美和房地美决定它们也应该在这些产品上分一杯羹。它们的高层管理人员会想，为什么它们不能像这个行业的其他公司那样分享好处呢？具有讽刺意味的是，当它们这么做的时候，它们正在将那些私人部门从其所犯下的错误行径中拯救出来。这些私人公司正在为它们报表上大量的证券化抵押产品而惶惶不可终日。如果两房没有买下这些资产，私人部门的问题一定会更加严重。尽管两房买下了大量的证券化产品，它们还是为泡沫的形成火上浇油了。[15]

正如我在前言中指出的那样，寻找真相的过程就像"剥洋葱"：对每一个问题的解释都会带出另外一个问题。在剖析这场危机的时候，我们需要问一下，为什么金融部门在执行核心功能乃至服务股东和债权人方面表现得如此糟糕？[16] 似乎只有金融机构的管理者能够赚得盆满钵盈而相安无事。虽然危机使他们赚得稍微少了一些，但还是要比诸如花旗银行的股东们颗粒无收要好得多。金融机构抱怨监管者没有能够制止它们的错误行为。但是，这些公司不是总认为它们自己会管好自己吗？在本章稍后我将给出这个问题的一个简单解释：问题在于错误的激励。但我们必须更加深入地思考这一问题：为什么会存在这些错误的激励机制？为什么市场会"促使"公司采用这些有问题的激励制度？在标准的经济理论看来，这是不可能的。对这些问题的回答不论多么复杂，但总是与下面这些因素有关：有瑕疵的公司治理结构、没有充分实施的竞争、不完善的信息和投资者对风险的认识不足等。

当金融部门应该备受谴责的时候，监管部门实际上也没有做好本职工作以确保银行不要犯错误。一些受到较少监管的金融市场上的人（如对冲基金）看到最糟糕的事情出现在有较高监督力度的市场中（如银行），就匆忙得出结论，认为监管才是问题所在。他们争辩说："如果它们（银行）也像我们一样被放松监管，那就绝不会出问题了。"但这忽视了问题的关键所在。我们为什么要监管银行？是因为如果它们出了岔子，它们就会给经济体的其他成员造成巨大的伤害。为什么我们对对冲基金的监管并不是很多（或者至少是监管较少的行业），是因为它们出事后造成的危害比较小。并不是监管造成了银行的错误行为，而恰好是监管的匮乏或者没有很好地落实监管才没能阻止银行给我们的社会造成一遍又一遍的伤害。事实上，监管是可以起到作用的。在美国的历史上，曾有一段银行没给他人造成麻烦的时期，那就是在第二次世界大战后的 25 年里，那时，强大的监管发挥了强有力的作用。

我们需要再次好好说明一下过去 25 年里监管失灵的原因，在下面的解释中，你会发现这与两个方面的因素有关：特殊利益集团的政治影响以及思想观念。特殊利益集团主要是金融部门的人们，他们从去监管化中赚到了大把的钞票（虽然他们的很多经济投资被证明并不怎么样，但是他们的政治投资却表现得足够精明）；思想观念则主要表现为鼓吹监管无用论。

市场失灵

危机过后的今天，似乎每个人都认为我们需要监管，或者至少认为要比危机前有更多的监管。缺乏必要的监管已经让我们付出太多的代价：否则，危机发生的次数会少些，付出的代价会少些，相对于这些代价而言，监管者和监管所需的监管费用是很少的。市场自身总会明显失灵，并且还经常发生。有很多原因会造成这些失灵，但是有两个原因同金融部门最为密切：一个是"代理人"问题，在当今世界，很多人是（公司）出资人（委托人），但（对公司）做出决策的却是另外一些人（代理人）；另一个越来越重要的是"外部性"问题。

代理人问题是一个现代问题。由大量小股东组成的现代公司本质上不同于家庭经营的企业。这些公司的所有权和控制权是分离的，几乎不拥有公司所有权的管理层可以控制公司为其个人牟利。[17] 在投资过程中也有很多代理问题，因为很多投资都是通过养老基金和其他机构完成的。这些做出最终投资决策（以及对公司业绩做出评价）的人们并不真正代表自己在投资，而是代表信任他们的委托人在进行投资活动。在整个代理链条上，所有对业绩的关注都仅仅是热衷于短期回报。

因为管理人员的薪酬并不取决于长期回报，而取决于股票市场的价格，所以，很自然地，管理人员就会倾其所能抬高股票价格，甚至不惜去做假账。同时，来自股票市场较高的季度回报的需求又鼓励了这种短期行为。对短期回报的追求让银行只关注如何获得更多的收费，从某种意义上说，就是设法如何规避会计和金融的管制。华尔街最为自豪的创新就是创造那些能在短期内为公司创造更多收入的新产品。而这些创新产品可能带来的高违约率问题似乎是件很遥远的事情。相反，金融公司却对那些可以帮助人们居者有其屋或保护人们免遭突然的利率风险袭击的金融产品压根就不感兴趣。

总之，市场上几乎不存在有效的"质量控制"。然而，在理论上，我们还认为市场是可以保证质量的。那些生产过度风险产品的公司会丧失信誉，其股票价格会下跌。但是在今天这个动态变化的世界里，这一市场的教条已经不灵了。总体上，这些金融"巫师"发明的高风险产品的回报是正常的，它们所隐藏的负面风险会被掩盖很多年。成千上万的资金管理者吹嘘他们可以"战胜市场"，也有很多短视投资者相信他们。但是这些金融"巫师"也被自己忽悠了，他们也同那些买他们产品的顾客一样被自己欺骗了。这就能帮助我们解释，为什么当市场崩溃的时候，他们自己也握着价值几十亿美元的"有毒"产品。

在这次危机之前，证券化是最热的金融产品领域，它为我们展现了一个通过金融创新来制造风险的典型案例，证券化意味着如今的客户关系已不仅仅是借贷关系了。证券化有一个很大的好处就是让风险分散；但也有一个大的缺陷，它创造了新的不完全信息问题，而这个缺陷大大超过了其增加分散化带来的好处。那些买了抵押担保证券的人们实际上是将钱贷给了他们一点都不了解的买房者。他们相信银行将产品卖给买房者才把钱给他们，同样银行也信任了抵押贷款发起人。抵押贷款发起人的兴趣在于发行抵押贷款的数量，而不是其质量。这些产品大多数都是非常糟糕的抵押贷款产品。银行喜欢指责抵押贷款发起人，但只要它们粗略了解一下这些抵押产品，就能发现其中隐藏的风险。所以，事实是银行根本就不想去了解。它们的兴趣在于尽可能快地将这些抵押贷款产品和它们新造的抵押贷款产品一起都倒手给其他人。在华尔街自我毁灭性的实验室里，银行创造了新的风险产品：抵押债务工具、重复抵押债务工具、信用违约互换，我会在本章后面部分讨论其中一些产品，但银行根本没有好的方法来管理它们自己制造的怪物。因为通过倒手可以收益很高，所以它们已经沉迷于倒手生意——从抵押贷款发起人手里买来抵押贷款，重新打包，然后倒手卖给养老基金和其他机构，这完全不同于银行的传统商业模式：发行抵押贷款然后持有它们。或许正是因为它们的这些想法，银行才发现当崩溃发生时，还有数十亿美元的不良资产砸在它们自己手里。

外部性

银行家们根本不考虑那些金融工具会给其他人带来多大的危险，他们制造了很大的外部性。在经济学中，外部性是指这样一种情况，此时市场的交换活动将成本或者收益强加给那些根本没有参加交换的当事人。如果你自担风险进行交易并赔了钱，那不会给其他人造成任何影响。然而，金融系统现在已经变得盘根错节并在经济活动中处于核心地位，这使得一家大型金融机构的失误会对整个经济体造成影响。眼前这场金融危机已经给每个人造成了影响：上百万房主失去了房子；超过百万的人们发现他们的住房已经没有任何净值；整个社会已经崩溃；纳税人不得不为银行的损失买单；工人已经失去他们的工作。银行肆无忌惮的行径让数十亿人为其承担成本、血本无归，这些人不仅在美国而且遍布全球。

当存在严重的代理人和外部性问题时，与流行的市场有效理念相反，市场通常不会产生有效率的结果。这也是为什么需要金融市场监管的理由之一。对机构进行监管是防范过度风险和银行无耻行径的最后一道防线，但是，经过银行业多年来全力以赴的游说活动，政府不仅已经去除了已有的监管措施，而且面对正在变化的金融环境毫无反应。那些不理解为何需要监管的人们充当了监管者，很自然地，他们也认为监管是没有必要的。1999 年，旨在隔离投资银行业务和商业银行业务的《格拉斯—斯蒂格尔法案》被废除，这造就了"太大而不能倒"的大型银行的出现，银行知道越大越不会倒闭后，就越发愿意承担过度的风险。

最终，银行搬起石头砸了自己的脚：那些本来用来剥削穷人的金融工具反过来伤害了金融市场，将其打垮。当泡沫破灭的时候，很多银行手里还有很多威胁其生存的风险证券，很明显地，它们并没有如其所愿将所有的风险转移给别人。而这只是危机带给我们的具有讽刺意味的事情之一：格林斯潘和布什本想致力于让政府在经济中的作用最小化，但是，现在政府却已经在更加广泛的领域发挥着前所未有的作用，美国政府成为世界上最大的汽车厂商、最大的保险公司和几家世界上最大的银行（如果政府可以从它们帮助的银行那里获得回报的话）。

在东南亚危机发生的整个过程中，国际货币基金组织和美国财政部看似不一致的观点以及它们对那次危机和本次危机之间看似矛盾的政策都充满了讽刺意味。国际货币基金组织本来宣称它们信奉市场万能论，认为市场是有效的、能够自我纠正的，所以，它们相信一国若想使其经济实现最快的增长和最有效的发展，那么最好就是不要干预市场。但是当出现危机的时候，它们却由于担心会发生国家间的"传染"而要求大规模的政府救助。但是要知道"传染"就是一种典型的外部性，从逻辑上说，如果存在外部性，一个人就不能相信市场万能论。即使在进行了数十亿美元的救助之后，国际货币基金组织和美国财政部还是反对采取管制措施，即使这些措施能够降低"事故"发生的可能性和减少"事故"成本。究其原因，这是因为尽管它们已经反复经历了市场失灵，但它们还是相信市场从根本上说是能够自我良好运行的。

政府对救助的态度反映了它们对救助所造成的潜在长期后果的看法上的矛盾性。经济学家担心救助会在激励方面造成影响，有人认为这是经济学家最为关心的事情。很多金融市场中的人士之所以反对向不符合还款要求的按揭业主提供帮助的一个主要原因是：这种帮助会产生"道德风险"，也就是说，如果按揭业主知道若他们不能还款，他们就会有机会得到帮助，那么他们还款的动力就会减少。对道德风险的担心直接导致国际货币基金组织和美国财政部强烈地反对救助印度尼西亚和泰国，造成这些国家出现银行体系的大量倒闭和经济衰退的恶化。对道德风险的担心也导致放弃了对雷曼兄弟的救助。但是，此后，这个决定反而使美国发生了历史上最大规模的救助。当雷曼兄弟倒下，轮到美国的大银行时，对道德风险的担心就靠边站了。大量的救助使得银行的高管们反而有机会为他们创纪录的亏损享受巨额的奖金，分红持续不断，股东和债券持有人得到庇护。反复的救助（美联储不光是救助，而且随时为危机提供流动性）能够部分解释眼下这场危机的发生：美联储怂恿银行变得更加无所顾忌，因为银行知道当它们出现问题时，它们会被救助（金融市场将这称为格林斯潘／伯南克"推手"）。监管者也判断失误，因为当监管者看到经济已经"生存"得非常好，市场也能自我运行良好时，就认为市场压根儿不需要监管，但是他们没有注意到市场能够"生存"下来仅仅是因为存在大规模的政府干预。今天，道德风险问题已经变得前所未有的严重。

代理人和外部性问题的存在意味着政府是有作用的。如果政府运作好的话，将会发生更少的"事故"，即使发生"事故"，也不会太严重。当事故发生时，政府将不得不收拾残局。但是，政府收拾残局的方法会影响未来发生危机的可能性和社会对公平与正义的追求，每一个成功的经济（每一个成功的社会）都将同时涉及政府和市场。我们需要平衡这两种作用。这不仅是"如何运行"的问题，而且还是"应该是什么"的问题。在里根和两位布什政府期间，美国失去了这种平衡，那时做得太少必然意味着现在要做得更多。现在做错事情可能就意味着未来要付出更多。

衰退

罗纳德·里根总统和英国的玛格丽特·撒切尔首相开创了"自由市

场"的革命，但是很明显，人们总是忘记这样一个事实：市场产生的结果并非总是有效的，我们总是看到资源无法得到充分利用的情况。经济经常在低于产能水平下运行，上百万希望能够找到工作的人无法如愿以偿，时不时出现的经济波动会造成 12 个人中就有 1 个人没有工作，对年轻人而言，就业情况可能会更糟。官方的失业率数据低估了问题的严重性：很多只能找到非全日制工作的人本来是非常希望找到全职工作的，但是这些人并没有被纳入失业率的计算中。这一失业率也没有将残疾人员纳入计算，尽管这些人如果能够找到工作，他们也会去工作。这一失业率也没有包括那些屡遭无法找到工作打击而心灰意冷从而放弃找工作的人。尽管如此，现在这场危机还是表现得比通常要严重。如果用较为宽松的口径统计失业率，2009 年 9 月有超过 1/6 希望找到全职工作的美国人没能如愿以偿，到了 10 月份，问题变得更加糟糕。[18] 如果市场是能够自我纠正的，泡沫最终会破灭，那么这场危机再次表明这个纠正过程可能太慢、成本太高了。经济实际产出和潜在产出之间的累计差距会有万亿美元之多。

谁可以预测到危机

危机过后，所有金融市场的人士和监管者都声称："谁又能够预测到这些问题呢？"事实上，有很多批评者预测到危机，只是他们大胆预测的事实真相总会给一些人带来一些麻烦：如果批评者的警告起到作用，那么会影响很多人大赚特赚的机会。

能够预测到美国经济崩溃的人肯定不止我一个。纽约大学的经济学家努里尔·鲁比尼、金融家乔治·索罗斯、摩根士丹利的史蒂芬·罗奇、耶鲁大学的罗伯特·席勒和克林顿经济顾问委员会（国民经济委员会成员）的罗伯特·威斯考特都多次发出警告。他们都是凯恩斯主义经济学家，都相信市场不能自我纠正。我们中的大多数人担心房屋的泡沫，一些人（如鲁比尼）关注由全球失衡带来的汇率突然调整所产生的风险。

但是，亨利·保尔森已经使得高盛拥有更高的杠杆率，本·伯南克已经允许次级抵押贷款产品继续发行，这些制造泡沫的人直到他们不得不面对大规模危机已成现实之前，还依然坚信市场拥有自我纠正的能力。一个人无须拥有心理学博士学位就能理解为什么这些人会假称经济只是经历了一个微小的干扰，可以不必管它。直到 2007 年 3 月，美联储主席伯南克还声称："次贷市场的问题对更广泛的经济与金融市场的冲击似乎还是可控的。"[19] 一年后，即使在贝尔斯登倒闭后有关雷曼兄弟即将消失的传言四处传播的时候，官方还是声称在经历了微小冲击后经济已经重新步入强劲的复苏轨道。

出现注定会破灭的房地产泡沫是"经济病"的典型病症。但是，这个病症背后隐藏着更加根本的问题。很多人已经警告过放松管制的风险。早在 1992 年之前，我就担心抵押贷款证券化将会导致灾难性的后果，但是，这些资产的买卖双方似乎都低估了资产价格下跌的可能性以及其所造成的后果。[20]

事实上，任何仔细观察美国经济的人都很容易会发现，美国经济不仅存在"微观"问题，而且还有严重的"宏观"问题。正如我在前面所说，美国经济已经建立在一个不可持续的泡沫之上。如果没有这个泡沫，总需求（居民、厂商、政府和国外部门对产品与劳务的需求总和）将会大大减少，产生这种情况的一个主要原因是美国及其他国家出现的日益严重的收入差距，它使得收入从愿意消费的人手里转移到不愿意消费的人手里。[21]

很多年前，我们的哥伦比亚同事布鲁斯·格林沃尔德和我已经注意到不断严重的全球需求（全球所有人想要购买的产品与劳务总和）不足问题。在全球化的世界里，全球总需求是关键。如果全世界所有人想要购买的产品数量少于全世界能够生产的产品数量，那么全球经济就会出现疲软。引起全球总需求不足的一个原因是不断增加的货币储备——一国用于困难时期使用而储备的钱。

在放松管制的年代，经济的剧烈波动是非常明显的，发展中国家储备了上千亿美元资产来防备这些经济波动对自己的影响，这些美元资产也是使这些国家不再向国际货币基金组织求援的一种保障，那种求援的滋味并不好受。[22]一位饱受 1997 年全球金融危机伤害的国家总理对我说过："我们经历了 1997 年的危机，知道如果没有足够的外汇储备将会发生什么。"

石油生产国也在积累着外汇储备，因为它们知道高油价是不会长期维持的。对于另外一些国家，积累外汇储备还有其他原因。发展中国家经常被告知，它们最好的发展方式是出口导向型的增长方式；在世界贸易组织（WTO）新的贸易规则下，很多发展中国家曾经用来创造新产业的传统政策工具都消失了，这使得这些国家转而求助于使其汇率更具竞争力的政策。这就意味着它们要买入美元，卖出它们自己的货币，从而积累很多的外汇储备。

这些都是很好的积累外汇储备的理由，但是它们有一个糟糕的后果：全球需求的不足。在危机前的每一年都有 5000 亿美元，甚至更多被作为储备资产搁置起来。有一段时间，美国通过负债性的挥霍消费（花得比挣得多）在一定程度上缓解了问题。美国成了世界的最后消费者，但这是不可持续的。

全球危机

由于接近 1/4 的美国抵押贷款产品在国外，因此，我们对危机迅速在全球蔓延就不应该感到惊讶了。[23]这还不经意地帮助了美国，如果外国机构没有购买那么多"有毒"产品和债券，美国的情况可能会更加糟糕。[24]但是，最重要的还是美国输出的去监管化思想，如果不受这一思想的影响，外国人可能不会购买那么多的"有毒"抵押贷款产品。[25]其次，美国还输出了自己的衰退。当然，将美国危机蔓延到全球的途径还有很多，上述渠道只是其中之一，美国经济依然是最强大的，如果没有全球的冲击，它不可能有这么大规模的下滑。此外，全球金融市场已经变得紧密相连，例如，因美国救助 AIG 而受惠的三个主要受益者就有两个是外国银行。

一开始，欧洲有很多人还在谈论其独善其身的可能，他们认为尽管美国陷入了衰退，但是欧洲经济还是可以保持增长的，因为亚洲的增长能够将欧洲从衰退中拯救出来。但是事实已经明显地证明，这仅仅是一个美好的愿望。亚洲的经济规模还是太小（整个亚洲的消费还只是美国的40%），[26] 并且还严重依赖对美国的出口。即使在大规模的刺激计划之后，中国 2009年的经济增长还是比危机前降低了三四个百分点。世界已经太紧密相连了，美国经济的下滑一定会牵连全球经济（亚洲的情况可能有所不同：因为亚洲存在巨大的尚待开发的国内市场，所以亚洲有可能在美国和欧洲还很疲软的情况下，率先强劲反弹，这一点我在第 8 章中还会讨论）。

由于欧洲金融机构从美国银行购买了很多"有毒"的抵押贷款产品和风险资产，因此它们饱受牵连，很多欧洲国家都在用各自的方式解决问题。因为西班牙过于纵容大规模房地产泡沫的泛滥，所以它的房地产市场遭受了几近全面崩溃的威胁。毫无疑问，尽管西班牙的整体经济受到了很大的冲击，但是，西班牙还是与美国有所不同，西班牙有严格的银行管制，这使得它的银行业在经受很大的冲击后还不算太坏。

英国也受到房地产泡沫的冲击，并且更糟糕。受到金融中心城市伦敦的影响，英国也陷入了恶性竞争的深渊，使出各种方法竞相吸引金融企业。其放松管制的程度并不比美国低。在英国，因为金融部分在经济中起着更加重要的作用，所以英国救助的成本甚至更高（从救助成本相对于经济的规模而言）。和美国一样，英国也有高薪酬和奖金的激励文化。但是，英国人至少明白，如果你把纳税人的钱给了银行，你应该尽你所能保证银行将钱用在正道上，例如发放更多的贷款，而不是拿这些钱去发奖金和分红。在英国，人们至少还明白人要有责任感，所以被救助的银行高管都被免职了，英国政府希望纳税人为他们的救助行为而获得公平的回报，而不像奥巴马政府和布什政府的救助那样，充满了免费赠送的意味。[27]

冰岛是一个实行开放经济的小国，也是盲目采取放松管制思想而导致糟糕后果的绝好案例。受过良好教育的冰岛人工作非常辛苦，他们站在现代技术的前沿，战胜了地理位置偏僻、气候恶劣和渔业资源枯竭（他们传统的收入来源）等不利条件，人均收入达 4 万美元。然而如今，冰岛银行肆无忌惮的行为已经使得这个国家的未来岌岌可危。

在 21 世纪第一个 10 年的早期，我多次访问冰岛。对它们的自由化政策的风险提出过警告。[28] 这个 30 万人口的国家拥有三家从事储蓄业务的银行，这些银行购买了总价 1760 亿美元的资产，是该国 GDP 的 11 倍。[29] 2008 年秋，随着冰岛银行系统的大规模崩溃，冰岛已经成为 30 多年来第一个向国际货币基金组织求援的发达国家。[30] 像其他国家的银行一样，冰岛银行也存在高杠杆和高风险。当金融市场意识到风险并开始将资金退出时，这些银行（特别是冰岛国家银行，Landsbanki）只得用高息的"冰岛储户"（Icesaver）账户来吸引英国和荷兰的存款。这些储户也非常愚蠢地认为这些都是"免费的午餐"：他们可以不冒风险而获得高收益。也许，他们还荒谬地相信他们各自的政府会履行好监督的职责。但是，全世界都一样，这些监管者在很大程度上也认为市场会照顾好自己的。冰岛向他国储户那里借钱只是拖延"审判日"的到来。冰岛无法承受涌入其脆弱的银行的上千亿美元。当为冰岛银行提供资金的人们渐渐看清楚这一点后，冰岛银行的毁灭也就只是时间问题了；雷曼兄弟倒下后带来的全球经济混乱更是加速了这一无法避免的后果的到来。不同于美国，冰岛政府知道，它不可能救助债权人或者股权人。现在唯一的问题是，政府是否可以救助给储户保险的冰岛公司，以及这会给外国储户多少好处。英国的策略非常强硬，甚至利用《反恐怖法案》冻结了冰岛的资产，冰岛政府转而向国际货币基金组织和北欧国家求援，但是国际货币基金组织和北欧各国都坚持要冰岛的纳税人来救助英国和荷兰的存款，甚至包括那些没有被保险的存款账户。在一年后的 2009 年 9 月，在我对冰岛的回访中，我感觉到了冰岛明显的怨气。他们埋怨：在外国的监管者没能尽职保护他们自己公民的情况下，为什么冰岛的纳税人要为私人银行错误买单？来自欧洲各国政府广泛认同的一个观点是，冰岛反映了欧洲一体化过程中的一个根本性问题："单一的市场"意味着任何欧洲银行可以在任何其他国家开展业务。然而，监管的责任却落在这些银行的国籍所在国。如果国籍所在国没能做好本职工作，那么其他国家的公民就可能遭受损失。欧洲不想思考这一问题及其产生的深远影响。只是简单地让小小的冰岛为此买单，冰岛为此付出了几乎同其 GDP 一样大的成本。[31]

随着危机在美国和欧洲的恶化，世界其他国家也遭到全球需求不足的冲击。在发展中国家，情况更加糟糕，这是因为从发达国家家庭汇寄到这些国家的钱在减少，流入这些国家的资本在大幅度萎缩，只是偶尔情况会相反。美国的这次危机开始于金融部门，然后扩散到其他经济部门，而在大多数的发展中国家，包括那些金融监管比美国好的国家，实体经济中存在太大的问题，最终影响到金融部门。危机之所以能够迅速蔓延，一个主要的原因是：国际货币基金组织和美国财政部已经将其政策（特别是资本和金融市场自由化政策）强加给这些国家，同样是这些自由市场思想也使得美国惹上了麻烦。[32] 但是，如果连美国都感觉到花费上万亿美元来救助和刺激经济很困难，那么，那些发展中国家采取相应的行动一定更会感觉力不从心。

大图景

在所有这些功能失调的症状后面隐藏着一个巨大的事实：世界经济正在经历着剧烈的重构。大萧条正好赶上美国农业部门萎缩。事实上，在1929 年股灾之前，农产品价格就已经下降。农业生产技术已经得到大幅度提高，这使得美国只用很少比例的人就能生产这个国家消费所需的所有粮食。从以农业为主转型到以制造业为主的经济结构并不容易。事实上，直到出现新政和第二次世界大战才让人们重新在工厂工作，经济得以恢复。

今天，隐藏在美国背后的大趋势是：美国正在从制造业向服务业转型。同以前一样，其发生的部分原因是制造业成功地大幅度提高了生产效率，所以只需一小部分比例的人就能生产所有的玩具、汽车和电视以供很多消费者购买。但是，在美国和欧洲，还有另外一个影响因素：全球化。这就意味着要将生产场所和比较优势转移到中国、印度和其他发展中国家。

和上面"微观经济"调整一起发生的是"宏观经济"的失衡：当美国本应该进行大量的储蓄以备婴儿潮年代出生的人的养老所需时，美国人却入不敷出，过多的开支很大程度上要依赖向中国和其他发展中国家去融资，这些国家的生产超过其消费所需。尽管国家间发生借贷现象很正常，一些国家出现贸易赤字，一些国家出现贸易盈余，但是，出现穷国借钱给富国的现象是很奇怪的，这么大规模的赤字是不可能持续的。当一国负债太多的时候，贷款人会对借款人的还款能力失去信心，即使借款人是像美国这样富裕的国家，情况也一样。要想使得美国和全球经济恢复正常，就需要重构经济以反映新的经济形势并且纠正这些全球失衡。

我们不能再回到 2007 年泡沫破灭前的经济了，我们也不想回到那种经济。正如我们看到的那样，那种经济有很多问题。当然，我们有机会用新的泡沫代替房地产泡沫，就如同我们用房地产泡沫替换高科技泡沫一样。但是，那样的"解决方案"只是在推迟问题暴露的时间，任何新的泡沫都可能造成危害：石油泡沫将经济推向危险的边缘。对根本问题解决得越晚，世界恢复强劲增长的时间也就会越晚。

美国是否已经采取了足够措施来保证自己国家不会重蹈覆辙，对于这个问题，我们可以用一个简单的方式来检验一下：问一问美国，如果现在被提出的改革措施能够实施，那么当前这场危机是否能够避免？还是依然会发生？例如，奥巴马改革监管的关键是给美联储更大的权利。但是，当危机开始的时候，美联储已经比先前更有权利了。实际上，无论怎么诠释危机，美联储都是造成这次和上次泡沫的关键。也许，美联储主席已经学到了教训。但是，我们生活在一个法治国家，不能仅依赖于人。我们是否需要这样一种机制，该机制能让美联储首先感知到风险，从而采取行动，确保其他人不会遭殃。现在这套机制依赖于非常危险的经济哲学，依赖于某个人（或者美联储理事会七名成员）的理解力，对这套机制我们有信心吗？在本书即将出版之际，改革的力度很明显还远远不够。

我们不能在发生危机之前一直什么都不做。但实际上，我们对危机已经采取的措施可能会妨碍我们对深层次问题的解决。第 2 章将重点阐述我们在应对危机时应该做些什么，并解释为什么我们现在做得还远远不够。

第 2 章

自由坠落及其后果

美国经济从 2008 年 10 月开始急速下降，转而牵连到世界经济。我们曾经历过股市崩溃、信用紧缩、楼市萎靡和库存积压，但自从大萧条以后，这些问题再也没有一起出现过。笼罩在大西洋和太平洋上空暴风骤雨似的阴云从来没有像这次来得么迅猛，并集聚其所有的能量。尽管所有情况似乎都是同时变糟的，但问题却有一个相同的根源：金融部门肆无忌惮的贷款。这些贷款刺激了房产泡沫，而泡沫最终破灭。泡沫破灭导致了眼前发生的一切，而这些后果早都在预料之中。这些泡沫及其后果的存在就如同资本主义和银行业自身一样悠久。早在大萧条后的十几年里，美国就受到类似泡沫的影响，为此政府才在灾难过后加强了监管。所以一旦监管被去除，往日噩梦卷土重来就只是时间问题了。所谓的金融创新只是让泡沫在破灭前被吹得更大，破灭后残局更难收拾。[1]

早在 2007 年 8 月，经济就很明显需要采取果断措施了。当月，银行间拆借利率（银行之间相互借款的利率）与国库券利率（政府借钱的利率）的差距被迅速地拉大。在"正常的"经济状况下，这两个利率差距很小，而出现较大的差距就意味着银行之间不再彼此信任。信用市场面临被"冻结"的风险。每家机构持有的抵押资产变得越来越糟，其他损失越来越大，每家机构都意识到自己的资产负债表上潜藏着巨大的风险。它们知道自己的处境有多么危险，它们也只能够据此猜测其他银行会有多么危险。

泡沫破灭和信用紧缩会产生不可避免的后果。这些后果不会在一夜之间显现出来，它需要几个月的时间。即使有再多不愿意其发生的美好愿望也不可能阻止这些后果的发生：经济开始放缓。随着经济减速，放弃抵押品赎回权的数量在增加。最初只是在次贷市场中出现的房地产问题很快在其他领域内出现。如果美国人不能偿还他们的房贷月供，那么他们信用卡还款也会有问题。随着房产价格的跳水，优质住宅和商业地产出现问题也只是时间问题了。消费者支出的枯竭不可避免地导致了很多商业公司的破产，这就意味着商业贷款违约率将会上升。

布什总统却仍然认为房地产市场的问题不是很大，不会有多少业主受到伤害。当房地产市场价格降低到14年以来的最低点时，他依然在2007年10月17日给国民宽心说："我现在对美国很多经济指标还是满意的。"2007年11月13日，他又宽慰大家说："我们经济的基础是坚实的，我们拥有一个富于弹性的经济。"但是，银行和房地产部门的情况继续恶化。2007年12月，当经济步入衰退的时候，他才不得不承认经济存在问题，"经济确实存在一些问题和需要关注的地方，但是基础是好的。"[2]

当来自经济学家和商业部门要求采取行动的呼声日益高涨的时候，布什总统采取了他对付经济问题的老办法：在2008年2月通过了1680亿美元的减税方案。很多凯恩斯主义经济学家预测这一政策不会起效。美国人背负着如此大的债务，正为此焦虑不安，这么少的退税，美国人为什么会增加开支而不是增加储蓄呢？事实上，美国人将一半的退税进行了储蓄，减税政策对刺激已经放缓的经济基本没起作用。[3]

尽管布什总统支持了减税政策，但他还是不相信经济步入了衰退。事实上，当这个国家已经深陷衰退几个月时，布什总统还拒绝承认问题的存在。2008 年 2 月 28 日，布什总统宣称："我不认为我们正面临一次衰退。"但没多久，美联储和财政部促成了 J.P. 摩根大通对贝尔斯登的收购，收购价仅为每股 2 美元（后来改成每股 10 美元），很明显，泡沫的破灭对经济造成的影响不再是小问题了。[4]

当 2008 年 10 月雷曼兄弟面临破产时，同样是这些官员却突然改变了立场，允许这家银行倒闭，这导致随之而来的一系列数十亿美元的救助。从此以后，他们不能再对衰退视而不见。但雷曼兄弟的倒下只是经济衰退的结果，不是原因，它只是加速了经济恶化的进程。

在 2008 年的前 9 个月，美国人失去了 180 万个工作岗位，610 万美国人由于找不到全日制工作而被迫做兼职。尽管失业日益增加，从 2008 年 1 月以来道琼斯指数已经减少了 24%，布什总统和他的顾问依然坚持事情并没有看起来那么糟，并在 2008 年 10 月 10 日发表演讲说："我们知道问题是什么，我们有对付它的办法，我们正在迅速地采取对策。"

但事实上，布什政府只会依靠有限的几个政策，即使这样，他们也不知道如何使这些政策发挥作用。他们拒绝帮助房主，拒绝帮助失业者，拒绝使用标准措施（增加支出，甚至他们的老办法——继续减税）来刺激经济。政府只是专注于向银行注资，而对如何设计一套能够迅速重启银行借贷活动的措施感到手足无措。

随着雷曼兄弟的倒闭、房利美和房地美的国有化以及对 AIG 的救助，布什政府动用了 7000 亿美元巨资拯救银行，这些救助计划还被冠以一个好听的名字——"问题资产拯救计划"。布什 2008 年秋拯救银行的政策完全不理会上百万即将丧失抵押品赎回权的房主，这就如同向濒危病人大量输血却不顾病人体内正在出血。已经很明显，除非采取措施改善经济体的内在质量，并遏制大量抵押资产放弃赎回权的势头，单纯向银行业扔钱是不能拯救它们的。资金注入最多只是权宜之计，救助会一个接着一个，甚至同一家银行需要不止一次的救助（如花旗银行，当时美国最大的银行）。[5]

争论再起和总统竞选

当 2008 年 11 月总统大选开始之际，已经很明显，几乎每个人（显然不包括布什总统）都认为我们要为走出衰退而采取更多的行动。政府认为，除了对银行的救助，低利率政策就足够了。然而货币政策常常有问题，比如它要对 1929 年的大萧条负重要的责任，货币政策很难带领这个国家走出衰退。约翰·梅纳德·凯恩斯曾经将衰退中货币政策的作用比喻为用手推一根绳子。当销售不振的时候，将利率从 2% 降到 1% 不会刺激厂商修建新的厂房和购买新的机器；当衰退势头最为严重的时候，产能过剩的问题就会非常明显，甚至零利率也不能拯救经济。此外，中央银行能降低政府支付的利率，但它不能决定企业支付的利率，甚至不能决定银行是否愿意放贷。我们最多能够指望货币政策不要让事情变得更糟，就像美联储和财政部已经在雷曼兄弟倒闭问题上犯下了管理性错误。

包括巴拉克·奥巴马和约翰·麦凯恩在内的所有总统候选人都同意基本的拯救方案应该包括三个方面：遏制不良抵押贷款的凶猛势头、刺激经济和振兴银行业。但是在每个领域到底具体该做些什么，二人的观点是不同的。许多已经在 25 年前出现过的陈旧的有关经济、意识形态和分配的争论又死灰复燃了。麦凯恩提出的建议主要关注减税，以此刺激消费。奥巴马的计划则强调增加政府支出，特别是政府投资，包括有助于环境改善的 "绿色投资"。[6] 麦凯恩有一个针对丧失抵押品赎回权的方案，想让政府设法接手那些不良贷款造成的损失。在这一方面，麦凯恩花钱可是大手大脚；奥巴马的计划则显得更加温和一些，他的重点在于帮助房主。但是，没有一个候选人能够提出清晰的拯救银行的思路，两个人甚至都不敢指出布什总统努力救助存在的问题，他们生怕"搅乱"了市场。

奇怪的是，麦凯恩却经常表现出比奥巴马还明显的平民化立场，似乎更加愿意批评华尔街肆无忌惮的行径。他好像已经脱离了以大商人俱乐部而闻名的共和党的传统。尽管在初选期间，奥巴马在库珀联合学院发表了措辞严厉的演讲，用于说明为什么我们更加需要完善监管，[7]但是他也像之前的比尔·克林顿一样，努力将自己同传统民主党反商业的形象保持一定的距离。

没有一个候选人愿意冒险去深究危机的根源。批评华尔街的贪婪尚可接受，而对产生错误激励并由此鼓励错误行径的公司治理问题的讨论就不敢过于深入；讨论普通美国人遭受的痛苦是可以接受的，但是如果将它与不足的总需求进行联系就很危险了，因为这违背了竞选的至理名言："不要把事情搞复杂。"奥巴马会推动加强劳工参加工会的权利，但这只是被当作工人的一项基本权利，它不会成为经济复苏或者旨在减少不平等战略的一部分。

当新总统就职的时候，人们似乎如释重负，认为政府一定该做点事情了。在后续章节我会讨论奥巴马政府入主白宫后，他们面对的是什么，他们的应对危机之策是什么，这些会对经济产生什么影响，它能否防止下次危机的到来。我会试图解释为什么政策制定者会采取这些措施，他们在想什么或者他们希望发生什么。最终，奥巴马团队采取了保守的策略，我将这种策略形容为"应付差事"的做法。但可能与我们的直觉相反，这种策略是非常危险的。奥巴马总统的计划所带来的一些负面风险可能在本书出版的时候已经显现，另外一些风险只有在几年后才能出现。但剩下的问题是：为什么奥巴马和他的智囊团会选择"应付差事"的做法呢？

经济的演化过程

当经济处于下跌的时候，很难制定应对之策。但是一想到衰退总会结束，似乎还有一些慰藉。

正如我和其他人已经预测到的那样，2007 年年中房地产泡沫的破灭导致了随后的衰退。在雷曼兄弟破产之前信贷市场已经变糟了，之后信贷市场变得更加糟糕。面对高涨的信贷成本（如果厂商能获得信贷的话）和低迷的市场，厂商迅速通过削减库存来做出反应。订单量迅速下滑，幸好其下滑速度还没有 GDP 下滑得那么严重，那些严重依赖投资品和耐用消费品生产的国家，因在这些商品上支出的延迟而遭到非常大的冲击（从 2008 年年中到 2009 年，日本眼看着它的出口降低了 35.7%，德国则下降了 22.3%）。[8] 最好的消息是 2009 年春出现的经济复苏迹象，曾在 2008 年年底和 2009 年年初遭受最严重冲击的行业开始了复苏，那些曾经被严重耗尽的库存开始有所增加。

仔细了解一下其就职时接手的基本经济状况，就会使奥巴马感到沮丧：上百万的房主正面临被取消抵押品赎回权的威胁，在很多地区，房地产价格依然在下跌。这意味着还有上百万的房屋抵押者是潜在的丧失抵押品赎回权的房主。失业在增加，数十万人的失业救济金将要到期，由于税收大幅减少，各州被迫裁员。[9] 奥巴马增加政府支出的经济刺激方案会对情况有所帮助，这也是奥巴马获得的第一个成果，但这只是阻止了事情的进一步恶化。

银行被允许从美联储那里以很低的成本进行融资，这些借款都缺乏抵押品并被用于风险投资。2009 年上半年，一些银行报告出现盈利，这些盈利大多数都是基于账面和交易利润（也就是投机利润）的，但是这种投机交易不会使经济迅速向好。并且，如果这些投机赌博没有成功，美国纳税人付出的代价将会更大。

只要这些银行在第一轮的危机中不被抵押贷款、商业地产、商业贷款和信用卡业务的损失彻底打垮，它们就会利用这些低息的资金并将其以更高的利息贷出，银行业竞争的减弱意味着它们可以提高贷款利息的能力增强了，从而慢慢开始充实资本金，恢复元气。如果没有其他的不幸发生，银行将会渡过难关，不再有危机发生。几年后（当然这只是愿景），银行业会重新振作，经济也将恢复正常。当然，银行在努力充实资金时所收取的高利息会阻碍经济的恢复，但这是我们避免残酷政治争斗所必须付出的一部分代价。

银行（包括为很多中小商业活动贷款的小银行）几乎在每种类型的贷款（商业和居民地产、信用卡、消费和商业贷款）中都面临着压力。2009年春，政府对银行进行了压力测试（事实上测试的压力并不太大），以观察银行在高失业和房地产价格下跌的情况下能坚持多久。[10] 但即使测试证明银行是健康的，去杠杆化过程（降低曾在经济中盛行的高负债）也会使经济的疲软持续更长一段时间。银行已经凭着它们那么一点点股本（它们的原始本金或者净资产值）借了大量的债务，从而形成大量的资产，这些资产有时高达它们股本的 30 倍。房主们也凭借他们房子上的那点净资产借了很多钱。很明显，建立在这些净资产之上的债务太多了，债务水平将不得不降低，但做到这一点会很难。但是，当债务真的减少的时候，那些原本由债务支撑的资产价格将会下跌。财产上的损失将会对经济的很多方面产生冲击：大量破产将会出现，即使有些企业和个人没有破产，它们也会减少支出。

当然，美国人有可能继续像以前那样以低储蓄的方式生活，但是，那样做就太鲁莽冒险了。实际数据说明美国人并没有这么鲁莽，美国居民储蓄率已经上升到 5%。[11] 虚弱的经济意味着美国居民储蓄越多，越是有更多的银行亏损。

一些人希望用出口来拯救美国经济，2008 年，出口确实帮助美国减缓了一些经济下跌的趋势。但是，在经济全球化的世界里，经济系统中某一个地方出现的问题都会迅速地对其他地方产生影响。2008 年的危机使得全球经济同时疲软。这表明美国不可能再通过出口走出危机，尽管在10 年前东南亚国家曾经这么做过。

1990 年，当美国开始发动第一次海湾战争时，科林·鲍威尔将军明确表达了后来被称为"鲍威尔主义"的思想，其中一个关键点就是使用压倒性力量迅速击溃对手。在经济当中，也应该有类似的思想，也许该叫克鲁格曼—斯蒂格利茨主义。当经济衰退的时候，比如像 2009 年年初世界经济表现得那样极度虚弱时，拯救方案就必须具备压倒性力量。政府经常对已经计划要支出的项目有所保留，但是，如果没有足够的支出，经济便不会出现持续复苏的效果。特别是当事实越来越清楚地表明奥巴马政府已经低估了经济下跌的势头和持续增加的失业情况时，再使用不够充足的"弹药"进行攻击是非常危险的策略。更糟糕的是，政府还继续没完没了地支持银行，如果这样下去，美国经济及其境况不佳的金融部门的前景似乎不会太妙。

前　　景

在我们遗忘大萧条的教训之前，富兰克林·罗斯福的新政已经影响美国经济生活接近 50 年了。2008 年，当我们面对伤痕累累的美国金融系统和经历艰难的经济转型时，我们需要重新审视，在我们经历危机之后，我们需要什么样的金融市场和经济。我们现在的行动将会影响未来10 年的经济基本格局。我们要对未来有新的展望，这不仅仅是因为我们原有的发展模式已经失败，而且因为我们在付出沉重的代价之后才知道支撑原有发展模式的假设是有问题的。世界正在改变，我们已跟不上时代了。

奥巴马的能力之一就是能让民众获得一种希望，一种对未来可能发生变革的感觉。然而从根本上说，"去掉伪装"的奥巴马是一个因循守旧的人：他并没有给出另外一幅资本主义的未来前景。除了前面提到过的他在库珀联合学院的著名演讲以及对将救助资金发放奖金一事附庸的批评之外，奥巴马很少阐述从废墟中重建的金融系统会是什么样的，该系统又该如何发挥其功能。

对美国的未来而言，奥巴马采取了更加广泛和实用的做法，他信誓旦旦地要完善美国的医疗保健、教育和能源部门，当糟糕的经济消息总是不断袭来的时候，人们自然会感觉失望，而此时，奥巴马的措施是里根式的，他试图让这个国家从失望中看到希望。奥巴马还有另外一个愿望，他希望这个国家能比乔治·W. 布什掌政时少一些分裂，在意识形态上的分歧能够少一些。奥巴马总统可能是想避免对美国经济中已经出现的问题进行更深入的争论，特别是关于金融部门所犯下的错误的讨论，因为他担心如果这样做，会在最需要团结统一的时候挑起矛盾冲突。彻底的大讨论到底是会增加社会的凝聚力还是会加剧社会冲突呢？如果真如有些观察人士所言，经济和社会只是受了轻微的小伤，那么最好的办法可能就是让伤口自我愈合。然而，现在的症状更像是长了脓疮，要想治好它，唯一的治疗方法是将伤口暴露在阳光下杀菌。

尽管形成统一的愿景有一定的风险，但是缺乏这一愿景也同样有风险。没有这一愿景，整个改革进程就会被金融部门所操控，让这个国家的金融系统比先前失败的那个还要更加脆弱，更缺乏对风险的管理能力，更无法有效地将资金配置到它们应该被投入的部门。我们需要将更多的资金投入到高技术部门，创造新的商业，扩大原有的生意。我们已经向房地产部门输送了太多的资金，多到已经超出了这些人的还款能力。金融部门一直被认为会将资金配置到对社会回报最高的部门，但很显然，这种看法是错误的。

金融部门有它自己的愿景，它们希望尽可能地赚取更多的利润，渴望回到 2007 年之前的世界。金融公司认为它们自己的生意是最重要的，也为它们自己的规模和利润率而自豪。但是金融系统应该只是经济达到某一特定目的手段，其自身并不是最重要的。金融部门巨额的利润可能是以牺牲经济体其他部门的繁荣和效率为代价的。尽管有些金融部门可能需要加强，比如为中小商业贷款的金融公司，但总体来说，过于庞大的金融部门不得不瘦身了。

奥巴马政府对美国的金融系统为什么会失败并没有一个清楚的认识，或者至少没有明确地讲出来。它们对未来没有规划，对过去的失败没有正确的理解，它们的反应是杂乱无章的。一开始，它们说的只是一些老生常谈，如需要加强监管、银行业要更有责任等，而不是要求重新设计金融系统，管理当局只是花费大笔的金钱来加强已经失败的现有金融系统。那些"越大越不倒"的机构不断地接受政府的救助，但是，大银行正是造成这次麻烦的主要机构，流向它们的公共资金只会纵容经济系统中这个最爱出问题的部门。与此同时，政府就很难再相应地花钱在其他金融机构，而恰恰是这些金融机构向经济系统中最具活力的部门——新企业和中小企业提供了资金。

一场大赌局：金钱和公正

有些人可能认为奥巴马政府的举措是实用主义的，是一种对现有政治力量符合现实的折中和妥协，甚至认为这是治理经济的明智之举。

在竞选之后的那些日子里，奥巴马面临了两难选择。他一方面想要平息华尔街风暴，另一方面还需要指出华尔街存在的根本性缺陷，并表明美国的利益。奥巴马一开始给自己定了个很高的基调，认为每一个人都希望他能够成功。但是他应该知道，在这场平民百姓和华尔街之间的经济战争中，如果他站在中间，那么他不会讨到任何人的欢心。总统被夹在中间了。

在克林顿执政时期，这种紧张的关系只是被捂在表面之下了。克林顿组建的经济顾问班子具有多元性，其中左翼人物有罗伯特·里奇，他是克林顿在牛津大学时的老朋友，也是当时的劳工部部长；右翼人物有罗伯特·鲁宾、拉里·萨默斯、艾伦·布林德，劳拉·泰森和我是经济委员会中的中间派。这是一个真正有着相互冲突观点的内阁，尽管说话通常都很礼貌，但是争论是很激烈的。

我们经常激烈地争论什么应该被放在优先考虑的位置，是应该关注减少赤字还是要对人们的基本需求（人道性的福利改革和扩展性的健康医疗改革）进行投资和保障。我总是认为克林顿本人是倾向于左翼和中间派的，但现实中的政治和金钱却导致了不同的结果：在很多方面都是右翼获胜，特别是 1994 年的国会选举之后，共和党获得了国会的多数议席。

很多人不喜欢我们对公司福利政策的批评，因为公司福利政策允许以补贴和税收优惠的形式给美国企业巨额的好处。鲁宾不仅不喜欢公司福利这个术语，他甚至认为这个词带有阶级斗争的味道。我对里奇说：这不关阶级斗争的事情，这是个经济问题。资源是稀缺的，政府的职责就是让经济更加富有效率，帮助穷人和那些没办法养活自己的人，而那些给公司的补贴降低了经济效率。这种财政转移用错了地方，特别在这样财政紧张的年代。这些财政款项应该流向贫穷的美国人或者有较高投资回报的基础设施和技术领域（从全国整体来看，华盛顿对这种款项的支持还是太少），而不是流向已经非常富裕的公司。

在布什政府走下坡路的那些日子里，给予公司的福利却创了新高，其任何前任政府都无法想象该项支出会有这么庞大。这一公司安全网的覆盖面已经从商业银行延伸到投资银行，再到保险公司，覆盖到那些不仅自己不缴费抵抗风险（实际上让纳税人为它们买单），而且还总是想方设法逃避纳税的公司。当奥巴马就任时，摆在他面前的问题是，应该维系给予这些公司的福利政策，还是要寻找一种新的平衡？如果奥巴马要给这些银行更多的钱，那么他是否应该坚持要求这些银行要有一些责任感，以确保纳税人能获得相应的回报？如果华尔街已经拯救了那些不幸濒临破产的企业，那么它们向政府要钱的要求并不过分，可实际情况并非如此。

这次，奥巴马决定要赌把大的，特别是在重构银行体系这个关键问题上，他采取的政策又回到了布什总统的老路上，但没有使用资本主义的通常做法：当一家公司不能支付债务的时候，它会破产或者被接收，通常股东会失去一切，而债权人会变成新的股东。类似地，当银行不能偿还所欠款项，它会被迫被接管。为了安抚华尔街，也许是为了加速复苏，奥巴马决定要冒惹怒老百姓的风险。如果奥巴马的策略能够奏效，那么一场更深层面的意识形态之争也许能够避免，如果经济能够很快复苏，老百姓可能会原谅对华尔街的慷慨援助。然而，这一切都面临着巨大的风险：短期内经济是否能恢复、中期内美国的财政状况会如何、长期内我们的公平感和社会凝聚力是否会遭到破坏，这一切都是不确定的、有风险的。虽然每一个战略都有风险，但现在我们不是很清楚，奥巴马的战略是否能在长期内最小化这些风险。他的策略甚至存在使很多企业疏离金融市场的风险，因为这些企业看到政策都受到大银行的控制，这个赛场已经偏向了那些大银行，并且在未来这种倾向会更加明显，而当初出问题的却正是这些金融系统的大银行。

为不断流向银行的资金而支付的成本会很高，它可能会使得奥巴马在竞选时计划要完成的事项大打折扣。奥巴马并不希望在其任期内沦为银行系统的急救医生。比尔·克林顿已经为了减少赤字而不得不放弃他的很多其他政治夙愿。同样，为了让银行重获资金，并让银行恢复正常以使其能像当初那样肆无忌惮地行事（这些行为曾让经济陷入麻烦），奥巴马可能会被迫放弃更多其他的政治理想，更加缺乏总统的满足感。

秉承布什政府的政策，奥巴马继续着对银行的救助，这样的赌博会有许多方面的变数。如果经济下滑最终比他想象的还要严重和持久，或者银行的问题比它们声称的更加严重，那么拯救银行的成本将更加巨大。奥巴马可能会由于没有足够的资金来最终解决这个问题。他们需要更多的资金进行第二轮的经济刺激。银行对救助资金的挥霍使用可能让国会恼怒，从而使得银行无法再从国会获得资金。同时不可避免的是，在银行方面更多的开支一定会导致其他方面的支出减少。奥巴马的道德权威甚至会遭到质疑，因为其总是致力于给予那几个曾将美国和全世界带到崩溃边缘的利益集团以救助。民众对金融部门的不满会与日俱增，因为这些部门总是动用大量金钱来购买"政治影响"，这些影响力先是使它们逃避了监管，然后又使它们攫取了上万亿美元的救助资金。现在还不是很清楚民众对金融机构的这些伪善行径能够再容忍多久，这些长期表面上提倡"财政责任"和自由市场的金融机构一直以道德风险为由拒绝帮助贫困的房主——它们认为现在帮助房主只会导致将来更多的救助并会削弱房主还款的动力，但同时这些金融机构却为它们自己无节制地索要救助资金。

奥巴马很快就会知道他的这些金融市场的新朋友是非常善变的。他们会接受数十亿美元的资金作为援助，但是，一旦奥巴马向美国民众对金融大鳄们巨额薪酬的主流声讨之声流露出些许支持，他们就会变得非常愤怒。但是，如果奥巴马不对这些批评表示支持，那么他就是漠视普通美国民众的感受，要知道美国民众是不愿意给银行渴望的金钱的。

银行家让美国人付出了沉重的代价，这使得美国人非常愤怒，在这种情况下，出现一些美国人对银行体系的过激言论也是在意料之中的，银行家不应该觉得奇怪，但实际情况正好相反。当对那些接受救助的银行管理层的薪酬水平进行限制的法案通过时，这些法案被银行家指责为"纽伦堡法案"。[12] 花旗集团董事会主席声称：每个人都应该为这场危机负些责任，但现在的舆论氛围更多的是要逮着一个恶棍，然后辱骂这个恶棍。[13] 一位接受"问题资产拯救计划"救助的公司高管的夫人争辩说，美国银行家遭遇的羞辱来得更快、更严厉。[14] 很显然，伤害别人的人却认为自己受到了伤害。

如果奥巴马由于让银行薪酬问题广受关注而遭到银行家们那么严厉的反击，这无疑恰好为奥巴马清楚地指明了金融部门在经历这场危机后的改革方向。银行已经不仅仅发展到大而不倒的程度，而且还拥有太大的政治权利以至于无法对其约束。如果一些银行因为太大就不允许其倒闭，那么我们为什么还要允许它们变得那么大？美国人本应该拥有21世纪的电子资金汇兑系统，该系统的优点在于应用先进技术，只需收取很少的交易成本，但美国银行却不愿采用此系统。美国本应该拥有至少和德国或者其他国家一样好的抵押贷款系统，但是美国没有。为什么这些被美国纳税人拯救的金融机构还被允许继续通过欺骗性信用卡业务和掠夺性贷款方式"猎食"美国的普通民众呢？大银行倒是能够对这些质疑给出并不友好的解释。

我在前面说过，在克林顿执政期间，一些内阁成员认为我们有些人（比如我和罗伯特·里奇）把给美国富裕公司补贴的数十亿美元贴上"公司福利"的标签会招致阶级斗争。如果针对那些以现在的观点来看并不太严重的补贴行为真的会招致那么严重的责难，那么我们可以想象人们会对向美国银行部门史无前例的资金救助谴责成什么样子。

惯用模式已无计可施

当美国滑入危机后，我担心曾多次在发展中国家看到的情况在美国也会发生。导致危机恶化的银行家们会利用民众的恐慌重新瓜分财富，他们会从民众的口袋里为自己强取豪夺。每一次，纳税人都会被告诫，要想使经济复苏，政府就不得不为银行重新注资。在那些先前的危机中，在银行的甜言蜜语下，政府给了银行数十亿美元的资金，经济最终复苏回来（每一次衰退都有结束的时候，在很多情况下，我们并不是很清楚救助会加快还是阻碍复苏)。[15] 随着复苏的出现，为此庆幸的国家会如释重负，也就不会太关注表面之下更深层次的问题。1994～1997年，为拯救墨西哥银行而付出的成本估计相当于该国 GDP 的 15%，这部分资金的绝大多数都流入到有钱的银行家手中。[16] 尽管有巨大的资金注入，银行也没有真正恢复借贷，信贷供给的减少使得墨西哥在接下来的十几年中经济增长乏力。十几年后，墨西哥工人的工资（经通货膨胀调整）更低，不平等现象更加严重。[17]

正如墨西哥危机并没有削弱墨西哥银行家们的权势一样，美国的危机也并不意味着金融部门影响力的终结。金融部门的财富可能减少了些，但是不知何故，其政治资金依然存在。金融市场依然是美国政治中唯一最为重要的因素，特别是在经济领域。它们的影响力既有直接的也有间接的。

在过去 10 年，金融市场中的公司已经花费了数十亿美元去游说所有政治党派。[18] 它们收获颇丰，这些政治投资的回报要比银行在其专业领域（如在市场上投资和贷款）的回报高很多。它们通过去监管化获得了第一桶金，它们又通过大规模的政府救助收获了更丰厚的回报。我敢肯定，它们还希望通过在阻止重新监管上的"投资"去收获更多。

华盛顿和纽约之间千丝万缕的联系也使得很多人有动力去阻止新管制的产生。很多官员都直接或者间接地与金融业有瓜葛，而他们却被要求去为金融业（他们自己的行业）制定规则。当负责为金融部门设计政策的官员都来自金融部门内部时，我们又怎么能指望他们来提出什么明显有别于金融部门自己想法的观点来呢？也许在某种程度上，上述观念是我的一种狭隘之见，但是，一个人是不可能完全不顾及自己的私利的。当个人财富和未来工作的保障都依赖于银行表现的好坏时，那他会更易于附和这样一种观点：对华尔街有好处的对美国就有好处。[19]

在美国，如果想要了解金融市场特殊的重要影响力，你可以看一下政府对银行业和汽车业明显不同的态度。

对汽车业的救助

银行并不是唯一的不得不被救助的公司。当 2008 年即将结束的时候，三大汽车制造商中的两个——通用和克莱斯勒处于崩溃边缘。当销售急剧下降的时候，即使管理良好的汽车公司也会出现问题，更何况没有人认为这两家公司的管理是良好的。人们担心可能会出现灾难性的后果：它们的供应商会破产、失业会猛增、下滑的经济会恶化。但是那些曾跑到华盛顿请求援助的金融家们现在却赤裸裸地（即使在公共场合）反对对汽车业的救助。他们认为，银行是经济的血液，理应进行救助，但那些生产实际产品的公司是否需要救助，就完全是另外一回事了。如果真是这样，那么我们就知道资本主义要走到头了。

对于是否让这几家公司继续生存一段时间，布什总统犹豫不决，并将这个问题踢给了他的继任者。作为获得援助的交换条件，这几家公司需要制订一套切实可行的生存计划。奥巴马政府明确表示了他在这个问题上的双重标准：与 AIG 高管的工资合同不容改变，但是与几家接受援助的汽车厂商的工人的工资合同需要重新谈判。低收入工人必须削减工资，尽管他们已经辛苦劳作了一生，并且他们根本没做错什么，但是，那些将这个世界带到金融崩溃边缘的银行家们却可以坐享上百万美元的薪酬。他们太"珍贵"了以至于不得不为挽留他们而支付重金，即使公司根本没有利润供他们发放奖金。银行高管能够继续他们的高收入；汽车公司高管则不得不放下自己的身段。然而，放下身段还是不够的，奥巴马政府还是要迫使这两家公司破产。

上面所说的做法符合资本主义的标准游戏规则：破产时，股东失去一切，债权人和其他权利主张人（联合医疗保险基金和救助公司的政府）成为新的股东。美国已经进入了政府干预经济的新阶段。这种做法可能是必要的，但是有诸多地方令人疑惑，为什么有双重标准？为什么银行获得的待遇与汽车公司却有天壤之别？

上述情况进一步彰显了美国在重建时存在的深层次问题：做事草率，政府在 2009 年夏援助 500 亿美元给汽车公司，这些都是权宜之计，政府对这些公司并没有什么信心，这些公司的大多数管理人员并没有被调整（尽管通用的领导人发生了变化），这些公司在过去 25 年里在与日本和德国的竞争中已经落败，因此不指望它们会突然变得出类拔萃。如果汽车公司的改造计划不能成功，那么美国的赤字就会增加 500 亿美元，而经济重建的工作却没有什么起色。

对变革的抵触

当金融风暴袭来时，不仅银行而且政府也没有真正认真地反思与讨论，一个好的金融系统应该是什么。银行家们只想着怎么把钱搂进自己的腰包。而当有新的监管苗头出现时，他们则会迅速地敲响警钟。2007 年 1 月，危机的阴云已经笼罩，商业巨头齐聚达沃斯，他们最为强烈关注的就是担心人们的"过度反应"，也就是担心出现更多的监管。他们也承认其过去的做法有些过分，但他们已经从中吸取了教训，并且已满足于此。风险是资本主义的组成部分，他们则声称真正的风险是过度的监管，这会扼杀创新。

但是光给银行更多的钱是不够的。它们已经失去了美国人民对它的信任，这是它们的报应。它们的"创新"既没有带来更高的持续增长，也没有帮助普通的美国人管理好他们的房屋风险，它们只是制造了大萧条以来最为严重的衰退和大规模的救助。只给银行注资，而不改变银行面对的激励和约束，那就相当于让它们回到它们的老路上。实际上，已经发生的事情很大程度上也证明了这一点。

金融市场的这些玩家的策略很明显：让那些呼吁要对银行部门进行真正变革的人士在那里反复争论吧！在意见统一之前，危机就会结束，随着危机的结束，改革的推动力也就会消失。[20]

面对灾难的权宜之计

新总统面临的最棘手的挑战是如何选择他的领导团队。被任命的人要能体现和实现总统的理想，在一个像经济这样异常复杂的领域，团队成员要做到真正的全盘考虑。新总统有一个很大的窘境：不论是人员方面还是政策方面，他是选择继承还是变革？在克服变革的阻力方面，他需要花费多少政治资本？

布什团队包括 2006 年总统任命的美联储主席本·伯南克、纽约联邦储备银行行长蒂莫西·盖特纳和财政部部长亨利·保尔森。

当本·伯南克接手这个正在膨胀的泡沫时，他没有刺破它。[21] 依赖于这些泡沫，华尔街正享受着创纪录的利润。如果伯南克采取行动刺破它或者只是缓慢地紧缩，这都会让华尔街不高兴。即使伯南克承认出现了泡沫，他也面临着两难选择：如果他发出了警示，比如，如果他想叫停肆无忌惮的房地产贷款和基于这些贷款之上的复杂证券化产品，那么人们就会谴责伯南克由于紧缩了泡沫而减缓了经济。到处充斥着不友善的言论，将他与其前任艾伦·格林斯潘进行对比，告诉他格林斯潘都知道如何慢慢紧缩泡沫或者干脆让它一直存在下去。

但是，伯南克会让泡沫存在下去还另有原因。也许他非常相信格林斯潘的花言巧语；也许他真的相信这里不存在泡沫，只是有一点点过热；也许他相信，在任何情况下，不到泡沫破灭之时，人们是无法确定是否存在泡沫的。[22] 也许他和格林斯潘一样，相信美联储没有办法慢慢地收缩一个泡沫，而等到泡沫破灭之后去修复损失则相对会更容易一些。

不过，让任何一个严肃的经济学家不为此担忧也很难，忧心忡忡的他们不得不告诫众人。一位央行行长制造了泡沫，其继任者听之任之，并将泡沫吹得没了边。无论何种情况出现，这都不是什么好事情。

蒂莫西·盖特纳已经在很早就开始发挥作用。他很早就是拉里·萨默斯和罗伯特·鲁宾这两位克林顿去监管化运动设计师的副手。更重要的是，他掌管着纽约联邦储备银行并监管着花旗银行这个最大的巨无霸银行，该银行在 2007 年的资产接近 23 600 万亿美元。[23] 2003 年以后，他就被任命为纽约联邦储备银行的主席，并成为该地区的主要监管者。显然，作为纽约这些银行的监管者，他不认为这些银行做错了什么，尽管这些银行很快就需要政府上千亿美元的援助。当然，他在演讲中也曾警告过银行过度冒险是危险的，但他也只是作为监管者泛泛而谈，并没有持之以恒。

危机期间，布什领导团队中的第三个成员是亨利·保尔森。与克林顿的财政部部长罗伯特·鲁宾一样，他也是在执掌了高盛公司一段时间后就职于华盛顿的。他很走运地转行到了公共服务部门。

很明显，奥巴马，这位在竞选时许诺选民要进行真正变革的总统如今实际上只是做了些权宜之计的变动。华尔街的人们已经使用他们惯用的手法（利用人们对危机在整个市场上蔓延的惧怕）获得了他们想要的东西。奥巴马团队也是一个愿意以优惠条件为银行慷慨解囊的团队。盖特纳取代保尔森成为财政部部长，伯南克还在职位上，他的这届任期到 2010 年年初结束，但是奥巴马 2009 年 8 月已经宣布他会继续提名伯南克连任，直至 2014 年。

为了协调经济顾问团队，奥巴马任命了鲁宾的前副手拉里·萨默斯，他一直声称自己在 1999 ～ 2001 年就任财长时取得的最大成绩就是没有对激增的衍生产品进行管制。奥巴马一定知道（一定也有人向他建议）要在新的决策团队中安排新面孔的重要性，这些新人要与过去的很多事情没有利益瓜葛，这些事情包括给我们带来麻烦的放松监管运动以及 2008 年从贝尔斯登到雷曼兄弟直至 AIG 的艰难的救助事件。

　　奥巴马团队中的第四位成员谢拉·贝尔也是一位曾在上届政府任职的官员，她是美国联邦存款保险公司（FDIC）的主席，该机构为存款进行保险。尽管布什面对丧失抵押品赎回权的剧增而不管不问之际，贝尔已经大声疾呼要通过重组抵押贷款来帮助这些房主，但具有讽刺意味的是，当奥巴马新团队中的一些成员日渐醒悟的时候，她却似乎看起来更像经济团队中全身心力挺大银行的人员。许多避开了国会而对银行进行的歪曲真相的资助都得益于 FDIC 的"魔力"，这家自称保护小储户的机构并没有确保银行债券的安全，而是借钱给对冲基金以帮助它们在日益膨胀的价位购买银行的"有毒"资产。

　　正如《纽约时报》所说：现在的问题是"他们（奥巴马的经济团队）是否从错误中吸取了教训，如果是，那么这些教训是什么"。[24] 奥巴马确实已经选择了一个由诚实公务员组成的团队，他们也在尽职服务于这个国家。但这不是问题所在，问题是这些人是如何看待世界的以及美国人又是如何看待他们的。我们需要对金融市场有新的远景规划，现在正需要利用奥巴马及其经济团队的全部政治和经济手段去形成、明确并实现这一远景。那些与过去的错误有很多瓜葛的人们是否能够正确提出并下定决心实现这些远景呢？他们是否已经吸取了正确的经验教训呢？很多官员身负监管决策的重任，但他们对这一问题却一直有根深蒂固的观念。在心理学上存在一种称为"顽固认同"的现象，人们一旦采取一种立场，他们就会感觉被迫要捍卫这一立场（尽管他们可能也认为这一立场有问题）。经济学家持相反的观点：过去的就让它过去吧。经济学家认为人应该向前看，评估过去的立场是否奏效，如果没有，就应该改变到新的立场。毫无疑问，在这里，心理学家是正确的，而经济学家错了。尽管面对目前大量的不利证据，那些鼓吹放松管制的既得利益者还是依然设法让他们的想法被更多的人接受。现在，好像是应该他们承认错误、接受加强监管的观念的时候，但是，至少在某些情况下，他们的做法却令人担忧，他们努力使这些新的监管尽可能地与他们固有的观念相一致。当他们声称自己过去采取的监管（比如对剧增衍生产品的监管）是"恰当"的监管，不过分严厉也没有太宽松，是一种居于二者之间恰好的做法，他们的这些言论能被相信吗？

还有其他原因使得我们担心经济团队保留很多上届官员可能存在的问题。危机已经表明该团队的经济分析、模型和判断存在严重的问题。但是，不可避免地，这个经济团队更愿意将此次危机产生的根源归于其他方面。他们不愿意很快意识到危机是泡沫价格刺激大量不良贷款造成的后果，而是更愿意相信市场只是暂时出现衰退，只需要恢复"信心"，房价就会反弹回来，经济也就能复苏到危机前的水平。存有这种幻想的基本经济政策是危险的，这与危机前银行肆无忌惮的放贷一样危险。它的后果会在随后的几个月里显现出来。

然而，这还不仅仅是如何看待经济的问题。如果一定要有人承担损失，那应该是美国的纳税人还是华尔街？奥巴马的许多顾问都与金融市场及其过去的失败有很多瓜葛，这些人声称他们已经在没有削弱银行放贷能力的前提下，最大限度地惩罚了银行，让银行尽可能多地做出了牺牲。这些话能让人相信吗？美国人能相信这些顾问是在为纳税人工作吗？还是在为华尔街服务？

经济学的基本原则就是要求公司为自己的行为承担相应的后果。该原则以及公正性都要求银行虽然不必为它们造成的损失承担全部成本，但它们至少要承担恢复金融系统的全部直接成本。但是银行声称让它们承担损失将会有害于它们的恢复。尽管那些存活下来的银行在关键时刻都受惠于政府的资助，但它们还是认为让它们承担失败的成本有失"公允"。奥巴马政府也站在银行那边。奥巴马政府声称它们之所以这么做不是因为想给银行什么馈赠，而是再没有什么其他可以挽救经济的方法了。美国人有充分的理由对这种说法表示怀疑。实际上，我们有其他更好的方法（这一点我将在后续的章节中进行说明），这些方法能够更好地保护和加强美国的金融系统，更好地重启信贷，这些方法在长期内将会让美国的国家债务减少成千上万亿美元，让美国处于更加公平的环境中。但是，这些方法会让银行的股东和债权人变得更穷一些。所以，那些对奥巴马拯救方案持批评意见的人根本不奇怪奥巴马团队（他们与华尔街有密切关系）会反对这些更好的方法。

过多保留前任政府的官员有很多问题，至少从表面上看，这使得奥巴马会因许多美联储所做的决策而被公众批评。在布什政府时期，美联储和财政部似乎就穿一条裤子，这种亲密的关系保持到了奥巴马政府。没有人能确定谁最后说了算。天衣无缝的权利转移就说明政策不会有什么改变。保尔森向 AIG 施恩的 890 亿美元救命稻草就已经很糟糕了——他的老朋友高盛公司是唯一的最大受惠者。但是，这样的救助最终还是被翻倍到1800 亿美元（其中的部分资金救助发生在奥巴马政府期间）。更糟糕的是勉为其难地要求 AIG 接受相关义务的方式，其中将 130 亿美元转交给高盛公司是最让人感到无耻的做法。试想，如果一家保险公司决定要取消一个普通美国人的火灾保单，它将使这个人很难找到其他保险公司愿意为其承保。但是，当政府决定取消 AIG 给高盛的保单的时候，它却向高盛支付了赔额，仿佛高盛已经遭受很大的损失一样。这种恩惠没有任何公正性可言，其他信用违约互换也已经被规定只需偿付 13%。[25]

上述及其他相关事件使得人们更加关注危机期间隐藏在一些决策（不论其最终是否被执行）背后的动机。例如，政府怎么就认为银行应该"大而不倒"呢？或者更准确地说，银行太大了以至于为了保护那些债券所有人和股东而不惜放弃资本主义通用的规则。政府就没想过对银行进行拆分、征税或者施加更多限制，让它们不再庞大到"大而不倒"。[26]同样地，人们也会奇怪为什么政府在讨论完抵押贷款重组的重要性之后，还会设计出那么缺乏效率的拯救方案。答案（在第 4 章中会进一步讨论）虽然很明显，但却令人不安，那就是如果政府对银行采取措施就会迫使银行承认其不良贷款造成的损失，而政府并不希望看到这一点。

旧有矛盾的新表现形式

美国对银行的怀疑由来已久，特别是对大银行，这一点体现在对第一任财长亚历山大·汉密尔顿提议建立国家银行的争论上。纽约和其他大城市都制定了对州际银行进行监管的制度以限制大银行的权利（这些法案最终被克林顿废除）。普通百姓依赖于银行为其提供资金，银行的利润也来自对普通百姓的贷款。这是二者表面上的关系，但是实际上，二者之间缺乏信任。

华尔街和普通百姓之间的冲突是不同经济团体之间复杂冲突的典型代表。2008 年的严重衰退更是凸显了二者之间实际利益和观念的冲突。华尔街和美国其他群体之间原有的冲突有了新的表现形式。这次，银行用枪指着美国人的头说："如果你不给我更多的钱，你便会遭殃。"所以，银行说现在的做法是唯一的做法，别无选择。如果对我们强加限制（如果让我们停止分红和分奖金），抑或让我们的管理层承担责任（就像政府对通用汽车的做法），那么我们以后将再也不会筹集资金了。也许它们是对的，如果银行真的停止筹集资金，那么美国经济会持续低迷，到那时没有哪个政治家愿意为此背黑锅。华尔街利用人们对经济崩溃的恐惧迅速地从美国纳税人手里掠夺走了巨额资金。更令人瞠目的是，华尔街的抱怨之声此起彼伏，他们抱怨为什么银行没有得到更多的钱？为什么人们把这种行为称为救助？如果人们能够想出一些更好的词语，比如"恢复"或者"投资"计划，那么华尔街就不会有那么多反对的声音了。研究其他危机的专家知道未来会发生什么：损失已经造成，将要爆发的争论是谁来为危机买单。

当布什偏袒华尔街并屈服于它们的威胁时，没有人会对此感到奇怪。

很多人都期望奥巴马能够采取一些更加兼顾各方利益的政策。不管奥巴马内心怎么想，他的实际行动至少表明他照顾华尔街的利益更多一些。人们一直指望这位总统能够照顾到各方利益，但从他选择的经济团队来看，在其就职前他就已经有所偏袒（华尔街）了。

甚至衡量救助是否成功的方法似乎都有所偏袒：当努力向银行不断提供援助的时候（一些相关描述我会在第 5 章中说明），关注的焦点是华尔街会如何做出反应，银行股价会如何变化。但是，银行股价的高涨对银行而言是件好事情，但对纳税人而言通常比较糟糕。普通百姓希望看到的是借贷活动的复苏，但从这个判定标准看，试图让银行复苏的所有努力似乎没有一个是有效的。

利用奥巴马不太强的政治敏锐性，华尔街使得奥巴马试图调和国民利益的努力更加困难，当美国纳税人将数十亿美元投向银行的时候，银行却将这些钱用于分红和发放奖金，而它们还声称这样做是为了让它们能够重新放贷。[27]

当奖金丑闻在 2009 年 2 月逐渐达到高潮的时候，奥巴马不得不表态了。但是在批评乱分奖金一事上，奥巴马得罪了所有人：当初华尔街对他的情有独钟迅速消失，同时，他也没有获得普通百姓的信任。

不断向银行资助的错误行为对政治环境产生了不利的影响，事实上，这可能会对奥巴马政府重振银行、稳定抵押贷款市场及刺激经济的努力造成政治上的约束。虽然无法说清楚银行到底需要多少钱，但是越来越多的不受欢迎的银行救助意味着如果政府还想要更多的资金，将会很难获得国会的批准。投资者不会愿意参与一些政府主导的项目，因为他们担心即使这些项目有一些事先约定好的利润，国会也可能会改变游戏规则，将这些利润拿走或者施加另外一些惩罚或者限制。

这种情况催生了更加复杂和缺乏透明度的做法。国会被迫要求批准政府所有的支出计划，但是欺瞒之风会笼罩在整个美联储和联邦存款保险公司的日常工作中，人们不能详细审查这些机构提供出去的资金，但美国人一直认为信息透明是他们民主制度的关键要素。[28] 而美联储声称《信息自由法案》管不到它，或者至少在一些关键方面是这样。彭博资讯社是一家金融信息提供商，对这一说法提出了质疑。2009 年 8 月，美国地区法院判定美联储败诉。即使这样，美联储还是拒绝接受我们民主制度要求的对公共部门也要信息透明的主张，美联储提出了上诉。[29]

银行通过大量表外业务操作使其陷入麻烦，它们这样做是为了欺骗投资者和监管者，现在这些金融术士正在帮助政府当局做同样的事情，也许这次是为了欺骗纳税人和选民。[30]

经济前景

奥巴马就职 9 个月后，依然不是很清楚其采取的冒险做法是否奏效。经济可能已经脱离死亡的危险，已经从灾难的边缘被拉了回来。似乎最好的情形是，2009 年秋经济自由落体的形势结束了，没完没了的下滑结束了。但是自由落体的终结并不等同于经济恢复了正常。

到 2009 年秋为止，经济已经出现了几个月的强劲增长，已经严重消耗的库存又重新增加了。[31] 但是即使这样，增长也很难填补经济实际产出和潜在产能之间的缺口，这意味着在不久的未来，无论是全球经济还是美国经济都不会出现强劲的复苏。事实上，很多人士认为 2009 年年底和 2010 年经济增长将放缓，更多问题会出现在 2011 年。

经济重新增长就意味着衰退结束。经济学家定义衰退为连续两个季度或更多季度的负增长，所以，当经济出现正增长，不论这个增长多么软弱乏力，都将宣告衰退的结束。但对于工人而言，当失业率很高，特别是失业的趋势还在增加时，经济就依然处于衰退中。对于企业而言，只要还能看到过剩的产能，那就意味着经济还在低于潜在产能的水平上运行，那么经济就还处于衰退之中。只要还有过剩产能，商人就不会投资。

　　当本书即将付梓之际，要想在一年或者两年内让经济复苏到其潜在产能水平的希望非常渺茫。抛开一厢情愿，认真关注经济的基本面就会发现，要想使失业率恢复到潜在水平还需要很长的时间。经济从底部反弹并不意味着就能将经济带回其正常轨道，一种可能的情况是，在达到充分就业之前，经济会被带入日本式的长期停滞当中（美国的增长可能要比处于长期经济停滞的日本略好一些，这只是因为日本的劳动力数量是不变的，而美国每年有 1% 的增长。但是不要让这点差别迷惑了我们）。经济的未来走向扑朔迷离，因为其面临着一个或者多个冲击：其他金融机构的突然倒塌、商业地产出现问题，甚或只是在 2011 年已有的一系列刺激方案的结束。正如我在稍后做出的解释那样，要想使失业率恢复到正常水平，需要有持续 3% 的经济增长，但似乎还没有看到这种可能性。

　　很显然，所有的监管者和卖股票的人都试图传递一种乐观的气氛。他们希望，恢复自信将会刺激消费和投资，它甚至会恢复房价，如果这些都发生了，2008 年的严重衰退就会成为历史，成为迅速被淡忘的噩梦。

　　股票价格从谷底反弹往往被当成经济状况回暖的指针。不幸的是，股票市场价格上涨并不一定意味着一切向好。股票价格上涨可能是因为美联储流动性泛滥、利率下跌，股票的回报看起来比债券高。来自美联储泛滥的流动性需要找到出口，希望能给更多的商业活动贷款，但是这也可能导致小规模资产的价格泡沫或者股票市场出现泡沫，或者上涨的股票价格反映的是公司能够成功地削减成本、解雇工人和降低工资。如果是这样的话，那就预示着整体经济要出问题了。如果工人的收入依然不高，那么占 GDP 70% 的消费就会不振。

　　正如我前面所说的，本次经济下滑非常复杂，金融危机夹杂着经济衰退。以前的衰退都是小的暂时性异常，其产生的主要原因是由于以前政府将经济搞得过热，然后美联储又对经济过猛地踩刹车。[32] 这种衰退的恢复是容易的：美联储承认错误，把脚从刹车踏板上挪到油门上，经济增长就能恢复。另外的衰退则是由于过量的库存积累。只要过量的库存被纠正，增长也将会恢复，这通常需要一年的时间。伴有金融系统崩溃的大萧条则不同。从其他伴有金融危机的衰退中积累的经验来看，这种情况的恢复会非常困难，需要更长的时间。

我们应该庆幸那些濒临崩溃边缘的银行并没有看起来那么极度危险。尽管金融市场的冰雪在融化，银行的报表也有所改观，但还是存在大量危险的阴霾。例如，商业地产的崩溃给金融市场带来了大量迫在眉睫的问题，存在于住宅地产和信用卡债务中的问题也挥之不去，持续的高失业率将给住房抵押贷款和信用卡业务带来新的问题。新规定允许银行将那些表现不佳的抵押贷款按照面值计入报表，这使得我们更没办法识别银行系统的健康情况。坏账会被滚动偿还，这不断拖延了问题暴露的时间。但是很多商业地产贷款已经被证券化，这些贷款不得不在接下来的几年里被滚动偿还，到那时又会出现新的一轮破产和抵押品赎回权的丧失。美联储长期使用非同寻常的低息政策支持了商业和住宅地产市场。那么如果美联储放弃这些异常的金融市场干预政策后，会发生什么？又或者美联储意识到撤回这些攸关银行存亡的政策非常危险从而遵守诺言继续支持它们，那情形又会如何？

但是，即使金融系统能恢复得非常健康，实体经济还是存在问题。因为当我们认真考察总需求的每一个组成部分时，我们就很难乐观起来。即使银行被完全修复，它们也不会像以前那样肆无忌惮地进行放贷；即使它们愿意放贷，很多美国人也不会愿意借。美国人已经吸取了深刻的教训，他们将来一定会比以前储蓄更多，可能会多很多，以前不论他们是否需要，银行总将钱大量地借给他们。尽管对一直增加的失业率能否止住还不是很肯定，美国人财富的大部分已经被侵蚀：房产是他们的主要资产，很多人即使没有眼睁睁看着它全部消失，也发现它大大缩水，这些资产如果有可能恢复的话，那也是数年之后的事情了。

从另外一个角度看，居民债务是其可支配收入的 1.3 倍，减少这一不正常的负债率就需要去杠杆化，需要更多的储蓄，而这将意味着居民更低的支出水平。

要想依靠总需求的另外一项——出口来恢复经济也存在问题。现在其他国家也面临着各自的问题，美国不能仰仗对其他国家的出口而获得繁荣。当然，正如我已经说过的那样，整个世界都不能依赖出口而增长。在大萧条的时候，每个国家都通过牺牲邻国利益来保护自己。这被称为以邻为壑的政策，包括贸易保护主义（增加关税和其他贸易壁垒）和竞争性货币贬值（通过让本国货币贬值，使本国出口货物更便宜，使进口更难）。相对于过去，现在这些以邻为壑的政策不会起什么作用，可能还会弄巧成拙。

中国的经济增长已经很强劲，但是它的消费相对于美国而言还是太小，中国消费的增加无法弥补美国消费的减少，况且中国增加的支出只有一小部分会表现在美国出口的增加上。在全球危机对很多发展中国家都造成很多不良影响的情况下，这些发展中国家会继续增加自己的巨量外汇储备，从而削弱全球需求。

没有消费和出口的强劲复苏，就很难看到投资的恢复，除非等到经济中的过剩产能被消耗或被淘汰折损掉。同时，在未来，由于各州或地方政府的税收可能会由于美国经济的进一步下滑而减少，因此刺激性支出将进一步收缩，州或地方政府的支出也将被削减。

在危机前，支撑美国经济（很大程度上也是全球经济）的是依赖于房地产泡沫的债务融资消费。因为相信房价将会永无止境地上涨，所以人们可以靠透支来生活。现在，没有人还相信这个了。美国经济增长赖以存在的"模式"已经走到了尽头，但是还没有看到能够替代这一模式的新的增长模式的出现。

总之，很多人都相信经济已经被从 2008 年秋的万丈悬崖中拉回，但没有人认为它已经恢复健康了。攀升的债务正在将奥巴马的其他计划推向危险边缘。人们对向银行救助的愤怒还会波及其他领域。但是，银行依然紧缩其信贷，它们的雇员正在获得创纪录的奖金（一项 2009 年的调查表明，一个一般的交易员都会敛到 93 万美元的意外之财）。[33] 当股东的股票市值在上涨时，股东欢欣雀跃。奥巴马已经知道他不可能取悦所有人，但是他取悦的对象选对了吗？

曾被认为是低风险的策略（如蒙混过关和避免冲突）已经被证明不论是在经济上还是在政治上都是高风险的做法：对政府的信任正遭受被削弱的危险，大银行与其他阶层的冲突有愈演愈烈的风险，经济面临复苏乏力的风险，代价巨大的或公开或隐蔽的救助行为正将政府的财政状况推向危险边缘——由于无钱可用，它将那些事关国家前途所必需的政府项目也推向了危险境地。

奥巴马还是能够采取其他措施的，尽管他已有的做法大大限制了这些措施，但仍然有很多可选的方案。在后续的章节中，我将描述政府如何刺激经济（第 3 章），它是如何在帮助房主的行动中发挥作用抑或帮了倒忙（第 4 章），它是如何试图拯救银行系统和重新对其管制（第 5 章和第 6 章）。让我担忧的是那些已经采取的措施不仅将会使经济下滑得更深远，而且还会在危机之后带给我们更巨大的债务，更缺乏竞争力、缺乏效率、更易产生新危机的银行系统让我们的经济在面对新世纪的挑战时没有丝毫准备。

第 3 章

有缺陷的应对之策

2009 年 1 月，正值巴拉克·奥巴马和他的幕僚开始执政之际，美国发生了一场前所未有的危机。庆幸的是他们意识到，如果不针对实体经济采取一些措施，他们将很难恢复银行系统的正常运营。因此，他们不得不集中精力对待这件事情，并坚决遏制抵押品赎回权流失的势头。在美国，已经大约有 75 年没有发生过如此严重的危机了，但在其他国家，类似的危机已经变得很寻常。国外有足够的关于如何应对经济危机的历史经验，包括那些因房地产泡沫破裂导致的危机的经验。奥巴马团队已经拥有足够的理论、经验数据和共识来设计一揽子短期刺激经济和长期强国富民的方针政策，但政治并非总是如此简单、易于分析的。

在处理危机的后果方面，大家唯一的也是最重要的看法就是：危机并没有破坏经济体制中有价值的事物。有些银行可能已经破产，许多企业和家庭也可能已经破产，然而实物资产仍同以前一样——相同的建筑、工厂和工人；相同的人力、实物和自然资本。但是危机却导致自信和信任的丧失，当银行和企业已经或就要破产时，社会的制度架构也在被削弱，目前的市场经济使得产权关系更加混乱，不像在正常的破产程序中所有权是从股东那里转移到债券持有者手里那样清楚，我们现在经常是不知道谁拥有或控制特定资产。在逐渐演变成一场危机的过程中，资源被浪费，资金被投入到房地产而非其他更有用的地方。但这已是既成事实，过去的就让它过去吧。现在的关键是：在泡沫破裂之后该如何有效地使用资源？当产生大量损失、资源未能有效和充分使用以及失业剧增时，这个问题就显得更为突出了。这是真正的市场失灵，但如果当局采取适当的政策予以调控，这本该是可以避免的。然而，最令人担忧的是：恰当的政策往往不能被付诸实施，不光泡沫生成过程有损失，泡沫破灭后还会造成损失。

刺　　激

萧条时期最大的争论发生在财政保守主义者和凯恩斯主义者之间，财政保守主义者想要控制财政赤字，而凯恩斯主义者认为政府当局应当增加赤字来刺激经济。在 2008 年和 2009 年，当每个人突然间都变为虔诚的凯恩斯主义者时，政府对于采取什么恰当的应对危机之策却有着很大的意见分歧。当奥巴马就职时，经济下滑的趋势非常猛烈，奥巴马没有任何措施可以扭转这种势头，不过经济刺激方案的出台及其刺激的力度会决定经济需要多久才能稳定。遗憾的是，奥巴马内阁并没有提出一个关于我们需要什么的明确观点。相反，他在很大程度上把这个问题留给了议会，让他们去制定刺激方案的规模和方式，所以面世的方案完全不是恢复经济所需求的。

一份良好的刺激方案应该考虑以下七大基本原则。

迅速

布什总统的迟疑使得美国付出了更大的代价。经济政策需要若干个月才能充分见效，因此迅速向经济领域注入资金就显得极其紧迫了。

富于效率

富于效率意味着小投入大产出，即所花的每一分钱都要大规模地增加就业和产出。国家增加的国民收入与国家财政投资之比即为乘数，用标准的凯恩斯理论分析就是：政府投资的每一分钱将会带来远高于一分钱的国民收入。如果政府投资建设项目，那么工人就会增加消费，进而会有更多的人增加消费。这样，链条中的每个环节都会增加国民收入，使得国民总收入的增加远多于政府初始投资。

平均来看，美国经济短期乘数大约是 1.5。[1] 如果政府现在投入 10 亿美元，今年的 GDP 将会增加 15 亿美元。长期乘数会更大一些，今年的一些投资将在明年或后年产生收益。由于当前的衰退可能是长期的，因此政策制定者也应该注意到那些将在两三年以后产生的收益。

其实也并非所有的投资都会产生相同的乘数作用：在伊拉克施工的外国承建商的投资将会有一个较低的乘数，因为他们消费的大部分都没有在美国；同样，向富人减税也不会有太大的乘数，因为他会把大部分减税获得的好处储蓄起来；给失业人员好处却会有一个更大的乘数，因为这些发现自己收入突然减少的人将会消费掉所获得的每一分钱。[2]

关注国家长远问题

低国民储蓄、巨大的贸易逆差、有关社会保障和老年人项目的长期财政问题、基础设施老化和全球变暖都将影响着国家的长期前景。一个有效的刺激方案应致力于改善这些方面，或者至少不让这些方面恶化。

重视投资

经济刺激计划将会不可避免地增加国家的财政赤字，但一个国家的债务只是其资产负债表的一个方面，资产也同样重要。如果投资在资产上的刺激资金增加了该国的长期生产力，那么作为刺激的结果，国家将在长期内表现得更好，甚至短期也会使产出和就业增加。因为美国在国外有很多外债，所以致力于改善资产负债表的做法将变得尤为重要。如果一个国家通过借债消费来刺激经济，那么一旦偿还债务的时间到来，即使只付利息，未来的生活水平也会变得更低。而如果一个国家通过投资来刺激经济，这些投资就会增加未来产出，据此就足以偿付利息。这种投资不仅能提高当前生活水平，还可以提高下一代人的生活水准。

公平

最近几年，相对于上流阶层，美国中产阶层的境况更加堪忧。[3]任何刺激措施都应考虑这个因素。2001 年和 2003 年布什政府的各种减税政策曾将多数好处给了上流阶层，为了追求公平，这些政策不能再被实施了。

处理由危机引发的短期紧急事务

在衰退阶段，州政府通常会花光所有的钱并开始裁员，失业人员通常没有健康安全保障，如果他们失去工作或者某个家庭成员生病，那么需要努力偿还抵押贷款月供的人群的生活将会变得更加艰难。一个考虑周全的刺激计划应更多地照顾到这些内容。

刺激目标应确定在失业领域

如果失业将会演变成长期失业，那么刺激方案应该直接加强工人技能的再培训，以适应未来工作之需要。

有时这些目标是相互冲突的，有时它们又是互相补充的。大部分应对短期紧急事务所投资金是很有效的，乘数也很大，但它并不创造资产。尽管花钱救助汽车公司能暂时保住他们的工作，但是这只是将钱扔进无底洞的举措；投资于公路建设可能会导致全球变暖，而全球变暖又是一个非常重要的长期问题；投资挽救银行系统不仅不会带来任何收益，只会把钱送到富人的口袋里，而且不会产生任何乘数效应；[4] 也许投资建设一个现代高速公共运输系统会是一个更好的选择。

自动稳定器（当经济衰退时，消费自动增加）是最有效的刺激形式之一，因为它能够测度出经济所需的消费水平并将更多的钱投入到所需之处，例如因失业率的增加而自动获得的失业救济，如果经济比预期恢复得更快，对于失业救济的投入将会自动地压缩。

所做之事与该做之事

上述原则对刺激的规模和方案的设计有很大的指导意义。一些国家，尤其是澳大利亚，在设计刺激方案时与这些原则保持一致，所以它们的经济下滑比较轻微，并且是发达国家中经济率先复苏的国家。

然而，奥巴马内阁的刺激方案却与上述原则有很大的不同——刺激方案应该规模更大、更好，而他们的方案的规模太小了，过多地依赖于（大约 1/3 的内容）减税，很少投入到援助州、地区和那些被社会保障体系遗忘的人群，而且投资项目本可以更加有效率。

规模

起初，一项大约 8000 亿美元的刺激组合方案听起来似乎数目庞大，然而它要分两年多对一个 14 万亿美元的经济体进行刺激，其刺激资金还不及每年 GDP 的 3%。第一年，大概只有 1/4 的刺激资金投入到经济体中，而这 2000 亿美元根本不足以抵消州政府和地方支出的减少。简言之，2009 年从联邦刺激组合方案中扣除各州财政支出的减少量之后的余量没有产生任何刺激作用。

其实，来自当局自己公布的数字也反映了刺激规模的不足。布什总统和他的智囊团曾声称刺激方案将会创造 360 万个新的工作岗位或者避免等量的失业（因为他们意识到，很可能在刺激的这两年期间内不会创造任何净岗位数量）。[5] 但这 360 万个工作岗位却只是远在未来的日子里。如果在一个正常年份，大约有 150 万个新入职者加入到劳动力市场中，而且经济体也会为他们创造工作。从 2007 年 12 月经济衰退开始到 2009 年 10 月，整个经济减少了 800 万个工作岗位。[6] 加上充实到劳动力市场的新入职者，这将意味着：到 2009 年秋为止，能够将经济恢复到充分就业状态的就业赤字已经超过了 1200 万美元。[7]

在经济学中，经济社会必须趋向稳定状态，当然也更应该明白实现充分就业目标的难度。随着劳动力正常的增加和生产力每年 2% ～ 3% 的增长，为保证失业率不增加，GDP 每年必须增长 3% ～ 4%。如果想要降低 2009 年的高失业率，经济增长的速度要超过 3.49%。而"一致的预测"（代表了既非最乐观也非最保守的经济学家）认为：2009 ～ 2010 年积累的经济增长（包括刺激作用）是低于 1.5% 的，这可是一个不小的差距。[8]

仔细分析一下当局公布的数字，大家就会对所发生的事情更加担忧。政府和媒体公布的数字是经过季节调整的。他们对此解释说：通常新入职者会在 6 月和 7 月加入劳动力市场，正值学生毕业，因此失业规模会在圣诞节前后上升。然而，这种季节调整根本不会在衰退时期发生。他们称这种调整是"正常的"，而衰退却是非常事件。所以当政府报告称：在 6 ～ 8 月，大约 49.2 万人会失业时，大家舒缓一口长气，认为恶化的就业形势有所缓解。然而实际情况却恰恰相反，真正失业的数量有 3 倍多，共计 162.2 万人，如果想经济恢复正常，就必须先创造这些数量的工作岗位。两个月后，整个经济已经吞噬掉奥巴马计划在两年内期望创造工作岗位数量的一半。这种刺激方案即使真如奥巴马当局声称得那样，会完全成功，也别想让我们相信在 2011 年年底会接近充分就业。

　　当然，那些试图调整预期并保持乐观心态的管理当局反驳说就业的增加和经济的增长一般都会有时滞，他们认为就业会慢慢恢复。上面的计算已经证明：即使没有时滞，创造足够的就业究竟会有多困难。如果时滞存在，那么事情就会变得更糟。通常时滞是存在的，因为雇主只有相信经济恢复是真实的时候，他们才会毫不犹豫地雇用更多的员工。

　　实际上，2009 年 10 月，官方提供的 10.2% 失业率掩盖了劳动力市场的疲软。我注意到：在更早的一些时候，这些失业率不包括众多的不参与劳动力市场和不得不接受兼职工作的人群，前者是由于气馁而放弃寻找工作（官方认为如果人们不想找工作就不叫失业，即使此时很明显地他们根本找不到工作），后者是不能得到一份全职工作。如果将这两类人包括到全面的失业统计中，失业率将会从 2008 年 8 月危机前的 10.8% 猛增到 2009 年 10 月的 17.5%。[9] 被雇用的有工作史的人口比例降到了 58.5%，这是自 1947 年以来最低的比例了。

　　当然也有一些"平均"数字的失业率。对某些地方和某些群体，失业率会稍低些，但对其他群体的失业率会更糟糕些。到 2009 年 10 月，当密歇根的官方失业率已经达到 15.1% 时，全面的失业测量已经达到 20.9%，大约 1/5 的人不能找到全职工作。加利福尼亚州全面的失业测量大约为 20%，失业的青少年已经增加到 27.6%，非裔美国人的失业率也猛增到了 15.7%。[10]

　　这里还有另一个原因可以说明为什么低估了失业率事态的严重性。由于伤残救济补助的钱更多，并且补助的时间更长，因此很多失业人员选择投靠伤残救济以减轻萧条的影响。由此导致 2009 年前 8 个月，在没有任何疾病散布的美国，申请伤残救济的人数却增加了 23%。2008 年，伤残补助总额达到创纪录的 1060 亿美元，大约相当于政府赤字的 4%。美国社会保障部估计，到 2011 年年末，将会有 100 多万人由于萧条而申请伤残补助，其中大约 50 万人将会获得此项申请，并且其中绝大部分人的余生都需要政府支付伤残补助。[11]

在整个国家经济下滑一年半多的时间里，长期失业人数达到了自大萧条以来前所未有的规模，平均失业持续时间将近半年（24.9 周）。[12]

有人认为这次情况并不像里根政府（1981 ～ 1982 年）时期出现的萧条那样严重，因为那时候失业率达到 10.8%，而这次才是 10.2%。此次萧条比起 20 世纪 30 年代大萧条则低得更多。显然这种比较忽略了国家经济结构的变化。美国的制造业规模已经从 1980 年的 20% 减少到如今的 11.5%，实现了制造业向服务业[13]的转变，直接导致兼职工作的减少。更重要的是，劳动力市场结构也已经发生了显著的变化，青年职工的失业率经常占较大比例，这在 20 世纪 80 年代表现得尤为突出。这些人口统计的变化将会使得当前的失业率增加 1% 或者更多。

失业增加了人们的忧虑，即使那些有工作的人也会担心被解雇，而且他们知道一旦失业，要想获得一份新的工作太难了。到 2009 年中期，招聘录取率达到了 6∶1 的新纪录，这是以前萧条时期录取率峰值的 2 倍。[14]有工作的人也只能工作更少的时间，大约下降到每周 32 个小时，这是自 1964 年以来最低的工时了。[15]就业市场的疲软同时也压低了工资水平。

房地产市场的崩溃和劳动力市场的疲软相互影响，加剧了人们的忧虑。美国劳动力市场位于世界上最活跃的市场之列，曾经是国家的比较优势之一。正是劳动力市场的活跃保证了美国员工以最有效率的方式工作。但如今这种活跃遇到了严重的抑制。一方面，从传统意义上讲，失业人员愿意移居千里之外去寻找另一份工作。但对于绝大部分美国人来说，他们的房产是最重要的资产，对于那些房产还有一定净资产价值的人而言，虽然他们的房产价值还没有完全低于抵押贷款额，但他们也已经失去了大部分资产，这使得他们无法在其他地区支付 20% 的首付认购相同大小的房屋，因此有工作的人不能离开原地去寻找更好的工作。失业者可能会在原地维持更长时间的失业状态，四处迁移越来越缺乏吸引力。

另一方面，许多美国老年人面临的退休问题也影响着失业率。在美国，过去的大多数退休计划都是被称为"固定收益"的退休计划，所以退休人员都知道他们退休之后所获得的收入。然而近20年来，很多雇主都转而采用了"灵活收益"的退休计划，他们将退休金投资于市场，而且其中大部分都投资于股市。[16]股市和房产市场的同时崩溃意味着许多美国人的退休金缩水，[17]因为越来越少的人愿意离开劳动力市场，所以除非就业能够扩张，否则为新人提供的就业岗位就会更少。

总之，短短几个月刺激方案的实施，很明显地说明其规模不够大，这一点在当初方案设计的时候就已经很明显了。但同时却彰显了当局的狡辩。[18]消费的萎缩和储蓄的增长再加上州和地方投资的削减，这一切都意味着8000亿美元的刺激方案在两年内根本不会成功。

援助各州

危机时期，如果联邦政府不援助州和地方政府，那么各个州和地方政府将会压缩支出，压缩的部分大约占整个政府投资的1/3。州政府只能在平衡预算框架内执行财政，所以他们必须量入为出。当财产价值和利润降低，税收收入也会减少。在2010～2011新的财政年度里，两年的财政赤字总额估计最少达到3500亿美元。[19]2009年，加利福尼亚州自己就不得不削减开支并提高税收到420亿美元。[20]为了消除各州财政收入的下降，联邦政府刺激支出必须超过年GDP的1%。

2009年2月通过的刺激方案没有涵盖对各州和地方政府的援助，这样的规模显然是不够的。各州和地方政府财政支出的削减对于工薪阶层的打击相当大，因此当联邦政府推行其刺激方案时，许多无辜受害者的困境就频频出现在各大媒体的报道中。联邦政府本应该优先弥补地方财政收入的下滑，联邦政府根本没有明白雇人修建桥梁的经济含义，反而还解雇了一些教师和护士。管理当局也敏感地意识到了这个问题，他们在 2009 年 10 月第一份刺激创造就业的报告中指出，第一轮刺激支出增加了 64 万个就业岗位，有一半在教育领域，而只有 8 万个就业岗位来自公共建设。[21] 但刺激方案规模仍然不够大，难以遏制教师的失业和临时性失业，同时许多即将开工的公共建设也需要时间来实施。进一步的失业加重了悲观情绪，而且产生失业的速度远高于创造就业岗位的速度。仅 2009 年 9 月，政府岗位就减少了 4 万个。[22]

本应该公平且迅速地逐个弥补各州财政赤字，这个方法很简单却能创造出更高的乘数并挽救那些最需要帮助的人。它应该能像自动稳定器一样运行：如果经济能够奇迹般地恢复，新一轮的救援支出就不会发生。但如果整个经济比预期下滑的还要严重、持续的时间更长，那么我们将需要更多的资金去扭转局面。

修补社会保障体系的漏洞

第二件优先考虑的事情应该是修补社会保障体系的漏洞。已通过的法案虽然也做了一些工作，但还不够。议会批准将三种由联邦政府救助的失业福利最长延伸到 73 周，[23] 而许多州提供这种福利的期限仅仅是上述时间的 1/3，所以当萧条继续时，这种福利安全就很有限了。已有的健康保险体系是基于雇主来提供的，个人失去工作就意味着失去他们的健康保险，所以政府现在是第一次真正需要做些事情了。早期的改革坚信如果他们能够负担得起，他们可以购买保险，但持续增加的失业人数不再能够负担此项保险。没有联邦政府的援助，本来就已经很大的未参保规模水平会变得更大。作为延伸的失业救助福利，奥巴马刺激方案中的一项就是为失业人员提供健康保险成本的 65%，但只提供给那些在 2008 年 9 月之后和 2009 年年底之前的失业者。[24]

此次危机的核心就是失业者不能进行抵押支付。在涉及这次危机关键的方面，政府救助得也不够。尽管不是失业者本身的缘故，但许多人在他们失业之后很快就失去了房产。在这种情形下，奥巴马内阁本应该为失业者提供一种新型的"抵押贷款保险"，帮助他们偿还抵押贷款，容许他们延期至得到工作后再还款。这不仅仅是公平问题，而且也涉及国家的利益，因为如果越来越多的房产丧失了抵押品赎回权，价格就会下跌，从而恶化下滑趋势。

投资

奥巴马政府本该优先投资于那些能够增强未来生产的领域，尤其是那些在人力资本和技术上高回报的项目。但由于市场崩溃和大量州政府财政收入的萎缩而减少了对私立大学的投资，因此，这部分投资也就无从谈起了。

大部分刺激资金投入到可以马上动工的项目，同时紧跟着一些可以相对快速上马的绿色投资。可明眼人都知道未来两年风险很大，国家经济依然需要更多的刺激。长期的刺激方案不应仅仅包括可以马上动工的项目，而更应该包括更高长期回报的公共投资，这可能是经济低迷带来的很少的好处之一。

国家最重要的短缺投资是在公共领域，当然要想迅速地配置更多的公共领域还是有一定限制的。刺激投资的减税政策可以加速资金流向实体经济并产生长期收益。例如一项为房主提供的税收激励将使其保住房产，从而促使其雇用更多的建筑工人，这些工人可能在房地产业跌入50年以来的低谷时失去工作。

在经济下滑的过程中，大部分企业不愿意冒险投资。因此，一项暂时的投资税收信贷能够适当地刺激投资者。实际上，减税使得当前投资更加合算（这会使国家获益颇多），而不是在未来经济恢复正常时投资。就像是资本货物的销售一样，一项暂时增加的投资税收信贷也许更好。即使在经济滑落时期，一些企业也会投资，而对这些无论如何都会投资的企业进行减税奖励却不是什么好办法。所以说，在过去两年里，只给那些超过企业投资总额 80% 的企业提供信用将会有效地刺激投资者。

无效的减税政策

不仅仅是刺激方案的规模和时机完全不符合市场需求，同时将大约刺激计划的 1/3 致力于减税，而这些减税很可能不会有什么效果。2008 年布什总统的减税政策就没有起效，这是因为大部分的减税收入都被储蓄吸纳的结果。由此，我们有理由相信：即使想要鼓励更多的投资，现在进行减税政策也不会有任何不同的结果。

美国人正面临着巨大的债务危机，除此之外还有对就业和未来的忧虑。即使那些愿意负债的人也明白：在信用环境恶化的情况下，他们想透支消费是不能指望他们的信用卡的。结果是，他们更愿意将短期内收入的大部分进行储蓄。这种行为是可以理解的，但是却抑制了国家刺激经济、增加投资的目的。由此可见，减税政策不仅增加了政府债务，而且在短期和长期内也看不到任何刺激效果。[25]

刺激计划的另一部分就是向未来借款："旧车换现金"计划方案能够有效地刺激汽车需求。但如果人们对未来的不确定性非常担忧的话，他们又怎么会提前消费呢？所以说如果经济仅仅滑落 6 周的话，这项计划可能是有效的，但在经济衰退时间不确定的情形下，则很难奏效。这种忧虑是有根据的：该项计划鼓励在 2009 年夏季购车，但以牺牲秋季支出为代价。这一计划同时也说明政府选择支出目标时的糟糕表现，其实有很多既可以在短期内刺激经济又能在长期促进经济增长的经济重构方法。

减税政策和"旧车换现金"计划面临着共同的问题是：美国人并不是在危机前消费太少，相反地，是他们消费了太多。当局对于危机的回应是想通过鼓励居民更多地消费以缓解危机，在消费下滑的情形下这是能够理解的，但关键是在长期中，我们实际需要更多的生产性投资，而不应该鼓励消费性支出。

后　果

从 2009 年春天到夏天，失业继续增加，事态进一步恶化，刺激方案并没有起效。判断刺激方案是否成功的标准并非是实际失业水平，而是在如果没有刺激方案的情况下，失业率水平会是多高。奥巴马内阁总是声称这一方案能够比其他情况多创造 300 万个就业机会。但问题是金融危机对经济的打击太大了，以至于奥巴马内阁貌似规模巨大的财政刺激仍然是很有限的。

即使大家都期待一项规模更大的刺激方案，但很多经济学家都深信，目前的刺激方案是必要的，而且也正在发挥着作用，但还是会有一些反对者，一些保守主义者曾经试图改写历史以说明政府支出在大萧条中没有发挥作用。[26] 政府支出的确在大萧条时期未能使国家经济摆脱困境，并且直到第二次世界大战时期美国才从萧条中复苏，但这是因为国会和罗斯福内阁的政策摇摆，刺激作用未能坚定持续的缘故。在这次危机中，则是由于各州支出的削减抵消了联邦政府开支的增加，导致刺激方案失效。在很长一段和平时期，凯恩斯主义经济学家并没有沉默，相反地，他们依然坚信刺激方案会更加有效。政府战时开支就曾成功并迅速地促使国民经济回到充分就业。在奥巴马刺激方案推行之后，一些批评者再次认为凯恩斯经济学被证明是错误的，现在正在经历考验。[27] 但事实上，所有的证据也都说明了刺激方案并没有使得情况变得更好。

刺激方案之所以没有发挥作用，是由于以下三个原因：一是由学院经济学家经常提出的但却与事实相距甚远，另外两个就更加关注实际情况。一些经济学家认为，如果政府举债，那么家庭在了解到他们必须在未来通过高税收偿还债务的话，他们就会增加储蓄。这种观点认为政府增加的开支被家庭减少的开支完全抵消。经济学家都熟知的李嘉图等价定理在每一所院校都被讲授，然而这纯粹就是胡说。布什总统在十年前进行减税政策时，储蓄率实际上就是降低的。当然，在经济范畴内，事情永远不会那么简单。李嘉图等价定理的支持者则争辩道：也许储蓄率在没有减税政策时就已经开始降低了。这也就意味着美国的储蓄率在危机之前，就已经是负的百分数了。

对于保守者来说，比起应用李嘉图等价定理来反对减税政策，他们则会更多地应用该定理来驳斥增加居民支出的说法。实际上，该理论认为增税和减税都不会起到明显的作用。如果政府增税，居民却了解到他们将会在未来支付更少的税收，他们就会调整消费计划，这使得消费与增税无关。

这些理论基于一些简单的假设，但这些被学院经济学接受的简单假设却对恶化经济起了重要作用。其中两个假设是很常见却又很明显都是错误的：市场充分竞争和信息完全对称。在这些假设下，每一个人都可以借到他们所需要的款项，如果政府增税，那些想要平衡其消费支出的居民就可以去银行以政府按照违约风险适当调整后的利率直接借款。另外还有两个假设就更奇特了：个体可以永远存活、再分配政策不影响消费。如果个体可以永存，那么他就不能逃避偿还个人债务，但现实中，上一代可以将今天的借款负担转移给下一代，这使得老年人可以比不减税的情形下消费更多。在这种奇特的理论假设下，即使贫困的老年人也可以比富裕的中年人消费他们更大比例的有限收入。由富人转移给穷人的再分配收入政策也不会对整体消费有任何影响。而实际上，无论政府增加赤字与否，家庭的储蓄率都有可能在萧条期间增加，而且储蓄率似乎在很大程度上都不会受到赤字规模的影响。

一个更加备受关注的问题是：如果政府借更多的钱，那么债主就会担心政府能否还债。随着担忧的增加，他们可能会要求一个更高的利率。这种忧虑在发展中国家非常普遍，因为他们处于两难境地：如果他们在减税时不增加支出，国家的经济就会收缩，债主就会要求一个更高的利率；如果他们增加支出，他们的欠债也会增加，债主还会要求一个更高的利率。幸运的是，美国并没有处于这种两难处境。依我看来，当前刺激的收益要远远高于那些长期的风险。

另一个密切相关的顾虑就是投资者越来越担心通货膨胀。借给美国钱的国家已经表达了这份担忧：经济刺激所产生的通货膨胀会减少巨大的债务价值，也就是通过通货膨胀降低其实际价值。更严重的是，有人担心如果投资者看到这些巨大的债务，会认为他们的资金面临风险，即相对于其他币种来说，美元的价值就会降低。这些忧虑无论合理与否，如果它们真的存在，长期利率就会上升，导致投资降低，减少总需求的净增加。

通过货币政策，美联储能够在很大程度上抑制任何由于政府借款而导致的短期利率增加的趋势。但在货币危机的情况下，前所未有的资产规模及资产品种[28]已经使得人们担忧美联储是否有能力在合适的时间紧缩货币政策。美联储正在试图说服市场：它们能够做到这一点，以确保在合适的时间通过适度的紧缩性货币政策抑制通货膨胀。正如我在第 5 章中说明的那样，有很多理由会使我们对美联储的反应失去信心。因此，无论合理与否，如果这些理由被广泛认可，那么它就会束缚住美联储的行为；如果美联储恢复到关注短期利率的"正常"政策中，那么长期利率将会上升，即使它们维持很低的短期利率，也会使经济恢复大打折扣。

相反地，如果刺激政策的资金投向投资领域，那么这些负面影响就很可能不会发生，因为市场能够意识到：这些经济刺激政策能够使得美国实际上处于一种更强大的经济地位，而不是弱势地位。之后，美国资产负债表中的资产部分就会随着债务一起增加，债权国也就没有理由担心债务损失，利率也就不会增长。[29]

对财政赤字失控的担忧是导致忧虑的真正原因：美国存在半途而废的政治风险，就像美国大萧条时期和日本 20 世纪 90 年代早期泡沫破裂之后那样，他们不能成功地解决财政赤字问题。基于此种顾虑，如果美国经济未能在第一轮经济刺激方案执行之后取得有效的恢复，那么政府是否会继续提供新一轮的刺激方案呢？那些从来都不相信凯恩斯主义的经济学家和国会中的赤字鹰派人物是否会敦促政府削减开支呢？我非常担心他们会这样做，一旦真的这样做，那么国家恢复经济健康增长则又会被拖延。

今后的方向

布什政府和奥巴马内阁都低估了萧条的严重性。他们坚信为银行提供资金支持就会恢复经济健康，激活信用市场，重建房地产市场。奥巴马刺激方案只是达到这些目的的权宜之计。他们的每一个设想都是不正确的：恢复银行资产负债平衡表不会将贷款拉回正常状态；当房地产泡沫破裂，美国经济的基本债务消费模式也会受到重创，将难以治愈；即使制止房地产价格下滑，也并不意味着能够将其价格拉回到往常水平。这也就意味着：美国人的主要财富资源——住房净资产，即使不是被彻底摧毁，也已经在很大程度上被贬值。

在当前这轮刺激方案结束之前，我们应该着手准备第二轮刺激方案以减少经济的负增长，一些本应该出现在第一轮刺激方案中的政策应该被包含在第二轮当中。我们需要为 2011 年准备更多的支出。也许它并不是必需的，但如果我们现在不准备，那么当形势所迫时就来不及了；如果现在准备了，即使事实证明这是不必要的，我们也还可以削减开支。然而不幸的是，布什政府和奥巴马政府的选择使得通过新一轮的刺激方案变得更为困难。奥巴马蒙混过关的危险策略导致的不良后果已经在慢慢显现。

最后，只靠财政赤字融资的支出仍然只是一项权宜之计，尤其是在包括美国在内的许多国家债务压力越来越大的时候。一些批评者认为：现在的政策仅仅使整个国家从依靠债务融资的私人消费转移到依靠债务融资的公共消费。虽然这种支出有助于刺激经济进行必要的重构以确保经济的长期增长，但事实上用于刺激经济增长的资金确实是太少了，而用于维持现状的资金却实在是太多了。

其他政策也可以支持经济，并且取代债务融资的消费泡沫。要想使美国整体消费恢复到可持续的水平，我们不得不进行更大规模的收入再分配，也就是财富从那些愿意储蓄的高收入阶层转移到那些对每一分钱都精打细算的低收入阶层手中。更大的累进税率制的税收政策（即对高收入阶层征收更高比例的税收，同时削减低收入阶层的税收）不仅能增加整体消费，还有助于稳定经济。如果政府提高高收入阶层的税收从而为政府扩张的支出提供资金，尤其是在投资方面，经济就会扩张，这就是所谓的平衡预算乘数。在里根政府时期盛行的供给学派经济学家批评到：这种税收不利于工作和储蓄，并且会因此而降低 GDP。但他们的分析只适用于生产受供给限制的状况，而目前有超额的供给能力，生产是受需求限制的。

如果全球的消费有所增加，那么就不得不有一套全球储备系统，这样发展中国家就能够消费更多、储蓄更少。[30] 国际社会组织将不得不为贫困国家提供更多的援助，中国也就能够比最近几年实施的降低储蓄率的政策而取得更多的成功。如果全世界都能够给碳排放制定更高的排放成本，那么就会有更大的动力去改变经济增长方式，这也会刺激对节能住宅、工厂和设备进行更多的革新和投资。所有这些建议似乎都不可能立刻出现，甚至到目前为止，大部分议题都还未被列入讨论。

美国和当今世界面临着三大挑战：重振可持续的总需求、充分就业以及全球重建金融体系。重组后的金融体系应该能够发挥其应有的功能，而不是像危机之前那样肆无忌惮地去冒险。重振美国和世界其他国家经济以应对世界比较优势的转移和科技的演变。在本书撰写之际，我们在这三个方面都还不是很成功。我们在火烧眉毛之时也确实很难有更多的时间讨论这些重大问题。本书最为担心的是那些我们已经采取的为挽救我们从悬崖边缘跌入悬崖深处的政策同时也将抑制我们重返强劲增长之路。正如银行放款时的那般短视一样，我们救援危机的行为也很短视，却将麻烦留给未来。

上述问题在金融方面表现得极其明显，而这也正是这场金融危机的核心。后续三章我们将说明各种救助和重振金融体系的努力，第 4 章分析抵押信贷市场。奥巴马意识到：只要成千上万的美国人都面临着丧失抵押品赎回权的威胁，就很难使经济恢复到完全健康状态。而在这一方面，政府几乎无所作为，这使得丧失抵押品赎回权的威胁继续加剧，毫无减退之意。上述对于所做之事与该做之事的比较分析也许只是挂一漏万。这些刺激方案也许并不是我们所需要的全部，但还是有部分会成功的。人们不可能给政府在抵押贷款上的表现打一个很高的评分，而且当我们在第 5 章、第 6 章分析银行问题时，我们将会有更多的失望。

第4章

抵押贷款的骗局

美国抵押贷款业的运作和交易作为21世纪初期的大骗局将被人们永远铭记。拥有一座属于自己的房子一直是美国梦的主要部分，这确实也是全世界人们的愿望。当美国银行和抵押贷款公司开始提供便宜的抵押贷款时，人们争相购买。[1]数以百万的人进行了过度的抵押贷款。当利率开始上升时，他们失去了房屋和投资的任何房屋资产。[2]

此次房地产灾难在国内外产生连锁反应。通过一种所谓证券化的过程，抵押贷款被分割再分割，然后被打包再打包，并转让给国内各种各样的银行和投资基金。这种产品就像用纸糊的房子，最终倒塌了，它摧垮了几个最著名的机构：雷曼兄弟、贝尔斯登、美林证券。但是痛苦并没有在美国境内停止。这些对银行和投资基金来说原本是"有毒"的证券化抵押贷款产品被卖到世界各个地方，甚至远到北边的挪威、阿拉伯半岛的巴林，还有中国。在2007年夏天，我在一个由印度尼西亚中央银行举办的会议上，遇到一个印度尼西亚的基金管理人。她让她的委托人在动荡的美国市场中蒙受了损失，她为此感到震惊和内疚。她解释到，由于这些金融工具来自美国，因此她认为这些金融产品对她的委托人来说是不错的投资选择。她告诉我："美国的抵押贷款市场如此巨大，我们从来没想过它会出现问题。"

过度的风险加上过度的杠杆化创造了看起来似乎很高的收益率——这些收益率在一小段时间里确实很高。华尔街认为通过重新包装抵押贷款并卖给各种投资者，它们就能共同承担风险并保护它们自己。因为广泛分散，所以风险可以很容易被消除。但是证券化抵押贷款实际上使得它们风险更高。造成这些问题的银行家狡辩说这并不完全是他们的错。花旗集团董事长迪克·帕森斯的观点代表了银行业的观点，他认为："除了银行，还有监管上的疏忽，它鼓励对不合格借款人贷款，人们借了他们根本负担不起的抵押贷款或者房屋净值贷款。"[3]

像帕森斯之类的执行官指责借款人购买了他们根本买不起的房子，但是大多数的借款人实际上并不懂金融，也不明白他们卷进了什么，在这场危机中心的次贷市场上尤其如此。次级抵押贷款是向那些不具备一般抵押贷款资格的人发放的抵押贷款，比如拥有低收入或者不稳定收入的人。贷款者鼓励其他私房业主把他们自己的房子当作 ATM 取款机一样来使用，反复借贷超过其房屋价值的借款。例如，多丽丝·卡纳莱斯在 6 年的时间里，通过叫"无需证明"的抵押贷款产品，一次次融资多达 13 次，这些贷款只需很低或者根本不需要任何收入或财产证明，最后，她的房子面临着丧失抵押品赎回权的威胁。卡纳莱斯女士说："他们只是打来电话说，'嗨，你需要银行的钱吗？'而我也这样回答，'是的，我需要银行的钱。'"她的经纪人提交的许多表格没有反映她的真实收入。[4] 在某些情况下，这样造成的后果非常严重。[5] 国内的一些借款人发现他们的房子被拍卖出去，不再属于他们，导致了这些人的自杀和婚姻破裂。甚至一些一直缴税和还款的人也发现他们的房子在毫不知情的情况下被拿去拍卖。充斥各大报纸上的戏剧性故事可能只是些个例，但是它触动了要害：美国现在除了经济灾难，还面临着社会悲剧。数百万贫穷的美国人已经失去或者正在失去他们的房子——据估计，仅2008年就有2300万。（在2007年，丧失抵押品赎回权的有1300万）。[6]穆迪经济网估计，在2009年，会有3400万的房屋业主拖欠抵押贷款，2100万人失去房子。还有数百万人预计会在2012年丧失抵押品赎回权。[7]尽管在有些情况下银行的确没有太费力气劝说顾客借款消费，但是银行的行为还是使得数百万人损失了一生的储蓄。随着房子的失去，很多美国人也正在失去他们一生的储蓄，失去了他们会有更加美好未来的梦想，失去了他们孩子受教育的机会以及舒适的退休生活。

有时，即使这些始作俑者——抵押贷款发起者，即发放次贷者，声称只是在做他们的本职工作，他们也或多或少会有负罪感。银行的这种激励机制会鼓励他们尽可能多地发放抵押贷款。他们相信老板会根据自己的判断来审批抵押贷款。即使这样，底层的雇员也看得出危险就在前方。发放抵押贷款的雇员帕里斯·韦尔奇在2006年1月写信给美国政府："严重后果即将来临，抵押品赎回权即将丧失，恐怖故事即将上演。"一年以后，房地产泡沫的破裂夺去了她的工作。[8]

最终，银行和贷款者用来剥削穷人的金融工具也导致了他们自己的毁灭。他们设计出花哨的产品，从借款人身上挤出尽可能多的钱。证券化过程产生了永无止境的手续费，永无止境的手续费又产生了史无前例的巨额利润，紧接着巨额利润又产生了闻所未闻的高额奖金，所有这一切蒙蔽了银行家的眼睛。他们也曾怀疑这种产品有太高的利润，不可能是真的，情况确实如此。他们也曾怀疑这种情况不可能持久，因此他们尽可能地多赚钱，越快越好，事实也正是如此。一些人直到体系崩溃时才意识到灾难。虽然在此次危机中，很多金融高管的银行账户大大缩水，但仍然有许多人从这种混乱中获利数百万美元，有些情况下甚至高达数亿美元。

但是，即使金融系统的崩溃也没有阻止他们的贪婪。当政府提供银行资金用于资产重组、确保信贷通畅时，银行却为其前所未有的损失而发放了创纪录的奖金！九大借款人共计损失了 1000 亿美元，通过不良资产救助计划获得了 1750 亿美元的紧急援助，支付了大概 330 亿美元的奖金，包括向将近 5000 名雇员每人支付超过 100 万美元，[9] 其他的钱用来支付红利。此时，尽管没有利润，只有政府救济，但还是被认为应该与股东分享好处。

危机之前的几年，美联储一直保持低利率。但是这些便宜的资金导致了固定资产投资泡沫、强劲的增长和持续性的繁荣。在美国以及世界许多其他地方，低利率都导致了房地产泡沫。这不是市场的行为方式。市场应该将资本分配到最具有生产力的地方。但是，在历史上，有很多这样的银行案例，银行拿别人的钱去冒险，借款给还不起钱的人。这些借款又产生了房地产泡沫，类似的案例层出不穷。这也正是需要监管条例的原因之一。

然而，在金融自由化高潮时期的 20 世纪 80 年代和 90 年代以及最近十年的早些年，即便是那些对最有风险的贷款操作的限制，比如次贷市场掠夺式贷款，也已经消弭殆尽。[10] 管理条例有很多目的。一是阻止银行去剥削穷人或者受教育较少的人。另一个目的是保证金融体系的稳定。[11] 美国提倡放松监管的人们废除了各种监管条例，通过这些，为银行家设计新的剥削私房业主的方法铺平了道路，这些私房业主有很多都是穷人和第一次买房的人。美国次贷金融机构创造了一系列的次级抵押贷款，然而所有设计出来的创新产品都是用来最大化银行佣金的。良好的金融市场应该是有效地做它们该做的，如降低交易费用。虽然经济体中的大多数人不喜欢交易费用，但是那些处在抵押贷款游戏中的人（以及更广义的金融机构）却喜爱它们。他们通过这些交易费用来盈利，因此他们努力使交易费用最大化，而不是最小化。

传统银行业

在没有金融创新之前，贷款者的世界是很简单的。他们评估信誉、发放贷款、监管贷款以确保那些借款人把钱花在他们事先承诺的地方，并将贷款连本带利收回。银行家和银行业对此感到有些厌倦，但这些却是把钱存在银行的人希望银行去做的事情。普通百姓不愿意别人把他们辛苦赚来的钱拿去赌博。这是一种基于信托的关系——相信存在银行的钱会被归还。但是，在过去的几百年，也出现过无数次的银行破产，每当这个时候，人们疯狂地涌向银行去提现，因为他们害怕银行没有足够的资金来偿还存款。

在大萧条期间的 1933 年，政府介入建立了联邦存款保险公司为存款投保，这就使得即使有谣言说银行正在面临困难，人们也感觉自己的存款是安全的。一旦政府提供保险，它就必须确保这些存于银行的钱没有过高风险，如同一家火险公司为了寻求降低大火损失的可能性，坚持每一座大楼必须配备灭火设备。政府通过存款保险制度来监管银行行为，保证它们不会承担过度风险。

银行必须非常小心，因为它们控制着贷款的发放。它们有动机去保证借款人能够偿还借款。为此，它们不得不核实借款人的收入，并建立一种机制督促借款人还款。如果银行借出的钱，比如只占借款人房子价值的80%，借款人不归还贷款，他就会失去房子。与此同时，借款人已经投到房子上的占房子价值20%的净资产也打了水漂，这可是一笔数目相当可观的钱。此外，房屋价值80%的抵押借款超过未来房子价值的可能性一般很小，因为这需要房子价格降低20%才能达到。不过银行家当然知道，抵押品一旦"缩水"，无法得到偿还的风险是巨大的，尤其是在美国这种实行无追索权贷款的特殊体制下，如果一个借款人不能偿还贷款，他所遇到的最糟糕的事情也仅仅是失去房子。[12]贷款人不能得到除房子之外的任何东西。这种体系运作得很好。私人业主想要通过贷款来购买一所大房子，就必须支付房屋价格的 20%，这种现实抑制住了他们的野心。

"富有创新精神"的美国金融体系正试图"淡忘"那些传承已久的最基本的银行法则。很多事情导致他们患有这种健忘症。事实上，教训总是过一段时间就被忘却——世界范围内发生过很多次不动产泡沫和崩溃；银行也总是一次又一次地得到救助而摆脱困境。只有一个较长时期不是这种情况，那就是第二次世界大战后的 25 年，这 25 年内金融业有严格的法律规章并得到有效的实施。有政府担保的存款保险会进一步刺激银行发放不良贷款（似乎银行确实需要）和冒其他形式的风险。这是因为银行进行风险放贷，如果遭受损失，由政府来承担；如果成功，银行自己获得超额收益（这是另一个"道德风险"的例子）。当存款保险制度随着大萧条的产生而被提出时，总统富兰克林·罗斯福就很担心随之产生的道德风险问题，以至于在支持这个建议时犹豫不决。尽管如此，他还是被说服了。如果保险实施的同时伴随着严格的法律条例，风险还是可以被控制的。[13] 当前金融自由化的支持者不仅忘记了金融市场上经常会犯发放高风险贷款的错误，还忘记了由于存款保险的存在，实施恶劣行为的动机和机会也在成倍增加的事实。很明显，由于新的金融产品的出现，使得自由化浪潮处在一个更加易于导致更加严重经济后果的时代。

银行决定发放极具风险性的贷款和从事其他过度冒险行为，背后还有其他原因。尤其是规定商业银行和投资银行分业经营的《格拉斯—斯蒂格尔法案》在 1999 年被废除。从那以后，最大的银行已经变得越来越大，太大以至于不能倒闭，而且它们也深谙此道。它们很清楚，如果陷入困境，政府一定会营救它们。甚至那些没有存款保险的银行比如投资银行也这样认为。另外，决策者也就是这些银行家，被不正当的激励鼓励着进行短视行为和过度冒险。他们不仅知道如果陷入困境，政府会营救银行，而且也知道即使银行允许倒闭，他们也仍然会生活得很好。事实确实如此。

由于风险管理模型有很大的缺陷，上述这些问题变得更加严重，所谓的风险管理专家并没有真正意识到他们所承担的风险。在今天这个复杂的世界里，"老练的"银行试图把它们所面对的风险更加精确化，而不想依靠经验和感觉做出判断。它们想知道抵押贷款组合（或者贷款组合）变糟的概率是多少时能将银行置于危险的境地。如果只有一小部分有问题，可以很容易管理。许多贷款同时出现问题的可能性依赖于许多不同但相关的风险，比如失业率或者利率很高的概率，或者房地产价格下降的概率。如果人们知道每一个因素的概率，以及它们的相关关系，就可以估计出某一特定抵押贷款违约的风险；但更重要的是，人们还可以进行整体估计，如所有抵押贷款的 5% 会变糟的可能性是多少。这样，这些模型就可以继续预测银行可以从抵押贷款违约中最多收回多少资金，即房子能卖多少钱。在这个基础上，银行就可以预测，由于贷款损失惨重以致无力偿还储户而使得银行陷入困境的概率（相似的模型可以用来估计任何一种证券化的抵押贷款的损失，或者用来估计由投资银行在抵押贷款支持证券基础上建立的更加复杂的债券的损失）。但是模型的预测仅在特定的假设下才成立；如果房地产价格下降的概率这一假设条件被估计错误，所有模型的结论都将是错误的。

银行不仅依赖这些模型去估计它们所购买和出售的金融产品，也用模型管理其总体风险。通过"金融工程"技术，银行可以在其监管者所允许的风险范围内冒最大的风险，它们相信这样能使其资本得到更好的使用。具有讽刺意味的是，试图更加有效地利用金融资本的努力却导致了危机，造成了大量实物资本得不到有效的利用，包括物质资本和人力资本。

有问题的并不仅仅是有缺陷的模型这一个环节：扭曲的补偿金制度使得人们不愿意建立正确的风险管理模型。除此之外，许多市场管理者虽然可能对自己的商业敏感性和评估风险的能力感到自豪，但是却没能力判断模型本身的好坏。比如市场中有许多人是律师，他们并没有经过系统的数学模型的训练。

在传统银行业和现代银行业之间还有一个重要的差别，那就是银行是如何获得利润的。在从前，银行的利润主要来自贷款和存款之间的利率差额。差额或者说是差价经常不是很大，这使得一般的商业银行虽然感觉很舒服，但赚不到很多的利润。但是，随着银行业放松管制，银行业的文化变了，它们开始寻找新的方法去获得利润。它们找到的答案可以用简单的一个词来概括：收费。

的确，许多新的基于抵押贷款"创新"产品有一些共同的关键特征：可能这些创新产品不会帮助借款人来管理风险，却可以尽可能地转移银行风险，并且通常在借款人浑然不知的情况下，产生尽可能多的手续费。如有必要，它们还会设计产品来绕开可能会限制其贷款和冒险的监管制度和会计约束。

如果这些产品被不恰当地使用，那么，无论是由于没有能力驾驭这些产品或者是由于存在有缺陷的激励制度，这些设计出来的创新风险管理产品反而会放大风险，这些我们都在现实中已经看到。监管制度本来是要试图阻止银行的不端行为，但是一些创新产品却帮助银行规避这些监管：创新产品帮助隐藏正在进行的事情，转移资产负债表的风险；即使监管者相信，为了保持经济的稳定，监管是必要的，但是这些产品的复杂性令人难以理解，也会使得监管者觉得监管异常困难。

消失的革新：垃圾产品泛滥

我们没有足够的篇幅详尽地描述房地产繁荣时期所出现的各种类型的抵押贷款，只选取其中一个作为例子：100% 的抵押贷款就是指银行会提供给借款人用于抵押的房屋价值的 100% 的贷款，甚至更多的贷款。100% 无追索权的抵押贷款被经济学家称作期权。如果房子价格上升，房子所有者就可以获得差价；如果房子价格下降，除了房子之外，他们不会失去别的东西，即借款人随时都可以将房子钥匙交给债权人，一走了之。这就意味着房子越大，借款人获得潜在的钱就越多。这就促成了购房者去买超出他们负担能力的更昂贵的房子。而且由于银行家和抵押贷款发起者不计后果地想收取佣金，他们几乎没有理由去阻止借款人的肆意挥霍。

引诱利率抵押贷款（放款金融机构在设计浮动利率贷款产品时，为了吸引借款人选择其贷款产品，把初始阶段放贷利率设定得很低，但几年暂时的低利率之后，利率会激增）和期末大额付款（一种利用当前低利率所发行的短期抵押贷款，在五年之内需要再次融资）对于贷款人来说尤其有利。这些类型的贷款使得借款人必须反复融资。每次再融资时，借款人都会支付一系列新的佣金费用，抵押贷款的发起者就会有新的利润来源。低利率期结束后，利率就会开始暴涨，那些倾其所有的借款人就很难再按时支付本金和利息。但是当人们询问贷款者无法按时付款的潜在危险有多大时，许多人却都被告知不用担心，因为在优惠利率到期前，他们的房价就会上涨，可以很容易进行再融资：取出一些钱去买辆车或者度假。

有些抵押贷款甚至允许借款人自行选择还款数额，他甚至不需要支付每月所欠的全部利息。据说这些抵押贷款还可以让分期摊还本金数为负，即在年末，借款人欠的债反而比年初更多。但是借款人被再一次告知，虽然他们可能欠了更多的钱，但是房子的升值会超过他额外所欠的款，最终他会变得更富有。此时，监管者和投资者应该像怀疑100%抵押借款那样，也应怀疑这些使得借款人债务不断增加的抵押贷款和迫使他们不断融资的金融产品。

"欺骗性贷款"，之所以这么称呼，是因为这个新产品最奇怪的是不要求人们证明其收入就可以得到贷款。在许多情况下，借款人被煽动去夸大他们的收入。在有些情况下，信贷员会直接来做夸大客户收入的差事，借款人只有在最后才会发现这个"错误"。[14] 正如其他创新产品一样，这全都归结于一个简单的咒语：房子越大，贷款额越大，佣金就会越高。不管是否会出现问题。

　　所有这些"创新的"抵押贷款都有几个缺陷。第一是假设房子价格会一直快速上涨，从而使得再融资很容易，这在经济上几乎是不可能的。大多数美国人的实际收入（经过通货膨胀调整后的收入）一直是停滞不前的。2005 年，处于中位数的家庭（这种家庭恰好处于中间，有一半家庭收入比它高，有一半家庭收入比它低）收入比 1999 年低了将近 3%。[15] 与此同时，房屋价格一直在上涨，上涨速度远远超过了通货膨胀或者实际收入。1999～2005 年，房子价格上涨了 42%。[16] 结果使得中位数家庭的房子价格与其收入之比从 1999 年的 3.72 倍增加到 2005 年的 5.29 倍，这是自 1991 年有记录以来的最高水平。[17]

　　此外，奇异的抵押贷款市场是基于这样一个假设在运作的：到了再融资的时候，银行就会发放贷款。但是它们愿意或者可能不愿意接受的事实是：利率可能会上升、信贷条件会严格、失业率会上升，所有这些都是借款人在其再融资时可能面临的风险。

　　如果很多人在同一时间，比如由于失业率的大幅攀升不得不卖掉房子，就会压低房子价格，挤破泡沫。此时，抵押贷款市场的各种错误将相互影响：如果贷款人已经发放了 100% 的抵押贷款（或者由于负的分期付款导致最后需付的债务值已经增长到 100%），借款人又没有办法卖掉房子并偿还抵押贷款，更没有办法将房子缩减到其能够负担得起的大小，除了违约。

　　美联储前主席格林斯潘曾被认为是保护国家免遭过度风险的人，实际上他却鼓励了过度冒险。2004 年，格林斯潘做了一个现在已经臭名昭著的演讲，提出房子所有者"在过去十年，如果办的是可调整利率的抵押贷款（利率变化，抵押贷款利率也会跟着调整）而不是固定利率抵押贷款，可能已经储蓄了成千上万美元"。[18] 过去大多数美国人办理的都是长期固定利率抵押贷款（20～30年），还款额在抵押贷款期间不变。这有一个很大的优势：家庭知道该支付多少抵押贷款，并能够据此计划家庭预算。但是格林斯潘的建议正好相反，他认为采用可变利率贷款比固定利率贷款要好的原因是显而易见的。一般而言，除了在特殊时期，长期利率将反映预期利率走势的平均值，市场会让利率大致维持在过去的水平。但是在2003年，格林斯潘做了一件事情：将美联储利率降到1%。毫无疑问的是，市场没有预料到这件事。当然，这使得先前那些拥有可变利率抵押贷款的人比那些拥有固定利率抵押贷款的人支付了更少的利息。但是把利率降到1%，那么现在利率的降低意味着未来利率只会有一个趋势：上升。这就意味着目前拥有可变利率贷款的人将来肯定会支付更高的利率，这些利息可能是相当大的一笔钱。的确，当短期利率从2003年的1%上升到2006年的5.25%时，贷款利率也上升了很多。

那些信守倾其所能贷最大额抵押贷款观念的人们突然面临着超过他们预算能力的支出，于是他们试图把房子卖掉，可是大家都在卖房子，房产价格自然直线下降。对于那些办了100%抵押贷款的家庭而言，这意味着他们不能重新融资，不能归还所欠贷款，住不起原来的房子。当房屋价格下降时，那些只是按揭90%甚至80%的借款人也陷入了还不起债的境地。违约是数百万人唯一的选择。

格林斯潘实际上已经建议国家走上了一条高风险的道路。其他国家如土耳其，是不允许浮动利率抵押贷款的。在英国，许多可变利率抵押贷款仍然保持固定支付，因此，人们不会被迫丧失抵押品赎回权。银行延长了抵押贷款的偿还时间，即便这样，对那些已经办理了100%抵押贷款以及那些已经不能偿还到期利息的家庭也不会起任何作用。

当各种各样的抵押贷款创新产品一起使用时，例如负的分期偿还抵押贷款与100%"欺骗性贷款"，就会创造出爆炸性的潜在危害。就像我所说的那样，借款人在得到银行尽可能多的抵押贷款时，并没有失去什么。既然抵押贷款发起人发放的抵押贷款数额越大，得到的佣金就越多，却不用承担贷款不偿还的风险，抵押贷款发起人与借款人就会以一种奇特的方式结成同盟。他们都想得到最大的房子和最大的抵押贷款。这就意味着到处都充斥着谎言：夸大家庭实际支付能力，夸大房子的价值。

如果抵押贷款发起人可以让评估师把一栋本来只值 30 万美元的房子评估成价值 35 万美元，由此假设他就可以卖一笔 32.5 万美元的贷款。在这种情况下，卖产品的业务员获利，房地产开发商获利，抵押贷款发起人获利，房屋所有者似乎也毫无损失。的确，为了让房子购买者感受不到损失，甚至还可以给他们一份回扣，实际上相当于负的首期付款。[19] 不幸的是，至少从抵押贷款发起人的角度来看，一些不动产评估师摆出了一副职业姿态，拒绝给出虚假的评估。这有一个简单的解决办法：创造抵押贷款发起人自己的不动产评估公司。这是一种获得佣金收入的新方式，有更大的优势。例如，富国银行有自己的附属评估管理公司叫 Rels Valuation。[20] 在这种情况下，要证明房价中有蓄意高估的成分是很困难的，尤其是在价格迅速上涨的房地产泡沫时期。但是很显然这里存在利益争夺，这将激励人们采取不齿的行径。监管者应该意识到这点并制止它。[21]

许多购房者求助于抵押贷款经纪人以尽可能地得到最低利率。经纪人本应该是为借款人工作，但是他们又经常从贷款人那得到回扣，这是一个明显的利益冲突。经纪人不久就成了掠夺性美国借贷系统的一个重要组成部分。次级借款人通过经纪人而不是直接找贷款人贷款时，情况变得更糟糕：通过经纪人贷款要支付这些额外的利息负担，每借 10 万美元要付 1.7 万美元到 4.3 万美元不等。[22] 这当然不包括次级借款人为交易的达成额外付给经纪人的贷款额的 1%～2%。更糟糕的是，经纪人是通过说服借款人去办理高风险的抵押贷款以及可调整利率贷款的，获得了最丰厚的回报，甚至从借款人再融资中再次获得回扣。经纪人在说服借款人去办理他们本无资格办理的高利率抵押贷款时也会获得很高的回扣。

预警信号被忽略

众所周知，金融部门所干的这些鬼把戏对借款人、购买抵押贷款的投资者以及监管者而言，都应该是一个预警信号。他们本应该看到，抵押贷款的创新是由佣金驱动的：借款人不得不反复地进行再融资，再融资将有新的佣金产生。银行对原有的抵押贷款规定了提前还款会受罚的条款，而对新发放的抵押贷款又会收取新的佣金。佣金可以被记录为利润，高利润又会为抵押贷款发起人和其他金融机构带来高的股票价值，即使抵押贷款发起人持有其自己的抵押贷款，标准的会计程序也能让他们产生利润。虽然对于任何理性人来说，许多"新奇的"抵押贷款会有最终不能被偿还的可能性，但是，直到抵押贷款真的出现问题之前，没人会把将来的损失记到会计账目里面的。激励机制可以产生创新，但是只创造出了可以产生更多佣金的产品，并没有创造出能更好管理风险的产品。高的佣金和利润本应该是某些地方出现了问题的信号。对于抵押贷款发起人来说，银行及证券化使得他们的生活更加甜蜜，因为证券化看起来几乎是无风险的，还可以使他们获取高额佣金。

证券化

就像我所注意到的那样，传统时代（在 20 世纪 90 年代证券化成为一种趋势之前）银行只开展存贷业务，它们保留所发放的抵押贷款。如果借款人拖欠债务，银行就得承担后果。如果借款人有麻烦，比如失业了，银行可以帮助他。银行知道何时值得延长信贷、何时有必要没收抵押品赎回权，这些事情它们不会掉以轻心。通过证券化，一组抵押贷款会被打包卖给任何投资者，投资者可能从来没有到房子所在地进行过实际考察。

证券化提供了一个很大的优势：多样化和风险共担。社区银行大多是将钱借给社区成员，因此如果一个城镇的工厂倒闭，该社区的许多社区成员将支付不起抵押贷款，银行就会面临破产的风险。通过证券化，投资者可以大量购买抵押贷款的份额，投资银行甚至可以将各种不同种类型的抵押贷款进行组合，从而使得投资者能更容易地进行多样化投资。按理说不同地区的抵押贷款是不可能同时出现问题的，但是也有风险。在许多情况下，多样化是不完善的，就像本章前面说明的那样，利率的上升会给整个国家带来问题。[23] 另外，证券化也创造了几个新问题。一是创造了信息不对称：对于金融产品，证券的买方肯定比发起抵押贷款的银行或者公司了解得更少。而且因为抵押贷款发起人并不承担错误的后果（除非在长期内因为声誉损失），所以他在信贷评估方面就不会有动力做得更好。

证券化过程涉及一个很长的链条。抵押贷款发起人创造的抵押贷款被投资银行打包，重新包装并转换成新的证券。银行在资产负债表外保留一部分证券作为特殊投资工具，但大部分将转让给包括养老基金这类投资者。为了购买债券，养老基金经理要确保所购买的证券是安全的。信贷评级机构在证明证券的安全性上起到了重要的作用。金融市场创造了一种激励机制，使得链条中的每一环节都在这个大骗局中满怀热情地发挥着各自的作用。

整个证券化过程依赖于一个更愚蠢的理论——总可以把"有毒"的抵押贷款以及在此基础上衍生出来的高风险证券卖给某些傻瓜。全球化开启了一个傻瓜世界：许多国外的投资者并不了解美国这种特殊的抵押贷款市场，但是无知并没有阻止他们抢购这些证券。我们应该充满感激之心，如果没有这些外国投资者购买我们这么多的抵押贷款，我们的金融体系所面临的问题会更加严重。[24]

不恰当的激励和有缺陷的模型——这是一场恶性竞争

评级机构本应当认识到产品的风险，因为这些产品的安全性由它们来确认。如果它们恪尽职守，就会想到抵押贷款发起人和投资银行以及银行家有动力做坏事，这些事情本该让评级机构更加谨慎的。

一些人对于评级机构表现得如此糟糕表示诧异，我对这种奇怪的态度更是不解。毕竟，评级机构有一长串糟糕表现的记录。早在 2000 年安然和世通公司丑闻发生之前，在 1997 年的东南亚金融危机期间，评级机构就被指责在危机前的泡沫中起到了推波助澜的作用。它们给了债务国如泰国一个很高的评级，直到金融危机爆发，它们转而撤回高评级并将泰国的评级调低了两个等级，位于投资级以下，这使得养老基金和其他"受托人"卖出泰国债券，进一步导致了泰国市场及其货币的崩溃。在东南亚危机和最近的美国危机中，都有评级机构隐藏在其后。评级机构本应该提供信息以利于市场做出正确的投资决策，但是它们几乎是和市场同时发现问题的，这太晚了，已经不能阻止养老基金的钱投资到它们本不应该去的地方。

为了解释评级机构的糟糕表现，我们不得不回到激励制度：像金融部门中的其他人一样，他们的动机是被扭曲的；他们有自己的利益冲突。发起抵押贷款证券的银行付钱给评级机构以要求其评级。穆迪和标准普尔以及其他评级机构可能没有理解风险，但它们肯定是理解激励的。它们有动机去取悦那些付给它们钱的人。评级机构之间的竞争使得事情更加严重：如果一家评级机构不给它们想要的评级，投资银行可以去找另一家评级机构。这是一场恶性竞争。[25]

评级机构趁机发现了一个增加收入的新办法：提供咨询服务，比如如何获得更好的评级，包括令人垂涎的 AAA 级。当它们告诉投资公司如何获得好的评级时可以收一笔费用，并且按级收费，而后它们定出评级时又能赚一笔。聪明的投资银行家很快就想出如何从任何证券集合中构造评级最高的组合。最初，大量抵押贷款被分成不同的部分，所归还的贷款首先放到"最安全的"（或最高品质的）部分里。只有在最高层级里的贷款得到偿还后，贷款才会进入第二个层级，依此类推。只有高层级部分获得全部偿还以后，才会偿还较低层级。但是"金融奇才"又发现，即使一些极端情况发生，如资产池中 50% 以上的贷款违约，向较低层级的那部分提供一些收入，最高层级的那部分仍然会得到一个 AAA 评级。大家都认为在现实中上述极端情况几乎不可能发生，这就"确保"不会影响高层级那部分贷款的 AAA 评级，而且如果结构合理，还可以有助于提高低层级部分贷款的评级。不同层级贷款由此就纠结在一个复杂的网络里，因此当千年一遇的事件真的发生时，定了 AAA 评级的那部分将得不到被许诺的所有钱，总之，到处都有损失，不会只限于低层级部分。

评级机构做得如此糟糕还有一个原因：它们使用的是我上文所提到的投资银行所使用的模型。它们假设房子价格几乎不会下降，同时各地的房价也不会在同一时间下降。如果有些借款人丧失抵押品赎回权，依据模型预测，也不会所有借款人都丧失这种权利。就像我所提到的那样，证券化的前提是多样化的，但是只有在组成证券的贷款是不相关的时候才能发挥作用。它们的考虑忽略了在整个经济中造成泡沫的共同因素：低利率、放松监管、接近充分就业，这些要素的任何一个变化都会影响整个国家的市场以及整个世界。即使是"金融奇才"也没有理解透这些常识，但现实中大家都知道这些常识。所以某一地方由于泡沫破灭引起高风险就会导致连锁反应：如果人们意识到加利福尼亚和佛罗里达的房价过高，就可能会在亚利桑那州或者底特律产生问题。不管是投资银行还是服务于投行的评级机构都没有关注到这种可能性。这可能不足为奇：没有激励促使它们这样做，却有激励诱惑它们来使用有缺陷的模型，而不去质疑模型背后有问题的假设。

它们使用的模型在其他方面也是有缺陷的。假设"一生只发生一次"的事件却每隔十年就发生一次。[26] 根据标准的模型，像 1987 年 10 月 19 日所发生的股票市场崩溃这样的事件每 200 亿年才会发生一次，这个时间长度比宇宙生命起源的时间还要长。[27] 但是另一个"一生只发生一次"的事件就在十年之后的 1997 ～ 1998 年全球金融危机中再次出现，它击垮了长期资本管理公司，这是由当时刚刚因期权定价理论而获得诺贝尔经济学奖的迈伦·斯科尔斯和罗伯特·莫顿建立的万亿美元规模的对冲基金。广泛使用的模型都被证明其基础本身就是有缺陷的。[28] 显然，金融市场不自我学习，而且人们在使用模型时也不观察历史。如果它们这样做了，就会看到有规律的泡沫破裂和危机发生。日本是最近经受房地产冲击的主要经济体，结果遭受了超过十年的缓慢经济增长。挪威、瑞典和芬兰都在 20 世纪 80 年代晚期和 90 年代早期遭受了不动产崩溃而导致的银行危机。

在当前的危机以及之前的东南亚金融危机中，太多的人尤其是监管者和投资者将他们的责任转嫁给评级机构。监管者本应当亲自评估银行或者养老基金是否已经承受了过多的风险从而危及它们履行义务的能力，经营投资的机构对那些将钱交给它们的人是有受托责任的。但是事实上，上面这些人却都让评级机构替他们做出判断。

新世界　老数据

很多人靠金融产品赚钱，从抵押贷款发起人，也就是设计"有毒"抵押贷款的人，到拆分成新证券的投资银行，再到认定证券安全性的评级机构，所有这些人都声称他们从根本上改变了经济，以此为其高收入的合法性寻找一种借口。金融产品是很复杂的，分析师要运用计算机技术模型来估计。但是为了真实地评估风险，他们要知道一些随机事件发生的可能性，比如价格下跌超过 10% 的概率。在一些情况下，普遍存在着信息不一致的现象，为了进行评估计算，他们却依靠着过去的数据，这就意味着虽然他们声称的新产品已经改变了市场，但隐含的假设却没有真正地改变。由于目光短浅，他们一直在老路上徘徊。如果能看得更远，他们就会意识到房产价格肯定会下降，并且会在全国各地同时下降。他们本应该意识到一些事情已经改变，但是更糟糕的是一些新的不对称信息又被创造出来，投资银行和评级机构在模型中却都没有考虑到这一新的问题。他们本应意识到新创造的所谓"创新的"抵押贷款比传统贷款会有更高的违约率。

重新谈判

如果上面所提到的有关证券化的问题还不够严重，那么在过去几年还有一个使危机恶化的更严重的问题。以前与社区有长期合作关系的银行有动力去好好对待已经陷入困境的借款人；如果给借款人一定的时间他们可以把所欠的钱还上，银行就应给他们一段时间。但是远在千里之外陌生的抵押贷款持有者与社区没有利益关系，也不关心作为一个好的借款人的声誉问题，结果可想而知。《纽约时报》的商业板块在头版头条就讲述了这样一个故事：一对住在阿卡萨斯的夫妇借了 1000 万美元来扩张健身中心，[29] 当他们不能按时归还贷款时，他们的抵押贷款被以每美元对 34 美分的价格卖给了一个投机商。他要求这对夫妇在 10 天内将贷款全部偿还，否则他们就会丧失财产的抵押品赎回权。这对夫妇已经偿还了 600 万美元，如果卖掉健身房他们还能再偿还 100 万美元。但是投机商不感兴趣，因为他看到了从没收抵押品赎回权中可以获得更大的回报。这种情况对借款人、贷款人以及社区都没有好处，只有投机商从抵押贷款中获了利。

而且证券化也使抵押贷款出现问题时重新谈判变得更加困难，这些问题经常发生，尤其当有不正当的激励诱惑时，这些问题更是频繁出现。[30] 随着抵押贷款被一次次地重复转手，银行与社区的友好关系将不复存在，管理抵押贷款（收集支付款并将钱分配给各种持有人）的责任分配给了新的玩家，即抵押贷款中介。抵押贷款的持有人担心这些中介对借款人太心软。结果，投资者施加了约束使重新谈判变得更加困难。由此对双方造成了大量的钱财浪费以及不必要的损耗。

美国的诉讼使事情依旧变得更加严重。无论何种重新谈判，总有人抱怨。无论是谁主持重新谈判，总会被投诉没有从借款人身上榨出更多的油水，而且美国的金融部门通过制造进一步的利益冲突使问题更加复杂。[31]
大部分情况是，高负债的房屋业主不仅有第一笔抵押贷款（比如房屋价值
的80%），还有第二笔抵押贷款（比如进一步追加的15%）。如果仅有一笔
单一的占房屋价值95%的抵押贷款，那么假如房子价格跌了20%，减记
抵押贷款来反映这一情形是合理的，从而减轻借款人的负担。但对于两个
分离的抵押贷款，这样做就不会产生第二笔抵押贷款了。对于第二笔抵押
贷款的债权人而言，他当然不愿意进行贷款重组了，他认为市场复原的机
会虽然很小，但还是有可能的，到那时他至少还可以拿回其所借款额的一
部分。而且第一笔和第二笔抵押贷款的债权人在重组的利益和条款上还存
在明显的差异。在这场混乱之中，金融体系还增加了另一个复杂性：抵押
贷款服务商（负责抵押贷款结构重新调整的人）通常是第二笔抵押贷款的
债权人，因此，重新谈判的责任还经常被其中的一个利益集团来负责。这
意味着出现问题时，法律诉讼是不可避免的。在这样一个纠结的世界中，
只有求助于法庭，才能确保公平审判。在这种情况下，人们是不会愿意
让抵押贷款服务商免受法律制约的。即使像抵押贷款这类最初级的金融产
品，我们的"金融奇才"们也已经创造了一个互相纠结的网络，以至于在
出现问题时很难找到解决之法。

　　如果所有这些还都不够差，政府为了应对危机，还激励银行不要进行
重组：因为重组会强迫它们承认损失，而糟糕的会计账目可以让它们暂时
忽略这些隐藏的损失。由于布什政府和奥巴马政府没有全力以赴，重组自
然收效甚微。[32]

复兴抵押贷款市场

　　由于抵押贷款使得金融部门陷入危机，人们自然会认为解决问题就得
从抵押贷款入手。但是他们却没有这样做，2008年年末到2009年年初市

场继续下挫，预计丧失抵押品赎回权的数量继续上升。曾经看起来已经很严重的估计——所有抵押贷款的 1/5 将缩水，现在看来只是保守的估计。[33]

丧失抵押品赎回权来自两组借款人：那些支付不起的和那些不打算支付的。通常不是很容易区分这两种类型。一些人虽然能够支付得起抵押贷款，但是损失却很惨重。经济学家相信人是理性的。因此，对于大多数美国人而言，当抵押品房产价格下降时，最好的选择就是违约。既然大多数美国抵押贷款是无追索权的，借款人只要把房屋钥匙交给债权人而不需要承担进一步的后果。如果乔治·琼斯住在一个价值 30 万美元的房子里，却有 40 万美元的抵押贷款，为此他一年须偿还 3 万美元。他当然会搬进邻近相似的价值仅 30 万美元的房子，从而使他的支付降低 1/4。在危机期间，他也许得不到抵押贷款，但是他可以租房子住（事实上，由于房产净值不断下跌，他也不可能去支付首付款）。很多地方的租金也下降了，即使他有储蓄来支付预付定金，在市场稳定下来之前，租房子也是很好的选择。他也可能犹豫，担心违约会影响他的信贷声誉。但是随着更多人都开始陷入违约境地，耻辱感很可能得以减轻，因为人们会指责银行发放不良贷款，而不会责怪借款人。无论何时，每个人都会有一个心理底线，当还款代价超过心理底线时，房屋业主就会违约。

奥巴马政府最终在 2009 年 2 月提出了处理丧失抵押品赎回权问题的建议。这是向处理问题的正确方向迈出的重要一步，但很可能还是不够的，它不能阻止丧失抵押品赎回权的数量继续增加。他的计划在降低月供方面也起到了一些作用，但是对于私人银行缩水的抵押贷款本金（人们欠银行的）的减记方面，该计划却根本没有涉及。当然奥巴马政府这么做也是有其理由的。[34]如果抵押贷款被重组，银行就不得不承认它们发放不良抵押贷款的事实，它们就必须想办法来填补资产负债表的漏洞（持有最大量抵押贷款的房地美和房利美在布什政府期间已经被国有化）。[35]

在处理抵押贷款问题的过程中，比较棘手的问题之一是有关"公平"

的问题：那些没有参与到抵押借款中的纳税人觉得他们没有义务为这些人买单，所以许多人都认为债务调整后的负担应该由发放贷款的人来承担：就像我之前提到的那样，贷款是借款人和贷款人之间的自愿交易，发放贷款的人本应当了解金融风险评估，他们却只顾赚钱而不去进行风险评估。现在，危机来了，虽然借款人眼看着他们的房产净值消失殆尽，会偿还相对房价而言更高的贷款，但贷款人也应该承担主要后果。

但是，减记抵押贷款的方法并没有被采用。银行几乎影响了美国财政部的每一个决策。在这次危机中，银行和财政部有着共同的利益：减记抵押贷款的本金意味着银行不得不承认损失。反过来，减记抵押贷款会使银行的资产负债表漏洞更明显，会迫使它们想办法寻找更多的权益资金。既然银行已经没有能力独自完成这件事，自然只有向政府伸手要钱。但是政府没有钱，而且政府在银行重组项目中犯下了许多错误，使得其很难得到国会的支持来增加更多的财政支出。

因此，奥巴马在发表了政府不得不处理抵押贷款问题的豪言壮语之后，就把问题搁在一边，再也不闻不问了。他提出该计划的报告并不怎么让人振奋人心：到2009年10月末，在320万美元有资格被救助的问题贷款中只有65.1万美元的问题资产（大约20%）被减记调整，而且还仅仅处于减记调整的尝试阶段。[36] 不是所有的问题贷款都有资格得到政府援助，也不是所有的重组贷款都能避免丧失抵押品赎回权。即使在最乐观的情形下，奥巴马政府能够重组问题贷款的数量也比住房专家认为的能够避免住房市场严重压力的门槛数量要少得多。[37]

有许多办法可以处理丧失抵押品赎回权的问题，例如，在减记贷款的同时救助贷款人。如果没有预算约束的限制以及对未来道德风险的担心，像这样的计划会让每个人都高兴，当然除了普通的纳税人。人们可以住在自己原有的房子里，贷款人则可以避免调整他们的资产负债表，政府消除资产负债表中风险的做法则可以减轻信贷市场的压力。真正的挑战在于如何在不援助银行的情况下还能去拯救成千上万会为此失去房子的人，而银行也应该为它们没有评估风险而承担相应的后果。

为了阻止违约风潮，我们不得不提高家庭支付抵押贷款的意愿和能力。关键的做法是降低这些家庭的支付额，有四种办法可以做到这点：延长还款期限——现在少还点，以后再多还点；帮助他们支付抵押贷款；降低利率；降低他们所欠的数额。

银行喜欢第一种办法——重组抵押贷款、延长还款期限，这样银行不仅可以在重组时收取额外的佣金，而且还可以不遭受任何损失。事实上，它们可以获得更多的佣金和利息。但是对于整个国家而言，这是最坏的选择，这仅仅推迟了清算的时间。这曾是银行对发展中国家惯用的伎俩，使得发展中国家越欠越多，结果是：在几年之后将发生另一次债务危机。当然，对于银行尤其是对于银行现任的负责人而言，推迟就足够了。他们现在正陷于生死攸关之时，哪怕只是让问题暂时缓解，就已经很值了。

有关业主的《破产法》第 11 章

对于国家而言，最好的选择就是降低本金。这扭转了违约的激励，意味着更少的住房抵押贷款缩水。对银行来说，意味着回到现实中来，事实就是它们的贷款是基于泡沫支撑的价格。银行应该结束人们会全额还款的幻想。从社会的角度来说，这也是合情合理的。

银行在从事一场赌博。如果它们不重组贷款，房地产市场恢复的概率将很小——非常小。如果市场恢复，银行的日子就会好过一些，或者至少比现在的情况要好。只要它们能多坚持一会儿，在此期间许多银行倒闭，其后续竞争少了，利润上升将能够弥补眼前的损失。但是这样的话，社会成本则会巨大，更有可能房价不升反降，丧失抵押品赎回权的可能性将增加。丧失抵押品赎回权对每个人而言都是有成本的，对银行而言是法律成本，对家庭和社区而言是其他成本。此时，通常的做法是规定房子不可以进行任何流转：失去房子的人必然很恼火，尤其是在他们感觉被掠夺的情况下。空置的房屋也会引起社区的一系列问题从而恶化社区环境，因为空房子有时会被非法住客占用，有时变成非法活动的场所。在任何情况下，这都会导致周边房价下降，使得更多的抵押贷款缩水，致使更多的抵押品赎回权丧失。通常的情况是：房子最终被挂牌拍卖，这样虽然房子价格下降，但还是能挽回一部分损失的。

银行使用它们可以动用的一切政治手段来拒绝任何形式的本金减记，这是可以理解的。减记可以通过政策性的方案、自愿性的方案以及更有力的破产性的法庭方案等三种形式进行。奇怪的是，一些对于银行救助的设计反而使得它们更不情愿重组其不良抵押贷款。政府变成了承担巨额损失的（在花旗银行的例子里是很明显的）隐性担保人。这意味着纳税人承担损失，而银行家却获得所有的利益。如果银行不重组抵押贷款，一旦奇迹发生，房地产市场恢复，它们将获得利润；但是如果市场不恢复，则损失更大，最终成为纳税人的负担。奥巴马政府实际上助长了银行狂赌房地产市场将复苏的举动。

2009 年 3 月会计制度的变化使得事情变得更加糟糕。[38] 新会计制度允许银行继续持有"受损的"抵押贷款（借款人"拖欠的"贷款）而无须减记贷款，甚至在市场贷款违约可能性很高的情况下也没进行减记，仍然幻想着能够持有到期。在这期间，假如借款人可以克服困难，那么到期时银行或许会得到全额支付。[39]

在银行不愿意减记抵押贷款本金的情况下，政府就应该通过"业主破产保护"，即通过快速重组贫穷房屋业主的负债来迫使银行不得不进行减记。《破产法》的第 11 章是基于"公司破产保护"设计的，主要针对公司不能偿还债务时的救济。破产保护的前提思想是认为维系一家公司的运营对公司员工和其他股东来说是很重要的。由此公司的管理部门可以提议公司重组，并由法庭审查。如果法庭发现重组是可行的，就会快速重组全部或者部分债务，于是公司就可以重新开始。就像给公司一个新的开始一样，业主破产可以给美国家庭一个新的开始。如果将业主从房子中赶出去，是没有人可以获利的。

美国在 2005 年 4 月变更了破产法，使得业主重组债务变得更加困难。现实中，重组房子债务比重组其他债务（如游艇债务）更加困难。随着布什政府期间各项法律的出台，法律名称变得与其内容不符，例如，在被称作《防止滥用破产法与消费者保护法案》中，名为保护消费者，实则在进行贷款时，银行往往虚报了超过借款人工资的 1/4，事实上，大部分美国人的工资，尤其是银行发放贷款的穷人的工资都没有报的那么高，这意味着迫使穷人还款会将更多人推进贫穷的行列。[40]

奥巴马政府试图改变 2005 年颁布的对业主苛刻的法律，但是银行显然会反对这样做并且银行获得了成功。[41]银行家争辩说更宽松的破产法将导致更多的违约和更高的利率，但却只字不提新法律实施之后违约率高涨并且大多数的违约都是不得已而为之的事实。[42]大多数的违约是因为家庭遭受了灾难性的打击，比如一场疾病或者失业。[43]银行用来反对改革的另外一个观点是：对于那些在房地产价格升高时买房用来追求投机的人来说，新法律会带来一笔意外之财。这种批评有点莫名其妙，既然市场中的每个人都在房地产价格升高时投机，政府又为何只能援助那些银行呢？

关于这个问题有一种简单的办法：让业主破产保护和公司破产保护起到相似的作用，股权拥有者（股东）失去了股权价值，债券持有者变成了新的股权所有者。在房子的例子里，业主持有"股权"而银行是债券持有者。在业主破产保护中，股权和债券的互换会使得减记业主所欠的价值成为必然，当然作为回报，如果房子最终被卖掉，大部分房子的资本利得也应交给发放贷款的人。这样那些买房投机的人就会发现他们的投机行为并不怎么有吸引力了（经济学家将这样的条款称为自我保护策略）。

利用业主破产保护，人们不用经历烦琐的破产程序就能清偿所有的债务。房子被当作一家独立的公司那样对待。这种救济对于家庭收入低于关键门槛（比如 15 万美元）以及低于其他一些关键门槛（可能依赖年龄）的无家庭（单身）、无退休金的人是可行的。[44] 此时，房子会被评估，个人的债务将被减记，比如减记到评估水平的 90%，被减记的 10% 实际上反映贷款人如果继续没收抵押品赎回权的话，将会承担类似规模的交易成本。[45]

低利率贷款

利用我在前面篇幅里所描述的各种利率花招，如 100% 贷款、可变利率、引诱利率、气球贷款、负的分期付款和欺骗性贷款等，银行使得许多美国人最终要用月收入的 40% ～ 50% 或者更多向银行偿还月供。[46] 如果包括信用卡的利息，数额将会更大。许多家庭不惜一切代价努力来偿还这些贷款。但是往往会有另一个灾难——小到汽车的故障或者大到家庭的疾病，把他们推到危险的边缘。

政府（通过美联储）一直以非常低的利率借钱给银行，现在为何不施加压力给银行，以便借到低利率款项来提供给业主更加廉价的信贷呢？以某人用 6% 的利率借款 30 万美元为例，即使不偿还本金，光利息每年就要 1.8 万美元（300 000 美元 × 0.06），也即每月 1500 美元。政府现在本质上能以零利率借钱给银行，如果以 2% 的利率借给业主，其偿还的利息就会骤减 2/3 到每年 6000 美元。对于那些一年大概挣 3 万美元、处于贫困线的家庭而言，此项目可以将其为房子的支出从税前收入的 60% 缩减到 20%。60% 时偿还贷款很难，但 20% 就容易多了。除了分发通知的成本，政府每年还可以从这个项目中赚得优质的 6000 美元利润。因为年利息 6000 美元时房屋业主能够支付得起，但是若为 1.8 万美元，他们就可能支付不起了。

而且，因为业主没有被迫丧失抵押品赎回权，房地产价格仍然坚挺，周边地区环境相对较好，人们生活也会好一些。除了银行，各方都会得利。政府无论是在融资（由于几乎零概率违约）还是在收取利息方面都存在优势，这是政府愿意提供学生贷款项目和政府抵押贷款项目的根本理由，但是保守主义者却坚持认为政府除了借钱给银行之外不应该从事这些类型的金融活动，他们声称政府不擅长信贷评估。这一理由现在无足轻重：银行在信贷评估和抵押贷款设计上做得如此糟糕，以致使得整个经济陷入风险。它们最擅长设计掠夺性贷款，但它们却不能获得"嘉奖"。

很明显，此时的银行是不想与政府进行竞争的，这在某种程度上就能抑制银行乱放贷款的冲动。由此带来的一个好处就是：如果银行不能通过剥削穷人来赚"容易"钱，它们可能就会回到"艰难"的生意上，也就是它们自始至终一直该做的事情：借款帮助建立新的企业和扩张旧的企业。

扩大住房自有率倡议

不顾后果的次级抵押贷款倡导者声称这些金融创新会使很多美国人第一次成为房屋业主，而他们也确实成了业主，但时间很短暂，并且为此付出了很高的成本。在这次危机的最后，实际上真正拥有房子的美国人的比例比危机开始时还要低。[47] 我认为扩大住房自有率的目标是值得肯定的，但是从很明显，市场运转得并不好——只有抵押贷款的经纪人、发起者以及投资银行家从中赚到了钱。

当前，有一种主张声称只要暂时帮助低等收入和中等收入的美国人支付住房成本就行。但是从长期来看，有一个问题需要考虑，那就是：当前房地产的资源配置是否合适。现在这种资源配置扭曲了房地产市场，对高收入的房屋业主有利。美国允许抵押贷款利息和财产税进行税收抵扣，这样做的实质是政府代为支付了房屋所有权成本的大部分。在纽约，例如，高收入纳税人将近一半的抵押贷款利息和房地产税收是由政府来买单的。但是，具有讽刺意味的是，这并没有帮助到那些最需要帮助的人。

一个简单的补救办法就是将当前的抵押贷款和财产税抵扣转换成统一税率，并且以现金形式退还给借款人（更好的办法是实行累进税收抵扣，穷人比富人享受更高的减免税率）。一个统一的税收抵扣可以公平地帮助每一个人。假设政府对抵押贷款利息支付给予 25% 的税收减免，那将意味着我之前提到的一年支付 6000 美元抵押贷款利息的家庭的税收可以减少 1500 美元。与此相对，高收入家庭会从价值 100 万美元的大厦得到 3 万美元的税收减免——从政府得到的优惠相当于穷人家庭的整个收入。通过新的税收减免，豪宅的拥有者从政府得到的优惠仍然很大（1.5 万美元），但是至少砍掉了一半。对高收入美国人补贴减少的那部分可以为穷人支付补贴。有理由相信，25% 的税收抵扣会使许多美国人买得起住房。

当然，这样的倡议会遭到高收入家庭和建造百万美元房子赚钱的建筑公司反对。到目前为止，这些集团仍然占据着优势。但是当前的体制既不公平，也不是有效的，也就是说，多种因素综合考虑，相对于富人而言，"真实"房价对穷人而言更高。

新抵押贷款

金融部门虽然声称其进行了创新，但并没有找到一条创新的路将风险从穷人那里转移到更能承担风险的其他人那里。例如，可变利率抵押贷款致使为收支平衡而努力挣扎的美国穷人却不知道他们的月供是多少。然而，即使是可变利率抵押贷款，如果允许抵押贷款的到期日（抵押贷款偿还的年数）是可变的，穷人还是可以每月固定还款额的。

丹麦的抵押贷款市场提供了一种可供选择的方法，该方法在丹麦 200 多年来运转良好。低违约率和产品的标准化使得这种方法具有低利率和低交易成本的竞争优势。丹麦违约率低的一个原因是严格的监管——借款人最多只能借到相当于房子价值 80% 的款项，债券发行人必须首先承担损失。而美国的体制会导致出现负的净资产的风险，这鼓励了投机赌博。丹麦体制则阻止出现负的净资产，从而不鼓励投机。[48]丹麦体制具有很高的透明度，因此那些购买抵押贷款债券的人对由抵押贷款发起人进行的信贷质量评估有一个正确的评价。

美国政府曾经屡次带头创新金融产品来满足普通居民的需求。当金融产品被证明是成功时，私人部门经常介入。当前的危机呈现出另一种情况，因为私人部门没有做好它们该做的事情，所以政府不得不采取主动行动。

在私人部门巨大的放贷错误下，政府在阻止当前大量抵押贷款缩水方面已显得无计可施，但并不是所有缩水的抵押贷款都会丧失抵押品赎回权。虽然人们面对缩水的房产有动机去违约，但个人还是会关心他们的声誉的。这就是为什么本章所描述的各种方法会有所帮助的原因：如果人们能住在自己的房子里，能够偿还抵押贷款，他们将会设法做到。

还有其他一些建议会影响违约行为。一个建议是由前总统里根的国会经济顾问马丁·菲尔德斯坦所提倡的。比如，20% 的个人抵押贷款换成低利率政府贷款。[49]但是政府贷款不是无追索权的：即使房子被拍卖，借款人仍然有义务归还其从政府所借的钱。由于他不能摆脱政府的贷款，他就不会一走了之，也不会不还银行的贷款。这样违约发生的可能性就比较小，贷款人的境况就会好一些——这个建议实际上是以房屋业主的损失为代价送给贷款人一个大礼包，房屋业主用无追索权的贷款换有追索权的贷款。就像我早些时候提到的那样，拥有一个无追索权的贷款就像拥有一个期权——一个单方向的赌博，当房价上升时付清全部借款，而房价下跌时却不用承担全部风险。将无追索权的贷款换成有追索权的贷款等于放弃了该期权。更有可能的是，不懂金融的借款人不会理解手上所拥有期权的市场价值，而只会看到降低的支付额。在某种意义上，除非政府告诉房屋业主该期权的价值，否则它也是在帮助银行家行骗。

然而，对上面这个建议的微小修改却不仅能降低丧失抵押品赎回权的可能性，同时又避免送给发放贷款的人又一个大礼包。政府可以鼓励发放贷款人以公平的市场价值从借款人（家庭）那里买回期权（这样会降低银行和市场面对的不确定性），并鼓励家庭用得到的（大部分）收益来付清部分抵押贷款。[50] 以一个贷款 30 万美元、价值 30 万美元的房子为例，假设抵押贷款有严重的缩水风险，银行可以把其中的 6 万美元转换成有追索权的贷款。假设该期权的价值是 1 万美元，则房屋业主可以用卖期权的钱来付清一部分抵押贷款。这会使其更有可能负担得起房屋贷款的利息，其利息支付可以每月减少 50 美元。为了让银行和借款人双方更乐意交易，政府也已经意识到了低违约率给所有人都能带来好处，所以政府来承担 6 万美元的有追索权抵押贷款，并且只收取 2% 的利息。再结合 25% 的税收抵扣意味着业主的成本从原来的一年 1.8 万美元下降到 11 250 美元。这是一个双赢的局面。更少的支付意味着更低的违约率。银行之所以有动力去调整资产负债表的一个原因是会降低其面临的不确定性，使得其发放更多新的贷款成为可能。这个建议的可行之处在于能够真正地帮助房屋业主，而不是把损失从银行转移到纳税人。这是一个间接帮助的经济学例证——通过帮助普通居民来帮助银行，而不是直接帮助的经济学例证，即政府一直努力地希望通过帮助银行使业主和其他经济体得到些许缓解。

我认为假如政府采取了本章所提出的简单建议，丧失抵押品赎回权的问题将会很快成为历史。但很遗憾的是，奥巴马政府延续了布什政府的路线，将其努力都用在了拯救银行上。即使它将钱撒在了银行里，抵押贷款市场的问题仍然在加剧，使得银行在今后的岁月里将会面临进一步的问题。但是，就像我们在第 5 章中将会看到的那样，政府设计出来的救助银行的方法阻碍了抵押贷款的重组，没能重振贷款市场——而这一直是政府声称的救助银行的主要目标，相比我上面所提到的方法，政府却让国家背负了更高的债务。

第 5 章

美国的巨大掠夺

经济学家喜欢把银行系统比作经济的心脏，它将资金输送到任何需要的地方。2008 年秋，银行处于崩溃的危险边缘，贷款枯竭，于是政府介入来救助银行。这正好是重新思考怎么建设一个真正有效的金融体制的好时机，新的金融体制将用一种有效的方式将资金引导到最被需要和最具生产力的地方，也可以帮助家庭和公司管理风险，并提供一个快速和低成本的支付体系。然而危机产生之后，两届政府并没有考虑国家应该建设什么样的金融体制，而只是采纳一系列措施救助金融体制，而这些措施没有解决银行体制的结构问题，甚至有些措施使得事情更加恶化。结果很难保证这些没有做根本变革的所谓新的金融体制会比原来的金融体制能更好地服务于美国。

美国政府在四处奔走救助银行之际，应当思考谁该为此负责。那些将国家拖入混乱的银行家应该为他们的错误买单。但是与此相反，他们却带着数十亿美元拍拍屁股走人，更有甚者，证据表明这些钱是政府的慷慨救助资金。作为一种制度，资本主义能容忍很高程度的不平等，因为人们相信这样一种观点：这是激励人们的方式。只有将人们所获得的奖励与其对社会所做的贡献相挂钩才能让经济更加有效率。但是，在房地产泡沫中获得高额报酬的人并没有让社会更有效。有一段时间，他们提高了银行的利润，但这些利润只是海市蜃楼。如果私人奖励与社会回报无关的话，资本主义将无法运转。但这恰恰就是在20世纪末至21世纪初美国式金融资本主义所发生的事情。

在本章中，我会详细介绍两届政府是如何应对金融危机的，它们应该做什么及其可能的后果。虽然现在尚不知道所有可能发生的结果，但几乎可以肯定的是，在所有的现代民主政府中，奥巴马政府和布什政府所犯错误导致的高额成本高居榜首。[1]在美国，担保和救助的规模接近其GDP的80%，大约是12万亿美元。[2]并不是所有的担保都需要实际承担责任，因此纳税人的总成本会少些。但是，除了公开宣称的数额，还有以隐蔽的方式发放出去的几千亿美元。美联储正在接受低质量的担保资产并购买抵押贷款，几乎可以肯定这些金融交易会让纳税人支付高额成本，但纳税人自身却很难感觉到其背后的高风险。救助已经以其他形式表现出来，例如，以接近零的利率向银行贷款，让银行可以用这些钱继续去冒险或者把钱以更高的利率贷给其他公司。还有一些公司（或者个人）会感激零利率贷款，因为这可以让它们获利，并且利润丰厚到与那些所谓"成功的"银行的利润一样多。这是一个巨大的恩惠，但实际上却让纳税人在不知不觉中为其买单。[3]

当金融危机爆发后，小布什政府决定不仅要帮助银行，还要帮助银行家和他们的股东摆脱困境。这笔钱是以非公开的方式提供的，原因可能是不想让公众完全知道正在给予金融机构的大礼，也可能是负责这件事的人是前银行家，非公开是他们一贯的办事风格。[4]政府反对向接受纳税人巨额资金的机构实施任何监控，声称这样会干扰自由市场经济的运转，就好像是数万亿美元的紧急救助与自由市场经济原则相一致似的。那些决策所产生的后果会在接下来的几个月陆续显露出来。银行主管们真的按照资本主义制度的行为方式采取行动，即按照他们的自我利益行动，尽可能地为他们自己和股东赚更多的钱。小布什政府和奥巴马政府犯了一个低级的错误，认为银行追求的自我利益必然与国家利益相一致，难以原谅的是，在危机前，这个错误就已经犯了好多年了。公众对于滥用纳税人的钱感到非常愤怒，这进一步加剧了银行困难的局面，也导致越来越低的透明度和更无效的处理问题的方式。

毫不奇怪，奥巴马政府并没有带来任何新的措施。他试图通过政策的稳定性和连续性向市场提供信心，这可能是其整体策略的一部分，但这种策略是有成本的。从一开始，政府就没有提出关于美国应该需要什么样的金融制度这一根本命题，因为提出这样的问题无论是在政治上还是在经济上都会让人感到不舒服。银行家们不想承认他们所做的任何一件事情在本质上都是错误的，他们根本不想承认失败。无论是倡导放松监管的人，还是站在他们背后的政治家，都不想承认他们所推崇的经济教条是错误的。他们想重返 2007 年以前没有发生次贷危机的世界，那时，处处没有烦恼，一切都堪称完美。但是金融体制不能也不应该重新回到之前的老路上。我们不能只做表面功夫，我们需要并且现在就需要真正的改革。例如，金融系统过于庞大，必须对其进行改革以使其缩减规模，并且一些部门需要比其他部门缩减得更多。

奥巴马政府最后可能会回到正确的方向上，也可能在本书出版之际还停留在原处。但是摇摆不定的政策路线已经导致了很高的成本。遗留下来的债务会侵蚀未来几年里经济和社会项目的支出。事实上，通过几个月的紧急救助，赤字规模已经成为减缓健康医疗改革的借口。但当银行宣称它们需要几千亿美元的时候，担心赤字规模的事情却被置之不理了，2008 年夏末开始，银行里那些反对赤字的鹰派就继续去度假，不再吭声。但是就像我和其他人预测的那样，当救助资金很明显没他们份儿的时候，他们就迅速从度假中回来，并恢复到他们一贯的立场：不管其他赤字项目的回报有多高都反对给它们钱。奇怪的是，当第一轮救助开始的时候，银行家们声称政府会在这些"投资"上赚上一笔，但是，在危机前，当政府投资社会、技术和基础设施时，他们可不觉得政府能赚钱。到现在为止很明显的是：通过救助银行，纳税人几乎没机会改善状况，也没机会得到风险补偿，如果银行家给任何人钱，他是一定会要求补偿的。

美国的金融体制为何不符合要求

金融部门的成功主要体现在资本配置较好或者风险管理较好，从而最终体现在普通居民福利水平的提高上。尽管日益膨胀的金融部门对其金融创新感到自豪，但现在仍然不清楚大多数创新实际上对美国经济或广大美国人的生活水平的提高究竟贡献了多少。例如，在第4章中，我讨论了金融部门的基本任务应该是贷款给人们以帮助他们买房子，金融部门应该利用它们的智慧设计产品帮助人们管理房屋产权风险，比如因利率波动产生的风险。金融从业人员本应当理解风险，这是他们获得丰厚奖励的一个原因所在。但是很明显，他们和那些监管者并没有真的这么做，尽管他们总是引以为傲地认为自己对市场以及风险与效率的真正含义有多么了解。他们本应该将风险从无力承担的人（房屋业主）转移到其他人那里。相反地，"创新产品"却让那些低收入阶层承担了更多的风险。

本书有很多表现人们"思维不一致"的例子：如果市场是有效的，那么平均而言，房屋业主从固定利率抵押贷款转变到可变利率抵押贷款几乎不会有收益，唯一的差别是谁来承担波动的风险。然而我们看到，美联储前主席格林斯潘鼓励人们办理可变利率抵押贷款。他相信市场是有效的

（这是他坚持不需要监管的一个理由），但同时，他还相信房屋业主可以通过办理可变利率抵押贷款节约成本。不理解风险的低收入房屋业主采纳格林斯潘拙劣的建议尚可理解，但是所谓的金融专家也会这样做就很难理解了。

如果按照绩效来判断，而不是靠利润和佣金这些人为的度量指标，以更加有价值的度量方法来评估各部门对经济以及家庭福利的贡献，那么金融部门是失败的。实际上，即使从长期收益率的视角来看，考虑到房地产泡沫破灭后堆积起来的巨大损失，它也是失败的。现在的失败并不是一小撮设计欺骗性贷款、100% 抵押贷款的"天才"的问题，也不是散播可变利率产品的问题。这些是坏主意，在许多国家都是被禁止的。金融部门的失败是没有理解市场基本原理的结果，既没有理解不完全和不对称信息风险，也不理解市场风险本身的含义，同时也是忘记或忽略经济理论和历史经验教训的结果。

更一般地说，虽然很容易将金融创新和经济失灵相联系，但很难说清楚这两者之间到底是如何联系的，例如，金融部门创新和增加的生产力之间的关系。金融体系的一小部分风险资本公司（许多是在西海岸，不在纽约）通过给予许多新公司资本和管理援助为国家的经济增长起到了一个重要作用，金融体系的其他部分如向消费者和中小企业提供融资的社区银行、信贷联盟和当地银行也做得很好。

以从"存储"性业务（也就是贷款业务）转变为"流动"性业务（包装复杂债券并卖给粗心的消费者）为骄傲的大银行并没有创造很多就业岗位。它们只对那些整合公司数十亿美元的交易感兴趣，如果合约失败，就再将它们拆分。虽然它们并没有致力于创造新工作和企业，但是它们擅长以努力"缩减成本"为名，破坏其他人的工作。

金融体系的不足并不仅仅表现在导致这场危机的糟糕的风险管理和资本配置问题上。银行并没有向低收入阶层提供其所需要的服务，这使得低收入阶层不得不被按天付息的贷款和支票兑现服务所剥削；尽管电子技术很发达，银行却并没有提供低成本的电子支付系统服务。

造成金融系统表现如此之差的原因有很多，如果要解决这些问题，我们必须对这些原因了如指掌，前文已经提到了以下五点失败的原因：

第一，激励方面。在社会收益和私人收益之间存在系统性错配。除非二者能保持高度一致，否则市场体制不可能很好地运转，这就是金融系统引以为傲的"创新产品"常常走入歧途的原因。

第二，一些金融机构变得太大以致不能倒闭，救助成本也非常高。它们不仅"大而不倒"更是"大到无法管理"。当政府对 AIG 进行紧急救助后，爱德华·利迪接管了 AIG，他说："当我接到求助电话并于 2008 年 9 月执掌 AIG 后，有一件事变得很明确——公司的总体结构太复杂、太难驾驭、太不透明，很难作为一个实体被管理。"[5]

第三，大银行从最初单纯的银行借贷业务转变到了资产证券化业务。资产证券化有一些优点，但是它必须被认真地管理，而金融系统内的人和放松管制倡导者并不明白这点。[6]

第四，商业银行努力效仿复杂金融交易的高风险、高回报商业模式，因为传统的商业银行业务太乏味了。那些想赌博的人可以去赛马场或者拉斯维加斯或者大西洋城，在那里，你知道投进去的钱有可能不会回来。但当你把钱存放到银行里，你不想出现任何你想要取钱而钱却已经不存在的风险。太多的商业银行经理似乎都对对冲基金羡慕不已，但是对冲基金不会得到政府的担保，而商业银行却有政府的担保。它们的业务完全不同，但很多商业银行家忘记了这一点。

第五，太多的银行家忘记了他们应该为民众负责。他们不应该去掠夺那些最穷和最易受伤害的人。美国人一直相信这些社会的中流砥柱是有道德良知的，但当贪婪在全国肆虐时，我们对其却毫无约束，他们连社会上最脆弱的人都要剥削。

并非真正的营救

在前面的章节中我们看到：破产是资本主义的一个主要特征。公司有时无法偿还债权人的钱，金融重组已经成为许多行业的生存现实。幸运的是涉及金融重组内容的《破产法》的第 11 章，以一种非常有效的方式让公司获得重生的机会，在诸如航空公司这样的企业中，这一方式一直被反复使用。这使得飞机得以继续飞行，工作和资产得以保留下来。股东通常失去一切，债券持有人变成新的股东。在新的管理制度下，没有债务负担，航空公司能够继续运转。政府在重组中只发挥有限的作用：破产法庭确保所有的债权人被公平地对待，管理人员不会因个人利益侵吞公司资产。

银行与这些公司在某一方面是不同的：政府持有银行的股份，因为政府要对存款进行保险。就像我们在第 4 章中看到的那样，政府担保存款的原因是保护金融体系的稳定，这对保护整个经济的稳定是非常重要的。但是，如果一家银行陷入麻烦，基本的程序是相同的：股东失去一切，债权人变成新股东。[7] 通常，由于债券价值非常高，因此将债券转变成股权就能解决所有的问题了。例如，在紧急救助时，美国最大的银行花旗银行有 2 万亿美元的资产、3500 亿美元的长期债券。因为股权没有义务必须支付，所以如果债券转变为股权，银行就不必为这些债券支付数十亿美元的利息，不必支付数十亿美元的利息就使得银行处于比较好的境况。在这个例子中，政府的角色与其在一家普通公司的破产中担负的角色几乎没什么不同。

有时，银行的管理很差，以至于其欠储户的钱会比银行资产还要多。在 20 世纪 80 年代晚期和当前的经济危机中许多银行都存在这种储蓄和贷款灾难。此时，政府就不得不介入其中并代为履行对存款人的承诺。实际上，政府此时就变成了银行所有人（可能是部分的），虽然通常情况下，政府会尽快出售银行，或者找到接管者。因为破产银行的负债要大于资产，政府通常会不得不贴钱给被收购银行，实际上是填补银行的资产负债表的窟窿。这一过程被叫作接管。[8] 通常这种所有权的转变会悄无声息，没有痕迹，以至于存款人和其他客户甚至可能都不知道发生了什么事情，直到他们从媒体读到相关的报道。有时，如果找不到合适的接管人，政府会经营一段时间被接管的银行。反对接管的人通常会努力破坏这种传统方式，并称这种接管为国有化。奥巴马也认为这不是美国的做事方法，[9] 但是他错了：当所有其他方法都失败后，包括政府暂时拥有所有权在内的接管措施就是通行的一贯做法。通过这种措施，政府给银行带来的好处是史无前例的。[10] 因为被政府接管的银行最终总是被卖掉，所以一些人提议说这种过程应该被叫作前私有化。

长期的经验教训告诉我们，当银行面临失败的风险时，它们的管理者总会致力于从事使纳税人损失更多的高风险行为。银行可能会来次大的赌博：如果赢了，它们就能继续下去；如果输了，那又怎么样呢？大不了倒闭算了。正是出于这个原因，法律规定，若银行资本金太低，就应该关闭或者被接管。银行监管者不能等到银行所有的钱都不见了才采取行动。他们要确保当存款人把借记卡放进自动取款机出现"余额不足"时，这是因为存款人的账户余额不足，而不是银行没有足够的资金。当监管者看到银行的资金不足时，他们就会通知银行补足资本金，如果银行不这样做，他们就会进一步采取刚才所说的行动。[11]

当 2008 年的危机正在势头上时，政府就应该按照资本主义的规则，强迫进行金融重组。金融重组（新生）不是世界末日。[12] 事实上，它们可能代表着一个新世界的开始，对各方的激励更加保持一致，贷款的热情将被重新点燃。如果政府真的强制进行金融重组，就几乎不需要纳税人的钱或政府更多的介入。因为这种债权和股权的转换降低了破产风险，提高了整个公司的价值，这种转换不仅节约了高额的破产交易成本，也保护了日益受到关注的公司价值。这意味着股东被撤换，债券持有人成为新的"所有者"，债券持有人的长期前景将会比银行处于不确定的非重组状态要好得多，因为在后面这种状态下，银行并不确定自己是否能够生存下来，也不确定政府接管的规模或者期限。[13]

至少根据银行自己的逻辑来看，加入重组的债券持有人有可能得到另一个好处。银行家声称市场低估了账面上抵押贷款（和其他银行资产）的真实价值。事情可能是那样，也可能不是。如果不是，让纳税人承担银行失误的成本就完全不合情理，但如果资产真的值银行家所说的那么多，债券持有人就会得到好处。

奥巴马政府认为，大银行不仅因为太大不能倒闭，也因为太大不能进行金融重组（或者像我稍后提及的"太大不能被解决"），太大就不适用普通的资本主义规则。太大不能进行金融重组意味着如果银行处在失败的边缘，拯救的资金来源就只能有一个：纳税人。在这个未被证实的新颖教条的指引下，数亿美元资金涌进金融体系。如果美国大银行太大不能被"解决"是真的，这就会对我们银行体系的进一步发展产生深刻影响，到目前为止政府一直拒绝坦白承认这个影响。如果这些机构太大以至于不能进行金融重组，实际上就相当于说对债权人进行了担保，那么市场经济就不能对银行施加有效的约束。因为资本提供者知道纳税人会承担任何损失，那么它们就会向银行提供更便宜的资本。如果政府提供不管是公开的还是隐蔽的担保，则银行无须承担所有与决策相关的风险，此时，市场（股东、债券持有人）承担的风险就少于社会整体承担的风险，那么资金就会流入错误的领域。因为大到不能进行重组的银行能够以低利率得到资金，所以整个资本市场是扭曲的。因为竞争对手没有这些担保，所以这些大银行的壮大是以牺牲那些比它们小的竞争对手为代价的。它们可以很容易地主宰金融体系，而这并不是通过更高超的才能和智慧，而仅仅是因为政府的默许和支持。应当很清楚：这些大到不能被重组的银行不能像一般的以市场为基础的银行那样运营。

我真的认为所有那些关于大到不能倒闭的银行的讨论都只是一个诡计，它是一个利用大家的恐慌情绪而发挥作用的阴谋。就像小布什利用人们对"9·11"和恐怖主义的恐慌来为其所作所为寻找借口一样，小布什政府和奥巴马政府的财政部把"9·15"（雷曼兄弟倒闭的日子）和对危机的其他恐惧当成了工具，以此让那些把世界带入经济崩溃边缘的银行和银行家赚取更多的钱。

现在的观点认为，如果美联储和财政部拯救了雷曼兄弟，那么整个危机就已经能够被避免了。言下之意是奥巴马政府应该采取高额的救助，如果现在吝啬，就会导致因小失大。

但是上面这些从雷曼兄弟的故事中学习到的经验是错误的。[14] 那种认为如果拯救了雷曼兄弟就会万事大吉的观点简直是胡说八道。雷曼兄弟的倒闭是结果，不是原因：它是有缺陷的贷款业务和监管者不恰当监管的结果。不管雷曼兄弟是否被救助，全球经济都会变得困难。就像我已经说过的那样，危机之前，全球经济是由泡沫和过量的借贷所支撑的。游戏已经结束，雷曼兄弟倒闭之前就已经结束了。倒闭必然会加速整个去杠杆化的过程，而去杠杆化使长期存在的糟糕问题公开化，这个长期存在的问题就是，银行不知道它们的资产净值，相应地，它们也知道自己不可能弄清楚向它们借款的那些公司的资产净值到底是多少。[15] 一个更加有序的处理方式也许会在短期内带来一些成本，但是"虚拟历史"的做法⊖常常是有问题的。有些人相信有病最好就服药，好让一些问题都过去，因为，他们认为慢慢地缓解症状需要很多年，并可能导致更大的成本。但是另一方面，又有人认为银行缓慢的资本调整要比暴露的损失来得更快些。按照这种观点，用虚假会计来隐瞒损失（正如在这次危机以及 20 世纪 80 年代储蓄和贷款

⊖　"虚拟历史"指上面那种"如果美联储和财政部拯救了雷曼兄弟，那么整个危机就已经能够被避免了"的观点，因为这种观点是认为"如果……就……"，只是一种想象。——译者注

崩溃时所做的那样）就不仅仅只是安抚伤情了，降低表面温度也能够帮助恢复健康。还有观点认为雷曼兄弟的倒闭实际拯救了整个金融系统：没有它的倒闭，很难激发政府救助银行的行动（倒闭之后实际也很难这样做）。

即使承认让雷曼兄弟倒闭是个错误，在小布什政府和奥巴马政府"9·15"之后无条件地拯救银行的做法和汉克·保尔森、本·伯南克以及蒂姆·盖特纳简单地将雷曼兄弟关闭后祈求一切都会变好的做法之外还是有很多方案可以选择的。

政府有义务拯救储户，但是并不意味着有义务用纳税人的钱去拯救股东和债权人。早些时候已经说过，标准的做法应该是让被救助的机构和老股东出局，而债券持有人成为新的股东。雷曼兄弟是一家投资银行，所以它没有被保险的储户，但是它有一些与存款几乎完全等价的东西——商业票据，雷曼兄弟通过将这种产品卖给货币市场基金，从"市场"借到短期资金，这种行为很像银行。票据持有人甚至可以通过这些账户签发支票。正是由于这个原因，金融系统中牵涉货币市场和投资银行的部分通常被称为影子银行体系。这种影子银行的产生，部分是因为这些机构想绕开那些为确保真正的银行体系安全和稳定而实施的监管措施。雷曼兄弟的倒闭会对影子银行体系产生影响，这和存款保险制度出现之前，真正的银行体系遇到的情况是一样的，为了防止雷曼事件的再次发生，政府需要给影子银行体系提供保险担保。

那些麻烦缠身的银行坚决反对金融重组（接管），它们认为，如果所有债券持有人没有获得完全保护，那么，其余的银行债权人，也就是那些没有得到政府担保的短期资金提供者，就会在重组逼近之际逃走。但是这样的结论与经济逻辑不符。如果这些债权人是理性的，他们就会知道接管和债券股权互换会使得公司更加稳定，而这会让这些债权人从中获益颇多。如果之前他们愿意把钱放在银行，那么现在他们应该更愿意这样做。如果政府对这些所谓聪明的金融家的理性还是没有信心，他们还可以为自己提供担保，虽然会收取一定的担保费用。但是最终，小布什政府和奥巴马政府既救助了股东也向债权人提供了担保。这些担保会使得那种认为应该慷慨对待股东和长期债券持有人的观点根本站不住脚。

在金融重组的情况下，有两个大输家。银行主管必然会输，他们会很不高兴；股东也会不高兴，因为他们会失去一切。但这就是资本主义冒险的真正含义所在，在繁荣时期他们之所以能获得超常利润正是因为他们要在危险时承担风险。[16]

拯救失败金融体系的最初努力

美国政府应该按照规则行事，重组那些需要救助的银行，而不是提供给它们根本不会还的救助金。政府总是不管银行最终是否能够设法偿还借给它们的钱，都会一如既往地给它们资金。但是小布什政府和奥巴马政府却做出了另外的决定。

当2007年年末和2008年年初危机爆发时，小布什政府和美联储首先将救助转变为一种没有明确计划或原则的救助方式，这就在经济的不确定性上又增加了政治的不确定性。在一些紧急救助中（贝尔斯登），股东得到了一部分资金，债券持有人被完全保护起来；在其他金融机构（房利美）中，股东失去了一切，债券持有人被完全保护起来；还有其他机构，如华盛顿互惠银行，它们的股东和债券持有人几乎失去了一切。在房利美的例子里，这样做并没有什么其他好的经济理由，政治考量看起来占据了主要地位。[17]虽然政府经常用不同机构的"系统性风险"是不同的来解释为什么有一些机构得到援助，而另一些机构却没有。但很明显的是，在危机前，美联储和财政部对什么是系统性风险并没有充分的认识，即使在危机已经蔓延的时候，它们的理解仍然很有局限性。

一些早期的援助是通过美联储发放的，在几个月之前，让美联储来完成这个工作还是难以想象的。美联储主要是对商业银行负责。美联储负责监管它们，政府则提供存款担保。危机之前，人们争论说既然投资银行不会造成系统性风险，那么就不需要美联储的资金救助或者任何更加严厉的监管。它们是在打理富人的钱，它们可以保护自己。但是突然，在有史以来给予公司福利最慷慨的法案中，政府的安全保护网延伸到了投资银行。接着它进一步延伸，延伸到 AIG，一家保险公司。

最后到 2008 年 9 月下旬，很明显，金融机构需要美联储更多的所谓"隐蔽"性紧急财政救助，小布什总统不得不把它提交到美国国会。财政部长保尔森最早将资金注入银行的想法被批评家称为"现金换垃圾计划"。政府将通过不良资产救助计划购买"有毒"资产，同时向银行注入流动性并整顿银行的资产负债表。当然，银行家们并不是真的相信政府在处理垃圾资产方面有相对优势。他们想把这些"有毒"资产倾销给政府的原因只是希望政府能够提供更多的资金，这是一种隐蔽的对银行进行资本结构调整的方式。

保尔森向国会提交了一份三页纸的不良资产救助计划的账单，换回来一张无须国会监督和司法审查的 7000 亿美元的空白支票，这一切都预示着要出乱子。作为世界银行首席经济学家，我见识过这种花招。如果这种伎俩在第三世界的"香蕉共和国"⊖中发生，我们就会知道将要发生什么：通常会将巨额资金从纳税人那里转移到银行及其朋友那里。世界银行不能容忍公众的钱在没有被正常检查和权衡后就被使用，世界银行将会威胁断绝所有的帮助。实际上，很多保守的时事评论员都坚决认为保尔森提出的建议是不合宪法的，他们认为国会不能在分配资金这个问题上一走了之，不管不问。

一些华尔街人士抱怨媒体用"紧急财政救援"这种词语会让大家的心

⊖　"香蕉共和国"指那些政府无能、依靠外资的贫穷小国。——译者注

情更加阴郁。相对于"紧急财政救援"这种提法来说，他们更喜欢一些乐观委婉的提法，比如"复苏计划"。保尔森把"有毒"资产转换为一种更温和的提法——"麻烦资产"，他的接班人蒂姆·盖特纳随后将它们转变为"遗留资产"。

在 2008 年 9 月 29 日最初的表决中，关于不良资产救助计划的议案在白宫代表会议中以 23 票落败，战败之后小布什政府举行了一场"拍卖会"。他们问每个投反对票的国会议员，最多需要给其所管辖行政区域和选民多少"礼金"才能让其改变投票结果。最终，最初没有支持不良资产救助计划议案的 32 位民主人士和 26 位共和党员转而支持了 2008 年 10 月 3 日通过的不良资产救助计划修订案。致使国会议员选票发生变化的部分原因是对全球经济崩溃的恐惧和出台了一些更有利于监管的措施，但促使很多国会议员改变选票的主要原因是在新议案中有一些很明确的交换条件：修订议案包含了一个针对他们选民的 1500 亿美元的特殊税务条款。[18] 这样没有人会说这些国会议员做了亏本的买卖。[19]

很自然地，华尔街对于收购不良资产的计划非常高兴。谁不想把自己的垃圾以一个夸张的高价格甩给政府？此前，这些银行可能已经在公开市场里以它们不情愿的价格卖掉了它们的许多资产。当然，对于其他资产，私人部门是不愿意买的。这些所谓的资产实际上是一些会激增的负债，这些资产会像游戏中的吃豆小精灵那样吞噬掉政府所有的资金。比如在 2008 年 9 月 15 日，AIG 宣称缺口为 200 亿美元。次日，它们的损失就涨至 890 亿美元。稍后在无人注意的时候，就有了一项更大的政府救助，总额飙升至 1500 亿美元。之后救济被提高至 1800 亿美元。当政府接管 AIG 的时候（只持有其不到 80% 的股份），它也许得到了一些资产，但在这些资产中隐藏着更加庞大的债务。

最终，因为给成千的个人资产定价并购买这些资产已经很明显地变得非常困难，所以人们彻底不相信保尔森最初的建议了。由于那些不想多付钱给银行的人们施加压力，"有毒"资产的定价采取了透明的拍卖机制。对银行而言，用这种方法拍卖掉的数千种不同资产越来越明显是一场噩梦。拍卖资产的关键是需要时间，不能仓促地一下子就拍卖出去。否则，如果拍卖是公平的，价格就不可能会太高。这些拍卖在银行的资产负债表上留下一个大的漏洞。当提议经过几周的激烈辩论之后，在 2008 年 10 月中旬保尔森突然放弃原有计划，开始了他的新计划。

下一项提议就是"股权注入"。给银行更多的股权来调整它们的资本金非常重要，这有几个原因。其中一个原因是通过这样做，希望可以发放更多的贷款。另一个原因来自 20 世纪 80 年代的教训：没有调整资本金的银行会给经济带来风险。

30 年以前，储蓄和贷款协会面临着一个与今天银行相似的问题。在 20 世纪 70 年代末至 80 年代初，为了对抗通货膨胀，利率突然升高，储蓄和贷款协会所持有的抵押贷款价值骤然下跌。这些抵押贷款的资金来自银行储户的存款。因为银行欠储户的钱还和以前一样，但是它们资产的价值却下降了很多，实际上储蓄和贷款协会破产了。

它们利用会计准则先发制人，防止大限日子的到来。它们并没有减记抵押贷款价值以反映资产新的价值，而是向存款人支付更高的利息，这些利息高于它们从抵押贷款中获得的利息，因此许多银行遇到了严重的现金流问题。一些银行通过继续增加负债设法解决现金流问题，这是一种庞氏骗局，通过吸收新的存款用来支付老的存款。只要没有人吹哨叫停，一切都相安无事。里根总统通过"软化"会计标准和放松监管来帮助它们，甚至允许它们将"声誉"当作资产，而"声誉"纯粹是一种对未来利润的期望。

储蓄和贷款业务如僵尸一般，这些银行尽管还活着但是如死了一般。它们非常愿意致力于波士顿学院教授爱德华·凯恩所说的"为复活而赌博"。[20] 如果它们行动过于谨慎，就没有办法爬出它们自掘的坟墓，但是如果它们冒大风险赌一把而且赌赢了，它们最终就会解决债务危机；如果赌博没有产生结果，也没有关系，它们不会比过去混得更糟。[21] 允许僵死的银行继续经营并且放松对其监管，那只会让它们冒更大的风险，提高收拾残局的成本。[22] 因为在"赌博"（过度冒险）和行贿之间只有一线之隔，所以毫不奇怪，在20世纪80年代出现了一次又一次的银行贿赂丑闻。在当前的危机中，我们也不会奇怪再次看到很多类似的事情发生。

建议实施股权注入的拥护者（包括我自己）误以为这个措施会被正确地执行，纳税人得到的股权价值是公允的，会对银行采取恰当的控制措施。大量涌入的现金会保护银行，当银行需要更多的钱时，更多的资金还会被注入。作为回报，纳税人得到优先股和一点权证（购买股份的权利），但是在交易中，纳税人实际上被欺骗了。如果我们对比同时与高盛做交易的美国纳税人和沃伦·巴菲特各自所获得的协议条款[23]，或者我们与英国政府向银行提供资金后得到的协议条款进行对比，就会很清楚地发现，美国纳税人被骗了。如果那些自称代表美国人利益的人在谈判中真能像他们曾经为华尔街工作那样努力，他们就会要求更好的协议条款。

更糟糕的是，即使纳税人成为一些银行的主要"所有人"，小布什（以及之后的奥巴马）的财政部还是拒绝对银行实行任何控制。[24] 美国纳税人掏出了数百亿美元，却连钱花到哪里都没权知道，更不用说在银行用钱做什么的问题上发表意见了。这与同时发生的英国银行的紧急援助明显不同，最起码英国银行的救助表面看起来是可信的：解雇老的管理层，限制红利和补偿金的发放，并制定鼓励贷款发放的措施。[25]

然而，美国银行继续发放红利和奖金，甚至都不想装装恢复贷款的样子。"发放更多贷款？"在2009年的早些时候，新奥尔良的维特尼国民银行主席约翰·C.霍普三世在满屋子都是华尔街分析师的时候这么说，"虽然人们希望我们发放更多的贷款，但是我们不打算为了迎合公众部门的需要而改变我们的业务模式或者信贷政策。"[26]

华尔街继续索要更加优惠的政策，这就使得即使有些银行设法偿还它们得到的援助资金，纳税人想要获得他们为承担风险而得到的合理回报的可能性也越来越小。保尔森最初提出给华尔街 7000 亿美元的空白支票是不受监管或司法审查的，这种厚颜无耻的要求招致的后果就是，国会建立了一个独立的监督小组，而该小组的监察结果表明了这些援助计划对美国纳税人来说是多么糟糕。在第一轮紧急援助中，纳税人给予银行的每 1 美元仅收回了价值 66 美分的有价证券。但是在后来的交易中，尤其是在与花旗银行和 AIG 的交易中，结果更差，每 1 美元投入仅获得 41 美分。[27] 2009 年 3 月，负责对政府项目给予独立成本估计的国会预算办公室，也就是非党派办公室，评估说政府通过不良资产救助计划花费 7000 亿美元购买的全部不良资产总价值只有 3560 亿美元。[28] 政府在每 1 美元上仅获得不到 50 美分的价值。纳税人为其承担风险而获得补偿的希望彻底泡汤了。2009 年 6 月，国会预算办公室估计，在最初 3690 亿美元不良资产救助计划的支出方面的损失就有 1590 亿美元。[29]

整个救助银行行动的开局显得各当事人非常没有诚意。银行以及纵容整个问题出现的监管者都假装危机仅仅是一个信心和流动性缺乏的问题。缺乏流动性意味着没人愿意借钱给它们。银行想让人们相信它们没做什么坏决策，它们真的是有清偿债务能力的，它们资产的"真实"价值超过了它们的负债价值。但是，虽然它们相信自己，却不相信其他银行，因为它们并不愿意彼此借钱。

美国银行的问题并不仅仅是流动性的问题。[30] 实际上，多年以来进行的包括发放次级贷款和进行衍生品冒险在内的很多放纵行为已经使得一些或者许多银行破产了。多年不透明的会计账目以及用来欺骗监管者和投资者的复杂金融产品已经给它们造成了严重的后果：现在银行甚至不知道它们自己真实的资产负债表是什么样的。如果它们连自己真实的偿债能力都不知道的话，它们又怎么能知道贷款者的偿债能力呢？

　　不幸的是，仅靠发表对美国经济充满信心的演讲是不能重振信心的。例如，像小布什政府和银行那样反复絮叨说：经济是稳定的、经济的基础是坚实的。这些话是没有用的，不断传出的坏消息证明他们的话是完全错误的，根本不可信。行动才是关键，美联储和财政部的所作所为吞噬了信心。

　　到 2009 年 10 月，国际货币基金组织报告银行部门的全球损失是 3.6 万亿美元。[31] 但银行承认的损失数量要比这个少很多。银行没有承认的损失是一种"隐蔽物质"，每个人都知道损失就在系统内，但是没人知道它具体在哪里。

　　当保尔森重振信贷和重建银行信心的计划都失败后，奥巴马政府挣扎着用新的计划取代它。在左右为难几周后的 2009 年 3 月，奥巴马政府宣布了一个新计划——公私共同投资计划（PPIP），该计划从不良资产救助计划中拿出 750 亿～ 1000 亿美元的资金，再加上私人投资者的资金，共同从银行购买"有毒"资产。[32] 公私共同投资计划这个名称具有欺骗性：该计划号称是一种合作关系，但实际上并不是真正的合作关系。政府投入高达 92% 的资金，却只能获得一半的利润，而且要承担几乎所有损失。大部分私人部门需要的资金都来自政府，这些私人部门包括对冲基金、投资基金，最具讽刺性的是还有些银行，这些银行可能会通过对敲操作来抬高资产价格，[33] 这些贷款都是些没有追索权的贷款，这就意味着这些贷款只能靠其所购买资产的价值来保值。如果购买的债券或抵押贷款最终的价值比借给它们的资金价值还要低，借款人就会违约，那么将是政府而不是私人部门来承担所有损失。

　　实际上，奥巴马团队最终实施的计划与最初的现金换垃圾资产计划没有多大的差别。该计划看起来就像私人垃圾处理服务，也即大量购买垃圾、分类整理、找出有价值的东西、把其余的废物丢给纳税人。该项目的目的在于给垃圾收集者以高额利润——只有被财政部仔细挑选后的几家华尔街俱乐部成员才允许参与"竞争"。可以肯定地说，这些成功地从经济中榨取金钱的金融家是不会本着公民的责任感来履行他们的职责的，他们是不会白干的。

政府极力声称公私共同投资计划对于向市场提供流动性是必须的。缺乏流动性将会下挫价格，损害银行的资产负债表，然而，主要问题并不是缺乏流动性。如果只是流动性的问题，一个更简单的办法就能起作用，只需提供无须贷款做担保的资金。真正的问题在于银行在资产泡沫中发放劣质贷款及银行的高杠杆化。银行失去了它们的资本，这些资本需要重新注入。

政府声称在其计划（PPIP）中，它的"合作伙伴"（私人投资者）收购银行的"有毒"资产（包括未清偿的住房贷款和基于这些贷款的证券）都是由市场决定的。市场的魔力是实现"价格发现"。但现实的情况是，市场并没有为"有毒"资产定价，而是为基于这些资产的期权定价了，这基本上是一种单边赌博，期权价格与其标的资产价格基本上没有什么关系。私人合作伙伴获得了大量"优质"抵押贷款资产，却把劣质抵押贷款资产造成的损失扔给了政府。

如果一种资产在一年中有 50% 的概率价值 0 美元、50% 的概率价值 200 美元，那么该资产的平均价值就是 100 美元。在没有利息的情况下，这就是在一个完全竞争市场中资产的真实价格，也就是资产的"价值"。假如财政部 PPIP 中的合作伙伴愿意以 150 美元来购买该资产，即比真实价值要高 50%，银行会非常乐意卖。这样私人合作伙伴提供 12 美元，政府提供其余 92% 的成本，比如，政府提供 12 美元的"股权"和 126 美元的担保贷款。

但是，如果在一年里，资产的真实价值变成了零，私人合作伙伴会损失 12 美元，而政府将损失 138 美元；如果真实价值变为 200 美元，那么偿还 126 美元贷款之后的 74 美元会被政府和私人合作伙伴所瓜分。在这种最乐观的情况下，私人合作伙伴获得的收入（37 美元）超过其 12 美元投资的 3 倍，而纳税人冒险投入 138 美元，仅仅获得了 37 美元。

使事情更糟糕的是，这里还存在大量"豪赌"的机会。由于政府并没有限制银行成为合作伙伴，因此，银行也可能投入 24 美元参与购买它自己价值 300 美元的资产。这样，当出现坏状态时，银行会为"合作"投资损失 24 美元，但是仍然保有 300 美元；当好状态出现时，资产仍然值 200 美元，因此政府又独自承担了 24 美元之外的所有损失。银行奇迹般地将一个实际价值只有 100 美元的资产转换成了一种净值为 276 美元的安全资产，这中间的差值是用政府亏损来弥补的，平均来看这一差值高达 176 美元。因为这么多钱被投了进来，银行就有很多交易可做了；银行可以将一部分钱分给对冲基金。

由于存在逆向选择，美国人可能的损失要比计算出来的多得多。如果银行想卖掉它们的贷款和证券，它们会考虑卖掉最差的资产，尤其是那些它们认为被市场高估的资产，这样市场会愿意掏更多的钱。但是市场很可能已经意识到这一点，这样市场愿意出的价格就会压低。只有政府承担足够多的损失才能克服"逆向选择"效应。只要政府承担了损失，市场就不会关心银行是否会通过卖给其大量差资产来"欺骗"他们了。

开始，银行家和潜在合作者（对冲基金和其他金融公司）喜爱这个 PPIP。银行只卖它们愿意卖的资产，它们不会损失什么。特别是在政府收取的担保费很少的情况下，私人合作伙伴还会赚一大笔钱。政治家也喜欢这个计划：在所有账单到期之前他们可能已经不在华盛顿了。但是这正是该方法的问题所在：没有人愿意了解几年之后这个方法会对政府的资产负债表有什么影响。

但是，最终许多银行和私人合作伙伴的这些幻想会破灭。他们担心如果赚太多钱，当局和公众不会让他们就这么轻易溜掉，会找到一些方式来扣除他们的利润。最起码，参与者知道他们会遭到国会严格的审查，那些接受不良资产救助计划资金的人已经经历了这些。当会计准则被改变却并不要求银行减记它们的差资产时（假装"有毒"的抵押贷款像金子一样好），PPIP 的吸引力会进一步减弱：即使它们现在得到物超所值的资产，它们也不得不在未来承担损失，并寻找更多的资本填补窟窿，它们只是推迟了算总账的时间罢了。

一些金融市场中的人士将这个提议说成是一个三方都会获利的方案，实际上，它却是两赢一输的提议：如果该提议真的对银行起作用，那么银行会赢、投资者会赢，但是纳税人会输。就像一位对冲基金经理在写给我的信中所说的那样，"这对纳税人来说是一个可怕的交易，但是我确信我的顾客会获得全部好处的"。

因此，既然有上述这么多的缺点，政府这一策略的吸引力又是什么呢？公私共同投资计划是一种华尔街喜欢的"鲁比·戈德保"式的花招[○]，它精巧、繁杂、缺乏透明度，它将巨额的财富转移到金融市场，它使得政府可以不必再到国会去要求更多的钱来填补银行，它还提供了一个避免银行被接管的方法。

在该提议被提出来的几个月里，并没有按照政府希望的方式运转。在几个月之内，这个试图接管处理"遗留"贷款的计划，就像许多其他计划一样被最终放弃了，同时处理"遗留"证券计划的规模也被大大地缩减了。不管最终保留下来的部分 PPIP 能带来什么好处，但是最有可能出现的结果却是高的资产价格。本应最好流向银行的资金可能最终会跑到私人合作伙伴那里，这真是为私人"垃圾处理服务"提供并支付了高额的价格。[34]

为什么营救计划注定要失败

令人难以置信且代价昂贵的救助计划并没有达到其预期的主要目的：

○　鲁比·戈德保：美国著名的漫画家，他的漫画以表达异想天开地用复杂机械完成简单任务的可笑主题而闻名于世。——译者注

重振借贷市场。[35] 导致这个计划以及其他计划失败的原因是一些简单的经济学原理。

首先是"物质守恒"。当政府买了"有毒"资产时，资产并不会消失。即使政府担保损失（比如花旗银行的损失），这些资产也不会消失。它们只是将"有毒"资产从花旗银行的资产负债表转移到政府的资产负债表中。这意味着真正的较量是关于如何分配的问题：谁承担损失？损失会不会从金融部门转移到公众部门呢？在一个零和的世界里，一方收益是以另一方的损失为代价的，对银行的股东或者债权人来说越好的交易，对纳税人来说就是越坏的交易。不管购买银行"有毒"资产计划的规模是大还是小，这就是该计划存在问题的关键：如果支付太多，政府将面临巨大的损失；如果支付太少，银行资产负债表的漏洞看起来又会太大。

描述"有毒"资产时使用的隐喻用词使得人们对其认识更加模糊。为了帮助银行摆脱"有毒"资产，政府不得不"清理"银行的资产负债表，政府声称"有毒"抵押贷款和烂苹果比较相似，它会污染周围的一切。但是"有毒"资产仅仅只是银行过去所发生亏损的必然后果，它并不是被其他"传染性疾病"无辜感染的产物。

环境经济学中"污染者付费"的做法可以帮助我们确定由谁来为这次危机买单，这不仅是公平问题也是效率问题。美国银行用"有毒垃圾"污染了全球经济，不论从公平还是效率的角度来说，按照规则，银行早晚必须为此支付"清理"费用，这些费用也许可以以税收的形式来征收。这不是美国银行第一次得到紧急援助，这种事情已经反复发生，这就意味着经济的其他部门实际上正在巨额补贴金融部门。

就像对任何具有负外部性的产品征税一样，对银行征税能够在产生税收收入的同时提高经济效益，向银行征税比向诸如储蓄和工作这样的好行为征税要明智得多，并且这样的税收非常容易设计。银行争辩说向它们施加这样的成本会降低它们吸引私人资本和重建健康金融体系的能力。它们再一次使用散布恐慌气氛的策略，甚至认为仅仅是对这种征税的可能性进行讨论都是有害的。这个策略的关键是：不要对它们征收这种税，因为它会扭曲经济。此外，银行还认为，如果因为私人部门不愿意救助银行，政府不得不提供暂时性的额外援助资金，这样就能获得代表索取银行未来价值的债券或者股票，那么这样做就并不是世界上最坏的事情。此外，经济最终会复苏，而伴随着复苏，这些资产可能会产生较好的回报。

将损失在经济体内来回转移近似于一种零和游戏，如果做得不好还很有可能是负和游戏，纳税人的损失大于银行股东获得的收益，我反复提到的激励问题是其中的关键。紧急救助不可避免地会扭曲激励。发放贷款的人知道他们可能会被救助，从而不用对其所犯的错误承担相应的后果，那么他们在信贷评估和发放风险贷款的时候就会表现得很差。这就是我反复提到的道德风险问题。我一直担心每一次援助都会增加另一次援助出现的可能性，这种担心看来已经成为现实，政府已经成为"援助之母"。政府提供救助的方式也加剧了扭曲的程度，它使得经济下滑得更加严重。例如，如果一家银行（像花旗银行）的损失被政府保险的话，那么它就几乎没有什么动力为减少自身抵押贷款上的损失而去重新谈判。如果它推迟处理问题，无可否认，抵押贷款的价值只有非常小的可能性获得恢复，那么银行就能保住所有的利润。但如果由于拖延，损失将变得更大，政府就不得不负担这些成本。

对激励问题的漠视还会招致另外一种形式的不利后果。银行及其管理层有动力到政府那里拿钱，然后为自己发放尽可能多的奖金和红利。当然，银行知道政府给它们钱的目的是充实银行的资本金，让它们可以继续贷款；它们被救助并不是因为纳税人喜欢银行家。它们也知道乱发奖金这种用钱方式会削弱银行，甚至招来公众的愤怒。但是就像古老谚语所说的那样：双鸟在林不如一鸟在手。银行知道自己无法幸存的可能性很大，所以它们不再关心整体经济状况，也不再关心日益重要的"资金提供者"——美国纳税人。但是，小布什政府和奥巴马政府却无视这种利益冲突，对资金的使用几乎毫无限制。

还有另一个重要的经济学原理：一切向前看，过去的就让它过去吧。现存的银行已经彻底表明它们对自己的工作根本不称职，所以没有必要再去拯救它们了，而政府应该将7000亿美元给少数健康和管理良好的银行，甚至用这些钱新开一系列的银行。按照适度的12∶1的杠杆，会产生8.4万亿美元的新贷款，这将远远超过经济需要。即使政府没有做如此见效的事情，它们也应该用资金来促进新的借贷活动，通过提供部分担保来减少新贷款的一些不确定性。更加明智的做法应该是根据经济的实际情况来适时调整局部担保的规模。如果经济总是滞留于衰退，就提供更多的担保帮助，这样人们是不会指责这些被担保的公司的。[36] 这些向前看的、更具创新性的策略能够让公众以更低的成本获得贷款，这比现在美国政府购买已有不良资产或者将钱扔给那些根本无法胜任风险评估和信贷评估工作的银行的做法要好很多。政府还在期望它们开始发放贷款，并祈祷它们在危机后会做得更出色。

另一个原理与我在第3章中对激励的设计有些相似：花钱应该是有目的的，应该投放在最能刺激经济的地方。如果政府没有预算约束，就会向银行大把大把地乱撒钱，如此看来，调整银行资本的任务就会变得很容易。如果资金有限，人们就会想让每一美元花得都最有价值。为什么不良资产救助计划没有带来我们所希望看到的更多的放贷呢？一个原因就是政府将大多数的资金都给了大银行，在很大程度上这些大银行在若干年前就不再将其主要贷款放贷给中小企业了。但是，如果政策的目标是增加就业或者至少是保留原有工作岗位，这都需要我们将更多的信贷资金发放给这些中小企业，因为它们是大多数工作机会的来源，而如果我们想让更多的信贷资金进入中小企业，我们就需要把钱输送到小银行和社区银行。

但是相反，政府却将钱大肆花在那些犯了最大错误的大金融机构上，它们中的一些机构很少或者根本就没有发放过贷款，对美国 AIG 的援助尤其愚蠢。美联储担心如果不救助 AIG，那些买了 AIG 信用违约互换产品的公司就会出问题，因为一家公司购买这些信用违约互换产品就是为了防止其他公司的倒闭对自己造成影响。想通过把钱给 AIG 后能将钱转贷给其他公司去用，这是个很拙劣的做法。所有政府内阁都正在试图使用各种"间接惠及"的经济措施：将钱直接给 AIG，希望这些钱中的一部分能间接地流向需要它的地方。但是，这样做的代价可能非常巨大。当我们得到有关这些给了 AIG 的钱的最终流向数据时，我们发现，几乎没有钱最终会流向对经济系统最为关键的部门和机构，尽管这是当初提出救助方案时声称要达到的目的。[37]

相似地，有一种担心，如果政府不救助所有的债权人，一些保险公司和养老基金会遭受重大损失，[38] 这些机构被当成是"社会价值"的索取者。那些最终惠及这些私人机构的资金将起到加强社会保障体系的作用，避免经济陷入很深的衰退。我们应该更关注谁的利益，是那些我们有责任服务的人群，还是那些已经做了错误投资决策的人？如果我们需要拯救养老基金和保险公司，我们就应该直接把钱给它们，让政府的每一分钱都流向最需要它的地方。花 20 美元来救助投资者，然后只让其中的 1 美元进入养老基金，还谎称如果不这么做，养老基金可能会遭殃。这种说法毫无道理可言。

最后一个指导救助的经济学原理也与如何设计良好的激励制度有关：紧急救助应该帮助重构金融制度，使其能更好地发挥其应有的功能。我多次说过紧急救助并没做到这一点；投入那些能够帮助新企业成长或者中小企业扩展业务的金融机构的钱太少了。我还说过这种方式的紧急救助会使得金融部门更加集聚，使得"太大就不会倒"和"太大不能被解决"的问题更加严重。

这次紧急救助以及 20 世纪八九十年代出现的反复救助，还有近十年的早些时候的其他事情已经向银行传递了一个强烈的信号，那就是不必担心不良贷款，因为政府会收拾残局。紧急救助恰恰做了它不该做的事情，我们本应该对银行实施恰当的限制，奖励行为慎重的银行，关闭那些冒太大风险的银行，而现在那些风险管理最差的银行却获得了政府最大的恩惠。

以维持自由市场经济为幌子，政府创造的却不是一个真实的市场。虽然奥巴马政府已经不再走接管的政策路线，但他所做的比国有化更差：其政策是"人造"资本主义，它将收益私有化，却将损失社会化。救助计划是"不公平的"，它对银行家过于慷慨，却让普通百姓承担高昂的成本，这种不公平的感受和现实使得我们处理危机更加困难。过去人们认为是金融系统缺乏信心导致了危机的产生，这些已经成为陈腐之词。政府没有采取公平救助措施却是真的加剧了人们对政府信心的丧失。

政府采取的应对之策已经使得经济踏上一个更加缓慢和艰难的复苏之路。当然，如果实行其他策略，比如什么都不做，情况反而会更好。现在的航向可能已经将国家推向悬崖，甚至落入衰退的深渊。

有许多问题已经隐约可见，例如商业不动产上存在的问题。但如果不再有什么其他意外的事情发生，银行只会逐渐地进行资本调整。由于美联储将利率维持在接近零利率的水平，银行之间的竞争又是如此有限，因此，通过收取高额的利息，银行即使只发放少量的贷款也会获得很大的利润。但这将阻碍公司的扩张和雇用新的工人。最乐观的情况是希望资本调整的速度比问题积累的速度更快些。这样我们就能马马虎虎应付过去。

美国联邦储备系统

如果不对美联储进行讨论，对金融救助的讨论就是不完整的。美联储是我前文提到的大多数紧急救助的密切参与者。为了拯救银行家和股东以及刺激经济，不仅国家支出巨额资金，美联储也在几个月内成倍地扩张其

资产负债表（该表记录了其贷款的数量），其对金融系统的贷款从 2008 年
9 月初的 9420 亿美元暴增到 2008 年 12 月的 2.2 万亿多美元。[39]

当危机出现后，艾伦·格林斯潘从一个带来"巨大稳定时期"的英雄
变成了恶棍，在他执掌美联储的 18 年中，他为美国带来了长时间稳定的
经济增长，而公众对其继任者伯南克的态度更加友好。2009 年 8 月，奥
巴马总统宣布他会继续任命伯南克担当下任的美联储主席，他表彰了伯南
克在拯救金融体系使之免于破产方面发挥的重要作用。毫不奇怪，他并没
提伯南克是如何把银行带到危险边缘的。就像我在第 1 章中所提到的那
样，伯南克实际上放任泡沫的继续膨胀，"格林斯潘对策"（即如果市场出
问题，美联储保证会去救助）已被"伯南克对策"所代替。美联储的这些
保证措施进一步刺激了泡沫和过度冒险。人们相信当泡沫破裂时，伯南克
一定会遵守他的诺言。

当 2007 年夏天问题的征兆第一次出现时，美联储和欧洲中央银行向
市场提供了巨大的流动性：2007 年 8 月初，即 8 月的前两个星期，欧洲
中央银行注入了 2740 亿美元，美联储注入了 380 亿美元。[40] 从那时起，
美联储就成为之后多次救助的积极参与者，它成为投资银行的"最后贷
款人"。[41] 在阻止投资银行承担过度风险以防这场灾难蔓延方面，美联储
实际上毫无作为，这说明美联储没能在防止系统风险方面提供任何帮助，
当火灾出现时，美联储只会毫不犹豫地将纳税人数十亿美元投入危险之
中。[42] 如果美联储认为它没有权力监管投资银行，并且它们认为监管是重
要的制度，就应该去国会寻求这个权力。实际上，美联储没有去要求这样
的监管权力并不奇怪，因为美联储已经信奉自由化哲学了。

一般情况下，美联储购买或出售国库券和短期政府债券。当它购买债
券时，就向经济中注入货币，会导致利率下降；出售债券就会发生相反的
效果。这些债券不存在违约风险，它们就像美国政府一样安全。美联储也
直接向银行贷款，通过给它们钱，使得它们可以贷款给其他人。但是当美

联储贷款给银行时，它通常需要抵押物——银行的国库券，因此，尽管美联储作为银行监管者本应该去关闭那些不能归还储户钱的高风险银行，或者强制要求它们提高所必须的资本金。但是，美联储不是一般意义上的银行，它不必对银行进行信誉评估。美联储被称为最后贷款人是因为有时那些具有"清偿能力"的银行会暂时缺乏流动性，银行在急需资金的时候却缺乏现金周转，这时美联储才要提供流动性。

当危机爆发后，美联储就让市场充斥着流动性。通过这种方法将利率推到零，其初衷是阻止事情变得更糟，保证金融体系不要崩溃。但是毫无疑问，低利率并没有刺激经济复苏。公司并没有打算开始投资，因为它们还希望获得更便宜的资金。但是又出现了另外一个问题：给银行这么多钱却没有让它们增加贷款，它们只是拿着钱。它们需要流动性，却没有机会出去发放贷款。[43]

当贷款市场无法运转时，美联储又充当了新的角色，从最后贷款人转变为第一贷款人。大公司不是从银行贷款而是以商业票据形式向"市场借款"。当商业票据市场也无法运转时，令人尊敬的巨人通用电气公司也借不到款项。像通用电气公司这样的公司，造成这种局面的部分原因是通用电气公司的一个部门制造了大量的不良贷款。当市场不愿意购买通用电气公司的商业票据时，美联储购买了。但是这样一来，美联储从银行的银行变成了国家的银行。没有任何证据可以表明美联储知道如何做风险评估，风险评估与它在过去 94 年历史中所做的事情完全不一样。

美联储所做的一些试图重振银行的事情可能反而会削弱货币政策的预想效果，它会让贷款再一次减少。它开始向银行储备在美联储的资金支付利息，这是美联储悄无声息地给银行送大礼的好办法，这样做只会鼓励银行将钱留在手中不发放贷款（美联储自己也意识到这一点，过后它改口说，这样做是为了出现通货膨胀的威胁时，它好提高储备利息、减少信贷）。

毫无疑问，在财政部的支持下，美联储已经想尽办法让证券市场再次运作起来，美联储提供担保、购买诸如定期资产支持证券贷款工具（TALF）等。[⊖]然而，美联储这样做并没有注意到潜在的问题：证券化市场失败的部分原因就是证券化所依据的模型是有缺陷的。对这些模型没有做出任何修补改进，那么当我们重启证券化市场这台大机器的时候，我们能不紧张吗？[44]

通货膨胀风险

今天，全世界以及美国的债务都已经猛增，美联储资产负债表也成倍地膨胀，全世界的人们都在担心未来的通货膨胀。中国总理公开表达了他对美国价值 1.5 万亿美元的债务的关切，也对中国借给美国的钱表示担心。他和他的人民不想看到自己辛苦赚来的钱变得一文不值。但是很明显，人们有借助通货膨胀减少债务价值的动力，也许不是通过剧烈的高通货膨胀方式，而是通过逐步缓慢的、轻微的通货膨胀方式，比如一年6%。那么经过 10 年，债务价值就会被侵蚀掉 2/3。[45]美国说它绝对不会做这样的事情，央行表现得像有特殊的"基因"能保证它们成为降低通货膨胀的斗士一样。美联储宣称它会灵活管理经济，必要的时候，它会减少流动性以阻止通货膨胀。看过最近几十年美联储的表现，任何人都不会对此有什么信心。

只要失业率仍然很高，通货紧缩的威胁将会像通货膨胀一样严峻。通货紧缩是一个更严重的风险，因为工资和价格下降时，家庭和企业更无法偿还债务。违约大量产生，这会削弱银行，引起新一轮下降的螺旋。美联储陷入左右为难的境地。如果它迅速减少流动性，那么在稳固的复苏建立

⊖　定期资产支持证券贷款工具（TALF）是指私人投资者根据财政部的要求，提供一定比例的资本，然后从美联储的 TALF 项目中融资，这两笔钱合在一起去购买"有毒"债券。——译者注

之前，经济可能会进入一轮更深的衰退。如果流动性减少得太慢，就会有真实通货膨胀危险，尤其是在向经济体注入这么巨大的流动性之后。

要平衡好这两个方面的因素非常困难，因为货币政策的全部效果要数月才能显现，这就是政策制定者通常会说他们不得不在通货膨胀之前就采取行动的原因。这意味着美联储不得不提前数月预测经济。美联储的预测能力在这场危机中已经表现得很让人失望了。[46] 即使它以前的表现更好些，但是这次衰退与以往的衰退非常不同，所以还是没有人能够准确知道这次经济复苏的征兆是什么。相对于以前，美联储用更多的低质量资产扩张了其资产负债表。美联储买卖短期国库券是因为国库券市场是一个非常繁荣的市场。在这里，可以很容易地买卖数十亿美元的债券，将资金注入或退出经济。美联储已经购买的其他资产所在的市场就没有那么活跃了。它能出售这些资产从而减少发放在外的货币数量，但是如果它出售得太快就会降低价格，这意味着纳税人会有很大的损失。到 2009 年中期，美联储出售了数额巨大的抵押贷款。在降低利率方面做得很成功，比通过其他方式大约降低了 0.7 个百分点，这在保持住房市场方面是很重要的。但是在 2009 年 9 月，美联储宣布它会到 2010 年 4 月底中断该项目。这意味着抵押贷款利率会上升，那些以原来较低利率发行固定利率抵押贷款的人会有很大的资本损失。了解到这些，私人部门纷纷逃离抵押贷款市场，它们不想承担损失。实际上，美联储基金正在挤出私人部门资金。即使美联储不设法卖出抵押贷款，市场的资本价值也会下降，因为长期利率会由于那些非正常措施的终止以及短期利率恢复到正常水平而上升。[47]

但是，美联储有一些方法，可能会在不必卖出其抵押贷款的情况下就能减少银行放贷，并且还能避免出现上述损失（如果它想这么做的话）。例如，如果复苏看起来过热，美联储可以对银行存于美联储的钱支付高利率，从而鼓励银行不去发放贷款。但是，由于无法准确地知道诸如美联储加息 2% 究竟会产生什么效果，因此，这种方法相对来说还是缺乏经验支撑的，不太可靠。除此之外，政府的代价也会很高，随着赤字的不断膨胀，这些利息成本不能被忽略。

如果美联储的措施恰到好处，它就能管理好经济，既不会出现通货膨胀也不会出现经济下滑。但我并不指望能出现这种好事，我怀疑经济下滑的风险比出现通货膨胀的风险更大：在危机不断恶化的时候，美联储的想法更能与华尔街而不是普通老百姓的想法合拍，这也表现在救助措施上，很可能这种模式还会继续下去。[48]

市场也会帮助经济进行调整，但是这种调整并不一定会促进经济稳定。如果市场担心通货膨胀，长期利率就会上升，这会阻碍经济，因为这会降低长期投资需求，间接地，银行会持有长期政府债券而不去发放贷款。[49]但是正像我们已经看到的那样，我们不能指望市场会对这些情况做出正确的反应。事实上，这就会使美联储更难采取应对之策，因为美联储不仅要预测将来的通货膨胀率、市场对通货膨胀预期的反应，还要知道市场在未来对美联储所采取的行动会做出何种反应。[50]根据过去的行为来推测未来可能并不怎么可靠。这次的问题从未发生过，市场参与者都知道这一点，那么他们对政府出台的政策所做出的反应也是不同的。从某种意义上讲，过度杠杆化（过度负债）的问题已经从私人部门跑到政府、跑到美联储和财政部那里了。作为短期应对措施，这对治理危机是有好处的。然而，关键是如何降低整体经济的杠杆（债务）化，这个问题仍然存在。

美联储：行动和治理方式

在这次危机中，美联储时刻扮演着重要的角色，通过放松监管以及宽松的货币政策（宽松的货币政策来源于其未能有效地应对上次网络泡沫的破灭[51]），美联储制造了危机。从这些表现来看，美联储的很多预测和政策都是失败的。本章大部分内容都是在描述雷曼兄弟破产后其设计的糟糕救助计划所带来的后果。

　　人们很自然会问，我们如何解释这些总是出现的失败呢？部分答案来自一些奇怪的观念，包括（但并不仅限于此）简单地认为市场总是会起作用，又因为相信市场总会起作用，所以就没有必要监管和害怕泡沫了。为什么这些特别的想法能够有这么大的影响力，该问题的部分答案与美联储的治理方式有关。

　　资产价格的迅速上涨意味着华尔街的盛宴正在进行。标准的、明智的做法应该是，美联储要能驾驭并控制住这场盛宴，尤其是当第二天清晨宴会过后，其他人不得不为他们清理宴会残余而支付成本。但是，美联储前主席格林斯潘和现任主席伯南克不想扫宴会的兴致，于是他们杜撰了很多虚妄的理由来为他们的无所作为寻找借口。美联储杜撰说，根本不存在泡沫这种东西，即使真的有泡沫人们也不能提，美联储没有办法给泡沫放气，无论在何种情况下，美联储最好的做法就是在泡沫破灭后去收拾残局（在第9章中，我会解释这些想法错在什么地方）。

　　美联储能从其所作所为中脱得了干系的一个原因是它不用直接向国会或者政府负责。它拿纳税人数亿美元的钱去冒险而不必得到国会的允许。事实上，所有的政府都转向依赖于美联储：它们正在设法回避民主过程，它们知道几乎不会有公众会支持它们的多数行动。

　　世界各国的中央银行家们都在宣扬这样的信条：中央银行应该独立于政治过程。许多新兴独立的发展中国家发现它们很难接受上述观点：这些国家被告知民主制度是多么重要，但是当开始制定一系列关乎他人生活的宏观经济政策和货币政策时，人们却被告知这些决策（宏观经济政策和货币政策）太重要，不能由普通的民主过程去做这些决定。坚持中央银行独立性的人认为独立性会增加货币政策的"可信度"，他们认为，这样做央行就不会屈服于平民主义者扩张需求的压力，这也意味着未来会出现更少的通货膨胀和更稳定的经济。

　　从最近的一些表现来看，一些独立的中央银行行长表现得并没有那些顾忌政治因素的中央银行行长好，这大概是因为后者觉得更少受到金融市场干扰。巴西和印度都没有完全独立的中央银行，但它们的管理绩效却很好，而欧洲中央银行和美联储的表现却最糟糕。

经济政策需要在赢家和输家之间进行权衡，这样的权衡不能留给技术人士去做。技术人士能够决定诸如应该运行什么样的计算机程序这样的问题，但是货币政策涉及通货膨胀和失业之间的权衡：债权人担心通货膨胀；工人担心失去工作。很长一段时间内，一些经济学家认为在长期通货膨胀和失业之间的权衡关系（太低的失业率会产生更高的通货膨胀）根本不存在，甚至认为这种权衡关系不仅在长期内没有，在短期内也没有。他们并不知道失业率低于哪个关键数值就会触发通货膨胀（技术上称这个关键失业率为非加速通货膨胀的失业率），这些都说明政策走向会影响谁最终来承担政策风险。

不管一个人对中央银行独立性的长期观点是什么样的，在一件事上应该不会有什么分歧：当一个国家的中央银行从事大量紧急救助时，拿公众的钱去冒险，那它做的事情就需要考虑政治因素，这些行动应该以透明的方式进行。在前几章，我已经说过作为不良资产救助计划（TARP）的一部分，大量非透明并且也是没有必要的救助资金被分给了银行。那些通过美联储流入银行的资金更加不透明，这包括通过美联储救助 AIG 而间接流向高盛和外国银行的 130 亿美元，到最后，在国会的压力下，这些信息才被公之于众。美联储的其他救助资金（如对贝尔斯登的救助）同样不透明，纳税人仍然不知道他们面对的风险到底有多大。[52]

现在，很多中央银行行长不再遵循银行业的传统——承诺为顾客保密。像英国的默文·金这样更具学术背景的银行家也是被迫表现得更加具有"公开性"。还有观点认为，更好的信息会改善市场效率，没有人对这一点表示怀疑。所以伯南克在其就职时立即提倡提高透明度，但当真的需要提高透明度时，透明度的范围却被缩小了，很快大家就知道其中的原因了。随着时间的推移，那些糟糕的决策需要被隐藏起来，成为秘密。这么做之后，伯南克的决策就可以逃避有效的民主问责制了。[53]

上述内容表明美联储的管理水平很差，在紧急救助中承担特别重要角色的美国联邦储备银行则表现得更加糟糕。美联储的官员是由董事会选举的，而董事会轮流由各地区的银行和企业组成，并且 9 个董事中的 6 个是由银行自己选的。例如，美国联邦储备银行的一个董事就是摩根大通的总裁兼主席和董事长，而摩根大通正是美联储慷慨救助的受益者之一。花旗银行总裁，另一个接受援助的人，在盖特纳当选时也是一个董事。[54] 正如本书第 2 章中所讨论的那样，那时美国联邦储备银行能否会努力自律还只是遭到质疑，但是现在，当它在紧急财政救助计划（这个计划是拿纳税人的钱去冒险）的设计中起关键作用时，我们深深地怀疑它不会以权谋私。

虽然华盛顿的联邦储备银行董事会从更有效的监督与问责制中受益，但是在紧急救助中，它并没有发挥这些作用。当银行恶劣行为越发清晰可见的时候，小布什政府和奥巴马政府选择的不透明政策工具已经使得救助成本越来越高。至今无人知晓救助计划和美联储的贷款计划的总成本是多少，这些恩惠的接受者又都是哪些人。

结论性评语

整个救助银行系统的一系列努力都是有缺陷的，很多本应该为这场混乱负责的人（自由化的提倡者、不称职的监管者和投资银行家）却被委任去救助这场危机。这样做或许不足为奇，因为他们都遵循了这样的逻辑，把金融部门推入危机的人也可以把它拉出泥潭。金融部门已经深陷高杠杆化、不透明的交易之中，许多交易都是在资产负债表外进行的，而它们却深信通过四处转移资产并重新打包就可以创造价值。还是根据这些"原理"，它们还想把这个国家拉出困境。"有毒"资产从银行转移到了政府，但这丝毫没有降低这些资产的毒性。表外处理、不透明的担保已经成为财政部、联邦存款保险公司和美联储的一贯做法。高杠杆率（公开的和隐藏的负债率）已经不仅是私人机构也同样是公共机构的鲜明特征了。

更糟糕的方面体现在治理结构上，宪法赋予国会控制消费的权力。但是美联储正在采取的措施使大家都认为，如果美联储提供的担保出了问题，纳税人会出来救助银行。这种行为是否合法并不是重点，关键是它们正在蓄意绕开国会，因为它们知道美国人民不会同意向那些给自己造成巨大伤害而且表现恶劣的人提供那么慷慨的帮助的。

美国政府现在做了些比重建过去的金融系统还要糟糕的事情，那就是：它使得"太大而不能倒"的银行的力量更加强大；它引进了一个新的观念——"太大就不能在财政上对其加以约束"；它使得道德风险问题更加严重；它加重了未来一代人的债务负担；它使得美元通货膨胀的危险大大增加；它使得很多美国人更加怀疑这个金融系统的正义性。

像所有其他人一样，中央银行行长也容易犯错误。所以，一些观察家坚持使用简单的、基于规则的货币政策（比如货币主义和通货膨胀目标制），[55] 他们认为这些方法可以降低人们犯错的可能性。市场可以自己管理好自己、不需要政府干预的观点已经导致了一次历史上最大规模的政府干预；按照最为简单的规则行事的后果却使得美联储采取的相机抉择政策的数量成为美联储有史以来采取得最多的一次，甚至在没有一个清晰的指导原则的情况下，美联储就为各个银行决定生死。

★ ★ ★

很多评论家[56]已经将美国大量紧急救助和政府干预称为美国特色社会主义。但是，就像一位中国朋友指出的那样，这种描述是不准确的：社会主义应当关注人民，而美国特色社会主义并没有这么做。如果把钱花在帮助无家可归的人方面，那才可能是一个正确的描述。而现在做的，仅仅是扩张美国特色的公司福利制度。

在当前的危机中，政府被赋予一个新角色——"最后的风险承担者"。当私人市场处在崩溃边缘时，所有风险都被转移给了政府。安全保障系统本应该重点保护个人，但是该系统却延伸到了公司，因为它们担心不这样做会造成非常可怕的后果。可是一旦延伸到公司，就很难再收回了：公司知道如果它们足够大，它们的失败就会对经济造成很大的威胁，它们就有了足够的政治影响力，此时，政府就会承担失败的风险。正是由于这个原因，防止银行变得太大就非常重要了。

现在仍然有机会恢复对美国政治体系的一点点信心。是的，华尔街用权力和金钱购买了放松监管，这导致随后有史以来最慷慨的救助。而政府没有重构金融体系来降低类似金融危机产生的可能性，以便让金融各部分发挥其应有的作用（管理风险和配置资本）。但是，政府仍然有机会重新调整政策，纠正过去的错误。这些事情必须迅速去做，因为：一方面，那些被迫承担金融部门失败成本的普通纳税人会很快失去对复苏经济的兴趣；另一方面，银行会想尽办法让自己还能自由自在地赚钱，并且赚到尽可能多的利润。但是，由于金融体系的所有结构都已经腐化，紧急救助又恶化了道德风险问题，这使得我们非常需要重新开始监管。

在接下来的第 6 章中，我将描述金融体系改革的下一场战役——监管之战。

第6章

贪欲压倒谨慎

当繁荣破灭后，银行过度承担风险、大堆的利益冲突以及普遍的欺诈行为等丑事一再浮现，眼前这场危机也不例外。上一次经济繁荣催生了1929～1933年的大萧条，在危机的余波中，新政的设计者致力于通过构建一种全新的管理架构来解决这些隐藏的问题。[1]记忆是短暂的，然而半个世纪却是一段相当长的时间。自罗纳德·里根就任总统以来，就很少有熟悉大危机的专家继续向人们宣传这些警示言论了，然而人们并没有从历史的教科书中吸取这些教训。世界早已改变，这些新的金融精英却十分自信。他们认为自己更加聪明，技术上更加精湛。"科技"的进步已经让他们能更好地了解风险，并能发明新的风险管理工具。

在抵押贷款出现及其证券化过程中并没有一个致命的错误，但是却存在一大堆问题，与此类似，在美国银行业中也是存在许多问题的。任何一个问题都足以引发严重的破坏，当这些问题一起出现的时候，破坏力是极具摧毁性的。然而与此同时，却没有人拉响警钟——投资者没有察觉（他们本应该管理好自己的资产）；资产管理者没有察觉（他们本应该管理好委托人的资产）；监管当局也没有察觉（我们信任它们，让它们去监督整个金融系统）。

自由市场的魔咒不仅意味着放弃原有的监管，而且也意味着对于 21 世纪的市场及其衍生工具带来的新挑战置之不理。此外，美国财政部和美联储也并没有打算起草某些监督法案；相反地，它们极力甚至在某些时候粗暴地制止这种尝试。1998 年纽约联邦储备银行策划救助了美国长期资本管理公司，这家对冲基金上万亿美元的亏损曾对金融市场造成很大的威胁。美国商品期货交易委员会主席布鲁克斯利·伯恩看到这种情况后就开始呼吁加强金融监管，但是财政部长罗伯特·鲁宾以及他的手下拉里·萨默斯和艾伦·格林斯潘坚决反对，法案最终没能通过。[2] 仅仅为了断掉今后人们还有加强监管的念头，他们还在金融市场上四处努力游说，并成功地通过立法来确保衍生工具的使用不再受到束缚（《2000 年美国商品期货现代化法案》）。

他们在斗争中使用了一种可怕的策略。银行使用这种策略获得了超级救助，几年前格林斯潘为确保连任也曾经使用过这种策略。[3] 该策略就是让人觉得：一旦法律限制了衍生工具市场，我们所熟悉的资本主义世界就将分崩离析，这会让市场出现难以估量的混乱，市场风险也很难被有效地控制。很明显，信奉资本市场的人们也会相信资本市场是极其脆弱的，哪怕政策有一点点的变化，资本主义制度都很难存活下去。[4]

就在本书出版之际，也就是大约在经济开始衰退的两年之后，还是几乎没有什么改革金融监管的措施出台。虽然政府也采取了一些措施，但这是远远不够的，也许其所做的足以应付差事，却很难抵御下一次危机。然而，值得注意的是，去监管化的努力仍在继续：安然丑闻事发后，出台了《萨班斯－奥克斯利法案》，[5] 用以加强企业监管和对投资者的保护，但即使是这个法案目前也被极大地削弱了。业界都很聪明，无论何种法案被通过，它们都会想方设法地去规避其对自身的影响。这就是监管必须是全面而动态的原因，魔鬼存于细节之中。即使在复杂的规定以及负责"监督"的监管当局的共同努力下，规避监管的风险依然存在，银行仍然能够从细微之处获得像以前一样多的既得利益。这就要求法规必须简单而透明，并且在设计监管架构时必须防止金融市场施加的额外影响。

监管的重要性

这场危机已经表明行业自律早已丧失了应有的作用，我认为这种金融业极力推广的行业自律本身就是自相矛盾的。我们已经看到，银行并没能正确评估自身的风险。当格林斯潘最终承认他的监管措施的确存在缺陷时，他说这只是因为银行在追求自身利益时没做好自己的工作。[6]他还是不相信银行会愿意冒使其置身于危险境地的风险，他显然并没有理解激励措施的重要性，正是该措施激励它们进行过度的冒险行为。

但是即使某一银行能够管理好自己的风险，也并不能排除整个银行系统存在风险。即便在整个银行系统中并不存在一个特别重要的银行巨头，可是如果所有银行由于从众心理而采取相似的行动，此时仍然可能引发系统性风险，现实也的确如此。这一点特别重要，因为目前的讨论多集中在那些规模庞大、地位重要的机构上，虽然这是必要的，但是还不够。

如果所有的银行都使用相似的风险分析模型，那么存在于模型中的一个错误就将导致所有银行的贷款出现坏账，然后就会使它们同时都想卖出这些贷款。而这恰是正在发生的事实。所有银行打赌，不存在房地产泡沫，房地产价格不会下跌。它们都打赌利率不会上升，即便利率上升，贷款人仍然能够偿还贷款。这些都是愚蠢的赌注，当世界与它们的预期并不相同时，它们就都陷入困境，更不用说系统本身了。

如果只是一家银行有问题需要变现资产，这是一件很容易的事。但当所有银行都出现问题，都需要变现类似的资产时，资产价格必然会下跌。

如果银行变现得到的资金比它们预期的要少，它们的问题就会呈指数级增长。而银行的风险模型并没有考虑到这种"关联性"，根本没有想到银行之间存在这种相互依存的影响关系。这并不是简单的自我监管就能披露的事情，但是一个好的监管机构都应该考虑到这一点的。

在正常情况下，大多数市场自身运作得还算可以。但是当存在外部性、一方行为会给另外一方造成不良影响时，事实就并非如此了，而金融市场普遍存在外部性。金融市场的失败给社会和经济带来了巨大的损失。一旦银行冒很大的风险，存款保险的存在会将纳税人置于危险之中，所以政府需要确保银行谨慎行事。威廉姆斯学院的教授杰瑞德·卡普里奥曾与我在世界银行共事。他说过：有两种类型的国家，一种是建立了存款保险制度并对其很了解，而另一种则是虽然建立了存款保险制度，但对其并不了解。在危急时刻，政府无论是否有存款保险都会救助银行，在目前危机的情况下，这更是不言而喻的。但是一旦政府介入来收拾残局，它就必须竭尽所能地防止发生其他意外。

在本书中，我已经强调用"剥洋葱"的方法寻找真相的重要性，最终是为了搞清楚每一个错误背后的真正原因。市场失灵以及巨大外部性的存在是产生问题的重要原因之一，但也存在其他原因，比如我曾多次指出的：激励不相容，对银行从业人员的激励机制与其他利益相关者和社会整体目标相矛盾。此外，资产购买者的信息也不是完全的：虽然金融市场的社会职能之一就是收集、评估和传播信息，但还是有人有能力对信息匮乏者进行剥削，并且做得还很残忍。

在危机爆发前，格林斯潘和其他主张较少干预的人认为，除了让金融机构自我管理之外，政府应该多关注对小投资者的保护，甚至应该让人们增加"买主购物、自行小心"的意识。[7] 即使上述无耻的掠夺性贷款已经越发猖獗，那时人们还是普遍认为，个人应该照顾好自己。但是现在不一样了，这种有缺陷的去监管化理论给我们造成了巨大的伤害，并且已经威胁到全球经济。据说创新时代给我们带来的好处都只不过是一种幻觉罢了。在本章中，我将讨论金融系统为什么没有发挥应有的作用以及金融部门应该做出的一些基本改革，比如完善激励机制，增加系统透明度，限制过度风险，减少"大而不倒"的银行所带来的威胁，并处理好那些最有问题的金融产品（包括其衍生产品）。

不当激励

银行家（至少是大部分）并非天生就比别人贪婪，只不过是他们可能有更多的机会和更强的动机去牺牲别人的利益罢了。如果私人部门的目标与社会目标相一致，事情就会往好的地方发展；但是如果它们相互冲突，那情况就不妙了，事态就会变得很严重。通常，在市场经济条件下，这种激励会完全一致。例如，在完全竞争的条件下，对一家公司来说，多生产一吨钢材所带来的额外收益恰好等于钢材的价格，而这额外的一吨钢材对其使用者来说，其价值就反映在价格之中；与此类似，多生产一吨钢材所消耗的额外成本等于生产过程中新增加投入的价值（铁矿石、煤炭等），而这种新增加的价值又由这些投入的成本来反映。这就是理论上为什么公司在追求利润最大化的同时，也最大限度地提高了社会福利——最大化生产出来的产品的社会价值与生产这些产品所消耗资源的价值之间的差额。但在金融市场上，情况并不是这样，这种激励往往被扭曲得很厉害。

一个有关激励扭曲的重要例子是：有很多行政管理人员的薪酬是以股票期权来支付的。在金融行业，相对于发放的工资而言，这些人很大的收入来源于和公司利润有关的奖金。这种薪酬体系的拥护者认为，它们提供了强有力的激励使得管理人员能够努力工作，尽职尽责。这种说法差强人意，因为即使在公司经营徘徊不前的时候，管理人员仍然能够想方设法获取较高的报酬。事实证明，管理人员获得的报酬和他们的经营管理表现之间并没有显著的联系，事实是，公司管理层在公司出现创纪录的损失后仍然拿着数百万美元的年薪，一些公司甚至只是将绩效工资改了一个名字而已——留任红利。长久以来，不论公司经营状况如何，管理层都能拿着高薪。[8]

很多部门都曾经尝试过实行"绩效薪酬"，但很快又都放弃了。如果工人只是领取计件工资，那么他们就很可能会生产质量最差而数量最多的产品，多数情况下也的确如此。毕竟，他们是按件取酬，而不需要考虑产品的质量。这种现象也发生在整个金融链中，在这场危机中，当许多房地产经纪人尽可能地发放贷款时，他们从来不考虑贷款人的偿还能力，而各大投资银行也尽其所能地多生产基于"有毒"抵押贷款的复杂金融产品，这样做是因为这样它们能够赚得更多。

享受股票期权激励的高层管理者会尽其所能地推动自己公司的股价走高，这其中也包括做假账。股票价格越高，他们自身的收益就越多。他们深知，报表利润越高，公司股价就会越高，而且欺骗市场很容易。而虚报利润最简便的方法之一就是粉饰资产负债表：一方面瞒报潜在损失，另一方面虚报各种有利可图的费用。虽然投资者和监管者在历次危机中已经被提前警告过了，但是很明显，他们显然没有吸取教训：在20世纪90年代末网络（高科技）泡沫丑闻之后，做假账就大量地接踵而至了。[9]

在这种"强大"的金融激励体制下，银行家共享股票增值带来的收益，却并不会承担股价下跌的损失，这是因为奖金取决于公司的短期业绩，而非长期经营情况。

事实上，金融部门有动机去冒这样一种风险，该风险表现在，当获得超额收益的概率很大的时候，往往也伴随着一定的出现大灾难的可能性。如果事情可以设计以便那个有可能在某个时候出现的灾难在遥远的未来才会发生，那么就更好了。有些资产的长期净收益甚至为负，但当人们知道这些时，早已为时过晚。现代金融工具所创造出的金融产品就很好地证明了这一点。

举例来说，假设投资安全资产的回报率为 5%，而金融奇才设计的产品在大多数时间内——比如 90% 的时间里所得到的收益率为 6%。奇妙的是，他们似乎战胜了市场，取得了惊人的 20% 的超额收益。但在余下的 10% 的时间里，他们赔得一无所有。在这种情况下，预期回报率（平均回报率）只为负的 4.5%，远远低于安全资产 5% 的收益率水平。与安全资产相比，创新产品往往风险更高，而平均回报率更低。但是，由于 10 年中仅会有一年回报不佳，因此在灾难发生前的 10 年这么一段相当长的时间内，金融奇才都可以凭借他们惊人的能力战胜市场，获取高额收益。

对我们这些经济学家来说，金融系统内部的这种不当激励所带来的巨大灾难在某些程度上反而使我们感到欣慰，这是因为我们的理论模型已经预测到会有这种冒险和短视的行为，现实中已经发生的一切正好印证了我们的预测。然而，我们还是很难找到充足的证据来证明"实体经济"大量超出正常水平的表现与金融市场的创新有什么关系。最终，经济理论被证明是正确的。社会回报和个人回报的冲突十分显著：金融市场的参与者致力于冒巨大的风险来获得丰厚的回报，但对整个经济而言，却创造了没有丝毫回报的风险。

公司治理

这种激励机制所带来的激励不相容既没能给股东带来好处，也没能给世界带来好处。在 2004 ~ 2008 年的五年间，许多大银行的净收益为负。[10]如果一位投资者 2005 年在花旗银行投资了 100 美元，那么到 2008 年年末，他的投资就只剩下 13.90 美元了。

然而，这种激励机制却显然给银行的高层管理者带来了很多好处，尽管其中一些人只需非常简单地以银行股份的形式持有财富，那么即便是把一部分"账面利润上的亏损"算在内，他们中的许多人仍然非常有钱，甚至是相当有钱。

由于公司不完善的治理结构，高管对亏损并不承担任何责任。这些美国公司（和其他国家的企业一样）只不过是名义上由股东控制。现实中，在相当大的程度上，公司的日常经营活动都是由职业经理人掌握的，并只为他们自己的利益服务。[11] 在很多公司中，所有权广泛地分散在不同的股东之间，经理层甚至可以任命大多数的董事会成员，当然这些人自然也会尽可能地为经理层的利益服务。董事会决定经理层的薪酬，同时公司也会给予董事会成员较好的回报。这是一种多么温馨的关系啊！

然而安然丑闻曝光后，国会通过了一项自称非常严厉的新法案以提高公司治理水平，这就是 2002 年 7 月颁布的《萨班斯－奥克斯利法案》，该法案被有些人诋毁得很厉害。公司管理层声称该法案给公司运营带来了额外的负担，而我也要对这个法案进行批评。[12] 该法案并没有对不当激励给予足够的重视，而正是这些不当激励引发了前述所有的不良行为。这一法案并不要求公司在支付股票期权时要公开透明。[13] 实际上会计规则又鼓励了股票期权的使用，因为对公司来说，这种方法能够在股东不了解全部成本的情况下，让公司给经理层发放高薪。物质守恒定律认为，管理层的所得就是其他人的损失，在支付股票期权的过程中，就是对其他股东股权的一种稀释行为。

高层管理者有动力并且也有办法设计一种激励制度以达到损人利己的目的。奇怪的是，股东们至今仍未能识破高层管理者的这种阴谋。正是公司治理中存在的这个缺陷使得直接改变管理层的行为变得十分困难，但是投资者仍然可以通过抛售自己手中的股票打压股价来"惩罚"公司这种不良的激励结构。投资者本可以通过这种行为来警告管理层，适时改变他们的经营管理方式，然而投资者并没有这样做。[14]

我们该做些什么

我们进行的一系列改革中非常重要的一环就是缩小利益冲突和短视行为的范围，减少冒险行为。原因很简单，如果银行家受到错误激励的驱使，那么他们就会尽其所能地规避监管。如果我们的改革能够将激励的着眼点立足于公司长远的经营业绩，使银行家不仅能够共享利益而且需要共担风险，那么局面将会大大地改观。如果公司要实行"绩效工资"制度，就要保证这是一种真正的激励薪酬，必须使高层管理者的收入与公司的长期经营绩效挂钩。[15]

为了能够有效地解决权力的滥用和激励结构扭曲的问题，我们需要进行公司治理机制的改革，以保证公司管理层对股东更加负责。[16] 在确定薪酬时，股东应该有更大的发言权（即"有关对工资发表意见"的权利），而且公司的会计人员也应该确切地知道公司花在股票期权方面及各种形式的隐形薪酬上的支出究竟是多少。公司治理现在已经堕落到了相当糟糕的境地，最典型的表现就是许多公司都反对法律赋予股东可以投票决定经理人报酬的权利。[17] 股东可以在名义上拥有公司，但是即使在决定应该付给为他们工作的经理多少工资这一问题上，他们都没有发言权。

缺乏透明度

金融市场缺乏透明度往往是最容易受到批判的。当然，透明度就意味着"信息"。很明显，在危机之后，人们最缺乏的就是信息：如果人们意识到这是一项如此糟糕的投资的话，就没有人再愿意将自己的钱投到华尔街了。然而，对于人们想要的信息，信息滞后与信息不透明还是大不相同的。在人们做出决定之前，他们是不可能掌握全部信息的。金融市场的职能就是尽可能地收集相关信息并在有限信息的基础上对风险和收益做出判断。

对我而言，是否透明的问题实际上就是关于是否欺诈的问题。美国的各个银行都积极地从事着欺诈行为：它们将资产负债表中的风险因素剔除出去，使得没有人能够准确地评估银行的经营状况。现在的欺诈程度往往令人难以置信：雷曼兄弟在其破产前还在报告中指出，公司净资产仍有260亿美元，但是其资产负债表中的亏空却达到了2000亿美元。[18]

如果市场运行良好，那些信息披露更加透明的银行（和国家）就能以较低的成本获取资金。为了保证这种透明度，应该有一种市场激励机制来保证，即存在一种在收集、分析和披露附加信息方面成本与收益相平衡的机制，但是市场本身并不能提供这种适当的信息透明度，这也是我们需要政府介入其中，要求公司如实地披露信息的原因。[19]

良好的信息披露是市场正常运转的前提，同时也是建立良好会计体系的重要组成部分，只有这样，市场参与者才能对其所获得的数据给出正确的分析与判断，否则就没有任何意义了。会计体系都是不完善的，这就是为什么在此次危机中会计体系广受诟病。[20] 当前，争论主要集中在是否应该以市场价值进行账面记价，即企业如果上市，则它在资产负债表中的资产项是否应该以当前市场价值为准。

在金融部门中一些人将他们的失误都归咎于市值定价法的会计制度，因为只要他们不披露他们所持有的抵押贷款会很难被偿还这一事实，那么他们的会计报表仍然会做得比较漂亮，而且没有人会注意到。突然间，提倡市场至上的信徒也对自己曾倡导的"价格发现"丧失了信心，价格发现将被认为是市场定价体系的奇迹。当抵押贷款的价格以及以此为基础的金融衍生工具的价格大幅下跌的时候，就连他们自己也高呼这并不是"真实价格"了，他们也叫嚣着市场价格不能反映真实价值。当然，在泡沫破裂之前他们可不是这么说的，那时高价格就意味着高奖金，也意味着可以提供更多的贷款。即便已经被证明他们所允诺的"利润"是多么不切实际时，也没有要求他们返还其已经获取的高额奖金。

现实情况是，商业银行并未盯住市场价格以衡量其所持有的长期资产。在 2009 年 3 月之前，它们只减记那些"严重受损"的抵押贷款，而这些贷款被偿还的可能性很低。那时，另一种降低透明度的方法就是：银行甚至就不减记这类抵押贷款了。[21] 它们由市场定价转变为以"希望定价"，这就使得一些银行过度地虚增利润，由此也降低了公众对报表数据真实性的信心，同时银行还会出现延迟提供其资产负债表的情况。

对于银行资产负债表如此糟糕的表现，单单"责怪"信息发布者是不够的。随着金融危机的爆发，除了要修改市场定价的会计准则以外，还应禁止银行采取任何卖空行为。在卖空交易中，投资者都会赌公司的股价将下跌。当许多投资者都认为公司经营不佳并进行卖空交易时，股票价格必然会走低。有些人认为卖空交易激励市场参与者去发现银行的欺诈行为以及其不计后果的贷款，它们在揭露银行的这种不良行为方面发挥了比政府监管更加重要的作用。但是如我上面提到的那样，虽然银行曾经相信市场是万能的，但在这场危机中，它们丧失了信心。它们希望那些对银行经营持乐观态度的人能够购买银行的股票，但又不想看到有人通过卖空股票来表达他们的不满。

毫无疑问，银行过于乐观了，当然也是激励使然。在危机爆发时，它们希望问题仅仅是人们存在"非理性的悲观情绪"。一旦人们重拾信心，市场价格马上就会走高。遗憾的是，现实经济很难如其所愿。信息固然重要，但基本的信仰、感情、欲望和厌恶也都是很重要的现实因素。此次危机的实际情况简单明了，就是人们难以偿还在泡沫基础上产生的不良贷款。虽然市场价格是不完全的，但总体来说，它仍然能够最好地反映资产的真实价值。然而对于银行家来说，这一价值却毫无意义。银行家必然会存在强烈的动机去提供虚假信息，特别是当公众认为银行可能要破产的时候更是如此。

而且，由于监管在设计方面存在缺陷，这种市场定价的会计准则更加重了周期波动的幅度。正如我所指出的那样，对于所有新的金融衍生产品而言，这场危机就是重蹈历史覆辙：使用房地产做担保，这使得信贷极度扩张。在市场繁荣之时，房地产泡沫使得资产价值过高。由于借款人看似很有钱，银行可以借给他们更多资金。此时，经济的繁荣使得贷款违约率较低而且银行利润很高，因此银行也有能力发放更多贷款。当市场"自我修正"时，资产价格下降，违约率上升，此时的银行则不能或不愿提供像以前一样多的贷款了。一旦银行削减贷款，经济必然会受到影响，结果就是更多的不良贷款和资产的进一步贬值。市场定价的会计准则对银行提出了更高的要求：一旦出现因违约率上升而带来的贷款组合贬值，银行就要承认自身资产缩水，没有以前那么富有了。这就意味着：要么削减更多的贷款，要么筹集更多的资金。而一旦遇到经济衰退，后者往往并不是一个最优选择。这似乎表明市场定价更容易造成贷款资产价值的大幅波动。

虽然市场定价的会计准则本身并无问题，但是如何应用这种记账方法却是个问题。监管机构应规定：在经济向好时，银行的贷款数额应小于自身的资本金，以抑制过度兴奋和泡沫对市场的影响；在经济低迷时，则要允许银行发放略多于其自身资本金的贷款，以促进市场的恢复与发展。[22]

此外，市场定价法也存在其他需要纠正的问题。其一就是人们过于吹捧这种记账方式，而忽略了它的局限性——对不同的会计信息，其处理方式各不相同。例如，在用市场定价会计准则记账时，银行还将它们的负债以市值计。一旦市场认为银行将要破产，其债券价值就会下跌，银行就会以此记录成账面资本收益。只因为每个人都认为其要破产，银行反而看似盈利——这真是太荒谬了。人们希望有活期存款的银行将其资产价值保持稳定，这里的活期存款就是指储户将自己的资金借给银行，但要求可以随时取现。人们想知道银行是否能够按期履行义务。如果银行只能按照当前市场价格出售资产，其是否还有能力偿还储户的贷款呢？[23]

在第 5 章中我们讨论了糟糕的会计准则是如何使拥有储蓄和贷款的银

行财务状况不断恶化的，这增加了救助的最终成本。在 2008 年的危机中，政府所采取的宽松的会计准则也带来了同样的问题。我们都希望这次能够实现经济复苏，也许可以，但这很难说。[24]

在当前的经济危机中，放弃市值定价的会计准则又会带来另一种特别不利的影响：它会阻碍银行重组抵押贷款，延缓经济迫切需求的财务重组。[25] 因为银行家想着如果他们延迟重组，也许价格能够回升，也许人们能够偿还抵押贷款。也许这些情况不会发生，但至少在他们最终不得不面对现实时，[26] 他们能够收取足够多的佣金以弥补巨大的存贷差额，从而能使其战胜困难。[27]

我们该做些什么

2009 年 4 月放松会计准则使我们朝错误的方向又迈进了一步：我们不仅需要重申对市值定价准则的承诺，而且要更加关注规则本身以及它是如何应用的。如果银行想解释它们为什么比市场的判断更加乐观，它尽管去做好了，只要投资者相信它们的鬼话，它们大可以这样吹嘘。

做假账、虚报收入欺瞒投资者与瞒报收入、欺骗税务局一样都是非法行为。那些"资产负债表外"的伎俩不应该被允许。如果不能完全禁止银行向其管理人员支付股票期权，那也应该要求其拥有更多的资本金，并支付更高的存款保险费率。最起码，银行也要充分披露股票期权计划，因为高层管理者的报酬毕竟要由股东来支付，而不是天上掉馅饼。

最后，只有实行全面的会计透明准则，这一切才有意义。如果仍然存在暗箱操作的话，那么所有的邪恶活动仍将继续。全球大部分资本会流入像开曼群岛这样的秘密庇护所。不能仅因为那里的环境特别有利于银行的操作，那里就能成为一个两万亿美元的金融中心。[28] 在全球监管制度中，存在这样人为制造的"漏洞"，从而可以协助洗钱、偷税漏税、规避监管以及从事其他非法活动。"9·11"事件以后，政府成功地关闭了一个为恐怖分子提供资金的安全避风港，但对其他令人生厌的非法活动，政府在限制其资金的使用方面做得还远远不够。[29]

复杂性——超越透明度

在此次危机中，与缺乏透明度一样，金融产品太过复杂也应对危机的产生负同样的责任。金融市场创造了如此复杂的金融产品，以至于即使人们知道这些产品的所有细节，也没有人能够充分了解相关的风险。尽管银行已经拥有了它们所需的一切相关资料和数据，但是它们仍然不能正确评价其自身的财务状况。

复杂产品的价值并不是由市场来确定的，反而是由计算机运算模型获得，而无论模型设计得多么复杂都不可能涵盖所有相关信息。[30] 正如事实所证明的那样，一些非常重要的因素并没有被纳入模型之中，因此，这就不可避免地使模型的"预测结果"完全取决于模型的假设以及输入该模型的数据（参见第 4 章）。例如，模型很少关注价格下跌的风险以及与此相联系的违约风险，但这些都会使得资产价值的估值严重偏离市场，当违约率激增时，资产的市场价值会发生显著变化。

人们仍然不能确定这些新的金融工具是不是必需的。金融系统一直就有这类分配和管理风险的产品。如果人们需要的仅仅是一种非常安全的资产，那么他们可以购买国库券；能承担略高风险的人则可以购买公司债券；而股票则意味着更高的风险。特定的风险可以由保险公司来承保，比如重要人员的死亡或火灾的损失，人们甚至可以防范石油价格上涨的风险。一系列新的风险产品被吹捧为可以"微调风险管理"。理论上，这些新的工具可以改善风险管理，甚至降低交易成本。但是在实践中，它却允许人们以越来越少的资本去下注于越来越高的风险。

比如说，计算机模型的一部分功能就是通过分割抵押债券来最大限度地为一小部分糟糕的次级抵押贷款来获取一个 AAA、AA 等类似评级，从而尽可能地赚钱。如果没有这种点石成金的魔法，这些抵押贷款就只能直接得到 F 评级了，这就是所谓的边际评级，可能方法还会更为复杂。

正如我们前面看到的，银行并不喜欢透明度。完全透明的市场会是高度竞争的，而这种激烈的竞争带来的是费用和利润的普遍降低。金融市场造就这种复杂的金融产品就是为了在法律允许的框架下降低透明度。伴随着银行不断增加的交易成本，这种复杂的金融产品可以让其索取更高的费用。由于每种产品都非常不同，因此价格的对比就越来越困难，而且金融产品间的竞争程度也随之降低。如果对银行来说只是为了追求较高的利润，这确实达到了它们的目的。但是这种复杂的金融产品也成为金融业的祸根。没有人意识到，这些复杂产品所带来的风险正在逐渐逼近整个经济和纳税人的承受能力，这最终必然导致危机的爆发。

肆无忌惮的冒险

1999 年 11 月 12 日，国会通过了《金融服务现代化法案》（Gramm-Leach-Bliley Act），银行和金融服务业在进行了长达一年的大规模游说后终于可以画上句号了。法案的通过实现了它们要求减少政府监管的目的。由参议员菲尔·格拉姆牵头，这一法案终于实现了大银行长期追求的目标，即推翻了《格拉斯－斯蒂格尔法案》。

在大萧条之后，政府一直在探究：是什么造成了大萧条？如何才能防止危机再次发生？之后采取的旨在服务于国家和世界的监管架构保证了经济在前所未有的时间段里稳定增长。1933 年通过的《格拉斯－斯蒂格尔法案》构成了监管大厦的基石，该法案将商业银行与投资银行业务分离开来，前者以贷款业务为主，后者则主要从事债券和股票的销售，这样可以避免同一银行在面临投资持股还是提供贷款时出现的利益冲突。

《格拉斯－斯蒂格尔法案》的另一个目的是确保商业银行没有拿老百

姓的钱去进行风险投资，这属于投资银行的业务范畴，其目的是使得财富回报最大化。此外，该法案的重要意义还在于维护民众对整个支付机制的信心。政府向那些在商业银行存钱的百姓提供存款保险。随着财政部网上信息的公开，政府希望商业银行是保守的，而这并非投资银行的性质。

大萧条时代的监管规则可能在21世纪已经不再适用，但是我们需要的是调整现存的监管体系以适应新的现实，而不是完全废除监管，这其中就包括需要对衍生工具和证券化所带来的风险加强监管。对前几年已经浮出水面的问题有所担忧的批评家，去监管化的支持者对他们说："相信我们吧！我们会建立一定的屏障来明确两种业务的区别以保证利益冲突的问题不会发生。"而几年以后的会计丑闻表明，他们所建立的屏障是如此不堪一击，可以很容易被冲破。[31]

废除《格拉斯-斯蒂格尔法案》造成的最严重的后果是间接的。法案的废除使得投资银行业务与商业银行业务混在一起，这就使得投资银行的文化统治了商业银行，这促使商业银行追求由高杠杆和高风险带来的高额回报，因为这是投资银行获得高回报的秘密。另一个后果就是：整个银行系统越来越缺乏竞争性，并且主要由几家大银行控制。在《格拉姆法案》通过的几年中，五大银行的市场份额已经由1995年的8%上升到如今的30%。[32]美国银行系统的特点之一就是高水平的竞争，这种竞争使得市场中存在无数的银行，它们遍布各地，为不同的公众提供服务。但当新问题出现时，这一优势正在丧失。截至2002年，大型投资银行的杠杆率高达29∶1，这就意味着一旦资产价值下降3%，它们将面临灭顶之灾。美国证券交易委员会（SEC）并没有对此施加过多的干预，只是要求银行业进行自我监管，它特别相信银行能够有效地管理好自己。接着，在2004年4月，通过了一个富有争议的决定，即给予银行更多的自由，此时一些投资银行的杠杆率已经飙升到了40∶1。与投资银行一样，监管者对计算机模型也抱有同样乐观的态度，他们相信，模型可以更好地管理风险。[33]

限制银行过度冒险的行为其实也很容易：只需要限制风险并激励银行减少风险。不允许银行采取怂恿其过度冒险的激励机制，强制其增加透明度，而实现这一切还有很长的路要走。对那些过于冒险的银行，应该要求它们增加资金储备，并且支付高额的存款保险费用。此外还需进一步改革的是：限制财务杠杆的使用（以此来调节商业周期），对特定风险产品加强监管（如下面所讨论的信用违约互换）。

鉴于经济现状，联邦政府显然应该重新制定《格拉斯－斯蒂格尔法案》的修正案。必须严格限制任何可能与商业银行利益相关的金融机构（其中包括政府社会保障系统的机构）所承担风险的大小。[34] 一旦商业银行和投资银行的很多活动掺杂在一起，必然会带来太多的利益冲突和问题。废除《格拉斯－斯蒂格尔法案》时所承诺的好处只不过是海市蜃楼而已，为此付出的成本要远远超出那些曾支持该法案的人们的想象。特别是那些大而不倒的银行，麻烦更加突出。最近许多投资银行都用实际行动来证明我们真的亟须恢复《格拉斯－斯蒂格尔法案》，对投资银行来说，交易仍然是利润的主要来源。在 2008 年秋，所有主要的投资银行都想转型为商业银行，这种善变太惊人了。它们看到了政府对商业银行的大力支持，毫无疑问，它们相信这种转型会使得自己的冒险行为不会受到太大的限制。它们从美联储获得的好处就要到手了，它们马上就可以借到利率几乎为零的借款了。它们知道自己被一个新的安全网络保护着，它们的高风险交易仍会有增无减，而这些完全是不能被接受的。

大而不倒

正如我们所看到的，美国的主要银行规模都过于庞大，政府不敢轻易任其倒闭。此外，它们自己也深知这一点，所以它们不惜冒险，这一点经济理论已经有所证明。正如我在第 5 章中所指出的那样，布什政府和奥巴马政府提出了一个新概念：它们争辩道，有些银行太大，需要政府来帮它们解决问题（或是财务重组）；换句话说，银行的规模太大不能通过常规的手段迫使股东承担风险，从而将债权转化成股权。相反，如果政府出面，这实际上是对债权人和股东（在没有溢价的情况下）提供保险，这违背了所有的市场准则。

对那些大而不倒的银行来说，最简单的解决方案就是让它们破产。如果它们大到不能倒，那就意味着它们也大到不应再存在的地步了。让这些庞大的机构继续存活下去，唯一的理由就是它们具备显著的规模经济或范围经济，此时如果不这么大，它们就会遭受亏损。换句话说，除非这些庞大的机构在运营上的确比小机构更加有效，而且限制其规模会带来昂贵的成本。事实上，至今我还没有看到这些银行具备规模经济的证据。相反，却有证据表明，这些"大而不倒"、大到不能进行财务重组的机构，已经大到不能继续经营的地步。它们的竞争优势来自自身的垄断力量和它们所获得的隐性政府补贴。

这种想法并不激进。英国中央银行行长默文·金曾经说过："如果某些银行被认为是大而不倒……那么它们的确是太大了。"[35]美联储前主席保罗·沃尔克在2009年1月的报告中指出：

> 几乎不可避免地，许多资本市场活动特有的复杂性以及对此类投资活动保密的需要都给投资者和债权人带来了透明度的缺失……事实上，我们在采取任何措施时都必须认识到，这些风险、潜在的波动程度以及利益冲突都是难以测量和控制的。经验表明，在市场的压力下，银行的资本和信贷资源将会被用于弥补损失，这将削弱对客户利益的保护。客户与投资者之间这种复杂的、难以避免的利益冲突是十分尖锐的。而且在某种程度上，这种特有行为只会发生在那些由政府监督并保护其完全免受潜在失败风险影响的企业中，这对"自由独立"的机构

来说相当不公平……而且在面对所有的复杂性、风险以及潜在冲突时，即使是最忠实的董事和高级管理人员，我们也怀疑他们能否真正理解并持续控制这么复杂而多变的投资活动。[36]

沃尔克强调对受政府担保的大银行实行的一项重要改革措施就是限制其"自营业务"交易，即银行知道一旦出现不测，政府会出手相救，因此它们就可以以自身的资产来赌博。没有任何理由能使这些风险掺混在一起。但是如今银行的规模越来越大，这就会产生其他的问题：事实上，许多银行在哪些投资能获利方面都有"内部消息"。特别是它们知道市场中其他参与者在做些什么，而且它们能利用这种信息牺牲他人为自己牟利。它们创造"不平等竞争"，它们在扭曲了市场的同时也摧毁了市场信心。此外，它们在信用违约互换以及其他类似的"保险类"产品方面明显占据了不公平的优势。美国国际集团（AIG）的失败引起了人们对"交易对手风险"重要性的关注，政府提供的保险很有可能将付之东流。但是，这却给大银行带来了一种巨大的优势，因为每个人都知道，它们实际上是由政府来承保的，所以大银行的信用违约互换有如此巨大的比例也就不是偶然的了。

其结果就是一种不健康的动态过程：大银行较其他银行更具竞争优势，但是这种竞争优势并不是以真正的经济实力为基础的，而仅仅是政府隐性担保所带来的扭曲结果。随着时间的推移，必然会存在越来越扭曲的金融部门的风险。

这些大银行并不对美国经济的动态发展负责。这种将金融业各个不同分支掺杂在一起的广受赞誉的协同作用一直是一种幻象，而更明显出现的是失败的管理和冲突的利益。总之，打碎这些庞然大物利多弊少。这些混业经营行为需要改革，保险公司、投资银行以及其他所有并非商业银行核心职能的业务都必须被一一剥离。

拆分它们的过程很可能是缓慢的，而且也会受到政治阻挠。即使能够在限制其规模方面达成统一意见，也有可能在执行上出现失误。这就是为什么三管齐下是必需的：拆分大而不倒的机构，严格限制所有其余大机构可以从事的活动，审查校对存款保险和资本充足率，从而使其足以保证"公平的竞争环境"。因为这些大机构对社会来说，风险更大，它们必须拥有更多的资金，支付更高的存款保险的保费。[37] 前面讨论的所有规章制度都应该更严格地作用于这些机构。银行尤其不应该实行这种鼓励冒险和短视行为的员工激励机制（特别是管理人员激励机制）。[38] 对大银行活动的限制可能会导致其回报较低，但它本来就应该这样。过去银行所赚取的较高回报都是高风险活动的结果，而这是以牺牲美国纳税人的利益为代价的。

大而不倒的银行应该被强制要求回归到普通的传统银行业务中。那些承担风险的角色应该交给另外大量存在的非存款机构来承担，这些机构规模较小，行动更加主动，因为其自身规模有限，所以即使它们经营失败也不会威胁到整个经济的发展。

1901 年 12 月，当西奥多·罗斯福最先呼吁建立反垄断法时，正如他关注政治权力一样，他也同样关注市场扭曲现象。事实上，没有证据表明当时他就已经很清楚经济学家所提出的有关垄断势力会扭曲资源配置的分析。即使大而不倒的银行没有力量抬高价格（现代反托拉斯分析的关键），它们也应该被拆分。大银行阻止那些必要的监管改革所体现出来的能力就已经表明了它们所能施展的巨大能量，这就更表明了对它们采取控制措施的重要性。

美联储和财政部同意雷曼兄弟破产的事后借口之一，就是它们无法授权去干预市场。当时它们声称，长久以来人们都很清楚，雷曼兄弟已经处于破产的风险之中。它们相信，市场已经在很长的一段时间会通过破产来自我保护。但是，如果真是它们所说的无权干预市场这个原因，那么它们早就应该去国会那儿要求这种权力了。仅两天后，它们对 AIG 事件就采取了前所未有的行动。这表明，这种"政府无权干预"仅是当第一道防火墙失效时它们所能想到的最好借口罢了，当时，雷曼兄弟的消亡还并没有表现出任何系统性威胁。虽然好几个月市场都一直传言雷曼兄弟要破产，但是显然系统自身并没有接受这种破产的可能性，而且更值得关注的是，无论是美联储还是财政部似乎都没有意识到传言有可能会变为现实。

不过，必要的改革措施之一还是要赋予美联储和财政部明确的权力，让它们去"处理"那些有可能因自身破产而危及整个经济系统的金融机构。但是，尽管改革是必需的，但它不能解决根本问题，因为市场存在那些大到不能被处理的金融机构。即便给予美联储和财政部干预市场的法律权力，仍然不能回答这样的问题——它们到底应该做些什么？如果这些金融机构都大到不能被处理，或者它们都有能力说服政府相信它们的规模足够强大，以至于无论政府的法律规定如何，它们都能让政府完全听命于自己。这时，唯一的"解决办法"就是撤走纳税人的全部资金，让这些机构自己想办法解决问题。

然而，还有更深层次的问题。这不仅仅是机构规模大小的事儿，主要是机构之间还存在着千丝万缕的联系。人们担心，即使是规模相对较小的金融机构（例如贝尔斯登）经营失败，也会因为金融体系内部相互交织的关系而产生一系列的连锁反应。这些关系相互纠缠的金融机构和规模过大而不能被处理的机构一样，都很难对付。作为金融体系的一个重要发明，金融衍生产品是造成金融系统内部错综复杂、利益交织的重要原因，详见下文分析。

现在需要的不仅仅是"果断"的权威，更重要的是要采取某些预防措施。政府不能任由那些大到不能倒、大到不能被处理以及内部关联复杂到不能轻易处理的状况继续发展下去。政府需要进行有深远意义的抉择，这样才能不必总是按照银行的要求去做，向它们提供无限的资金，保护股东和债券持有人等。[39]

风险创新：金融衍生品

金融市场一直是富于创新的，但整个经济却并非总是朝着更加稳定和更富有成效的方向发展。银行家鼓励那些复杂、不透明产品的创造（例如抵押债务证券），分割抵押贷款使其证券化，然后拆分成更加复杂的证券产品。[40] 赌博、投机行为比比皆是，在玉米、黄金、石油甚至猪肉市场都出现过，但这种单一的投机行为并没有提供足以承担风险的机会，于是银行家就发明了一种以这些产品为基础的衍生品，即所谓的合成产品。然后，在"超自然力"的巧妙创新中，他们又发明出各种以合成产品为基础的新的合成产品。虽然不清楚这些新产品是否能够有效地帮助经济系统控制风险，但是很显然，它们为冒险赚取高昂费用提供了新的机会。

这些衍生工具都是金融市场最引以为豪的金融创新。衍生品的名字已经说明了它们的本质：其价值"衍生"于其他资产。例如，我打赌某种股票的价格在下周一会高于 10 美元，这就是一个衍生产品，如果我在赌股价下周一超过 10 美元的基础上继续打赌，赌刚才打赌的市场价值，那就是基于衍生品之上的衍生品了。人们可以发明无限多的这种衍生产品。金融衍生产品是一把双刃剑。一方面，它可以用来管理风险。如果西南航空公司担心燃油价格上涨，它可以通过在石油期货市场买入石油期货合约来抵御这种风险，便将未来 6 个月里的石油价格锁定为今天的石油价格。使用金融衍生工具，西南航空公司就像通过购买"保单"来对抗燃油价格上涨风险一样。此时的交易成本可能会略低于以前在期货市场上通过买卖石油对冲交易时的交易成本。

但另一方面，正如沃伦·巴菲特指出的那样，金融衍生产品也具有大规模的杀伤性。这主要表现在 AIG 的例子中，金融衍生产品不仅给该公司自身造成了极大的破坏，而且给整个经济系统带来了冲击。AIG 通过卖出"保险"来抵御其他银行倒闭的冲击，这种特定的衍生产品被称为"信用违约互换"。只要保险人无须经常赔付，给金融机构提供存款保险就是一项非常有利可图的业务。这项业务尤其在短期内将获利颇丰：只要被保险的事件不发生，一切看起来都很乐观时，保险人只是收取相应的保费即可。AIG 认为这是一件利滚利的美事。像贝尔斯登、雷曼兄弟这种大机构怎么可能倒闭呢？即使这些机构存在着风险管理不善的潜在问题，人们仍然确信政府一定会帮它们摆脱困境的。

人寿保险公司知道应该如何准确地评估自身的风险。它们可能并不知道某个特定的人会活多久，但是，它们知道美国人的平均寿命，比如 77 岁（目前出生时的预期寿命）。如果保险公司能够为大量不同类型的美国人提供保险的话，那么可以相当肯定地说，被保险人的平均死亡年龄就接近这个数值。此外，保险公司可以获得按职业、性别、收入等因素划分的相应预期寿命的数据，这样就能对投保人的预期寿命做出较好的预测。[41] 此外，除了少数（如战争、流行病）情况外，风险之间往往都是"独立"的，即一个人死亡的可能性与另一个人无关。

然而，估计某公司破产的风险毕竟与估计预期寿命不同。正如我们看到的那样，破产风险不会每天发生，而且一家公司发生破产的风险很可能与另一家公司高度相关。[42]AIG 认为自己十分熟悉风险管理，可是，事与愿违。信用违约互换需要同时支付大量的资金，其甚至超过了世界上最大的保险公司所能负担的范畴。因为投保人都希望对方能够按期支付，如果说被保险的债券价格下跌，他们会要求保险公司掏钱（以担保额度）进行赔付。这种情况表明市场认为被保险的公司存在较高的破产风险，而正是这些 AIG 无法兑现的担保金支付最终使该公司走向衰亡。

在当前的危机中，我们说信用违约互换扮演着十分邪恶的角色，原因主要有几点。人们在没有适当评估保险卖方是否可兑现其承诺前就购买保险，这不仅仅是一种购买行为，更是一种赌博。有一些赌博是很奇怪的，它们会带来不恰当的激励。在美国和其他大多数国家里，一个人是不可能为别人购买人身保险的，除非他自己可以得到好处（这被称为保险利益），比如妻子会给丈夫购买身故保险，公司也会给其关键人员购买身故保险。但是，如果鲍勃给与自己没有任何关系的吉姆投保，那么就会产生最坏的激励，即一旦吉姆早亡，鲍勃就会得到保险收益。

如果一家金融机构对雷曼兄弟的破产投保，那么出于同样的原因，它就会更希望看到雷曼兄弟早日倒闭。[43] 对于那些实力雄厚的参与者或参与集团来说，它们还可以使用各种方法来操控市场，而这些方法只能让金融市场越来越复杂。信用违约互换市场交易规模较小，就使得压低价格变得十分容易，这也意味着破产的可能性较高，从而会引发一系列的后果。股票价格很可能会下跌，那些赌股价会下跌、卖空股票的人就会获利，而另外一些人则会遭受损失。各种各样的合同（像 AIG 所持有的一样）都要求雷曼兄弟提供更多的抵押品。这还可能触发那些不能提供存款保险的金融机构也要增加抵押品（就像雷曼兄弟这种情况，雷曼兄弟并没有购买全保险）。随后，银行就可能面临流动性危机，其破产的可能性随之上升。从某种意义上来说，通过信用违约互换对公司进行攻击，实际上就是一种自我实现的预言。

在放大金融危机的效果方面，金融衍生工具还通过另外一种重要的途径发挥了十分重要的作用。一些大银行无法将其全部金融衍生产品的头寸进行平仓。银行 A 与银行 B 打赌，如果石油价格明年上涨 15 美元，则银行 A 支付给银行 B 1000 美元。但第二周银行 A 又决定取消它的赌注，其最简单直接的方法就是为取消赌注支付一定的费用，但这也太过于简单了。因此，两家银行选择另一种交易，即如果石油价格明年上涨 15 美元，银行 B 就同意支付 1000 美元给银行 A。如果石油价格如期上涨，什么也不会发生。只要两家银行没有一家破产，就好像这笔交易被取消一样。但参与者都没有意识到交易对手风险的重要性，即谁都没有意识到其中一家银行可能有破产的风险。如果银行 A 倒闭，而石油价格上涨了 15 美元，银行 B 就欠银行 A 1000 美元。但银行 A 并不欠银行 B 什么，或者更准确地说，银行 A 虽然欠银行 B 的钱，但它并不需要支付。双方交易并没有轧平各自的头寸。

当被问到它们为什么不直接取消交易，而是选择这种可能会带来万亿美元风险的对冲交易时，它们的回答是："我们认为不会违约。"虽然这么说，它们却交易了大银行的信用违约互换产品，而这些产品都是建立在存在违约风险的假设之上的。这是市场上充斥的言行不一的另一个例子。

银行自称自己是很好的风险管理者，对手风险是其号称能管理好的众多风险之一。但实际上，至少有一些银行没能管理好这些风险。这就是为什么 AIG 的破产导致了整个金融体系的崩溃。许多银行都认为，它们从 AIG 手中购买了保险足以应对各种市场风险，从而使它们能够更多地承担超过自身承受程度的风险。AIG 的倒闭却使它们暴露在高风险之中。监管者允许它们承担更大的风险是因为监管者错误地认为，银行的整体组合风险是可控的，银行花钱购买的"保险"能够帮助它们更好地分担风险。如果没有 AIG（以及其他提供"保险"的类似金融机构）的保险，监管当局就会要求银行出具证明，证明其自身的资本足以应对它们所面临的风险。如果银行没有足够资金，银行将不得不撤回贷款，而这必然会加剧经济的衰退。

当你购买人寿保险时，你是想确保你购买保险的公司会在你受伤或去世时提供赔付。美国对人寿保险有着很强的监管，却对金融机构应对风险所购买的保险品种没有任何监管措施。事实上，正如我们看到的，美国的金融市场十分反对这些监管措施。[44]

现在危机过后，很多措施都试图轧平一部分高达数万亿美元的风险敞口，但这样做也有很多问题。许多衍生品都是"量身打造"的，它们彼此各不相同。在某些情况下，这样做是有道理的，因为客户要求分担特定风险。但在许多情况下，提供这种"量身定做"的产品似乎只是为了更多收费罢了，因为标准化产品的竞争会相当激烈，利润也比较微薄。如果银行能说服客户，这些"量身定做"的产品正是他们所需要的，那么银行就有机会创收了。这时很少有人能够想到去"平仓"这些复杂的产品，因为这将是一件很困难的事。

还有一个争论是关于为什么要创造出这数万亿美元的衍生品。表面上的说法是为了"改进风险管理"，例如购买企业债券的人不希望承担企业破产的风险，但这个论点似乎并没有什么说服力。如果你想买一只没有信用风险的债券，那么你最好是购买相对比较成熟的政府债券，就是这么简单。任何购买10年期公司债券的人都应该进行信用评估，以此来判断他们获得的超过政府10年期债券利率的那部分利息是否能够平衡他们所承担的额外违约风险。[45]

没有人会相信衍生工具能拉动整个经济的发展，未来会发生什么呢？这有几种可能性。其一就是我曾经说过的银行收费问题。其二就是监管套利：监管银行通过转嫁风险，其自身才能吸收剩余的其他风险。转嫁风险的好处（特别是监管的好处）大大超出了其花费的成本。难道银行就那么笨，竟然没有意识到对手风险吗？也许它们的确认识到这种风险的存在，但是它们认为监管者低估了它们，加之从监管套利中所获得的短期收益机会实在令人难以抗拒，即便冒险把银行的未来赌上也在所不惜。

还有第三种解释就是：华尔街就是富人的俱乐部。关于违约概率的判断决定了对企业债券应支付的保费。如果我认为自己比市场更聪明，我就可以赌一下你的判断是否正确。华尔街的每个人都认为自己比其他人更聪明，或至少比一般人聪明。信用违约互换为这些嗜赌的华尔街人提供了一个高风险游戏。大家都认为，成年人是可以赌博的，尽管它建立在一个大家都认为自己比别人聪明的非理性基础之上。但是他们的赌局不应该损害无辜人的利益，而这样的赌博却恰恰发生在金融机构内部，特别是在那些大而不倒的金融机构中发生了。

将来怎么办

因为衍生品可以是一种风险管理的有效工具，它们不应被禁止，但是应该加强对它们的监管以保证用得其所。应该有充分透明度、有效的竞争以及足够的"保证金"来确保那些博彩行为能够履行其交易职能。而且更重要的是，不能让衍生工具将整个金融体系置于风险之中。为了达成这一目标，我们还有好多事情要做：信用违约互换和其他一些特定衍生工具应仅限于场内交易，而且仅限于"可保性风险"的情况。除非存在充分的透明度，否则像 AIG 那样的破产危机仍会不断上演。这里我们所说的充分的透明度，不仅仅指对总体风险信息的充分披露，也包括对每个岗位信息的披露，这样才能使市场正确评价对手风险。但是坚持只有规范的衍生产品能在交易所（或票据交换所）交易是远远不够的。证券交易所必须拥有足够的资本，否则一旦类似于房地产泡沫破裂的突发事件发生时，政府将不得不再次收拾残局。然而，一些衍生产品实在太复杂、风险太大了，以至于一个训练有素的监管者都很难确定资本是否充足，而且还存在这样一种风险：未来的监管者很可能与以前的监管者一样只关注金融市场的福祉，并不重视整个经济或纳税人的利益。补救措施很简单：在市场交易中，要求所有市场参与者联合起来、共担责任，这样所有的市场交易者才会在掏空纳税人的钱之前，就先行付账了。但我怀疑这样的规定很可能会导致市场的终结——市场并非只因能吸引公众资金才存在。

人们在是否应该允许量身定做"场外交易"产品这个问题上表现出极大的争议。目前传统的观点认为，虽然应该鼓励银行致力于在场内交易那些标准产品，但是那些量身定做的产品仍然有着重要的作用。当进行场外交易时，它们就需要有较高的资本充足水平和足够的透明度来支撑。令人担忧的是，监管机构容易被"俘获"。它们会屈从于压力，从而更倾向于提供较低的透明度（"商业机密"就是一个标准的伎俩）。假定有两个选择，即是在交易所公开透明度下交易衍生产品，还是在较低透明度的场外交易市场中交易衍生产品，银行往往会选择后者，除非要求它们场外交易的额外资金特别充足。而监管机构往往会屈服于外界压力，要求的额外资金并不会那么多。简言之，如果场内交易和场外交易衍生产品都是被法律允许的，我们就有可能陷入一种和目前的混乱没什么差别的糟糕境地。

掠夺性贷款

金融系统的行为表明，如果有人声称其所出售的商品是为你量身定做的，那么这种产品就是不值得信任的，往往容易上当。风险是复杂的，银行尚且不能很好地管理风险，更何况我们这些普通人呢？在许多领域中，我们已经认识到，让买家自行小心、谨防风险的观点很不正确。原因很简单，买家能得到的信息少得可怜，很难弄清状况，存在着明显的信息不对称。这也正是为什么我们需要政府对食品和药品进行安全监管。[46] 特别是与那些受教育程度较低的人相比，银行和其他金融机构占有显著的优势。它们以各种方式进行掠夺性牟利，有些我在前面已经讲过，有些我将在稍后讨论。很明显，金融机构一向如此，而消费者组织也不断努力通过立法来抑制金融机构的这种做法。但是，到目前为止，掠夺性金融机构已经一次又一次成功地阻击了消费者组织的这些努力。

我们需要成立金融产品安全委员会。[47] 对该委员会来说，一项重要的任务就是确定普通个人可以持有哪些安全的金融产品，以及在什么情况下持有这些产品。

竞争不足：抑制创新

银行用了近20年的努力在衍生品市场上挣足了钱，同样它们也花了相当大的精力让整个美国沉溺在债务之中不能自拔。我们看到银行是如何诱惑这些缺乏警惕的人进行抵押贷款的，这些人的贷款远远超出了自身的支付能力，而他们却毫不知情。但是与抵押贷款相比，1980 年后迅速增长的信用卡欺骗行为也许更加险恶。[48] 银行发明了无数的新方法来增加利润。如果贷款人还款晚了些，他不仅需要多支付滞纳金，而且银行通常还会提高利率，提前对信用卡余额征收费用。

然而，最精明的收费方式莫过于对那些接受了银行信用卡的商家征收"交换费"了。随着信用卡的使用越来越广泛，越来越多的诱惑促使持卡人刷卡消费。店主感觉他们不得不接受这些信用卡的使用，否则一些顾客就会跑到竞争对手那里。维萨卡和万事达卡更是深知这一点，而且它们也知道自己可以向这些商家收费。如果银行收取店主销售产品成本 2% ～ 3% 的费用，那么大多数的商家仍然会允许信用卡在它们那里使用，因为它们不希望丧失市场。事实上，使用现代计算机而增加的实际成本是可以忽略不计的，只是因为这里没有任何有效的竞争，所以银行就可以摆脱市场竞争的约束。为了不让信用卡市场揭示出不同银行的收费差异，它们坚持让商家既不要告知消费者真正的用卡成本，也不要对用卡者强行收费。维萨卡和万事达卡还要求商家不能"区别对待"不同的信用卡。如果商家接受维萨卡，那它就必须接受所有的信用卡，即使不同的信用卡对商家的收费各不相同。[49] 简言之，它们的垄断力量是如此强大，以至于它们能够让市场表现不出来银行对信用卡收费的不同。如果商家能够转嫁银行对其的收费，那么持卡成本较高的持卡人就会看到用卡的相对成本，这样消费者就会选择最好的信用卡——物有所值的信用卡。[50] 但维萨卡和万事达卡确实让价格机制无法正常运作。

但是，如果政府强制执行竞争法规，那么这一切就不可能发生了。放松金融监管使这些反竞争行为的信用卡业务更具吸引力。从前是由法律限制利率，即所谓的高利贷法律，这些法律源于《圣经》，并且在大多数宗教中都有很长的历史，这些限制性的法律可以追溯到时间更加久远的高利贷者剥削穷苦借款人的历史之中（通常被称为第二古老的职业）。然而，现代美国社会却把高利贷危险的教训扔在一边。随着利率不断攀升，即便有百分之几的持卡人没有按期还款，贷款仍然是一项高盈利的行当。银行不假思索地将信用卡分发给任何一个人，而不是辛苦地进行信用评估以确定何人值得贷款、何人不能贷款。

由于银行基本都拥有两个大的信用卡／借记卡系统，即维萨卡和万事达卡，银行享受着由这些昂贵系统所带来的超额利润。正是由于这些原因，银行才会想方设法地抑制有效电子支付机制的发展，并将其扼杀在襁褓之中。人们可以想象一个有效的系统应该是这样的：在购买商品时，会有一个即时的核查以确定是否存在盗刷（就像今天我们所看到的一样），随后还会确认持卡人的"账户"是否有足够的资金完成支付。这些资金随即就从持卡人账户转移到商家账户中了，而完成所有交易只需要极低的成本。有些持卡人可能还有银行核准的信用额度，他们可以以竞争性的利率在额度内透支。其他人可能更喜欢量入为出，他们不需要这种"透支"机制，因为他们知道银行会向其收取相应的开发费用。无论是否存在信用额度，支付机制都会运转得十分顺利。这种与信用制度结合在一起的高效的支付机制可以满足所有人的要求，但肯定不会满足银行的要求，因为这将迫使银行收取更低的费用。[51]

美国的金融系统对如何剥削普通民众是很专业的，但是却从不想着进一步改进它们的服务。在博茨瓦纳——一个经济发展较快的非洲国家，我看到那里的银行是如何渗透到贫困的村庄为村民提供基本金融服务的，尽管那里村民的收入只相当于最贫苦美国人的收入的一小部分（博茨瓦纳的人均收入仍然只有 13 604 美元）。[52] 在美国的贫困地区，如果个人去银行将支票兑换成现金，有时甚至要支付高达支票总额 20% 的手续费。[53] 这又是一项剥削穷人的业务。[54]

迫于政治压力，美国继续实行高校学生贷款计划，此时美国金融市场的贪婪表现得更加明显。这是公共部门和私人部门合作的另一个例子，私人部门攫取了很好的回报，却让政府承担了风险。政府向金融机构保证学生贷款是没有风险的，但是这些贷款发起人却能收取利息，就好像是假定学生存在违约风险一样。事实上，政府选择和私人部门合作，而不是由政府自身出资提供 10 年期的贷款，这种做法给学生造成的成本就高达 800 亿美元，这是政府送给金融业的又一份大礼。[55] 先不谈这份大礼的数额如何，实际上，这种做法一定会招来腐败的行为。现实中就是这样，信贷人员向学校行政人员行贿，以获得他们对自己贷款计划的支持，甚至一些著名学府也没能逃脱腐败的魔掌。[56] 但是腐败真正始于创造此项计划的政治过程，并且还被允许继续下去。

监管工作

金融部门亟须监管，但有效的监管要求监管者自己必须相信监管是有作用的。应该从那些可能深受监管失灵之苦的人中选拔一些监管者，而不是从那些有可能从监管失灵中获利的人中选拔。[57] 幸运的是，工会、非政府机构和大学中还有很多金融专家。人们不必非得向华尔街的精英们请教所谓的专业知识。

在关于衍生产品的争论中，尽管银行家正逐步取得上风，但是我们仍然可以看到，他们还是千方百计让像布鲁克斯利·伯恩这样的人不要再动摇立场，让其坚持放松监管。我们应该知道有很多压力会迫使监管者放松监管，并意识到任命另一位像"格林斯潘"这样不相信监管作用的人所带来的风险。我们要有一套具备"硬约束"的系统，这套系统的监管要非常透明，不能给任何放松监管的企图留有余地。像在竞争领域中一样，某种程度上需要在多处复制监管制度[58]：一个错误带来的损失要比强制监管带来的额外成本大几千倍还多。要保证监管系统正常运作，我们需要多层次的监管，这一点也很明显，在每个市场（保险市场、证券市场、银行）上都要有监管专家，有负责监督整个金融体系稳定运作的监管者，还要有着眼于产品销售系统安全性的监管者。

尽管争论主要集中在对势力范围的争夺上，但是很显然，设计一个什么样的未来监管结构仍然备受争议。最奇怪的建议就是由奥巴马政府提出的，它提出要给予美联储更大的权利，而美联储在不断升级的危机中表现得异常糟糕。还有一种掩饰错误的观点，这种观点认为以前的失败会带来回报：尽管银行以前在运用资金方面做得并不算太好，但银行只不过有些"小问题"，所以给它们钱让它们去做想做的事吧。尽管美联储以前在运用权力方面也表现得不太好，但美联储也只有些小问题，所以给它们更多的权力吧。

金融和金融监管领域以外的问题

在本章和第5章中，我描述了种种金融体系的不良行为，也论述了它是如何逃避惩罚的。我已经详叙了金融体系的一大堆问题，之所以这么做，部分原因是这些问题从很多方面来看都是非常引人关注的。但经济中存在的问题远远超过了金融部门，监管系统在其他方面也很失败。

我已经提到了在设计竞争性政策以及贯彻公司治理政策过程中的失败表现，但在其他方面类似的错误比比皆是。2005年国会通过了《防止滥用破产和消费者保护法》。银行极力推动该法案，因为它赋予了银行从借款人身上赚钱的新权利。虽然银行要求政府对其提供援助，但它们却反对政府向普通人提供任何临时性援助。它们对自身的道德风险置若罔闻，甚至认为任何向深陷债务危机的普通人提供免除债务的措施都会带来逆向激励。事实也确实如此，但效果已在银行信用质量评估结果中反映出来了。

在美国破产法2005年修正案的保护下，银行自信能向任何人放贷。

一家获得政府支持的著名银行打出广告——"出身名门、质量典范"。每一个青少年都被众多的信用卡提供商包围着。许多家庭背负着大量的债务，陷入被各种契约周而复始的奴役之中，他们努力工作就是为了偿还银行贷款。他们的收入越来越多地用于支付各种违约金和罚息，这些利滚利的费用和罚款使得他们很难从头再来。金融家可能很喜欢能回到雾都孤儿生活的年代，那时法律允许设立债务监狱，在当前这种环境下，像2005年这样的法案是他们梦寐以求的最佳结果。法律允许扣押一个人 1/4 的工资用于偿还债务。新法案还促使银行更加大胆地批准更糟糕的抵押贷款，这也可以部分地说明为什么该法案通过之后，市场上会出现那么多的"有毒"抵押贷款。

新的银行破产法更能体现美国的价值观，它不仅给那些捉襟见肘的家庭提供了临时救助，而且它提高了市场效率，促使银行在信用评估方面做得更好。而银行却抱怨说，如果废除 2005 年的法案，就有可能带来较高的利率。如果真是如此，反倒是一件好事，美国人已经借钱太多，整个社会和全世界为此付出了极大的成本。那么，高利率能够鼓励人们进行储蓄，这将是一件好事情。

在当前形势下，税收制度也起到了一定的作用。有人说，税收制度反映了社会的价值观，而美国税收制度最令人奇怪的一点就是，它对待那些以赌博为生的投机者要好于那些努力工作的人，对资本收益征收的税率远远低于对工资的征税税率，而这种做法并没有什么好的经济理由。诚然，社会可能想要鼓励某些类型的风险投资，因为它们对各方都有利。例如，它可能会鼓励那些开创性的创新，特别是在公众利益领域，比如气候变化或公众健康。在这种情况下，政府应该对这些投资回报（无论是什么形式，不管是对资本收益还是利润征税）以较低的税率征税。但是房地产投机绝不应该受到各类社会投资的青睐，不应给予其任何优惠待遇。不论购买土地是否有补贴，土地总量是不会变的。

创　　新

虽然对新的监管制度持批评态度的人宣称一个新的严格的监管制度会扼制创新。但是，正如我们所看到的那样，大部分金融系统的创新都是旨在规避会计准则、监管法规以及法律的规定，而恰是这些会计准则确保金融体系具有透明度，监管法规保证金融体系的稳定和公平，法律则保证全体公民的税负平等。同时，现在的金融体系不但没有通过创新来提高普通民众抗风险的能力，而且它还阻碍了那些真正能够提高福利的创新。

当我还是克林顿政府内阁经济顾问委员会成员时，我推动了通货膨胀指数债券的问世。有些在未来三四十年后会退休的人，非常担心他们的储蓄会受到通货膨胀的影响，这是非常合理的考虑。尽管目前通货膨胀率较低，但我们毕竟经历过高通货膨胀的时期，所以许多人仍然预期未来仍将会出现高通货膨胀。人们希望通过购买保险来对抗通货膨胀风险，但市场上并没有相关的产品。国会建议政府出售这种通货膨胀指数债券，提供一种长期对抗通货膨胀的保险。政府有责任在合理的范围内保证债券价格稳定，如果不能保证债券价格稳定，政府就应该承担后果。

华尔街的一些人反对这种创新，因为他们认为一旦人们购买了通货膨胀指数债券，他们就会一直持有直到自己退休为止。我认为这是一件好事情——为什么要把钱浪费在买卖之间的交易成本上呢？但对华尔街而言，这可不是什么好事情，因为它们只关注自身利益的最大化，而这只有通过反复交易，最大化交易成本才能实现。

再比如，阿根廷在金融危机后不知道自己还能有多少资金偿还给债权人，因此提出了一个有趣的创新。鉴于贷款已远远超过阿根廷政府所能承受的能力，还款会在今后几年导致另一场严重的债务危机，因此政府并没有急于还贷，而是推出了一种 GDP 指数债券。当阿根廷国民收入上升且国家有能力支付更多时，该债券就会支付更多的利息。这些债券将债权人的利益与阿根廷自身的利益结合起来，这些努力将帮助阿根廷渡过难关。然而，华尔街同样还是反对这种 GDP 指数债券。[59]

一个好的金融监管制度实际上应该更具创新性，金融市场的创新能量应集中用于不断推出新的金融产品来增加大多数公民的福利。它可以用来发展更有效率的电子支付系统（如前几章所述），或者构建更好的抵押贷款制度（如我在第 4 章中所讲过的）。创建一个能够真正履行自身职能的金融系统是重塑经济的关键一步。这场危机就是一个转折点，不仅对金融部门如此，对其他经济部门也是如此。

我们没有做好自己的工作，我们应该重塑金融系统，并且在维护金融系统正常运行的情况下重新设计监管架构。如果我们的国家又回到危机之前的那种金融体系之中，那么它昔日的繁荣将难以再现，但这只是危机过后我们所要面临的众多挑战之一。在第 7 章中，我将讨论我们所需要采取的措施，以及危机带给我们的经验教训该如何帮助我们在未来做得更好。

第7章

全新的资本主义秩序

2008 年秋，全球经济或者至少是成熟的金融市场正处于一个彻底崩溃的边缘，自由主义面临着前所未有的危机。鉴于我已经经历了如此多的其他危机，我相信这种自由坠落的过程很快会结束。每一次危机都会结束，但是危机过后又该怎么办？我们既不能也不应该回到以前的世界。很多人失去的工作再也找不回来了，美国中产阶级正在经历着比危机之前更困难的时期。在危机的余波中究竟会发生些什么呢？

这场危机使美国和世界大部分其他国家不再关注那些必须被解决的长期问题。这些老问题都是我们所熟知的：医疗保健、能源和环境，特别值得注意的还有气候变化、教育、人口老龄化、制造业的没落、金融部门的功能失调、全球失衡、美国贸易问题以及财政赤字，等等。当美国挣扎着应对眼前这场危机的时候，这些老问题并没有消失，有些甚至变得更糟。然而，由于政府对金融危机管理不善，特别是将大量的资金浪费在拯救金融体系上，这使得我们已经没有足够的资源去解决上述问题。美国债务占 GDP 的比重大幅增加，由 2000 年的 35% 攀升至 2009 年的近 60%。奥巴马政府还暗示，即使是最乐观的预测，在未来 10 年中政府还将会增加 9 万亿美元的债务，到 2019 年，债务比例将进一步上升到 70%。[1]

经济结构不会自发调整，政府必须在转变经济结构中发挥核心作用。这也是未来的第二套变革的主要战略：金融危机已经表明，金融市场是不会自动运转良好的，而且市场自身也无法实现自我更正。但这一经验教训具有普遍性，并不仅仅局限于金融市场方面。政府要挑起重担。然而里根—撒切尔"革命"诋毁了政府的重要作用，它们贬低国家的重要性，这些错误的尝试使得现任政府需要承担更大的责任，这些责任甚至会超过人们在新政期间预期政府承担的责任。现在我们将重构社会，它将可以很好地平衡政府与市场的关系，更加平衡的关系能带来一个更高效、更稳定的经济。

在本章中，我将阐述两种既相似又相关的问题：一是我们需要做些什么以恢复政府与市场的平衡；二是如何重构经济结构，包括重新定位政府在这其中的作用。如果我们要成功地实现美国的经济转型，我们应该清楚地知道改革的方向，并且必须弄清国家在其中的作用。

现在，美国所面临的问题与其他大多数先进的工业国家所遇到的问题十分相似。虽然许多国家在救助它们的银行时，做得比美国要好，但是它们仍然要面对这样一个问题，即在它们试图刺激经济的同时（大多数情况下这很成功），其债务占 GDP 的比重也在显著地增加。对于另外一些国家来说，随着人口的老龄化，问题会变得更加糟糕。但对于大多数国家来说，医疗机构的问题并非如此突出。在应对气候变化所带来的挑战方面，大家的日子都不好过。几乎所有国家在面对经济重构时，都必须面对重大挑战。

调整经济结构的必要性

对未来前景的真实评价

因为美国在相当长的时间内仍然会是世界上最大的经济体，这不可避免地使大多数美国人的生活标准仍然会继续提高，这种情况和第二次世界大战之后那些年所发生的情况是一样的。[2] 许多美国人一直生活在一个信贷宽松的童话世界中，而这个世界已经终结，一去不复返了。人们甚至整个国家都必须面对生活水平下降这一事实。不仅国家的支出超出了其自身的财富，而且许多家庭亦是如此。

泡沫掩盖了这样一个事实：国家的经济状况并不像它预计的或应该的那样好。对 GDP 的过分关注将会误导人们，关于这一点我将在第 10 章中具体说明。对许多群体来说，未来的经济前景已经十分暗淡：如今 30 多岁男性的收入平均水平已经低于 30 年前的水平。[3] 在这 10 年中，大多数美国人已经注意到他们的收入停滞不前。就在这 10 年的最初几年，许多人的收入都已不再增加，但尽管如此，他们仍然继续消费，好像消费就是美国梦的一部分。伴随着房地产泡沫的不断增大，他们认为可以增加自己的消费，并且自认为可以有一份舒适的退休生活，可以给子女提供良好的教育。这一切似乎都使他们看到更加光明的未来，但是随着泡沫的破灭，梦想也随之灰飞烟灭。与此同时，15% 的美国人甚至根本都没有健康保险，[4] 这使得美国人仍面临着更大的经济和健康方面的不确定性。有报道称，更糟糕的是：2007 年美国的犯人数量已经达到了历史最高值，是许多欧洲国家的 10 倍之多。[5]

除此之外，还存在一系列其他问题。全球变暖要求经济相应地做出调整，但这需要巨额的投资。现在，国家需要弥补布什执政时期耽搁的时间。基础设施已经年久失修——新奥尔良决堤事件和明尼苏达州的桥梁坍塌事故已经很好地证明了这一点。虽然美国拥有世界一流的大学体系，但是在现有的中小学教育体制下，学生的平均表现却低于正常标准，学生们在科学和数学上的表现远不及大多数工业化国家学生的平均水平，[6] 结果就造成许多工人都没有准备好去迎接 21 世纪全球竞争所带来的新挑战。

目前，我们尚不清楚美国经济的重构过程究竟要走向何方。但明确的是，这一过程需要资源，而且需要公共开支的支持。资源要从那些过于庞大（如金融业和房地产业）、过于脆弱（如制造业）的部门流向那些拥有更好前景的、可持续增长的部门。

不仅仅是一次金融危机

正如我在其他章节中所说的，美国人多年以来一直生活在一个接一个的泡沫中。不仅如此，我们还要面临着巨大的全球失衡问题，在大多数时期，美国政府向别国的借款已经高达 GDP 的 6%，而政府本应该在这段时间里多存些钱去应对未来几年内来势凶猛的"婴儿潮"所带来的退休危机。[7]

世界各国都在争相效仿美国，但是如果它们确实能够成功地完全仿效美国，世界将无法生存了。从环境的角度来看，即便美国人的消费习惯根本不可持续，但人们还是继续购买越来越大的高油耗汽车。更可怕的是，整个汽车产业的盈利却都依赖于美国人会永远这样消费下去这样一个假设。

经济系统中的其他大部分部门，包括那些最成功的部门，也都是建立在不可持续发展的基础上的。经济中最有利可图的部门之一就是能源、煤炭和石油部门，尽管有确凿的证据表明温室气体会带来巨大的气候变化，但是这些部门还是排放了大量的温室气体。[8]

重构经济的关键是由制造业向服务业逐渐转型。在 20 世纪 90 年代初，大家对新出现的服务部门的工作质量存在争议。难道政府要让那些生产汉堡的服务生来代替熟练的制造业工人吗？仔细研究数据后，我们就会发现，服务业中很大一部分工作都是高工资的"好工作"，而这些高工资的服务性工作大多存在于金融部门之中，这是美国经济的新基础。但问题在于，达到目的的手段怎么能变成新经济的核心呢？我们应该意识到过高比重的金融部门就意味着某些地方出了问题，在金融危机前几年，全国所有公司利润的40%来自金融部门。[9]

全球背景下的美国

我们应该以全球的视角来看待任何对美国发展前景的预期。这场全球性的衰退给了我们强有力的警示，任何人都不能独善其身。当今世界至少面临着六种重要的经济挑战，其中有些是相互关联的。这些挑战的持久性和深度表明我们的经济和政治制度在全球范围内出现了问题。然而，却没有一个根本有效的机构来帮助我们找出症结所在并制定恰当的应对措施，更谈不上采取适当的具体行动了。

其中，最引人瞩目的问题就是全球的供需缺口问题。全世界的生产能力没有得到充分利用，这个世界存在着巨大的尚未被满足的需求。在这场危机中，最没能被充分利用的就是人力资源了，除了因这场衰退在全世界范围内立即造成的2.4亿人失业以外，这场危机还使得数十亿受过教育的人们都没能充分发掘自身的潜力，甚至尽管他们想这样做，他们也没有用武之地。[10]体面的工作是自尊的一个重要方面，社会损失远不只是那些减少的产量。

当然，最大的环境挑战来自气候变化。稀缺的环境资源一直被视为是免费的，因此，所有的价格都被扭曲了，在某些时候，情况甚至更糟。在前面的章节中，我们看到，扭曲的房屋价格会扰乱经济的运行，而这场危机就是"纠正"房屋价格扭曲所带来的痛苦后果，正是由于长期拖延而不去修正这种扭曲，才会使这种痛苦更加刻骨铭心。环境价格的扭曲现象同样会带来类似的灾难：导致人们采取不可持续的方式使用关键资源。变革已经迫在眉睫，任何延误都可能带来更大的损失。

现在所谓的全球经济失衡也给维护全球稳定增加了难度。一部分人的消费水平已经远远超过其所能及的水平，而另一部分人的消费量则远不及其自身的生产量。双方此消彼长。人们不必特别担心一些国家居民的消费水平超过了其收入水平，而另一些国家的人们则恰好相反。因为这都只不过是市场经济的一部分而已。真正让人忧虑的是（正如我在第 1 章中所指出的）美国已经从世界各地借了巨额债务，仅 2006 年一年就高达 8000 亿美元，而且这种透支是不可持续的。伴随着汇率变化可能带来的较大破坏性，这些失衡现象将无序地交织在一起。[11]虽然在这场危机中发生的一切都那么杂乱无章，但是失衡现象却一定会仍然存在。特别需要提前警觉的问题是，为了应对"婴儿潮"，美国应该增加储蓄，而非继续借债。

二十国集团提出了一种宏观协调应对的办法，让美国增加储蓄、中国降低储蓄，这样就可以将失衡问题控制在一个可以维持全球经济持续强劲的范围内。愿望是崇高的，可是各国政策是由本国国内驱动的，因而上述建议很难实现。

美国削减消费的速度很可能会快于中国增加消费的速度，事实也似乎如此。但是在 2009 年，家庭储蓄的迅速增加最终仍然被增速更为迅猛的公共借款所抵消。[12]这将削弱全球的总需求，使得全球经济复苏更加困难。

从长远来看，这么多的国家不惜进行巨额借贷来为经济复苏提供资金支持，这必然会带来利率大幅增加的风险。一些高负债国家就很难通过征税来应对金融危机，即便是那些无须应对金融危机的国家，也要面对困难的抉择：它们会考虑像美国这样一个国家的负债已经接近 GDP 的 70%，即便利率维持在 5% 的适度水平，仅利息支出也要达到 GDP 的 3.5%，而政府税收入也只有 20% 左右被用于偿还利息。这样一来，要么提高税收，要么削减其他支出，或者两种措施并举。面对这种复杂的局面，这些国家的投资首先会受到影响，这必然会降低未来的产出水平。

另一方面，利率的上升会给高储蓄的国家带来好处。例如，中国拥有超过 2 万亿美元的外汇储备，即便利率只有 5%，它也能获得 1000 亿美元的利息收入。鉴于中国持有 1.5 万亿美元的美国债券，即使在利率为 1% 的情况下，美国每年就要付给中国 150 亿美元的利息，如果利率变为 5%，那么美国每年要支付的利息总额就高达 750 亿美元。

随着受金融危机的影响而产生的投资全面崩溃，这会很自然让人关注储蓄过剩。从传统意义上来说，储蓄是一种美德，当然现在我仍然坚信这一点。这也是为什么我说二十国集团鼓励消费很可能会误导公众的原因。[13]当然，人们都希望发展中国家的人们能够提高他们的生活水平，这将会带来更多的消费、更多的健康服务、更多的教育需求等。但是现在，世界正渴望有巨大的经济发展：正如我先前所说，世界需要积极改造经济以应对全球变暖带来的各种挑战；世界上大约有 40% 的人们每天的生活支出仍维持在 2 美元以下，这需要巨额投资来改善他们的生活状况。这一切都迫切需要资金的支持，而这只有通过储蓄才能做到。

第四个挑战被我称为"制造业困境"。制造业一直代表了一个特定的发展阶段，它成为发展中国家脱离传统农耕社会、步入工业文明的标志。从传统意义上来看，在该部门工作的人们大多有着良好的待遇，并且构成了 20 世纪欧洲和北美洲中产阶级的主要力量。近几十年来，生产力的不断提高意味着即使该部门仍然能够保持增长，但就业量却在不断地减少，并且这种模式很可能会继续下去。

第五个挑战就是收入的不平等。全球化过程已经深深地影响了世界各地的收入与财富分配。中国与印度正在逐步缩小与先进工业国家之间的差距。在长达 1/4 个世纪的时间里，非洲与先进国家之间的差距呈现出扩大的趋势，但是随着中国对商品需求的不断增加，非洲（包括拉丁美洲）实现了创纪录的 7% 的增长速度。然而，此次危机结束了这短暂的、温和的繁荣时代。即便是在这段温和的繁荣时期，极端贫困仍然是一个困扰世界的问题：世界上最贫困地区人们的命运，无论在任何方面（只要是你能想到的），都与那些最富有的人截然不同。仍然有近 10 亿人每天靠不到 1 美元生活。

在世界上的大部分国家，不平等现象越来越严重，而全球化过程正是促进这种现象在全球格局下蔓延开来的因素之一。[14] 这在某种程度上助长了当前的经济不景气：日益增长的不平等加剧了全球总需求不足的问题，资金从想要花钱的人流向那些嫌钱多的人。

最后一个挑战就是稳定问题。越来越多的金融动荡日益严重。尽管全球的金融机构都在主张改革、提高自身经济管理能力，但是金融危机却来得更加频繁，影响也越来越深远。

这些不同的因素之间彼此有着极强的相互影响，某些问题会恶化其他问题，所以那些旨在应对某一问题的战略很可能会同时减弱针对其他问题所采取的措施的效用。例如，金融危机带来的失业率上升会导致全世界都存在工资下降的压力，而且那些非熟练工人很可能会失去工作。在美国，普通民众将自己一半的财产都投资在房子上，而这场危机将他们的财富瞬间化为乌有。全球失衡的一个原因就是在东南亚金融危机之后，许多发展中国家需要较高的外汇储备，而此次危机给发展中国家造成的影响会使得这些发展中国家很可能想持有更多的外汇储备，而这恰好会加剧全球失衡的问题。如果将不断加剧的不平等和不断增长的外汇储备需求结合起来，就会产生全球的总需求不足，这也将损害全球经济。

如果我们以一个更宽广、更长远的眼光来看问题（即关注贫困人口的状态和全球变暖带来的挑战），就需要确保有足够多的需求来吸收世界上所有的生产能力。[15] 鼓励普通民众更多消费，同时降低富人（特别是美国人）的消费支出会缩小全球失衡的程度。

要实现这种全新的视角需要新的经济学模型，经济的可持续性要求那些过度消费的人们不再过于关注物质商品，并且转变创新活动的方向。在全球范围内，世界上大部分的创新都是想要节省劳动力、拯救自然资源和保护环境，所以价格并不能反映这些自然资源的稀缺性也就不足为奇了。各种节省劳动力的创新措施是非常成功的，这导致世界上很多国家都面临着长期失业问题的困扰。但是，在拯救自然资源方面我们的创新却很少，因而才会面临着环境崩溃的风险。

美国面临的长期挑战

世界面临的问题也同样困扰着美国，而且一些问题甚至变得特别严重：在美国，不仅仅存在着通常的"制造业难题"，即生产力大发展所带来的失业问题，而且还要应对其他一些更为具体的困难，例如生产由本土转移到其他国家，这反映了比较优势的转移。适应这种经济结构的调整并非易事：通常在丧失竞争力的部门会失去很多的工作机会，这要比在新领域创造新的就业岗位要容易得多，这种情况我已经在大多数发展中国家面临全球化时经常看到。如果没有一定的魄力，金融机构很少愿意向中小企业和新公司提供贷款，即使这些企业往往会创造出更多的就业机会。如今，美国还要面临另一个新问题：结构调整要求人们跨地区流动，但是很多美国人现在已经丧失了其大部分房屋产权，甚至有些人已经丧失了全部房屋产权。如果现在让他们卖房子，他们是没钱付定金在别处再买一间同样大小的房子的。这样，美国的人员流动性必将下降，而这可是美国过去辉煌的标志之一！

与世界上其他国家一样，美国同样面临着日益扩大的收入差距，美国现在这么大的收入差距在过去3/4个世纪里还从未发生过。[16]美国还要适应全球变暖带来的挑战，到目前为止，美国已经很长一段时间内无论从总量还是人均上都是全球最大的温室气体排放国，因而在"减排"方面我们仍需进行更多的调整。[17]

此外，美国还要面对两个新挑战。其一就是人口老龄化问题，这就意味着美国人必须要为自己退休后的生活而储蓄，尽管现在他们一直过着入不敷出的生活。

美国还面临着一系列的行业问题：一大堆的制造企业已经完全变得老态龙钟、步履蹒跚。金融业看似是最成功的行业之一，实则是自吹自擂，其中充斥着各种不实的夸大其辞；其他大部分行业（例如能源行业）也面临着环境上的不可持续性。当这些部门进入可再生能源市场（例如乙醇市场）时，该市场会由于这些公司的游说而受到扭曲。这些公司往往会宣称在该市场中，美国的研究很难与像巴西等国家的新兴市场相竞争，那么为了与巴西竞争，美国政府要同时给予它们补贴与保护性的关税政策：一方面对国产乙醇每加仑给予超过 1 美元的补贴，另一方面对巴西产的乙醇每加仑征收超过 50 美分的关税！[18] 能源产业应该关注对环境的保护，而不应一门心思地为获得离岸钻探的权力而不断地进行游说。

与其他先进工业国家的医疗制度相比，美国低效的医疗保健部门平均收费较高，但其所提供的服务却较差。尽管美国上流社会所能享受的医疗服务是无与伦比的，但在某些情况下，美国的护理质量却只能和第三世界国家有一比。[19]

美国的教育部门效率也十分低下，并且受到来自许多新兴市场国家强有力的竞争。诚然，在高等教育方面，美国的大学在全世界是无可比拟的。[20]

如果要为美国的前景考虑，经济学家首先就要很自然地想到什么才是美国长期竞争的优势所在，以及我们如何才能实现这种优势呢？在我看来，长期竞争优势就在于美国的高等教育机构以及由这些机构所提供的先进教育的优势。美国高校拥有全球领袖人数比例比其他经济部门都高。美国的大学吸引了来自世界各地的优秀人才，他们中的许多人都在美国安家落户。美国顶尖学府都是极具竞争优势的非营利机构，这也说明我们以前对营利部门的信任可能是错的。

但是单凭高等教育是不能完全支撑起美国的经济战略的，我们需要寻求一种方法来创造一些高收入、适于中产阶级的工作。这种工作曾是美国经济的重要支撑，但随着整个国家产业基础的削弱早已不复存在了，而其他国家（如德国）却已经培育出建立在卓越的实习培训基础上的具有竞争力的高新技术产业和制造业。这也许正是美国人应该思考的方向。

理性的人可能会对这些问题给出不同的答案，但是在恐慌地应对危机之时，美国的确犯了一个错误。相比于其他国家的投入，美国政府将在"产业政策"方面的投入更多一些，就像它救助汽车行业和金融产业时所做的那样。政府这些政策的初衷是为了调整经济结构，但在行动付诸实践之前，有各种各样的问题需要我们去思考。我们今后的任务复杂而艰巨：那些处境艰难、给美国人带来诸多痛苦的行业以及迫切需要重组的行业（金融、制造业、能源、教育、卫生、交通）占到整个美国经济的一半以上。我们不能简单地仰仗着高科技产业、高等教育和研究机构的成果就不思进取了。

错误的开始

虽然这些挑战大多已经被列入美国和世界的议事日程。然而，人们为应对这些问题所做的一些尝试（包括在此次衰退中的某些努力）却偏离了正确的方向。有一点我已经在前面讨论过，我们应该压缩金融部门的规模，增强这些部门满足社会需求的能力，但是我们并没有做到这一点，相反，政府却不断地向那些带来很多问题的机构注入资金。

金融市场还曾试图说服政府采取错误的方法来解决养老问题，即将社会保障私有化。它们想从每年所管理的资金中揩去 1% 或更多一点的管理费，它们将社会保障私有化当成了新的生财之道，通过牺牲老年人的利益来达到肥己的目的。在英国，一项关于公共养老金部分私有化的影响的研究表明，由于交易成本的存在，养老金将会缩水 40%。[21] 金融部门要求最大限度地提高交易成本，对退休人员的福利来说，则要求这些开支尽量最小。如今，大多数美国人真应该庆幸当初否决了布什总统关于社会保障部分私有化的提议，否则现如今的美国退休人员所面临的困境将会更加黯淡。

美国曾经宣传全球化和全球竞争的优势。经济学基础就已经告诉我们那意味着什么，即美国必须专注于自身的比较优势，只有在这些领域才反映了它相对较强的竞争力。在许多领域，中国已经能与美国竞争，但这并非只是因为它的非技术工人工资水平较低（在世界其他地区，非技术工人的工资会更低）。中国已经具备了多种优势，这包括高储蓄率、教育水平日渐提高的劳动力、使用低成本产品进行的大量基础设施投资以及可以确保美国所需的大宗商品运输的现代物流。其中，中国各种水平的高等教育毕业生人数从 2002 ~ 2008 年翻了两番，而同期总招生人数则增加了五倍。[22] 让很多美国人都很难接受的是，在许多领域，包括像钢铁和汽车等"老的"经济关键领域，美国已经不再是技术领先者，不再是最有效的生产商，也不再能生产最好的产品了。显然，在许多制造业领域，美国已经不再具有比较优势。一个国家的比较优势是可以改变的，但重要的是要具有动态的比较优势。东南亚的国家已经认识到这一点。40 年前，韩国在芯片制造和汽车制造上并没有什么比较优势，它们只是在水稻生产方面的优势比较突出。韩国政府决定投资于教育和技术，以转变其相对优势，提高人民的生活水平。韩国成功地做到了这一点，并且一直致力于此，它们的社会和经济都发生了很大的变化。韩国和其他成功国家的经验给美国提供了经验的同时也提出了问题：我们的长期动态比较优势是什么？我们如何才能实现这种比较优势呢？

国家的作用

在 21 世纪，全球经济的重要问题就是国家到底应该发挥什么样的作用。要实现本章前面所述的经济结构重组，政府需要承担起更大的责任。到目前为止，还没出现过这些类似的转变，即使是在将来这种改变也很难自发地产生。但是市场经济可以在催生这些变化中发挥着核心作用，例如，在建设新型绿色经济方面便是如此。事实上，一个简单的改变就能起到很大的作用，那就是确保价格能够正确地反映长期的资源稀缺性。

不幸的是，在美国有许多陈词滥调竭力阻止人们去搞清楚国家的正确作用。一句源自托马斯·潘恩的格言流传很广："管得最少的政府就是最好的政府。"共和党竞选时的传统观点认为，减税能治愈任何经济疾患——税率越低，经济增长率越高。然而，瑞典是人均收入最高的国家之一，从广义国民福利的角度来衡量（如联合国开发计划署人类发展指数），瑞典的福利要高出美国一大截。[23] 瑞典人的预期寿命为 80.5 岁，而美国人只有 77 岁。瑞典前财政部部长在向我解释该国的成功之根本的时候说："我们拥有较高的税率。"

当然，高税率并不会直接带来高的经济增长速度和高的生活水准。但是瑞典深知，一个国家必须量入为出。如果一国要能够给国民提供良好的保健、教育、道路以及社会保障，这些由政府买单的公共服务就需要高税率作为后盾支持。很显然，一个国家需要恰当地使用它的资金，而且我们下面就要讨论私人部门和公共部门在这方面的区别。瑞典的公共部门能够很好地管理资金，但美国私人金融部门的所作所为则令人沮丧。国家应该关注激励行为，在一段时期内，瑞典的税率有些过高，而社会福利系统投入过于慷慨，因此，国家对这两方面做出了调整。但是瑞典发现，良好的社会福利系统可以帮助个人适应这种变化，从而使他们更愿意接受这种变化，并接受引起变化的那些外部因素（如全球化）。瑞典人设法建立的社会保障系统并不是封闭的自我保护主义，这样他们也可以从自己的经济与社会开放中受益。好的社会保障系统将良好的教育与就业培训结合起来，这就意味着它们的经济可以更加灵活、更快地适应冲击，同时保持较高的就业水平。较高的就业机会和较佳的社会保障相结合，意味着个人更愿意承担风险。因此，设计良好的"福利国家"将会产生一个"创新型社会"。

但这么做也有不利的方面。一个"保姆型国家"会削弱激励机制，包括对冒险和创新激励的削弱。在利弊之间取得适当的平衡并非易事。斯堪的纳维亚国家成功的原因之一就是，他们并没有陷入诸如市场总是有效的或者政府始终是低效的这样的思维定式。此次由大量私营部门资源配置不当所引起的金融崩溃，应该能纠正此类偏见。然而，正如我们在第 5 章中所见到的，对"国有化"破产银行的恐惧阻碍了及时有效的政府干预，无论是在美国还是英国，纳税人的数十亿美元都打了水漂。

赫伯特·西蒙因其在"现代企业的实际功能"方面的开创性研究而获得 1978 年的诺贝尔经济学奖，他曾经指出，人们过分夸大了现代资本主义与官办企业之间的差异。在这两种体制下，每个人都是在为别人打工。用来刺激经理人与工人的激励机制是完全相同的。正如他所说：

> 大多数生产者都是企业的雇员，而非企业的所有者……古典经济理论认为，除非企业主能很好地监督生产者的工作，否则生产者是没有理由去最大限度地提高企业利润的。此外，在这方面，营利企业、非营利组织以及官僚组织是没有任何区别的，它们在如何鞭策雇员去实现组织目标方面需要面对相同的问题。没有任何先验性的理由可以解释为什么在追求利润最大化的组织中产生的正面激励要比在目标多元化的组织中产生的这种正面激励要容易（或困难）得多。由利益驱动的组织要比其他组织更有效，这种结论并不是新古典经济学关于组织经济假

设的必然结果。如果这一点从经验上看是正确的，那么我们还需要寻找支撑这一结论的其他公理假设。[24]

我在第 1 章中就曾经评论道，19 世纪的资本主义模型并不适用于 21 世纪。现在多数大型企业没有一个单一的所有者，而是有很多的股东。与以前最主要的区别在于，公民是最终的所有者（即股东），在一些情况下，他们"通过"各种公共机构去运营企业；在另一些情况下，他们则是"通过"金融中介机构，如养老基金和共同基金等去运作企业，而这些通常都是无法控制的。[25] 在这两种体制下，所有权与经营权的分离使得"代理问题"十分严重：决策者既不会承担失败的成本，也无法分享成功的果实。

无论在公共部门还是在私营部门中，高效企业和低效企业并存。韩国和中国台湾的大型国营钢铁企业的效率要高于美国的私有企业。美国最成功的行业之一仍然是高等教育产业，而且正如我所指出的，美国所有一流的大学都是国有的而且都不以盈利为目的。[26]

在目前危机的情况下，美国政府在经济领域起到了前所未有的作用。许多一直以来都对政府行为（特别反对政府大量举债）极力反对的人，这次也都保持沉默。但对其他人而言，布什对银行采取的大规模救助行为却是对共和党保守主义原则的背叛。对我而言，这似乎只是扩展和延续了 25 年以来已采取的一些措施，只是这次看起来规模更大些：该措施就是要建立企业福利性国家，包括扩大和增强企业的安全保障体系，甚至包括普通人的社会保障，而这其中的某些领域曾经一直被削弱。

虽然政府数十年来一直在逐步降低关税（进口税），但仍有一系列非关税壁垒保护着美国公司。在美国政府承诺减少农业补贴后，美国前总统布什却在 2002 年将该补贴翻了一番：每年农业都能从政府获得数十亿美元的补贴。2006 年，2.7 万幸运的棉农一年就获得了 24 亿美元的收益，这却违反了国际贸易法，并对非洲、南美洲和印度的数百万贫困的棉农造成了伤害。[27]

其他行业也享受补贴，只不过有些是被限定在一定程度内，有些是大规模的，有些比较公开，还有些则通过税收制度以一种比较隐蔽的方式进行。虽然我们认为发展中国家不应该补贴它们的幼稚产业，而我们却在1978年理直气壮地对我国的玉米基乙醇给予大规模的补贴，虽然这只持续了一段时间，但足以让该产业成长起来，并独自面对竞争。然而，这个"婴儿"还是拒绝长大。

也许有人认为，看似拥有无限利润的石油工业是不会寻求政府援助的，但贪婪是没有界限的，有钱能使鬼推磨：它已经得到了大量的税收补贴。约翰·麦凯恩——2008年共和党总统候选人，将布什的第一个能源法案誉为没进行任何背后游说的法案。[28]采矿业也获得了政府数十亿美元的隐性补贴，它们几乎能免费地从国有土地中开采矿物。在2008年和2009年，美国汽车工业和金融行业也被加入了长长的受补贴行业的名单。

在许多美国最成功的产业中，人们还是能感觉到政府的存在。互联网，这个带动近些年发展的产业，是由政府出资建立的，甚至Mosaic浏览器的原型产品也是政府资助的，该浏览器是由网景推向市场的，但微软利用其垄断力量来打压网景，世界各地也都裁定这是一种滥用垄断权力的行为。

虽然美国公司多年来得到的补贴高达数千亿美元，[29]但是与政府最近对金融业提供的救助相比，就是小巫见大巫了。在前面的章节中，我曾说过政府对银行曾经提供过多次大规模的援助，但是无疑唯有这次的资金救助规模最大。正如我在救助一开始时就预料的那样，此次救助已经转变为历史上在如此短的时间内进行的一次最大规模的财富再分配（俄罗斯的国有资产私有化造成的类似效果也曾是相当惊人的）。

亚当·斯密可能也并非完全正确，他曾说过，市场仿佛一只无形的手，引领着社会福利。虽然无意冒犯亚当·斯密，但这套在美国发展起来的资本主义制度，既非有效也不公平，并不是通往幸福社会的必由之路。

政府应该做些什么

在过去的35年中，经济学家对市场是否失灵有了更好的了解。其中很多都涉及激励机制：什么时候市场能够提供正确的激励？何时私人回报能与社会收益相一致？政府又是如何帮助这二者趋于一致的？本书前六章描述了金融市场上的那些激励是如何互相矛盾的。

经济学家能罗列出很多市场失灵的情况：垄断、外部性和不完全信息，此时社会和个人都出现了激励不相容，而这些往往会导致很多重大的失败。坚守社会主义信念的"左派"在使市场发挥应有的作用方面也起着积极的作用，这一点对当前的政治争论无疑是一种讽刺。例如，颁布并执行《反托拉斯法》以保护竞争，通过立法来保证市场参与者都能更好地了解相关信息，颁布并实施相关法案来控制污染，加强对金融部门的监管（在第6章中讨论过）以达到限制外部性的作用。

"右派"则宣称，我们需要做的只是保护产权和执行合同。这两者都是非常必要的，但是有了它们并不是就能充分保证市场正常运行，而且这还给我们提出了一些关键问题，例如，产权的恰当定义是什么？它的适用范围应如何确定？产权并没有赋予产权人为所欲为的权利。拥有一块土地并不意味着我们就能污染地下水或燃烧树叶污染空气。

保持充分就业和经济稳定

因此，发挥市场的作用是国家的职责之一，而市场失灵的最显著表现就是周期性失业、没能充分利用的生产能力以及资本主义总是出现的衰退与萧条。1946年通过的《就业法案》就指出，国家的目标就是保持经济处于充分就业的状态，这是政府必须要承担的责任之一。

应该如何最好地完成这个目标是一个颇有争议的问题。保守党主张尽量减少政府的作用，尽管他们勉强承认市场本身很可能无法保证充分就业，但是他们仍然会努力缩小政府干预的范围。米尔顿·弗里德曼的货币主义试图将中央银行限制在一个机械的运行规则之中，他主张以固定的比率增加货币供给量。当这一机制最终失败时，保守党则转而寻找另一种简单的规则：盯住通货膨胀。

然而当前这场危机表明，市场失灵的原因是复杂而又普遍的，并不是很容易就能被纠正过来，而且事实上，这种机械的运行规则可能会使事情变得更糟。造成此次危机的原因之一就是对风险的低估。对政府来说，迫使市场准确评估风险是不可能的，但是，正如我在第 6 章中所解释的那样，政府可以设计一种监管体系来限制因市场错误估价而造成的损失。[30]

推动创新

在有些商品市场上，仅靠其自身运作会导致供给不足。这包括公共产品，社会所有成员都可以共享公共产品，这些公共产品中就包括某些重要的创新活动。美国第三任总统托马斯·杰弗逊曾将知识比喻成蜡烛：燃烧自己，照亮别人。因此，限制知识的使用是无效的。[31] 在某些基础科学中，这种限制的后果会非常严重。如果允许知识自由传播，政府就必须承担对知识创新提供资金支持的责任。这也正是为什么政府在传播知识、促进创新方面应该担当关键角色。

美国所取得的很多重大成果都来自政府支持的科学研究，特别是来自那些国立大学或非营利大学，成果涵盖从互联网到现代生物技术等多个领域。19 世纪，政府在农业和电信业的重大进步中作用非凡，它出资铺设了巴尔的摩和华盛顿之间的第一条电报线。甚至在社会创新方面，政府的作用也不能小觑，在扩大住房拥有率的项目中，政府并没有采取剥削性的做法，而该做法在最近的私有化过程中却被广泛使用。

通过专利制度来限制知识的使用，可能会促进私人部门的创新，尽管这样会提高私人部门的回报，而使社会回报有所降低。一个设计良好的专利制度试图取得恰当的平衡，并在没有过度限制知识使用的前提下提供一种创新的激励。我在本章稍后的部分会讲到，现有的知识产权制度仍有改进的余地。

然而，金融市场上存在的问题是缺乏有效的途径来保护知识产权。一旦某人率先使用一种成功的新产品，很快就会被他人所效仿。因此，对新产品开发者来说怎么做都不划算：如果新产品不受欢迎，其他企业就不会仿效它，如此一来，开发者就会血本无归；但如果新产品深受市场喜欢，大家就会争相模仿，这样一来，开发者的收益很快就会被摊薄。

上述情况的后果就是，研发工作现在已经不再是为了提高消费者福利或经济效率的创新行为，而只是为了保证产品不能被轻易效仿，或者即便产品被效仿，仍然能给开发者带来收益。因此，欺骗性贷款和信用卡高利贷似的收费就是那种很快就被效仿的"创新"，但不管怎样，却给银行带来了巨额利润。另一方面，衍生工具和复杂的金融产品比较不容易被模仿，产品越复杂，模仿的难度越高。大部分复杂的场外交易衍生品多集中于少数几家机构，较少的竞争意味着较高的利润。换句话说，在推动金融产品复杂性方面，市场力量起到了至关重要的作用，不过正是这些复杂性削弱了市场的正常运转。

提供社会保障与保险

我们要发挥政府在社会保障方面的重要作用，通过提供保险的形式来分担个人面临的许多重大风险，如失业保险和残障保险。在某些情况下，例如年金市场，私人部门最终通常会按照政府的意图行事，但其结果是它们只是花费大量资源去发现那些健康风险较低的顾客，这些被大量花费的资源并没有给社会带来生产力的提高。从社会的角度来看，一个不幸患先天性心脏病的人理应受到社会的帮助，包括免费接受心脏病手术的帮助。但是私人保险公司可不愿意为此买单，因此它们会竭尽所能地剔除那些高风险的人。[32] 这就是为什么政府要在保险市场上继续发挥关键作用的原因之一。

防止剥削

有效的市场也会产生社会不能接受的结果。有些人的收入非常低，以至于难以生存。在完全竞争的市场条件下，工资是由需求和供给共同决定的，而且也没有人说"均衡"的工资水平就一定是维持生活的工资水平。各国政府也都经常试图去"纠正"由市场决定的收入分配。

而且无论从何种角度来看，市场并不在乎什么人道，所有市场参与者都会毫不犹豫地竭尽所能去利用自身的强项，或利用其他市场参与者的弱点。飓风来袭之时，拥有汽车的人可以帮助其他人远离洪水的威胁，但他们也可能会以"市场定价"为名发一笔不义之财。渴望工作的工人会接受在安全卫生不达标的公司工作。政府不可能去制止所有形式的剥削，但它却可以尽量减少剥削的范围：这就是为什么世界上大多数先进工业国家的政府都采取立法来限制高利贷（即法律限制可收取的利息）、立法设定最低工资和最高工作时间、保证工人的基本健康安全条件以及竭力限制掠夺性贷款。

一旦有机会，私人公司就会试着去限制竞争，而且它们都很擅长利用人的"系统性非理性行为模式"以及消费者的"弱点"。烟草公司在销售产品时明知道烟草会令人上瘾，也知道烟草会引发癌症和其他一系列疾病，但它们仍旧宣称没有任何科学依据可以证明存在这些问题。因为它们知道烟民可能会相信它们这些烟草公司所说的话。

抵押贷款的设计者和信用卡公司都利用了这样一个事实，即许多人都至少延迟还款过一次。因此，它们可以以极低的初始利率吸引人们，而一旦发生延迟还款，利率就会大幅提高，这足以弥补初始低利率的损失。银行鼓励客户去使用那些高收费的透支工具，因为它们知道，客户在签单的时候并不会认真考虑自己是否还有足够的银行结余。[33]

变化中的政府角色

政府的适当角色因国家不同而不同，因时代不同而有差异。21 世纪的资本主义也不同于 19 世纪。金融部门的教训同样值得其他部门借鉴：新政的规章对现在已经不再适用，我们需要的并不是一股脑儿地放松监管，而应该有的放矢，有所为有所不为。全球化和新技术革命使新的全球财富和权力垄断成为可能，这完全超出了 19 世纪末大实业家的想象。[34]正如我在第 1 章中指出的，代理问题源于所有权和控制权的分离，代理人本应从委托人的利益出发，负责管理大多数普通人的财富，这使得人们需要更好地监管公司的治理行为。

美国经济发生的其他变化可能也需要政府发挥更大的作用。许多先进的工业化国家已经成为创新型经济体，这已经对市场的性质产生了深远的影响。举例来说，竞争对任何经济体保持活力都至关重要，我们很容易弄清楚钢铁市场是否存在竞争，如果不存在竞争，我们需要采取行之有效的方法来处理这个问题。

但是观念的产生毕竟不同于钢铁的生产。在传统商品的生产过程中，私人收益和社会收益往往会完全一致，而在一些创新领域，二者的回报却可能存在着显著的不一致。就如同容易让人上瘾的香烟一样，有些创新会带来负的社会收益。

私人部门只会关注一个想法能给它们带来多少价值，这些想法只要对自己合适就好，根本不会考虑整个社会的收益。这样做的结果就是，市场很可能在某些研究领域投入大笔资金（如花大价钱去开发出一种类似药品，却只不过是对非常畅销的专利药品的一种模仿），而在其他领域则罕有投资支持。一旦没有政府的支持，就很少有人愿意进行基础研究，也很少有人愿意投资去开发那些用来给普通人治病的药品。

在专利制度下，私人收益总是被放在第一位的，而社会回报则取决于这些创新能够更早地被社会所使用，乳腺癌基因研究说明了这两者之间的显著差异。全球的科学家正在为破解整个人类基因组而一起努力着，而一旦那些基因可能存在市场价值，就会有人为一己私利去争抢这块蛋糕。一家名为 Myriad 的美国公司取得了乳腺癌基因方面的专利，虽然它只不过是掌握了这方面的相关信息罢了，但是因为其对基因检测索取了高额的费用，以致在这种专利赋予的权力下，数以千计的女性白白丢掉了性命。[35]

总之，在 21 世纪的创新型经济中，政府应该发挥其更为核心的作用，它不仅要支持那些支撑整个组织体系的基础研究，而且要引导这些研究的方向。例如，政府可以提供补助和奖励，去激励那些满足国家需要的研究项目。同时，政府还应努力平衡知识产权制度，那样社会就能够从这些激励制度中获益良多，同时又不会带来更多的成本，特别是垄断可能造成的成本。[36]

在 20 世纪末，人们普遍存在一种错误的憧憬，即在某些行业中政府行为变得越来越不重要，甚至有些人认为在新的创新型经济中，商业周期再也不会出现了。与很多观念相类似，这种所谓的新经济不存在衰退的想法同样也是不切实际的。新的信息技术意味着公司可以更好地控制库存，而过去的周期大多源于库存的波动。但是经济结构发生了变化，整个经济也已经从以制造业为中心转移到以服务业为中心，而在制造业中至关重要的库存问题，现在已经很少涉及了。正如我在前面所提到的，现如今制造业对美国国民经济的贡献率仅为 11.5% 左右。[37] 然而，2001 年的衰退表明，美国在光纤及其他相关领域存在过度投资现象。而此次衰退表明，美国在房地产方面也存在投资过热的现象。如同在 18、19 和 20 世纪发生的事情一样，泡沫及其严重后果在 21 世纪依然存在。

市场是不完善的，政府也同样如此，有些人已经对政府失去信心了。市场失灵总会带来严重的后果，但（有些人认为）政府失灵更为糟糕。市场可能会产生不平等，但政府引起的不平等问题会更加严重。市场可能是低效的，但各国政府的运作效率也并不高。这些似是而非的观点让人们做出了很多错误的选择。除了采取某种形式的集体行动以外，似乎别无选择。例如，智利独裁者皮诺切特试图放弃国家对银行的监管并使其完全自由化，这无疑就是一场灾难。像其他美洲国家一样，智利的信贷泡沫破灭了。不良贷款占到了贷款总数的30%，并且智利用了25年的时间才最终还清了那次失败的试验所欠下的债务。

美国仍需政府监管，同时也需要政府在研究、技术、基础设施以及各种社会保障中投入大量的资金。政府要制定货币政策，提供国防、警察、消防保障以及其他各种基本的公共服务。一旦市场失灵，政府需要收拾残局。所以，在了解了这一点之后，政府必须竭尽所能地防止灾难的发生。

接下来的问题就是，政府究竟应该做些什么？它的行为尺度如何掌握？它应该如何做呢？

每场游戏都有规则和裁判，经济游戏也一样。政府的关键作用之一就是制定规则和提供裁判，规则就是管理市场经济的各种法律，而裁判则包括监管机构以及协助执行和解释法律的法官们。早先的规则无论其是否在过去行之有效，都已不能适应21世纪的要求。

社会需要确保制定的规则十分公平，而且各位裁判都很客观中立。然而在美国，虽然法律体系十分健全，但裁判却总是会偏袒金融部门。所以，出现那些不公正的结果也就没什么好惊讶的了。实际上存在其他的应对措施，这些措施同样有机会获得成功，但却完全可以让纳税人承担更少的风险。如果政府依规则行事，而不是中途变卦，转而向金融机构提供空前的好处，情况将不至于这么糟。

最后，只有不断推进民主进程才能控制这些滥用职权的行为，而民主进程能否得以顺利推进则取决于对竞选捐款和选举过程的改革效果。[38]虽然有些老生常谈，但道理很简单：谁出钱就听谁的。对金融部门来说，两大政党都是"拿人手短、吃人嘴软"。如果银行继续开展巨额的政治捐款运动，那么我们这些普通人还能期望政府会通过法律去打击那些大到不能倒、大到不能被处理，或者大到不能被管理的银行吗？甚至我们都不知道能否期待政府会去限制银行不去从事那些冒险的行为？[39]

应对当前危机、积极防范未来，这不仅仅是一个政治问题，也是一个经济问题。一旦特殊利益集团与整个国家的需求发生冲突，而我们又不进行相应的改革，那么整个国家就可能面临政治瘫痪的风险。如果我们仅仅寅吃卯粮，借钱救助金融机构，或者进行一些不痛不痒的改革，延缓问题的爆发，试图以此来避免政治瘫痪，那么在不久的将来我们必将为此付出惨重的代价。

现如今，我们面临的挑战是建立一个什么样的新资本主义社会。我们已经目睹了旧模式的失败。但是，要建立新资本主义社会最需要的就是信任，这其中就需要建立华尔街精英和其他社会民众间的信任。尽管金融市场辜负了我们的期望，但是没有它我们也很难发展；尽管政府辜负了我们的期望，但没有它我们寸步难行。里根政府和布什政府主张的放松监管是建立在对政府不信任的基础之上的，而布什政府和奥巴马政府试图挽救放松监管的失败则是建立在恐惧的基础之上的。不平等问题已经越发突出，这是因为一方面工资在下降、失业率在上升，而另一方面却是银行奖金的飙升、企业福利的加强以及企业安全保障系统的扩展，但这种社会保障却没有普通民众的份儿。这些新的不平等产生了怨恨和愤怒。在这种充满痛苦与愤怒、恐惧与猜忌的环境中，我们很难开展漫长而艰难的重建工作。但是我们别无选择：如果要恢复持续的繁荣，我们需要一整套全新的社会契约，这些契约是建立在全社会公民互相信任的基础之上的，也是建立在公民与政府之间的信任之上的，更是建立在我们这一代人和我们的子孙后代之间的信任之上的。

第 8 章

从全球复苏到全球繁荣

当经济危机从美国迅速蔓延到世界其他国家的时候，很明显，我们需要一个协调一致的应对和复苏计划。然而，每个国家首先考虑的都是其自身的利益。过去，负责维持全球经济体系稳定的国际机构已经没能阻止危机的爆发，那么现在它们还会失败：它们没有能力去着手制定必要的协调一致的应对之策。经济全球化已经使世界更加相互依赖，更加需要开展合作和共同行动，但是现在我们还没有找到有效的方式来促成这一切。

全球化在很多方面表现不佳，如经济刺激计划的规模、货币政策的实施、救助保障计划的设计、保护主义的抬头以及对发展中国家的援助。在建立全球监管体制的艰苦过程中，这些问题还将会继续出现。

此次危机为我们带来风险的同时也提供了机遇。其中风险之一就是，如果我们不采取管理全球金融和经济系统的更好行动，那么未来将会出现更多甚至更严重的危机。而且由于各国会设法保护本国免受毫无约束的全球化的影响，它们都将采取行动，减少它们的开放程度。被分割的全球金融市场可能会逐渐削弱全球一体化给我们带来的好处。对许多国家来说，全球化所采取的行动（尤其是金融全球化）给它们带来了巨大的风险，但回报却很少。

第二个相关风险是关于有效市场理论的思想论战，它发生在学院派经济学内部（在第 9 章中将会更加深入地讨论）。在世界上的许多地方，这场论战已经不仅仅是学术问题，更是生存问题：这是一场有关何种经济系统能更好地为我们服务的激烈辩论。当然，美国模式的资本主义已经被证明存在很多的问题，但美国能够承担几千亿美元来收拾残局，而经济欠发达的国家却不能。在以后几年，人们还会争论这些已经发生的事情。

美国仍将是世界上最大的经济体，但是世界看待美国的方式已经发生变化，而且中国的影响力将会越来越大。在危机发生之前，美元就已经不再被看作一个很好的价值储藏工具，美元的价值是不稳定的，甚至有贬值的趋势。目前由于美国的债务、赤字膨胀以及美联储持续不断印出钞票，人们对美元的信心进一步减弱。这将会对美国及其在世界上的地位产生长期巨大的影响，从而激发建立全球金融新秩序的需要。如果一个新的全球储备体系，或者从广义上说，一个新的管理全球经济的系统框架能被建立起来，那将是拨开乌云见日月。

在危机发生的早期，一些先进的工业化国家已经意识到它们不能独自解决这一问题。由工业发达的国家组成八国集团，每年举行一次旨在解决世界性问题的峰会，该集团似乎经常给我留下深刻印象。这些所谓的世界领导者认为，他们不需要邀请那些国民生产总值占全球近一半、人口占世界人口 80% 的其他国家领导人来参与他们的讨论，他们自己就能够解决全球变暖、全球发展不平衡等涉及广泛的问题。2007 年，在德国举行的八国集团会议上，涵盖了先进工业化国家观点的联合公报被发表后，其他国家的领导人才被邀请共进午餐。这看起来好像其他国家的观点都是事后补充，他们的观点虽受礼遇与尊重，但是却不能被吸收到任何重要的决策中去。当经济危机爆发的时候，很明显旧的集团不能独立解决它。2008

年11月，在华盛顿举行了二十国集团会议，在这二十国中包括中国、印度、巴西等新兴国家，这样看来，很显然旧的机构已经没有生命力了。[1] 新的全球经济管理体系是什么样子的在未来的几年内还不是很明了。2009年4月，由英国首相戈登·布朗主持的第二届二十国集团会议在伦敦举行，在布朗的推动下，新兴市场很明显将会在所有重要的全球性经济决策制定过程中赢得一席之地。这本身就是一个重大的变化。

失败的全球应对之策

至少从20世纪90年代开始，发展中国家就已经成为世界经济增长的引擎，全球GDP增长的2/3是由发展中国家创造的，[2] 但是发展中国家受危机的重创却更为严重。值得注意的是，除中国以外，大部分发展中国家没有资源从事大规模的救市或者制订大的经济刺激方案。全球社会意识到整个世界是一体的：美国已经击败了其他国家，但是世界其他地区的不足也会威胁着美国自我复苏的能力。

即使世界已经变得全球化，但还是每个国家制定自己的政策，它们独立地权衡各自行动的收益和成本，而不考虑其行动对世界其他国家的影响。就刺激消费而言，好处是增加就业或扩大GDP，然而成本却是带来了不断增加的债务和赤字。对于小型经济体而言，由收入增加（比如某些政府主导的收入增加）所导致的支出增加往往会将钱用在境外，也就是用在进口商品上，即使对大国来说，也有巨大的支出外溢到其他国家。[3] 也就是说，每一美元的支出导致全球经济产出增加的"全球乘数"要比"国家乘数"大得多。因为全球利益超过国家利益，除非各国协调它们对危机的反应，否则每个国家的刺激力度以及全球的刺激力度将会很小。类似爱尔兰这样更小的国家尤其没有动力将钱用在经济刺激计划上。相反，它们更喜欢从其他国家的刺激消费支出的方案中搭便车。[4]

　　更糟糕的是，每个国家都有动机去设计它们自己的经济刺激计划来为本国夺取最大的利益。各国将会谋求将支出花在本国生产的商品和劳务上以达到最小化其在国外的漏损量。结果是不仅全球的刺激力度要比预期的小，而且有效性也在减弱，经济不大可能会迅速复苏。所以相对于更好的世界性协调刺激计划而言，现在这种缺乏协调的激励计划将会减缓经济复苏的步伐。

　　最要命的是，许多国家将会提出保护主义措施来鼓励国内消费。比如美国，它在经济刺激法案中提出"购买美国货"的法律条款。法案规定购买美国国内生产的产品，但同时为了让这种做法有根有据，它又以看起来合理的方式说，如果国际协议阻止这样的歧视，那么将不会采用，但同时美国又有协议书规定政府的大部分采购都要从发达国家那里购买。事实上，这就意味着刺激消费的资金将被用来从发达国家购买商品而不是从发展中国家购买，而发展中国家恰恰是这场由"美国制造"的危机的无辜受害者。[5]

　　以邻为壑的政策并没有发挥作用，其中一个原因就是它引致了报复并且这种报复已经开始，例如加拿大的各城市采取了"不购买美国货"的措施。由于其他国家渐渐效仿美国的做法，因此，今天不只美国一个国家采取保护主义政策。尽管如此，在二十国集团领导人承诺他们的国家不采取保护主义措施几个月后，20 国中有 17 个国家还是率先实现了它们的承诺。[6]当今世界，美国的这些所谓"保护"条款往往会适得其反，这是因为要找到一个完全由美国制造的产品是非常困难的。因此，如果许多美国公司不能证明它们的钢铁或者其他产品都是在美国制造，那么它们将不能投标承包工程，这会削弱竞争，工程成本也就会提高。

　　全球应对措施的不足并不只是有缺陷的经济刺激计划。前面我已提到过大多数发展中国家根本没有财力来支持它们自己的经济刺激计划。2009年 2 月，在伦敦举行的二十国集团会议上，二十国集团向国际货币基金组织（IMF）提供了追加资金。从传统意义上讲，IMF 负责帮助各国应对危机。二十国集团还找到了其他一些方法来提高 IMF 提供援助资金的能力。例如通过销售黄金和发行特别提款权（SDRs，一种特殊的国际货币，稍后在本章中我还会继续讨论它）。会场上"1 万亿美元"的大字标题广告会给人们留下深刻的印象。

不幸的是，尽管人们提出这些措施都是出于善意的，但是这些提案还是带来了许多问题。首先，给予 IMF 的资金只有很少一部分被拨到了发展中国家。的确，西欧政府之所以向 IMF 提供资金，其中一个动机就是希望 IMF 能够向东欧国家提供援助，因为这些国家在发展过程中遇到了大量问题。由于西欧国家不能在如何更好地帮助它们的邻国这一问题上达成一致意见，因此，它们把这一责任推给了 IMF。其次，许多发展中国家已经累计了大量的负债。可以预见，它们再也不愿意去承担更多的负债。发达国家理所当然应该无偿向这些发展中国家提供资金，而不是 IMF 的短期贷款。有为数不多的一些国家，比如德国，在这方面做出了明确的行动，把一揽子经济刺激计划的一部分资金用于帮助发展中国家摆脱危机。然而这只是例外，而不是共同行动规则。

IMF 作为输送资金的机构本身就是有问题的，它不仅没有做多少努力来阻止危机的爆发，反而推动了去监管化政策的实施。例如，它主张的资本和金融市场的自由化导致了危机的产生并以极快的速度蔓延到了世界各地。[7] 此外 IMF 组织所推行的一系列政策（尤其是其运作风格），对许多需要资金援助的发展中国家是一种诅咒，同时对那些拥有大量流动资金可用以帮助发展中国家的亚洲以及中东地区的国家来说也是一种诅咒。一位发展中国家的央行行长与我都共同认为，国家只有在不得已的情况下才会转向 IMF 以寻求援助。

看完从 IMF 那儿所获得的第一手资料，我就能理解一些国家为什么不愿意向 IMF 借钱。过去 IMF 在提供资金的时候，往往会提出一些非常严苛的条件，而事实上这些严苛的条件往往会使那些备受折磨的国家的经济变得更糟。[8] 设计这些条件更多的目的是帮助西方的债权人更好地收回资金，很少是用来帮助那些饱受折磨的国家去实现它们的经济增长。IMF 频繁地对债务国施加严苛的条件导致了世界范围内的骚乱，其中最为有名的是东亚金融危机期间发生在印度尼西亚的暴乱。[9]

斯特劳斯·卡恩被委任为 IMF 主席以及危机发生后，IMF 开始了它的宏观政策以及贷款政策的改革，这确实是个好消息。例如，当冰岛向 IMF 请求援助时，至少在援助计划执行的第一年，IMF 允许冰岛实行资本管制和维持其财政预算的赤字状态。IMF 最终意识到了实施凯恩斯主义宏观刺激政策的必要性。IMF 主席还明确表明了过早撤除刺激计划的危险性以及密切关注就业状况的必要性。一些经济发展状况比较好的国家可以向 IMF 借款而无须附带任何条件，事实上，这些国家都满足 IMF 设定的"先决条件"。但是问题仍然存在：谁将能获得好的评分呢？任何一个撒哈拉沙漠以南的非洲国家都能满足这些"先决条件"吗？尽管现在对许多国家而言，IMF 给予的援助计划跟以前有显著的差别，但是一些严苛的借贷条件仍然被施加在某些国家身上，这包括预算削减以及高利率政策，这些显然与凯恩斯主义经济学所建议的完全不同。[10]

IMF 是富裕的工业国、债权国的俱乐部，该俱乐部由这些国家的财政部部长以及中央银行行长经营。金融业的观点往往会决定什么才是好的经济政策，但这些观点却经常让人误入歧途，这一点在之前我已经解释过，而且已经被经济危机充分地证实过了。仅美国自己就可以否定任何重大决策，而且美国还经常指挥排在第二位的国家，欧洲经常委任 IMF 的领导。IMF 甚至自负地认为它有很好的治理结构，然而它所鼓吹的并没有付诸实践。它运行的透明度并没有达到我们现在对公共机构所期望的水平。2009 年 2 月在伦敦举行的二十国集团峰会上，各国在支持 IMF 的改革上达成了一致。但是改革的步伐极其缓慢，这就预示着在 IMF 的改革取得实质性的进展之前，整个世界有可能再次陷入危机。然而，至少有一个重大的进展是值得肯定的（尽管花费了很长时间才达成这个协议）：大家一致认为 IMF 主席的任命应该以一种公开透明的方式进行，而且成员国在选举时不应有国别歧视，目标是寻找出最合适的人选。[11]

在帮助发展中国家的过程中，很明显美国表现得一点也不慷慨，并且还带来了潜在的成本。在向发展中国家提供帮助方面，美国在危机前甚至是最吝啬的发达国家之一，以国民收入的百分比计算，它提供的资金援助还不到欧洲几个重要国家提供资金总数的 1/4。[12] 但是，这次全球性的危机却发端于美国。美国不断地告诫其他国家要为它们的行为承担责任，但轮到美国自己，它却假定自己似乎只需为以前的很多行为承担些许责任。这些行为包括：把一些规则强加给其他国家，这些规则往往使得危机更容易地从美国蔓延开来；推行贸易保护主义政策；率先导致全球的混乱；等等。[13]

全球化监管

此外，去监管化是导致危机爆发的重要原因。全球需要一套新的监管措施来防止下一场危机的发生，以恢复人们对银行的信任。2009 年年初的第二次二十国集团峰会筹备期间，在一定的范围内，人们在争论全球性协调刺激计划和全球性协同监管制度是否重要。答案是非常明显的：二者都是必要的。如果没有全面的监管措施，将会出现规避监管的现象，资金将会逃向金融监管最宽松的国家，其他国家就不得不采取行动来防止那些监管匮乏的机构受到传染效应的影响。简言之，一个没有适当监管措施的国家将会给其他国家带来负的外部性。如果没有全球协调一致的监管体系，当每个国家都在试图保护本国免受其他国家错误的影响时，全世界可能会面临全球金融体系分裂的风险。如果其他国家都采取适当的措施以尽量减少错误，那么本国就应该积极配合这些国家。

不足为奇的是，二十国集团所采取的表面上似乎很强势的行动却遭到了一些国家的反对，有些所谓的非合作国家并没有参加二十国集团会议，如开曼群岛，它们的存在并不是偶然的法律漏洞的结果，那里多年来一直是逃避税收和监管的天堂。富裕美国人和欧洲人以及代表他们的银行一直想找一个安全的避难所，力求使得他们的活动摆脱本国的监管，而且管理者和立法者也允许他们得到其想要的这一切。二十国集团要求这些避税天堂进行整改，尽管这个方向是正确的，但是这些要求的力度却非常小，以致这些避税天堂很容易就能达到监管标准。因此，经济合作与发展组织（OECD）很快就把这些避税天堂从黑名单上删除了。[14]

没有常规的、全面的信息交流，某一特定国家的税务当局就很难知道谁逃避了它们的税收体系。对于发展中国家而言，它们甚至面临更严重的腐败问题，腐败的独裁者携带亿万巨款潜逃，不仅把钱寄存在海外银行，而且还把钱存在世界上一些大的金融中心，包括伦敦。因为腐败问题，发展中国家应该受到谴责，但是同样也要批评发达的工业化国家，因为它们不仅为潜逃的腐败官员提供安全避难所，还为他们贪污的金钱提供秘密银行账户，这些都进一步助长了发展中国家的腐败行为。如果资金以某种方式在国外落户，那么再把它追讨回来将是非常困难的。存在这些问题的发展中国家恰恰并没有参加二十国集团峰会，所以毫不奇怪，在二十国集团最初的会议上，并没有提出什么对策来改变这些状况。[15]

在前面几章中，我概述了关于建立新的监管制度的议事日程。但是二十国集团却只是对那些关键性的问题（比如杠杆率、透明度的问题）搪塞应付，在最初的会议阶段，二十国集团绕开了一些非常关键的问题，如怎样应对那些具有很大政治影响力的"大而不倒"的机构。这些机构是危机爆发的关键，或者说是金融或资本市场自由化的关键。这些机构导致了危机的蔓延，但是一些重要的国家却在竭尽全力地去扶持这些机构。法国连同其他一些国家坚定地认为，过度的补偿制度将鼓励短视行为和过度承担风险的做法。从另一种意义上来说，二十国集团针对监管的应对措施是令人失望的，它在导向方面回到了许多已经被证明是失败的制度上。

金融稳定论坛召集了十几个重要的发达工业化国家的金融当局，以促进各国在金融业的管理、监管和监督方面进行充分的讨论和合作。该论坛是在东南亚金融危机刚刚结束之后建立起来的，是七国集团财长和中央银行行长会议的产物，论坛旨在确保类似东南亚金融危机这样的事件不再发生。显然论坛并没有达到这个目的，但是这个失败的结果也没什么可意外的，因为放松监管的哲学思想同样也被灌输在论坛之中，这种思想最初导致了东南亚金融危机的发生，而现在又导致此次危机的发生。但是，二十国集团并没有进行反思，为什么金融稳定论坛会失败。相反地，二十国集团只是把论坛的名称改为金融稳定委员会，然后稍微扩大了一下它的会员数目。也许一个新名称会帮助它有一个新的开始，也许它从中得到了教训。但是我怀疑它们对经济的看法并不会改变得如此容易和迅速。

信仰美国式资本主义所带来的损失

在美国，称某个人为社会主义者没什么大不了。尽管左翼势力批判奥巴马过度中庸，但右翼狂热者却试图给奥巴马贴上社会主义的标签。世界大多数国家的人们普遍达成共识认为，政府应该发挥的作用要比其在美国的作用更大。在当前的这场经济危机中没有胜利者，只有失败者。美国模式的资本主义就在这个失败的名单中，美国失去了很多支持者。这场有关重塑全球经济政治秩序讨论的最终结果可能需要很长时间才能见分晓。

事实上，历史学家将会把1989年以来的这20年标榜为"美国必胜"的一段短暂时期。[16]

2008年9月15日，雷曼兄弟倒闭的日子意味着市场万能论的失败

（市场万能论是这样的一种观念，它坚持自由市场本身就能够确保经济繁荣和增长）。在雷曼兄弟破产之前，人们已经认识到这个意识形态上的问题，但是后来却没有人能够真正地去重视它。伴随着大银行和金融机构的纷纷倒闭，以及后来的经济动荡和试图援救经济的混乱计划的出现，"美国必胜"的时期结束了。关于市场万能论的争论也就此打住。今天只有那些自欺欺人的人（包括美国的许多保守派，但是在发展中国家这些人会很少）仍然主张市场具有自我修正的功能，主张社会能够依靠市场参与者的自利行为来确保市场中的每件事都能以公正、恰当的方式运行，坚持市场能够以对所有人都有利的方式独自运转。

在发展中国家，人们对经济理论持有更多的争论。生活在西方国家的我们似乎忘记了 190 年前几乎 60% 的世界 GDP 是在亚洲产生出来的。但是随后，殖民掠夺、不公平的贸易协定以及发生在英国和美国的技术革命把发展中国家远远甩在了后面。到 1950 年，亚洲经济体创造的 GDP 不足世界 GDP 总量的 18%。[17]19 世纪中期，英国和法国对中国发动了战争，目的是为了让中国在全球贸易中保持"开放"，这就是鸦片战争，如此命名是因为发动这场战争目的是让中国不再对西方的鸦片关闭国门，然而，除了鸦片，西方几乎没有什么有价值的东西能够倾销到中国市场，鸦片导致大量中国民众对其上瘾。鸦片战争是西方纠正贸易不平衡问题较早的一次尝试。

殖民主义给发展中国家留下了复杂的后遗症，但是，一个很明确的结论是，殖民地上的人们都曾被残酷地剥削过。在脱颖而出的一些重要理论当中，马克思主义理论为这些国家的遭遇提供了一种解释。马克思主义理论认为，剥削事实上是资本主义体系得以运行的本质。虽然第二次世界大战以后殖民地在政治上取得了独立，但并没有结束它们被经济殖民主义剥削的命运。在一些地区，比如在非洲，剥削是赤裸裸的，殖民主义者掠夺自然资源，肆意破坏环境，而对非洲人民的补偿却是极其少的。对其他地方的剥削相对可能会少些。在世界的许多地区，像 IMF 和世界银行这样的国际机构被认为是后殖民主义时代的监管工具。这些机构推崇市场万能论的观念（它经常被称作"新自由主义"），美国人理想化地认为市场是自由的，他们迫切要求金融部门撤销监管，推行私有化和贸易自由化。

世界银行和 IMF 声称它们所做的一切都是为了发展中国家的福利，它们受到自由市场主义经济学派的支持，这些经济学家多是芝加哥大学自由市场主义的权威。最终，"芝加哥小子"的计划并没有带来人们所希望的结果。相反地，收入停止增长，即使经济有增长，财富也只是转移到富人那里。金融危机越来越频繁地在每个国家发生，仅仅在过去的 30 年里就发生了 100 多次金融危机。[18]

不足为奇的是，发展中国家的人们越来越不相信发达国家对他们的帮助是出于利他主义动机。他们怀疑自由市场这种浮华的辞藻（所谓的"华盛顿共识"）只是对古老的商业利益的一种遮掩。发达国家本身虚伪的行为更增加了发展中国家人们的怀疑。欧洲和美国并没有对第三世界的农产品敞开它们的市场，而这些农产品往往是这些发展中国家唯一能向世界市场所提供的商品；欧洲和美国经常向它们自己的农场主提供大量补贴，但是，它们却强迫发展中国家取消对国内一些新兴产业的补贴政策。[19]

自由市场的观念已经变成了采用新花样进行剥削的借口。"私有化"意味着发达国家能够以低廉的价格购买发展中国家的矿山和油田，它还意味着能够通过垄断或者近似垄断来收获巨额利润，例如对电信行业的垄断。"金融和资本市场自由化"意味着发达国家的银行能够通过贷款获得高回报，而且当出现呆账、坏账的情况时，IMF 则会强制推行让整个社会承担损失的政策，这就意味着全体人民要勒紧裤腰带把钱还给发达国家的银行。这样，至少在 1997 年金融危机后的东南亚国家身上，就有一批发达国家的银行又在资金贷款大拍卖中获得了巨额利润。IMF 强迫那些需要发达国家的银行资金的国家来参与资金贷款大拍卖。贸易自由化也意味着发达国家的公司可能会消灭发展中国家的新兴产业，抑制企业家才能的发挥。虽然资本可以自由流动，但是劳动力却不能，除非那些非常有天赋的个体，这些有天赋的人们往往能在世界市场上找到一份很好的工作。[20]

当然会有例外。在亚洲总是有一些国家反对华盛顿共识。它们对资本流动提出了一些限制性条件。亚洲大国（中国和印度）用它们自己的方式管理经济，并取得了空前的增长。但是在其他地方，尤其是在世界银行和IMF 支配的国家，经济发展却并不顺利。

在各个地方，思想争论还在继续着。甚至在一些经济发展得很不错的国家，不仅普通百姓，甚至受过教育以及有影响力的人们也都相信：游戏规则还是不公平的。他们认为，尽管有不公平的规则，他们也已经做得很不错了，他们也同情做得不太好的发展中国家。

在第三世界国家，对美国模式的资本主义持批评态度的人认为，美国对此次经济危机的应对之策带有双重标准的味道。在 10 年前东南亚金融危机期间，美国和 IMF 要求受影响的国家要通过削减支出来减少政府赤字，却全然不顾这会导致：在泰国，艾滋病再次蔓延；在印度尼西亚，政府被迫缩减向挨饿的人所提供的食物津贴。美国和 IMF 强迫受危机影响的各国提高它们本国的利率，在有些国家（例如印度尼西亚）利率提升的幅度达到 50% 以上。它们在警告印度尼西亚的银行系统正遭遇经营危机的同时，又要求政府不必采取应急措施帮助银行摆脱困境。它们认为，救助会造成一个非常糟糕的先例，而且是对自由市场平稳运行机制的一种非常糟糕的干预。

处理东南亚金融危机和美国金融危机的方法完全是不同的，这一点并不是没有人注意到。为了摆脱困境，美国政府加大开销，扩大财政赤字甚至使利率下降为零，从各个方面帮助银行摆脱困境。那些曾经参与处理过东南亚金融危机的华盛顿官员现在正积极应对这场在美国内部爆发的

危机。相对于美国在其他国家或地区发生危机时所采取的应对之策，第
三世界的人们不禁要问，为什么美国对其本国危机却采取了截然不同的措
施呢？

这不仅仅是一个双重标准的问题。发达国家一贯采用逆经济周期的货
币政策和财政政策，在此次危机中它们就是这么做的，而对发展中国家，
美国却强迫它们采用顺经济周期的政策，比如削减支出、提高税收和利
率，这使得发展中国家的经济波动很大，而发达国家的经济波动却很小，
如果发展中国家也采用逆经济周期的政策，经济波动自然也会小很多。这
些政策使得发展中国家的资金成本高于发达国家的资金成本，这使得发达
国家比发展中国家更具优势。[21]

许多发展中国家仍然能够感觉到多年以来它们遭受的欺凌所产生的苦
痛，它们被要挟采用了美国的组织架构，跟随美国的政策，解除对经济的
监管，为美国的银行打开市场以便于它们能学到"好的"银行业务经验，
而且（绝非偶然）把它们的公司、银行出售给美国，尤其是在危机发生时
以低价拍卖给美国。它们被告知这将会很痛苦，但是美国承诺，发展中国
家最终会从中得到更多的好处。美国委派它们的财政部部长（来自两个政
党的都有）在世界各地散播它们的理念。美国的金融家可以非常顺利地从
华尔街搬到华盛顿去从政，如果需要，他们还能非常容易地再回到华尔街
上班，这种工作转换就像过"旋转门"那样容易，这些金融家看上去似乎
能够整合金钱和政治两方面的权力。在第三世界人们的眼中，"旋转门"
赋予美国金融家更多的信任度。在"只要有利于美国或世界的就有利于金
融市场"这点上，美国的金融家是正确的；但是如果这句话倒过来，"有
益于华尔街发展的东西就必然有益于美国和世界的发展"，这种观点却是
错误的。

鼓励发展中国家对美国的经济系统进行周密的检查并不是无中生有。
相反，非常有必要搞明白什么样的经济系统会在未来出现问题。的确，无

论从哪一方利益考虑，这些发展中国家都希望看到美国尽快复苏，它们非常清楚美国的衰退对世界经济的影响是巨大的，而且许多国家越来越确信，美国看上去似乎一直支持的自由市场的观念实际上正在被美国所抛弃，而非继续坚持下去。

即使是自由市场经济的鼓吹者现在也意识到必须要有一些监管，许多国家甚至还正在意识到，政府的决策不仅仅是监管。例如，千里达岛已经深深记住了风险的教训，认为必须管理风险，而且政府应该在教育方面发挥更加积极的作用，它们知道自己不能重塑全球经济，但是它们能够帮助国民处理好现有的风险。在千里达岛，甚至连小学生都在学习风险原理、房屋所有权基础、掠夺性贷款的危险以及有关抵押贷款的知识细节。在巴西，政府正在提倡通过公共机构来帮助大家拥有房产，这样就确保个人能够在他们能力所及的范围内提供抵押物品。

世界已经对美国模式的资本主义不抱幻想，为什么美国人还要在意这件事呢？我们所推崇的意识形态当然已经不那么吸引人了，并且，这种意识形态失去光泽无法修复可能还是件好事情。但是，如果并非每个人都追随美国模式，我们还能生存下去，甚至蓬勃发展吗？

我们的影响力不可避免地会被削弱，在某种程度上，这种情况已经出现。因为其他国家相信我们拥有管理风险和配置金融资源的特殊才能，所以，在管理全球资本事务中，我们过去一直发挥着关键性的作用。现在再没有人会这样认为了，而且亚洲已经在发展它自己的金融中心，并且已经成为世界上绝大多数储蓄的所在地。我们不再是世界资本的主要来源地，现在按银行市值世界排名前三位的银行都是中国的，而美国最大的银行排名已经下降到第五的位置。

同时，应对危机的花费正在挤占其他支出，不仅有前面谈到的国内的支出，而且还有海外的一些支出。最近几年，中国在非洲的基础设施投资已经比世界银行和非洲发展银行的投资总额还要大，相比之下，美国的投资额就显得小多了。任何参观过埃塞俄比亚或者非洲大陆其他国家的人都能看到这种变化：高速公路使原来相互隔离的城市和城镇连接起来，创造了一种新的经济地理。中国的影响力不仅体现在基础设施建设方面，而且还体现在其他许多方面，例如在贸易、资源开发、创立企业甚至在农业方面都有所表现。在此次危机中，非洲国家转而向中国求援，而不是向华盛顿。而且，不仅仅是在非洲才能让我们感受到中国的存在：在拉丁美洲、亚洲、大洋洲，凡是存在商品或者资源的任何地方，中国的快速发展都在满足着这些地方对商品的无限需求。在危机发生前，中国的经济增长促进了非洲出口量的增长，提高了它们的出口价格，所有这些使非洲和许多其他国家取得了史无前例的经济增长。危机发生后，这些情况很有可能会再次出现，事实上，2009年许多国家已经从中国强劲的经济增长势头中收获好处。

随着许多发展中国家对美国经济和社会体制的缺陷看得越来越清楚，它们都关心什么样的体制最适合它们自己，我担心对这个问题可能会得出错误的结论。有一些国家可能会从中汲取正确的教训。它们会意识到成功的制度需要在市场和政府的职能之间达到一种平衡，要有一个强有力的政府施行有效的管制，它们还认识到对特殊利益的权力必须进行制约。

然而对于其他多数国家来讲，政治方面的后果将会变得更加错综复杂，而且很可能会演变成悲剧。许多国家可能会认为，不仅仅美国模式的自由资本主义已经失败，而且市场经济本身也已经失败了，它们会认为市场经济在任何情况下都是不可行的，各种各样的对市场的过度干预措施会回来。然而，这些措施注定也是要失败的。

发展中国家在市场万能论下吃到了苦头，试图间接惠及普通民众的经济力量没有起作用。但是如果它们过度干预市场的话，那么新的制度将再次失去平衡，发展中国家有可能再次遭受苦难与折磨。这些方法不会促进经济增长，而没有经济增长就不会持续地减少贫穷。如果不特别倚重市场的作用，现在还没有一种经济体制会获得成功。显而易见，世界经济的稳定和美国经济的安全是非常重要的。

在世界范围内大家曾经共同信奉美国及其教育出来的精英所提倡的价值标准，但是现在经济危机已经削弱了人们对这些精英的信任，这些精英曾经鼓吹美国模式的资本主义。现在那些反对美国式放纵资本主义的人可以有充足的理由来四处宣扬他们的反市场哲学。

失去对民主政治的信仰可能是上述行为的另外一个牺牲品。从发展中国家人们的角度看华盛顿，他们可能认为美国是这样一个政府体制：这种体制允许华尔街按照自身利益行事，这使得整个全球经济处于危险之中，然后当最终需要"清算"的时候，华盛顿为了恢复经济，倒向了华尔街的大亨以及他们的亲密伙伴一边，给华尔街大量的资金。他们会认为美国模式的腐败现象不是在黑暗角落里的金钱交易，而是形式更加复杂，更加穷凶极恶。他们看到美国明目张胆地通过牺牲普通民众的利益，把财富重新分配到收入金字塔的顶部。他们看到像美联储这样控制经济增长泡沫的机构，虽然过去有很多失败的政策，但是现在反而受到奖励，被授予更多的权力。总之，他们看到美国民主政治体制在政治责任方面存在根本性的问题。了解所有这些情况以后，他们就会草率地认为，一定是什么地方出了问题，而这些问题一定和民主本身有关。

美国的经济最终会得到复苏，并且最终还会崛起。不管是否会这样，美国的一举一动正在接受仔细的检验。它获得的成功被效仿，但是它的失败却遭人嘲弄，尤其是导致这场危机这样的错误更容易被人嘲弄为伪善之举。民主和市场的力量对于一个公正和繁荣的世界来说是不可或缺的，但我们并非一定就能获得自由民主和均衡的市场经济的"成功"。这场主要由美国的错误行为而引发的经济危机已经给我们捍卫这些基本的价值观造成了重大的打击，它比以往任何一个集权主义体制曾经的所作所为更具有破坏力。

世界经济新秩序：中国和美国

此次危机影响深远，不管领导者是否试图让世界发生变化，有些变化注定要发生。最深远的变化可能涉及中美关系，这一问题常常比较难以处理。从反映生活成本差异的"购买力"水平来说，中国的 GDP 仍然大约只有美国的一半，要想超过美国，中国还有很长的路要走，要想接近美国的人均收入，那么中国要走的路会更长，中国目前的人均收入大约只有美国人均收入的 1/8。[22] 但是中国已经取得了令人瞩目的成就。中国可能会成为世界上最大的商品出口国、最大的汽车生产国以及广义上最大的制造商。[23] 中国的经济增长速度虽然比危机发生之前有所减缓，但是仍然保持着比美国明显更高的增长速度，增速每年超过美国 7 个百分点，如果以该速度发展下去的话，中美两国 GDP 的差距每 10 年会缩减一半。此外，如果发展得好的话，在未来的 25 年之内，中国很有可能成为在亚洲占主导地位的经济体，而且亚洲的经济总量很有可能比美国的经济总量还要大。

虽然中国的经济规模仍然比美国小很多，但是美国从中国进口的商品量远远大于它向中国出口的商品量，当美国失业率不断攀升之际，这些巨大的贸易不平衡已经不断地加剧了两国的紧张关系。中美关系可能是共生的，中国为美国巨大的财政赤字筹措资金，没有中国廉价的商品，许多美国人的生活水平也许会明显降低，当然美国也为中国不断增长的产品供应提供了市场。但是在大萧条时代，大家都把焦点放在就业上。大部分美国人并不懂得比较优势原理（所谓比较优势是指每个国家都会生产本国相对有优势的产品），很难理解自己在制造业的许多领域已经丧失了比较优势。如果中国（或者其他任何国家）正在赶超美国，他们会认为这个国家在做一些不公平的交易：操纵汇率或者对他们的产品实行补贴政策或者按低于成本的价格销售商品（这被叫作"倾销"）等。

事实上，危机把所有的事情都弄得是非颠倒。人们指控美国正在对其银行和汽车公司实行大规模的不公平的补贴政策。一些大型企业以几乎接近于零的利率从美国联邦储备银行获得贷款，事实上，这些企业如果在开放市场条件下融资，将不得不承担非常高的利率（前提是它能得到融资的情况下），这也可以被看作大规模补贴政策。维持一个较低的利率是各国"管理"汇率的非常关键的方法之一（当利率低的时候，资本从本国流到能够获得更高回报率的地方[⊖]），欧洲的许多国家认为美国正在使用低汇率政策来获得竞争优势。

美国已经采取了贸易保护主义行动。美国采取此行动的部分原因是来自工会的压力。尽管如此，在本书出版之际，实施贸易保护主义政策的范围还是很有限的。但是就像我之前提到的那样，大家共同认为我们需要做一些事情来应对全球不平衡，中美的贸易不平衡是其中最重要的组成部分。

在短期内，美国的经济比中国调整起来可能要容易。中国需要消费更多的产品，但是当中国的家庭面临很高的不确定性时，诱导他们消费是非常困难的。然而在中国，家庭的高储蓄率相对来说还不是最主要的问题，更为重要的问题是，与其他国家相比，中国的家庭收入占 GDP 的比率太小。低工资确保了高利润，并且现在还没有太多的压力对这些利润进行更多的再分配，结果就造成不论是国有企业还是私人企业都留存了企业的大部分收入。当然，在任何国家要改变收入分配都是很困难的。

中国的经济增长模式是由供给驱动的：利润被用来进行再投资，生产的增长速度远大于消费的增长速度，差额部分用于出口。[24] 这一模式过去曾运行良好，它不仅给中国创造了许多就业岗位，而且使得世界的其他地方商品能够维持较低的价格，但是此次危机凸显了这种模式的缺陷。对中国来说，在这个经济低迷时期，出口剩余产品是困难的。长期来看，由于

　⊖　如果本国利率降低，本国资金流向国外，在浮动汇率下，本币会贬值。——译者注

中国许多制造业商品的世界占比已经增加了，因此，还要保持原有的经济增长速度会很困难。即使它的许多贸易伙伴没有进行有针对性的贸易保护主义，上面情况也是会发生的，有太多的电视机和其他消费品可供发达国家的人们进行选择购买。因为中国已经不仅显示了它擅长生产技术含量较低的商品的能力，而且还表明它也能生产范围更加广泛的产品，所以贸易保护主义的呼声越来越大。

许多中国人意识到他们将不得不改变自己的经济增长战略，例如，通过创建更多的地方性或地区性银行，给予中小企业更多的扶持。在大多数国家，这些中小企业是促进就业的基础，就业机会的增加会带动工资的提高，从而改变收入分配结构，最终支持更多的国内消费。有些公司的表面利润主要得益于中国政府并没有对其资源（包括土地）的使用征收相应的费用。事实上，给予公司的这些资产实际上是属于人民大众的，如果拍卖这些自然资源，拍卖所得将会很多。如果中国将这些资产的回报分给人民大众，那么中国将会有更多的收入来支持医疗、教育以及养老金的财政支出，这也会降低中国居民的储蓄需求。

虽然这种新的经济增长战略是一种明智之举，但是中国也有人反对这种做法：同样也有人会反对人民币升值，因为人民币升值会降低中国出口商品的竞争力并提升工人的实际工资。一些发达国家认为有必要建立大的银行和企业以扶持新兴工业，中国同样主张扶持大公司（有时被称作"民族支柱"）来参与全球竞争。短期内还看不出中国的这些做法会有什么结果。

相对于国家规模来说，中国的一揽子经济刺激计划是世界上规模最大的刺激计划之一，[25] 中国的经济刺激计划折射出经济政策方面的一些冲突。刺激计划的大部分资金用于基础设施建设和帮助发展"绿色"经济。新的高速铁路系统建设对中国的影响与内战之后洲际铁路建设对美国的影响是类似的。经济地理环境差不多在一夜之间发生了巨大变化，这可能会有助于打造出更强大的国民经济实力。一揽子经济刺激计划同样对消费有明显的激励作用，尤其是在农村地区以及那些出口量明显下滑的产品上。该计划在农村医疗和教育支出上增长也很迅速。同时，中国努力增加某些关键行业的竞争力，如汽车、钢铁等行业。中国政府认为刺激计划的主要目的就是要使生产结构更加"合理"，提高生产效率。但是批评人士担心这些努力可能会加剧供给过度的问题，或者减少有效的竞争，这也会增加企业的留存利润，降低工人的工资，从而加重消费不足的问题。

美国应对危机的长期对策同样具有不确定性。在前面几章里我清楚地表明，美国需要长期削减消费，由于美国家庭不太愿意也不太可能从银行再借到款，并且它们财富缩水得非常迅速，这就使得美国的经济调整相对来说应该比较快。但是，正如我在第 7 章中所指出的那样，家庭已经在不断增加储蓄的同时，政府借的钱也已经是越来越多，美国对从外部融资的需求仍然很强烈。全球失衡将会继续存在，尤其表现在美国巨大的贸易逆差，以及中国虽小但仍然持续增加的贸易顺差上。这会导致中美之间紧张的关系，但是这种紧张关系可能并不会爆发，因为美国知道它需要从中国那里来融资。[26]

但是在中国国内，因为对美贷款收益低而风险高，所以人们越来越不愿意增加对美国政府的贷款。中国也可以选择另外一种投资方式——投资于美国的实物资产。但是当中国试图这样做的时候，它也遇到了阻力，例如，一家中国企业就没能收购美国的优尼科公司，这是一家规模较小的美国石油公司，它的大部分资产实际上在亚洲。美国只允许中国收购它的悍马——一种高污染的汽车，允许联想公司收购 IBM 的个人电脑业务部。尽管美国看上去对其很多领域的投资都是开放的，但是它普遍坚持的观念是要保护关系国家经济安全的部门不受国外投资的威胁。美国虽然一直告诫发展中国家必须对外资开放它们的市场，因为这是基本游戏规则的一部分，但实际上美国当前的这种做法却在冒险破坏经济全球化的基本原则。

如果中国出售它所持有的外汇储备中更多数量的美元资产，这将会导致人民币相对于美元的进一步升值，这会反过来改善中美之间的双边贸易状况。但是相对于人们对美国总体贸易赤字期待改善的程度而言，这种改善会很小，美国只会改从其他的一些发展中国家进口纺织品而已。然而，对于中国而言，这将意味着其依然持有的巨额的美国短期债券以及其他以美元计价的资产将遭受巨额损失。

从某种意义上讲，中国看上去好像已经陷入两难境地。如果出售美元，那么它的外汇储备和出口将会遭受很大的损失；如果继续持有美元，虽然可以推迟中国在外汇储备上的损失，但无论如何调整最终还是会来到。对产品销量损失的担心可能是有点被夸大了：中国目前是提供资金的商家，也就是说，它为那些购买其商品的人们提供资金。原来是借钱给美国让其购买自己的商品，现在中国可以借钱给世界其他地方的人们，甚至可以借给自己的国民来购买自己的商品。而后面这种做法现在越来越多。

一个新的全球储备体系

出于对自己持有的美元资产的担心，2009 年 3 月，中国人民银行行长通过借鉴一个久远的一直存在的观点，提出创造一种全球储备货币。[27] 这是凯恩斯大约在 75 年前就提出的观点，而且这也是他最初创办 IMF 概念的组成部分。[28] 此外，支持这种观点的还有国际货币与金融体系改革专家委员会，我是该委员会的主席。[29]

今天，作为发展中国家中最重要的一员，中国持有上万亿美元的外汇储备，当像大衰退这样的危机发生时，它们可以动用这些资金救急。在第 1 章中我强调说，此次危机暴露了全球总需求不足的问题。令人遗憾的是，迄今为止，无论是美国政府还是二十国集团甚至还没有开始讨论这个基本问题，更别说采取行动了。发行一种新的全球储备货币意味着各国将不再需要把它们储蓄的一部分本国货币用于预防世界波动性的影响，相反地，它们可以存储新发行的"货币"，这样可以增加全球总需求并增强世界经济的发展。

全球储备货币这种新观点的产生还有另外两个重要的原因。首先是现在的体制是不稳定的。当前各国持有美元的目的是增强人们对本国货币和国家的信心，把它作为一种防备全球市场变化无常的保险。由于其他国家越来越多地持有美元来作为它们的外汇储备，那么人们对美国在海外日益增加的债务也就越来越担心。

导致当前的体制不稳定的另外一个原因是，如果一些国家坚持要通过贸易顺差（出口多于进口）来积累外汇储备，其他国家就不得不面临贸易逆差（出口小于进口），因为贸易盈余的总和必定等于贸易赤字的总和。但是贸易赤字有可能会出现问题，一个国家如果持续性地出现贸易赤字，那么很有可能会面临经济危机，所以各国都在努力摆脱贸易赤字。但是，如果贸易顺差的国家不改变它们的行为，那么一个国家摆脱了其贸易赤字，就意味着其他国家的赤字额势必会增加，所以贸易赤字就像烫手的山芋，被人丢来丢去。近年来，许多国家已经学会了怎样避免赤字，这就使得美国已经成为"贸易赤字最后的去处"。长期来看，美国的这种状况不能长久。创造一个年度发行的国际储备货币就像提供一个缓冲器，因为每个国家都能分配到一定量的新国际储备货币，这就使得某国即使存在小的贸易赤字的情况下，也能建立起它的外汇储备。一旦投资者看到外汇储备已经建立，他们就会对投资有信心。

发展中国家以非常低的利率（2009 年接近于零利率）贷给美国几千亿美元甚至上万亿美元的资金。面对国内那么多高回报的投资项目，这些发展中国家还这么做，恰恰证明了外汇储备的重要性以及全球经济动荡波及范围之广。虽然维持外汇储备的成本是很高的，但是其收益仍然超过了成本。因为美国能够以比其他国家低很多的利率借到资金，所以经过计算，美国获得的外国援助的隐性价值超过了美国对其他国家援助的价值。[30]

一个好的储备货币需要具备很好的价值储藏功能，这要求这种货币的币值稳定，但是美元的币值非常不稳定，而且这种波动还有可能持续下去。许多相对较小的国家已经不把美元作为它们的主要外汇储备货币了，而且据报道，中国已将其非美元货币增加到外汇储备的1/4，甚至更多。问题不是世界是否会完全地抛弃以美元为主导的国际货币储备体系，而是这么做的时候是否仔细、周全。如果没有一个明确的方案，全球金融体系甚至会变得更加不稳定。

美国国内的一些人会反对创建全球储备体系的提议。他们看到以较低的成本借钱的好处，但是他们却没有看到隐藏在其中的巨大成本。发行并出售美国国库券让外国以储备资产持有并不会增加美国的就业，只有出口商品才能创造就业。对美国国库券和美元的需求从另一方面说就是美国的贸易逆差，而且这个贸易逆差削弱了美国的总需求。为了抵消贸易逆差的影响，政府实行财政赤字政策，[31] 这都是"均衡"之道：为了给赤字筹集资金，政府向海外销售国债（也就是借钱），然后，这些美国国债又变成了其他国家的外汇储备。

有了新的全球储备货币，各国将不需要购买并持有美国国债来作为它们的外汇储备。当然，这将意味着美元会贬值，美国的出口会增加，进口会减少，总需求会增强。美国政府将不太需要通过巨大的财政赤字来维持其经济的充分就业。知道借钱会变得更加困难，美国也会抑制其任意挥霍，这就有助于增强全球的稳定性。美国和世界都将从这个新的全球储备体系中受益。

现在已经有人倡议建立地区性货币储备制度。东南亚的清迈倡议允许各国互换它们的外汇储备，而且为了应对危机，它们把原计划的规模增加了50%。[32] 加上同时在使用美元和欧元，世界上可能会发展成为两种或三种货币主导的货币体系。但是，这样的货币体系甚至会比当前单一的货币体系更加不稳定。对于整个世界来说，它可能意味着，如果持有欧元将会获利，各国会将它们持有的美元储备兑换成欧元。如果它们这样做的话，欧元会升值，这强化它们对欧元的信心，直到某些事件的发生，比如一些政治的[33]或经济的干预，那时事态将向反方向发展。对欧洲来讲，由于一些欧盟国家只有有限的能力实行财政赤字政策来提升需求，因此，将有可能出现这一特殊问题。

以美元为基础的全球货币储备体系正在遭受侵蚀，但是创建另外一种货币储备体系的努力才刚刚开始。中央银行的行长们终于汲取教训，学到了财富管理的基本经验：多样化财富，最近几年，许多中央银行一直在减少美元的储备。2009 年，二十国集团同意发行高达 2500 亿美元的特别提款权（SDRs）协议，SDRs 是一种由 IMF 创造的全球储备货币，但是特别提款权的分配有非常严格的限制条件。IMF 是以各国在国际货币基金组织中的"配额"（即各国在 IMF 中的有效"股份"份额）为基础来分配各国SDRs 的，美国得到了其中最大的一块。但是美国显然没有必要持有这些储备，因为它只需印美钞就可以解决问题。如果将更多的 SDRs 储备分配给另外一些国家，尤其是那些如果没有 SDRs 就必须扩张其外汇储备的国家，那么这个新的储备体系会运行得更好；另外，新发行的全球储备货币应该照顾到那些需要帮助的发展中国家。[34]

如果新设计的储备体系还能减少贸易顺差，那么该体系就更好了。美国总是因为中国的贸易顺差而向中国发难，但是在当前正在使用的制度安排下，各国都有很大的动力维持原有的外汇储备，而且还会继续把贸易顺差余额转化为新的外汇储备。在此次危机中，拥有大量外汇储备的国家比那些外汇储备不足的国家经济状况要好很多。在一个设计良好的全球储备体系中，有持续贸易顺差的国家被分配的储备货币额应该减少，这样反过来就能激励它们更好地平衡经济。当全球经济增长放缓的时候，可以发行更多的全球储备货币以鼓励消费，从而刺激经济的增长和就业的增加。[35]
一个设计良好的国际储备体系会进一步稳定全球经济。

如果有美国的支持，一个新的全球储备体系就能很快实现。问题是奥
巴马政府是否会意识到或者什么时候能意识到美国和世界能从中获得的好
处。危险就在于，美国可能假装什么也没看见，那么世界将继续减持美元
储备。如果没有关于建立新的全球储备体系的协定，世界很有可能会抛弃
美元，转向多货币储备体系，这会在短期内造成全球金融的不稳定，在长
期内形成一种比现行体制更加不稳定的制度。

危机无疑预示着全球政治经济秩序将发生新的变化：美国的势力和影
响力将会被削弱，而中国的势力和影响力将会增强。即使是在危机发生之
前，某一国货币来充当全球储备货币的做法看上去似乎也与 21 世纪的全
球化并不协调，尤其当美元以及美国经济、政治变幻莫测时，这种不协调
更为明显。

转向新的多边主义

在大萧条及第二次世界大战的灾难过后，出现了一个新的全球秩序，
并创建了一系列新的制度安排。该系统运行了许多年，但是越来越不适合
管理眼前这个正在不断演变的全球经济体系。眼前这场危机把该体系的不
足和缺陷完全地展现出来了。但是，就像它在国内事务上采取的"得过且
过"的做法一样，美国也试图尽其所能地将世界带回到危机之前的状态，
所以其在国际事务上也会采取相同的做法。在 10 年前的金融危机刚结束
不久，就出现过许多关于"全球金融架构"改革的讨论，但那时就有很多
希望维持现状的人，这些人都是些美国和其他西方金融市场上的人士、现
行体制运行中受益的人们及其政治上的同盟者，他们用表面上很崇高的语
言来掩饰自己真实的意图。人们只是一直讨论、讨论再讨论直到危机结

束，随着危机的结束，解决问题之道自然被终止了。在 1997 ～ 1998 年危机之后的几年里，几乎没有采取任何措施，很显然，那时我们采取的措施太少，使得随后发生了一场更大的危机。这样的事情还将再次发生吗？

　　美国尤其应该尽其所能来加强多边主义，这也意味着要对 IMF 和世界银行民主化、进行相应的改革并为其提供资金。这必须废除布什政府时期的保护主义和双边贸易协定，它们从根本上损害了多边贸易体系，而该体系却是许多人在过去的 60 年里努力要创造的。美国应该帮助世界设计一个新的更加协调的全球金融监管体系，没有该监管体系，市场将会处于被分割的危险境地，或许应该支持前面已经描述过的新的全球储备体系。如果没有这些努力，全球金融市场将会出现新的不稳定的风险，而且世界经济将继续疲软。从更广的方面来讲，美国需要支持并加强世界法律规则的制定和完善，没有法律体系的健全，上面所谈到的任何事情都是不可能被实现的。

　　柏林墙倒塌和雷曼兄弟倒闭之间的这段时间是"美国全面获胜"的年代，在这段时间里，美国并没有用它的权力和影响力以某种公平的方式，尤其是对发展中国家塑造全球化。它的经济政策更多地建立在它自身利益而不是建立在基本原则之上，或者更精确地讲，特殊利益集团的喜好已经并且将会继续在经济政策制定过程中发挥非常关键的作用。但欧洲却不仅从口头上对发展中国家表示关心，而且许多欧洲国家还确实捐钱给这些发展中国家。在布什政府时期，美国却经常是尽其所能地从根本上损害多边主义的实施。

　　曾经的美国式经济霸权主义将不再会被认为是理所当然之事。如果美国希望得到其他国家的尊重，并且能像以前那样发挥它的影响力，那么它就不能只是说说而已，而是要有所行动，不仅要在国内树立榜样（包括它如何对待社会底层的人们），而且要在海外采取行动。

　　世界经济体系并没有像许多人所希望的那样运行。全球化给许多国家带来了空前的繁荣，但是，在 2008 年它也把美国的经济衰退传染到了世界各国，既包括那些已把它们的金融体系监管得比美国要好得多的国家，也包括那些监管不力的国家；既有那些从全球化中收获颇丰的国家，也有从全球化中收益不是很多的国家。毫无疑问，那些开放程度最高、全球化程度最高的国家受危机的冲击也是最严重的。自由市场观念支撑了那些为全球化提供基本框架的制度和协议；这些观念导致了去监管化，而去监管化在此次危机的爆发中发挥了非常重要的作用，就像这些观念是去监管化的基础一样，这些观念同样也是资本市场、金融市场自由化的基石，而金融市场自由化在促使金融危机在世界范围内快速蔓延的过程中发挥了非常重要的作用。

本章说明了危机是如何以最有可能的方式影响全球经济秩序、影响全球经济力量的平衡，阐述了那些关键的改革措施（包括建立新的全球储备体系）将会如何帮助恢复全球经济的繁荣和稳定。但是在长期内，全球繁荣能否取得最终的胜利取决于我们能否更好地理解经济是如何运行的。这就要求我们不仅要改革经济制度，更要改造经济学。这是第 9 章的主题。

第 9 章

重构经济学

有很多人需要共同为此次危机承担责任，比如我们已经提到的监管部门、立法部门、美联储和金融家都应负一定的责任。他们忙于自己的事情，都争辩说自己做得没有问题，在大多数情况下，他们的理由都是基于经济学的分析。当我们层层追问"究竟是什么出了问题"的时候，我们不可避免地要到经济学领域寻找答案。虽然令人惊讶的是大部分人都倾向于自由主义，但并不是所有经济学家都在欢庆自由市场经济学的胜利，也不是所有经济学家都是米尔顿·弗里德曼的信徒。这些自由主义者不仅给出了错误的建议，而且他们在其预测未来等本职工作上也犯了错误，很少有人预见到了近在眼前的灾难。那些支持自由市场的人们失去判断力并非偶然，因为他们信奉了那些带来灾难的学说，这使得他们无法看到产生的问题。经济学已经从一门科学的学科变成自由市场资本主义最大的啦啦队了，尽管经济学家可能并不这样想。如果美国想在经济改革中获得成功，那它必须从重构经济学开始。

思想观念之争

经济学专业在大萧条期间（尤其是在美国）经历了一段困难时期。与现在的观点一样，那时占主导地位的思想范式也认为市场是有效的并且能够自我修复。当经济陷入衰退继而萧条时，许多人只是简单地建议：什么都不用做，只要等待，经济便能够很快恢复。许多人还支持赫伯特·胡佛总统的财长安德鲁·梅隆平衡财政（预算）的做法，但那时，衰退已经使得税收收入降低比支出快。为了恢复"信心"，华尔街的财政保守派认为我们必须同时降低财政支出。

富兰克林·罗斯福在1933年当选总统，他支持另外一种观点，并且得到了大洋彼岸的约翰·梅纳德·凯恩斯的支持，凯恩斯认为要增加支出来刺激经济，而这意味着要增加赤字。这对于那些从不相信政府的人们来说，可谓厌恶至极。一些人把这称作彻头彻尾的社会主义，其他人则认为这是社会主义的先兆。然而，事实上凯恩斯却是在努力让资本主义拯救自己，他知道，除非市场经济能够自己创造就业，否则它很难生存下来。美国的凯恩斯主义者，如我的老师保罗·萨缪尔森认为，一旦经济恢复到充分就业，那么将会再创自由市场的奇迹。

在2008年的大衰退中，许多人认为罗斯福的新政事实上是失效的，甚至使情况变得更糟。[1] 按照他们的观点，是第二次世界大战使美国最终摆脱了大萧条。这种观点部分是正确的，但更大部分是因为罗斯福总统未能采取持续的、全国性的扩张支出政策，才使得美国用了很长时间才从萧条中走出来，正如现在美国政府的所作所为。当罗斯福增加联邦政府支出的时候，各个州却都在忙于缩减支出。[2] 截至1937年，对赤字规模的担忧还导致了政府支出的缩减。[3] 即使战争支出也算支出，不过它不能提高未来的生产力或者直接地提高人们的福利。罗斯福的批评者也同意如果政府支出没有把经济拉出萧条境地的话，那么战争支出更不能做到了。无论如何，人萧条都证明了市场经济至少在有限时间内并不能自我纠正。[4]

到 1970 年，经济出现了通货膨胀这一新问题，也出现了新一代经济学家。20 世纪 30 年代的问题是通货紧缩，价格下降。对于那时声名日隆的年轻经济学家来说，那是段古老的历史了。再一次深度的衰退似乎是不可思议的。事实上多数的战后衰退都是与美联储过分的信用紧缩有关系，这一事实证实了保守派的偏见。保守派认为是政府失灵而不是市场失灵，而这造成了所有差错。

但是还存在其他的观点。已故的著名经济史学家查尔斯·金德尔伯格认为金融危机在过去的 400 年中大概每隔 10 年就出现一次。[5] 从 1945 ~ 1971 年这 1/4 个世纪是个例外，在这段时间，经济尽管有些波动，但是除了巴西在 1962 年出现的危机以外，全球没有发生银行业危机，而这段时间之前和之后经济都表现出了它普通的特点。宾夕法尼亚大学沃顿商学院的富兰克林·艾伦教授和纽约大学的道格拉斯·盖尔教授，对战后 1/4 个世纪没出现危机给出了令人信服的解释：那段时间，对市场经济进行强有力的监管获得了全球的认可。[6] 更加稳定的环境也带动这段时间经济的高增长。政府的干预也使得经济更加稳定，甚至促进了那段时间经济的高速增长和社会的更加公平。

令人震惊的是，到了 20 世纪 80 年代，市场是有效的且具有自我纠错能力的观点再次占据了主流，不仅在保守的政治界，甚至在美国理论经济学界亦是如此。这种自由市场的观点有悖于现实和现代经济理论的发展，因为现代经济学理论已经证明，即使在经济接近充分就业且市场是竞争的情况下，资源仍然有可能得不到有效的配置。

一般均衡方法

被称为瓦尔拉斯或者一般均衡的经济模型已经掌控主流理论经济学 100 多年了，该模型由法国数学家和经济学家里昂·瓦尔拉斯于 1874 年首次完整地阐述，并以他的名字命名。[7] 就像物理学中牛顿均衡一样，他把经济描述成一种均衡状态，当供需相等时就均衡地决定了商品的价格和数量。现代经济学的一个最伟大成就就是利用这一模型评估市场经济的有效性。在美国宣布独立的 1776 年，亚当·斯密出版了著作《国富论》，在书中他提到了个人对私利的追逐会实现整个社会的福利。175 年后，肯尼斯·阿罗和吉拉德·德布鲁用瓦尔拉斯模型阐释了亚当·斯密观点能够成立所需要的条件。[8] 只有在非常严格的条件下，经济才是有效的，这里的有效是指社会可以达到一种状态，在该状态下，个人的福利水平无法再得到提高，除非以降低他人的福利水平为代价。[9] 阿罗和德布鲁给出的条件不仅包括市场是竞争的，还要求市场具备完备的保险市场，可以针对每个可以想到的风险进行保险；资本市场必须是完备的，投资者可以在竞争性的、经风险调整后的利率水平下借入任意金额、任意期限的资金；没有外部性和公共产品。人们将市场不能带来有效产出的情况很自然地称为市场失灵。

就像在自然科学领域经常发生的一样，阿罗和德布鲁的工作激励人们进行了更广泛的研究。阿罗和德布鲁给出的经济有效需要满足的条件过于苛刻，以至于人们怀疑与之相关的市场有效在现实中是否真的存在。有些看似严重的市场失灵，只需要有限的政府干预便能纠正。市场自身会导致外部性，比如排放过多的污染，但是政府可以限制排放污染的行为，或者向企业征收排污费用，市场仍然能够解决大多数的社会经济问题。

另一种市场失灵，如不完备的风险保险市场比上文所提到的问题更棘手，因为此时人们面临很多重大风险却买不到相应的保险。经济学家不禁要问，在不完备的保险市场条件下，市场在某种意义上是否还能依然有效。

在科学研究中，有些假设被人们坚定地信奉着，并深深植根在人们的思维之中，以至于没有人意识到那仅仅是个假设。当德布鲁给出他所证明的市场有效需要的条件时，他并没有提及个人要有完全信息这一隐含的假定。此外，他还假定商品都是同质的，无论是房子还是汽车都是这样，而这只是个柏拉图式的理想状态。[10] 我们知道，现实世界要复杂得多。房子都是各种各样的、相当复杂的。同样地，德布鲁把劳动力只看成与其他商品一样，比如所有非熟练工人都是同质的。

经济学家假设信息是完全的，尽管他们知道事实并非如此。理论经济学家希望只要信息不完全不太严重，不完全信息的世界与完全信息的世界就会很相似，但这仅仅是个"希望"而已，而且怎样才能算得上是"信息不完全不太严重"呢？经济学家还没有严谨的方法来测度信息不完全的程度。很明显，世界的信息不完全是普遍存在的。工人与工人、产品与产品之间是不同的，要弄清楚哪些工人或产品要比其他的更好需要耗费大量的资源。保险公司无法确定能否给一些想投保的人提供保险，因为保险公司不能够确定这些投保人的风险大小；银行也同样无法确定能否把资金借给一些想借款的人，因为银行不能确定这些资金能否被偿还。

人们通常认为市场经济能够激励创新的产生。但是在阿罗和德布鲁的模型中是假设不存在创新的，如果经济中存在技术进步，那么进步的速度也不受经济体内部任何决定的影响。当然这些经济学家是很清楚创新的重要性的，但是正如他们的理论框架没办法解决不完全信息问题一样，他们的理论也没办法解决创新问题。市场的拥护者只能是"希望"他们有关市场有效地结论在充满创新的世界里也能奏效。但是，恰恰是模型的这些假定表明这些模型没法回答一些关键的问题，比如市场能否为创新配置足够的资源或者市场能否以恰当的方式引导创新方面的开支。

我和一些合著者（最著名的是哥伦比亚大学的布鲁斯·格林沃德）对于瓦尔拉斯模型结果的普遍性问题写了一系列论文进行阐述，[11] 这些论文讨论了瓦尔拉斯模型的结论是否敏感地依赖于有关完全信息、不完全风险市场、创新缺失等假设。事实上，我们的研究表明阿罗和德布鲁给出的假设条件是保证市场有效运行的唯一条件。当这些条件不满足时，总存在使每个人的福利都能得到提高的政府干预措施。我们也证明了尽管是轻微的信息不完全（尤其是信息不对称，即存在某人知道他人所不知道的信息）也会极大地改变市场均衡的性质。在完全市场条件下（包括完全信息），总是处于充分就业的状态；在不完全信息条件下，就会存在失业。所以说认为近乎完全信息的世界与完全信息的世界会产生相似的结果的观点是不正确的。[12] 同理，虽然竞争能够提供创新激励，但是如果说市场总能有效地决定影响着创新研究的最佳开支规模或最好的研究方向，那么就不对了。

反响

这些新的结论证明，确保市场是有效的那些假设条件缺乏科学基础。市场确实能够提供激励，但市场失灵也是无处不在的，而且在社会回报和个人回报之间存在长期的差异。在这一问题上，诸如卫生保健、保险和金融等部门要比其他部门表现得更严重，所以很自然地，政府也应该更加关注这些部门。

当然政府也会面临不完全的信息。有时候政府能够获得市场没有的信息，但更重要的是政府有着与市场不同的目标和工具。比如说，即使香烟行业自身是有利可图的，但政府会劝阻吸烟，因为政府意识到吸烟产生了其他社会成本，比如增加了卫生保健成本等，而这些成本香烟行业自身并不会去承担。政府可以通过对香烟广告的管理和征税来让企业承担这些成本。

右翼的经济学家并没有热情地接受这些新的结论。起初他们试图找出这些结论背后隐藏的假设、数学上的错误或者另外一种表达公式。这些"分析的错误"很容易出现，先前对市场经济有效性的分析中就出现过类似的错误。然而这些右翼经济学家试图进行的驳斥都以失败告终，我们的著作从发表至今的1/4个世纪里，其结论依然成立。

保守的经济学家只剩下两种选择。第一种选择是：他们争辩说，我们提出的一些诸如信息不完全这样的问题，只是理论上的细节。他们再次回到了那个只要在完全信息（以及所有其他的假定）条件下，市场就是有效的老论调上了，他们轻易地就断言说，只要限定信息不完全的程度，那么这个市场也会接近完全有效。然而，他们忽略了那些关于即使微小的信息不对称也会产生巨大影响的分析，他们也轻易地忽视了现实经济的各种表现，比如再三重复出现的大量失业，这些是不能用完全信息的模型来解释的。相反地，他们却把注意力集中在与其模型一致的少数几个事件上，但是他们仍然无法证明市场就是近乎有效的。

第二种选择是退出了经济学而转向政治学：是的，市场是无效的，但是政府却会表现得更糟糕。这真是奇妙的思路，经济学家突然间就变成了政治学者。如果他们的经济模型和分析是有缺陷的，那么他们的政治模型和分析也好不到哪儿去。在包括美国在内的所有成功国家，政府都扮演了关键的角色。在前面的章节中我也描述了政府的这些角色，如监管银行、控制污染、提供教育甚至在科学研究方面。

在东南亚非常成功的经济中，政府都发挥了很大的作用。在过去的三四十年中，这些国家的人民的人均收入得到了史无前例的提高。在通过市场机制促进经济发展发面，几乎所有这些国家的政府都发挥了积极的作用。中国以平均每年 9.7% 的增长率持续增长了 30 余年，并且成功地让上亿人摆脱贫困；日本的政府拉动型的高速经济增长更早就开始了；新加坡、韩国、马来西亚和一大批其他国家也紧随其后，学习和借鉴了日本的发展战略，使得它们的人均收入在 25 年来增长了 8 倍。

当然，政府、市场与人一样也是容易出错的。但是在东南亚和其他地方，成功远远多于失败。提高经济的表现需要同时改进市场和政府。因为政府有时会失效，所以就不应该在市场失灵时干预市场，这种论断是缺乏根据的。相反地，由于市场有时会失灵，因此，市场机制应该被摒弃，同样也是没有依据的。

新古典模型的失败

完美市场模型有时被称为新古典模型。[13] 经济学被认为是一门用来预测的科学，但新古典经济学的许多关键预测都不准，很容易被人放弃。最明显的莫过于"不存在失业"[14] 的预测，正如市场均衡能使得苹果的需求等于供给，因此在这种理论里，劳动的需求也等于供给。在新古典模型里，任何对均衡的偏离都是暂时的，短暂到不值得动用政府的资源进行干预。不论你是否相信，至少包括一位近年诺贝尔经济学奖获得者在内的主流经济学家认为目前的危机并不严重，此次危机只是一些人比他们平时享受一下更多的闲暇而已。

这并不是新古典经济学唯一的奇怪论断。新古典经济学的信徒还认为不存在"信贷配给"现象，他们认为任何人都能借到他想借到的任何数量的资金，当然是在利率能够恰当地反应违约风险的前提下。对这些经济学家而言，2008 年 9 月 15 日出现的流动性不足只是一个幻觉，只不过是一些人假想的虚构之物罢了。[15]

主流经济学第三个偏离现实的例子是与公司融资结构有关，即公司选择债权融资还是股权融资是无所谓的。这是弗兰科·莫迪利亚尼和莫顿·米勒的主要贡献之一，他们分别获得 1985 年和 1990 年诺贝尔经济学奖。[16] 与很多新古典经济学思想一样，这一理论思想也没有多少真理性，我们可以从下面的逻辑分析中看出端详。他们认为公司的价值只取决于未来它获得回报的价值，而与过去的融资结构无关，即大部分通过债权融资（这种融资是不论利润如何都需要支付固定还款额的），其余少部分通过股权融资，与大部分通过股权融资而其余部分通过债权融资，这两种融资结构并不影响公司的价值，这就像一夸脱[⊖]牛奶的价值可以被视为脱脂牛奶与奶油的简单加总一样。莫迪利亚尼和米勒忽视了破产的可能性及

　⊖　1 夸脱 =0.946 升。——译者注

其带来的成本，并且事实上，企业贷款越多，其破产的可能性就越大。他们也忽视了企业所有者在做出出售其股份决定时所传达出的信息，股票所有者热衷于以低价卖出其股份就向市场表达了他们对企业前景不太乐观的看法。

已经被此次危机证伪的第四个新古典经济学关键性观点是关于什么决定收入不平等的解释。如何解释熟练工人和非熟练工人工资的差异以及公司管理层的报酬呢？新古典经济学理论提供了一个为不平等辩驳的理由，他们认为每位工人根据自己对社会的边际贡献获得相应的报酬。资源是稀缺的，并且越是稀缺的资源越需要更高的价格以确保其得到充分的使用。根据这一观点，干预高层管理者的薪酬会影响到市场的效率。过去的二十几年间，随着高层管理者的薪酬从 30 年前的 40 倍于普通员工的工资，发展到现在的数百甚至数千倍[17]，大家越来越多地质疑该理论是否有能力去解释高层管理者飞涨的年薪。高层管理者并没有突然变得更加高效，他们也不是突然地变得更加稀缺，而且也没有迹象表明排名第一的人就比排名第二的人能力高出如此之多。世界范围内不同国家都有相似的技术，在这种情况下，新古典经济学理论不能解释为何美国对稀缺技术资源的补偿会高出其他国家这么多。即使有证据表明金融高层管理者对社会和他所供职的公司都有很明显的负面影响时，他们仍然拿着高额年薪，这使得人们对该理论的质疑更是与日俱增。在此之前我提出了一个有别于传统的解释：公司治理中存在的问题使得报酬与"边际"社会贡献并无太紧密的关系。如果这是事实，它对我们制定政策以获得更好的收入分配结构将有着深远的意义。

最后一个例子是在新古典经济学理论框架中没有"歧视"这回事，[18]他们的论证很简单：如果社会上有人被歧视，就有人没有被歧视，那么人们会雇用更多受歧视的成员，因为他们的工资更低，这样他们的工资就会上升直到消除工资差别为止。

我来自印第安纳州的加里，一座位于密歇根湖南岸的钢铁小镇。在我的成长过程中，我总是看到持续的失业，而且随着经济一次又一次的衰退，失业人群越来越庞大。我知道当我们小镇上的人们面对困境时，他们是得不到银行贷款以摆脱困境的。当我开始学习经济学时，新古典经济学理论对我而言毫无意义，它只是促使我寻找其他的理论。当我在读研究生时，我的同学和我总是讨论在新古典经济学中哪些是导致其"荒谬"结论的关键假设。[19]

比如，很明显市场与完全竞争相差甚远。[20] 在完全竞争的市场中，一家公司哪怕把它的价格降低一点点就可以占有整个市场；一个小国不会面临失业，因为只要简单地降低它的汇率，它就能卖掉任意数量的商品。完全竞争假设是至关重要的，但对我而言，在一个像美国这样的大经济体中，该假设的影响主要表现在收入分配上。那些拥有垄断权力的人为自己攫取了整个国民收入中的大部分，并且由于他们滥用市场垄断权力，使得国民收入会变得更少，但是没有理由相信在一个盛行垄断的经济体中会出现明显的失业、种族歧视或者信贷配给。

当我还是一名研究生时，在我看来存在两个关于信息和人本身特性的关键假设。经济学是一门社会科学，关注的是个体对生产和服务如何做出反应。要回答这个问题，就要对人们的行为有更广泛的描述。他们是理性的吗？而理性的信念深深地根植于经济学中。自我反思就能使我发现理性假设毫无根据，尤其是观察一下我的同事就更是如此了。我很快意识到了我的同事在非理性地坚持着有关理性的这个假设，要想撼动他们的这个信念并不容易。所以我采取了更简单的方法：仍沿用理性假设，但却指出即使假设的信息出现微小的变化都会使每个结果完全改变。人们很容易接受更加契合现实的理论，包括那些失业、信贷配给和种族歧视等新的理论，并且很容易理解为什么公司融资结构（即公司选择债权融资还是股权融资）事关重大。

经济人

我们多数人是不愿意思考自己是否符合主流经济模型中对人的基本假定的，这些模型假定人是精于算计、理性、自私与自利的，毫无同情心、公益心和利他主义。经济学一个有趣的方面是经济学模型在描述经济学家的行为方面比经济学模型的其他用途要好很多，学习经济学的时间越长，他们越与模型描述的一样。[21]

经济学家对理性的理解与多数人理解的不一样。"一致性"这个词能更好地表达经济学家对理性的理解。如果一个人喜欢巧克力冰激凌甚于香草冰激凌，那就意味着任何时候以同样的价格让他在两者中选，他都会做出同样的决定。理性也包括在更复杂选择上的一致性：如果一个人喜欢巧克力冰激凌甚于香草冰激凌，喜欢香草冰激凌甚于草莓冰激凌，那么在巧克力冰激凌和草莓冰激凌之间他总是会选择巧克力冰激凌。

这种"理性"还表现在其他方面。一个是我在第 5 章中提到的基本原则：过去的就让它过去吧，人们应该总是向前看。在这一点上，一个典型的例子说明了大多数人是不理性的。假设你喜欢看足球比赛，但是更讨厌被雨淋湿。如果有人给你一张在雨中观看球赛的免费足球票，你可能会拒绝掉。但是现在假设你花了 100 元钱购买了这张球票，你会发现自己会像多数人那样难以扔掉这张票，你很可能会去看这场比赛，即使会被淋得很惨。经济学家会说你是非理性的。

不幸的是，经济学家在使用他们的理性模型时超出了其适用范围。你只有通过反复尝试，才会发现你喜欢什么，什么会给你带来愉悦。只有尝试不同种类的冰激凌，你才知道自己喜欢的口味。但是经济学家长时间以来一直用相同的模型来解释跨期上的决策，比如为退休而进行的储蓄。很明显，你没有办法事前就知道应该多存些钱还是少存些钱，等知道了或许已经为时已晚，此时此刻，根本没有经验可以帮助你做出决策。在你生命的最后时刻你可能会说，我多么希望以前我能多存些钱，最近的几年真的很痛苦，我宁愿放弃之前的海边度假以满足现在的更多支出。当然你也可以说，我真希望我当初存得少一些，这样我就可以在年轻的时候有更多的钱享受。但无论如何，你都不可能回到过去重新活一次。因此，你所积累的经验都是无用的，甚至对你的子女和孙辈也没有多少价值，因为随着时间的变迁，经济和社会环境与现在将会大不相同。因此，经济学家试图把对冰激凌选择的理性模型延伸到对现实人生的重大抉择时（比如你到底要为退休准备多少储蓄或者怎样运用那些存款），就很难弄清楚经济学家的判断是否正确。

况且对经济学家而言，理性并不意味着人们在更宽泛的意义上一定按照能使其自身快乐的方式行动。美国人说他们为了家庭而努力工作时，但事实上有些工作很辛苦，这使得他们没有时间陪伴家人。心理学家在研究幸福时发现，人们做出的很多决策以及我们经济结构的很多变化并不会增强我们的幸福感，[22] 与他人的相处对提高人们的幸福感却很重要。但是，当今社会的很多变化破坏了这种人与人之间的联系，这一点在罗伯特·帕特南的经典著作《独自打保龄》[23] 一书中得到了很好的体现。

从传统意义上讲，经济学家很少触及人们所做之事和提升人们幸福感之事之间的联系，所以他们只是在很窄的范围内关注"一致性"。[24] 过去20多年的研究表明，人们确实是有着一致性的行动，只不过与理性标准模型预计的方式有显著的不同。如果按传统模型来说，他们是非理性的。[25] 例如标准理论认为，"理性"的人们应该只关注扣除通货膨胀率后的实际工资和收入，如果工资减少 5% 但价格同样减少 5%，人们是不受影响的，然而大量的证据却证明工人们不喜欢看到工资减少。那些随着物价下降而降低工资的雇主会被认为比那些在物价上升 5% 时把工资提高 1% 的雇主更加差劲，尽管前者的实际工资降低幅度更小。

在许多想卖房子的房主身上也能看出类似的非理性。除非房主能收回成本，否则绝不会卖掉房子。假设他们花 10 万元买的房子，现在的市场价格是 9 万元。虽然通货膨胀使所有价格以每年 5% 的速度在上涨，许多房主还是会多等两年直到房价涨到 10 万元再卖，尽管这段等待的时间并未给他们带来实质性的好处，况且这段等待期还给他们自己带来了很多的不便。

在前面的章节中，我列举过在金融市场上存在着近似于精神分裂行为的例子。银行人士声称他们并没有在信用违约互换方面打擦边球，因为合约对方不存在将要破产的风险，然而这些掉期产品本身就是用来赌合约对方将会破产的。尽管实际工资正在下降，并且还是基于历史上低违约率数据来对未来违约率进行的估计，但是贷款人、借款人和资产证券商还是都相信房价会无休止地上升，就好像现在放松的贷款标准对将来没有影响一样。[26]

经济学的主流模型奇怪地假设人们不仅是理性的而且还是超级理性的，他们会利用复杂的统计数据，并使用历史数据对未来进行最佳的预测。可笑的是相信别人能进行很好预测的经济学家甚至自己也没能做好预测工作。他们看不到正在通货膨胀的泡沫，并且事实上甚至在泡沫破灭之后他们也预见不到经济即将发生什么。他们非理性地无视关键数据，并且非理性地相信"市场是理性的"的观点，非理性地相信市场不存在泡沫并且是有效和可以自我修复的。

泡沫本身给经济学理论和行为提供了值得深思的内容。期货市场允许人们现在买卖将来才需要交割的商品，比如玉米。标准模型不仅假设期货市场是存在的，而且假设所有的商品都存在期货市场，人们不仅可以现在买卖商品然后明天交割，也可以是后天、大后天，直到永远再交割。标准模型还假设人们可以购买到任何保险以应对每种可以想到的威胁。这些不切实际的假设影响深远，如果对所有商品和延伸到未来无限期的所有风险都有保险市场，那么泡沫就不可能产生。房主本可以购买保险以应对房价的崩溃，那么十有八九会发生的是：无论房地产经纪人说得如何天花乱坠，只要他们和市场都是理性的，那么房主需要支付的高额保费就已经表明，市场对房价的持续上涨并不抱有信心。[27]

然而，泡沫不仅仅是一种经济现象，它也是一种社会现象。经济学家的研究一开始就先验地设定每个人的偏好，也就是人们喜欢及不喜欢什么，但我们知道事实并非如此。并没有什么遗传学的差异来解释法国人和美国人会对食物有不同的偏好，也没有遗传学的差异能够解释为什么欧洲人喜欢用更多的时间享受闲暇而美国人则用来工作，并且在那些20世纪60年代喜欢玩呼啦圈的人和现在不喜欢玩的人身上也找不到什么遗传学的差异。

我们对于世界的观点同样受到我们周围人观点的影响。工会成员和那些华尔街富豪们对于许多问题有明显不同的看法，有些观点产生于不同的利益。通常，我们都希望自己的观点是那些能促使好政策出台以使自己能从中获得好处的观点。但是我们身处于不同团体之中，也使得我们的思维方式会有所不同，每个团体之内的成员分享共同的观点。多数美国人都对华尔街拿着纳税人的钱在公司创纪录亏损的情况下仍然支付巨额年薪而感到愤怒。但是站在华尔街的角度，它们对奥巴马总统批评自己分奖金一事也感觉非常生气，它们认为"该行动会激起民众对华尔街的反感"。

生物学家研究表明，即使对于自利的个体，羊群行为（羊群集体朝一个方向或另一个方向移动）也是非常明显的。旅鼠们会一个接一个地跳下悬崖，而有时候人们的行为也会同样的愚蠢。[28]杰拉德·戴蒙德在他的著作《崩溃：社会如何选择成败兴亡》中描绘了复活节群岛人是如何彼此争先效仿砍树的，尽管这最终导致了他们民族的毁灭。[29]

泡沫也有相似的特征。有些人愚蠢到相信房价会一直上涨，有些人也许有某种程度的怀疑，但是他们相信自己比别人更聪明，能在泡沫破灭前逃出。这就是人类犯下的致命错误，这正像我的学生大多数都相信自己名列班级排名前一半一样。当人们彼此交谈之际，他们那些诸如泡沫不会在短期内破灭的信念会得到强化。官方也受其影响，这更加强化了整个过程，他们也认为不存在泡沫，只是有一点膨胀而已。此外，在泡沫真的破灭之前，政府还不会说那是泡沫。这种循环确认使得持相反意见的人很难介入其中。

当泡沫真的破灭时，所有人都说"谁又能预见得到呢？"我在 2008 年 1 月参加了达沃斯论坛，泡沫在之前的 2007 年 8 月就已经破灭，尽管那时乐观主义者仍然认为不会有什么后果。当我和其他几个同事解释泡沫是怎样发展起来的并且破灭意味着什么的时候，坐在前排来自重要银行的人士异口同声地争辩说"没有人预见得到"。但这种观点即刻遭到了挑战，一小部分反对的声音说"人们谈论泡沫已经有好几年了"。但从某种程度上讲，银行人士说的是对的，圈内有名望的人是不会挑战主流观点的，但是同样的逻辑，任何挑战主流观点的人都不会被认为是可信的，只有分享类似的观点才能在一定程度上被社会和学术界所接受。

后果

个体表现出来的集体非理性行为有几个后果。聪明的公司能够利用非理性来发现赚钱的机会。一些金融部门知道，多数人并不阅读或者不能理解印在他们信用卡申请表上有关罚金的条款。一旦拥有了信用卡，人们就会使用它，这种使用会承担高昂的费用。虽然要支付高额的费用，但大多数借款者不会去寻找一种更划算的信用卡，部分原因是他们相信在申请另一张卡时自己可能仍然会被类似的方式欺骗，或许情况还会更糟。从这种意义上讲，他们也许是理性的。房地产部门的职员知道多数人是不清楚房产交易带来的一系列费用和交易成本的，房地产经纪人甚至抵押贷款经纪人都被人们认为是"值得信任"的。他们也知道即使骗局被揭穿，那也是贷款生效很久以后的事情，不会有什么后果。他们相信，在任何情况下，只要有钱一切事情都能摆平。

这些系统性的非理性行为也会导致宏观经济的波动。非理性的乐观情绪高涨会导致泡沫激增，而非理性的悲观情绪又会导致经济下滑。在非理性乐观情绪时期，人们会低估风险。过去是这样，在未来几乎可以肯定的是，当对于此次危机的记忆成为往事的时候，情况还会一样地发生。当资产价格开始上涨，只要银行允许，人们会通过担保尽可能多的借贷，这会使信用泡沫激增。因为问题是可预见的，所以政府可以通过货币、财政以及监管政策等措施来稳定经济。[30]

政府要想发挥重要作用，不仅应该阻止个体非理性的蔓延，还要帮助人们做出更好的决策。考虑一下我先前描述的那个应该为退休储蓄多少钱的案例，现代行为经济学（这是一个研究系统非理性的经济学分支）的一大发现是：提问的方式会影响人们的决策。假设现在雇主让他的工人对三种不同比例的退休金计划（比如 5%、10% 和 15%）进行选择，怎样表达这些选择将会对工人的决策结果影响很大。比如，如果雇主说："除非你告诉我你的其他选择，否则我会扣除你每月 10% 的工资以备你退休之用。如果愿意的话你也可以选择 5% 或者 15%。"这时人们往往会听从雇主的建议，这被称为默认。因此，政府可以通过考察在不同的情况下哪个默认值对个体而言是最好的，从而设置相应的默认值，这样人们也许就会被引导到一般来说更好的决定上去。[31]

但是很明显，关键的一点在于，那些用上面这种方式引导别人的人自己不能心怀鬼胎。为了获得更高的保费收入，那些开办养老金基金的公司是会有动力将工人收入更大的比例放到养老基金上的。由于这些公司已经知道了人们如何决策，因此，毫不奇怪他们已经在努力利用这些行为。

虽然美国政府并没有利用人类心理学的这些知识来遏制羊群行为的滥用，但在 2008 年春，它们却用这种知识竭尽所能地帮助国家摆脱衰退。凯恩斯曾经非常准确地将投资者描述为一群受"动物精神"驱动的人，"他们急于行动，而不是谨慎行事，而且他们的决策并不是根据后果和发生这种后果的可能性进行综合权衡后做出的。"[32] 如果真是这样，那么如果可以改变动物精神产生作用的时间，人们就有可能将经济从衰退笼罩人们的状态拉到充满希望的状态，而这也许只需要靠"最坏的情况已经过去"所产生的希望感就能达到。也许是受此启发，[33] 奥巴马就职两个月后，在他的带领下，政府发动了"复苏希望"运动，这是经济复苏开始的信号，也是希望的真正基础，在许多领域，自由坠落的感觉已经终止，经济下滑已经变缓。如果用数学术语来形容，那就是，二阶导数已经为正值了。⊖

　　在很长一段时间内，经济学家一直强调预期对行动的重要性，他们认为信念能够影响行动。事实上，经济学家在许多领域已经建立了多重均衡模型，每个均衡都有自我实现的预期。如果市场参与者认为将会有很多企业破产，那么他们将会索取高的利率以弥补损失，而这些高利率将会使许多企业真的破产；但如果他们相信几乎不会有什么破产的可能，就会索取较低的利率，而在低利率情况下，可能真的就没有几家企业会破产。[34]

　　这时，奥巴马政府和美联储希望乐观的信念能够广为传播。如果人们相信事情在朝好的方向发展，他们将会开始消费和投资，如果有足够多的人怀有这种信念，那么情况将真的会变得更好。但是预期是以现实为基础的，事情能够变得好到支撑人们的期望和信心吗？如果不能，紧接着人们就会失望，进而伴随着这种失望，人们的信心会减少，这会强化国家陷入长期衰退的信念。如果是这样，我们真的要为未来担忧了。即使银行得到了修复、美国人对将来也更加乐观，但现实却是，泡沫和非理性乐观情绪支撑的 2008 年那样的消费都会消失。[35] 随着泡沫的破灭，许多房主和银行都承受了巨大的损失。这时，即使自由坠落的时代已经结束、经济已经开始渐渐转向正的增长，失业率还将在相当长的一段时间内维持很高的水

　　⊖　含义为经济下滑的速度越来越慢。因为从曲线上来看这种曲线的二阶导数为正值。——译者注

平，甚至还会变得更高。经济学家可能会专注于语义游戏，声称一旦增长为正，从词义上讲，衰退就终止了。但是正如我前面提到的那样，对于多数美国人来说，只有在恢复完全就业并且工资开始上涨的时候，那才意味着衰退的结束。即使美国人被一再告知一切会更好、情况已经好转，但如果它们声称的衰退仅仅是指迅速下滑的结束和衰退的"技术性"终止，那么建立在这些基础之上的乐观情绪是不能持久的。期望与现实之间的差距可能会使他们更加沮丧。被大肆"鼓吹"的"动物精神"就只能起到这些作用了，它只能短暂地提高股市的价格，甚至短暂地诱使人们增加支出，仅此而已。人们是不可能用此法来摆脱 2008 年的大衰退的。

宏观经济学的论战

在主流经济学的大教堂里，有很多的小教堂，每个小教堂专注于某一具体的经济问题。每一个小教堂都有自己的牧师，甚至还有自己独特的传授方法。我要描述的一些观念之争，就表现在这些学派之间无数的论战和小规模的冲突上。在本节及后续三节中，我将描述四个存在分歧的领域：宏观经济学、货币政策、金融和创新经济学。

宏观经济学研究产出的变动、就业，并努力去解释为什么经济发展总是存在波动、间歇出现的高失业率和未被充分利用的生产能力。各学派的思想演化与那时发生的大事件之间奇特的相互作用决定了各种经济观点的对决结果。就像我们之前看到的那样，在大萧条之后，大家达成了一个共识，即市场是不能够自我纠正的，或者至少在一个有意义的时间跨度上是这样（也许 10 年或 20 年以后，市场能够依靠自己的力量，最终恢复到完全就业的状态，但这个时间跨度对我们没有任何意义）。对大多数经济学家来讲，失业率能在 1933 年疯涨到 25% 左右就足以证明市场是无效的。然而在最近的 20 多年里，宏观经济学家却又把注意力放到能说明市场是稳定且有效的那些模型上了，希望此次危机能引导他们重新思考那些基本的假设。

在前面，我描述过当经济学家把注意力从失业转移到通货膨胀和发展上时他们是如何放弃凯恩斯主义经济学的，然而这种转移另外还有一个更加概念性的基础。在凯恩斯之后，经济学发展成为两个独立的分支。微观经济学主要研究企业的行为，而宏观经济学则主要研究经济整体的行为。这两个分支运用不同的模型，得出了不同的结论。微观模型认为根本不存在所谓的失业，它是凯恩斯宏观经济学的中心内容；微观经济学强调市场的有效性，而宏观经济学则指出在经济衰退和萧条时期巨大的资源浪费。到 20 世纪 60 年代中期，微观经济学者和宏观经济学者们都不满意经济学这种二分法的存在。[36] 双方都想提出一套统一的分析框架。

放松管制对此次危机的形成负有重要的责任，而这一政策却深受某一思想流派的影响，该思想流派认为微观经济学的竞争均衡理论能为宏观经济学提供正确的基础，因该流派建立在新古典模型的基础上，有时被称为"新古典"学派或"芝加哥学派"，因为其一些顶级代表人物曾就读于芝加哥大学。[37] 他们相信市场总是有效的，所以争论说人们不必为经济波动担忧，比如当前的衰退也仅仅是经济对外部冲击（例如技术变革）做出的有效调整。这种观点有着很强的减少政府作用的政策含义。

尽管他们的分析建立在新古典（瓦尔拉斯）模型基础之上，他们仍然做出了更进一步的简化，即假定所有个体都是同质的，这些模型被称为"代表性个体"模型。然而，如果所有个体都是同质的，那就不可能有借款或贷款的行为，此时的借贷活动就像把钱从左口袋移进右口袋里一样没有意义，这样也就不会有人破产。就像我前面所表述的那样，不完全信息的问题对我们理解现代经济学至关重要，而在他们的模型里将不可能存在不对称信息（即一个人知道其他人不知道的东西）。任何不对称信息都反映了强烈的"精神分裂症"，很难与他们的完全理性人假设相融合。他们的模型也根本无法解释在此次危机中出现的重要事件：如果多给了银行家 1 万亿美元或 2 万亿美元，会怎么样？在他们的模型里，银行家和工人是同质的。这样就排除了对一些关键政策进行讨论的可能。例如，代表性个体模型就无法进行有关分配问题的任何探讨。从某种意义上讲，在他们的分析中内嵌了关于价值观的某种判定（包括收入分配不重要这样的价值判定）。

该学派许多很荒谬的分析结论都来自其模型中这样或那样的极端简化。在第 3 章中，我曾指出过一个，即他们认为政府赤字支出不会起到刺激经济的作用。这一结论是由一些假设决定的，而这些假设甚至比市场完全论背后的假设[38]更不切实际。其一，模型假设"代表性个体"知道政府将在未来用更多的税收来支付政府现在更多开支带来的政府债务，所以个体会把当前手里的钱留存一部分，备以后缴税之用。这就意味着当前消费者减少的支出完全抵消了政府增加的支出。其二，模型还假设这种支出没有直接的正收益。比如，修一条公路会产生当前的收入，但也许一些企业会因为可以低成本地从市场获得商品而增加支出。[39]再比如，该学派认为无需任何失业保障，因为个体永远不会失业，他们只是在享受闲暇，而且无论如何，只要愿意，他们就可以通过借款来平滑消费。更糟糕的是，失业保障还是有害的，因为在他们看来，失业问题不是缺少工作岗位，而是没能更加积极地寻找工作，只要想找工作就一定能找到。失业保障只会恶化"道德风险"。

另一个被称为新凯恩斯主义的思想流派使用其他方法试图融合宏观经济学和微观经济学，这一流派有许多的分支。在他们看来，造成问题的根源在于简单化的微观经济学模型以及我在本章论述过的那些无数不切实际的假设。[40]过去 30 年的研究显示，芝加哥学派依靠的新古典模型明显不够坚固。

在他们看来，大萧条以及此次大衰退证明了市场的无效性可以有多么严重，人们不能再无视或漠视它的存在。平时也存在着许多市场失灵，虽然更难被发现，但确实是真真切切地存在着。经济衰退就如同冰山一角，表明其下有更严重的问题没有被发现。大量证据显示实际情况确实如此。现代经济学的真正弱点不是凯恩斯所描述的宏观经济学，而是规范的微观经济学，经济学研究面对的挑战就是要发展出一套与宏观经济学相匹配的微观经济学。

经济学，就像我前面所说的那样，被认为是一门预测科学。如果这样，芝加哥学派的方法就不得不被判定为不及格的：它没有预测到危机，在他们的方法里根本都不存在泡沫或失业，又怎么可能预测到危机？而且在危机爆发时也毫无办法，只会批评政府赤字的风险。他们开出的药方很简单：政府不要干预。

此次经济低迷不仅让"完全市场"的宏观经济学学派声誉扫地，也激起了新凯恩斯主义内部的争论。比如，新凯恩斯主义经济学有两支主要流派，一支继承了新古典主义的大部分假设，除了一个重要假设——工资和价格刚性假设，也就是说，当劳动力供给过量时（即失业），工资和价格不会下降。这层含义很明显，只要工资和价格是有弹性的，经济就会变得有效，并按照标准的新古典模式运行下去。[41] 这支流派还继承了芝加哥学派对通货膨胀的一些观点，但对金融体系结构却不太关心。

另一支流派很明显地继承了凯恩斯的衣钵，他们看到了市场更深层次的问题。工资的下降实际上会加剧经济低迷，因为消费者会降低消费。通货紧缩甚至是预期通货膨胀率的减缓都有可能导致企业的破产，因为企业收入下降将使其无法偿还债务。按照这种观点，一部分问题起源于金融市场。例如，实际的借贷契约并没有把价格水平指数化。还有一部分问题来自当经济稳定时，企业和家庭会倾向于冒更大的风险，特别是冒险借更多的钱。这样做的话，经济就会变得更加脆弱，面对不利的冲击时他们会变得更加不堪一击。就像我们看到的一样，由于高杠杆作用，即使资产价值出现轻微的下降，也能导致整个行业的崩溃。[42]

不同的新凯恩斯主义经济学派所提出的政策方案有很大的差别。一派认为维持工资稳定的政策会产生一定的问题，另一派则认为工资稳定有利于维护经济的稳定；一派担心通货紧缩政策，而另一派却鼓励这么做；一派专注于金融体系的脆弱，比如银行的杠杆体系，而另一派则不以为然。

在此次危机的酝酿阶段，芝加哥学派和凯恩斯刚性工资价格学派在许多政策层面扮演着决定性的角色。芝加哥学派的拥护者认为政府没必要干预，如果政府干预，很有可能是无效的，因为私人部门只会与政府对着干；即使政府的政策起了一些作用，那也很可能是负面作用。当然，他们会列举政府做过的错事，私人部门在一定程度上抵消了政府的作用，比如储蓄的增加会部分抵消政府支出的增加。但他们认为政府总是无效的这一核心命题是建立在有缺陷的模型之上的，该模型与现实世界几乎没有什么关系，并且缺乏统计证据和历史经验。凯恩斯刚性工资价格学派尽管支持保守的观点，但他们也认为政府可以扮演更积极的角色。他们建议的只是增加工资的灵活性、弱化工会的力量，以及采取其他措施来削弱对工人的保护。这是"受害者反遭责备"的另一个例子，工人因为失业而受到责备。在一些国家，就业保护也许做得太过分了，但工人对产生失业最多只应负很少的责任，在此次危机中，对这些工人而言，情况可能会变得更糟一些。

货币政策的论战

在应对通货膨胀的过程中，如果芝加哥学派和凯恩斯工资刚性学派一起制定货币政策，[43] 那么就会产生最糟糕的结果，此时，当温和的通货膨胀导致价格略微有些异常，中央银行就会非常关注由此产生的市场无效率，而对已经变得极度脆弱的金融市场所带来的问题，中央银行却充耳不闻。只要通货膨胀处在低水平或者还比较温和，那么金融市场失灵所产生的损失将会比通货膨胀产生的损失要严重一千倍。

中央银行的官员也倾向于新潮的观点。他们倾向于保守主义，不太相信政府对市场的干预。然而奇怪的是，他们的中心任务却是正在决定经济中最重要的价格之一：利率，所以问题不是政府该不该干预，而是如何干预、何时干预。芝加哥学派的拥护者认为是政府的政策导致了通货膨胀。货币主义学派米尔顿·弗里德曼的信徒用过于简化的模型来支持他们要限制政府作用的核心观念。在 20 世纪 70 年代和 80 年代早期货币主义学派非常流行，他们坚持一种非常简单的货币政策，并认为通过每年以固定比例增加货币供给，以便捆住政府的双手。只有政府被驯服，市场才可能发挥惊人的效力。

货币主义学派的基础观念是：控制价格稳定（低通货膨胀）的最优办法就是根据实际产出的增长速度，来确定一个固定的货币供给增长速度。不幸的是，就在这个观点变得非常流行之时，反对它的证据也越来越多。货币主义学派最基本的实证性假设就是假定货币量与 GDP 的比率（称为流通速率）是一个常数。实际上在过去的 30 年里，至少在一些国家里，这个比率已经变化很大。货币主义学派失败了，如今几乎没有一个政府再依靠它了。

通货膨胀目标制是在 20 世纪 90 年代后期和最近 10 年才开始流行起来的。所谓通货膨胀目标制，就是政府确定一个目标通货膨胀率，比如 2%，如果通货膨胀率超过 2%，中央银行就提高利率。通货膨胀超过预设目标越多，利率就被提升得越高。通货膨胀是最大的恶魔，中央银行的主要工作就是要制服这个恶魔。通货膨胀目标制背后是基于这样一种信念的：如果人们意识到中央银行会采取强硬手段对付比方说超过 2% 的通货膨胀，那么工会和其他人就会确定未来不会有超过 2% 的通货膨胀，那么他们就不会有动力要求提高工资以抵抗可能的通货膨胀，然而往往要求更高的工资是导致通货膨胀的元凶。

关于通货膨胀问题有四个主要观点，但没有一个得到经验或理论上的支持。第一，中央银行认为通货膨胀对经济发展有显著的负面作用。然而，只要通货膨胀保持在温和的低水平，[44] 就不存在显著的负面效果，反而恰恰是过度抑制通货膨胀的鲁莽政策阻碍了经济增长。[45] 第二，他们声称通货膨胀对普通民众特别不利。当我们听到银行家是在为普通民众着想时，我们很怀疑它的真实性。实际上损失最多的是持有债权的富人，他们眼看着自己手中债券的实际价值不断地贬值。在美国和其他大部分国家，社会保险（养老金）是随通货膨胀而增加的，当出现持续的通货膨胀，甚至有合同约束的工资也会根据生活费用自动调整。当然这不是说没有普通民众在受苦，因为社会保障还无法保证很多退休人员的生活水平，很多人还无法获得指数化债券产品，该债券设计出来是为了彻底抵御通货膨胀的。在高通货膨胀时代，普通民众是遭受了痛苦，这是事实，但主要不是因为通货膨胀。20 世纪 70 年代后期石油价格的快速增长使得美国人变得更穷，消费者不得不在石油上支付更多的钱。毫无疑问，工人蒙受了损失。石油价格的冲击还导致了高通货膨胀。一些人看到生活水平的下降，就错误地把矛头指向通货膨胀，其实这两者都是同一个原因：石油价格的上涨。工人们最在意的是工作，如果高利率导致失业增加，工人将蒙受双重的损失，他们既缺乏工作机会，还将面临工资水平下调的压力。

第三个谬见是认为通货膨胀会把经济推向悬崖边缘。价格偏离正常轨道而出现的一次轻微通货膨胀就会让其以更快的加速度驶入危险的更高通货膨胀轨道。或者打一个比方来说：与通货膨胀作斗争，就好比与酒瘾作斗争一样。以前，酒瘾症患者被告知不要喝一滴酒，以免他们回到以前的老路上。酒瘾会复发的，同样，银行家也认为，一旦国家尝过了通货膨胀这剂灵丹妙药，它想要的就会越来越多，刚开始的低通货膨胀就会马上加速。同样，现实与他们说的正好相反，当通货膨胀刚刚开始时，国家有能力并且也应该采取行动来对抗通货膨胀。

第四个谬见认为化解通货膨胀的成本会很高，因此就该把通货膨胀扼杀在萌芽状态。同样地，现实正好相反，有些国家（比如加纳和以色列）曾经几乎不费什么成本就将高通货膨胀变成温和通货膨胀。在其他国家，扼制通货膨胀而产生的高失业成本与通货膨胀导致低失业而带来的收益是不相上下的。

对通货膨胀目标制的狂热最有力的一个批评就是，它很少关注通货膨胀的来源。如果像 2006 ～ 2007 年那样，高通货膨胀是能源和粮食价格飞涨的结果，那么一个小国家提高利率，对全球的影响将是很小的。虽然国家确实能够通过提高经济体的失业率来降低通货膨胀，但是这种解决问题的方法比问题本身更可怕。美国在测量宏观通货膨胀水平时并不将粮食和能源价格包括在内，这种测量通货膨胀的方法使得粮食和石油价格的上涨不会被反映到通货膨胀水平上，从而使得美国不再需要为解决通货膨胀而增加失业率。然而，在大多数发展中国家，粮食和石油价格决定了通货膨胀水平的 50%，甚至更多。即使在美国，粮食和能源价格也应该是人们所关注的，会影响人们对未来通货膨胀的预期和他们所需要的工资水平。

此外，还有一个原因使得当前这场危机标志着过于简化的通货膨胀目标制的终结。中央银行的人们天真地认为低通货膨胀是经济繁荣的必要条件，并且低通货膨胀就能保证经济繁荣。因此，只要保持低通货膨胀，他们就可以释放大量的流动性、信心百倍，感觉一切都在掌控之中。然而事实并非如此。大量的流动性会制造资产价格泡沫，而泡沫的破裂将拖垮整个金融和经济体系。通货膨胀当然会扭曲经济发展，那些一心一意专注于通货膨胀问题的人们，比如芝加哥学派和凯恩斯工资刚性学派，在这一点上是正确的，由于存在通货膨胀，所有价格不会同时变动，因此相对价格就可能发生变化，[46] 但它造成的这些损失是无法和金融市场的脆弱性带来的损失相提并论的。新凯恩斯主义经济学的另一个分支因为关注了金融市场的脆弱性，似乎赢得了当前的胜利。幸运的是，如今大多数中央银行家已经意识到，他们除了关注商品市场的通货膨胀之外，也必须关注金融市场和房产市场的泡沫，而且他们也有办法这么做。[47]

金融领域的论战

相对于任何其他经济学分支的观点，金融市场理论更加相信市场是理性的这一观点。我怀疑这是受保守的市场参与者影响的结果。市场是有效的且自我监管的信念是有利于某些特殊利益团体的，而市场不是万能的这一现实对他们非常不利。对许多人，包括从事金融业务的人们来说，只有在市场缺乏管制时才能得到真正的获利机会。总之，监管就是限制，几乎可以肯定的是，企业在受到限制时所获得的利润总是"显得"比不受限制时要少。

我只是说利润"显得"少，是因为每一家企业在计算其利润的时候，都不会将放松管制之后造成的不良后果考虑在内。放松管制后，其他企业的行为也将发生改变。我们知道，标准的经济学理论认为，如果市场有效和充分竞争的假说成立，到头来利润会最终减少为零。放松管制也许会让第一家企业抓住新的机会，获得更高的利润，但这些利润都会很快消失。于是，一些企业意识到获得长久利润的唯一途径就是：要么让自己变得比其竞争者更有效率，要么就想方设法让市场变得不完全、缺乏效率。

关于金融市场效率的学术争论产生了无数的问题：金融市场的价格是否反映了所有可得的信息？它们在决定投资行为上能起多大作用？就像我们看到的那样，运转良好的金融市场是市场经济获得成功的关键，因为它引导着像资本这样的重要稀缺资源的配置。价格机制是整个市场收集、处理和传输信息过程的核心。极端的"有效市场假说"认为价格精确地反映了市场中所有可得的信息，为企业决策提供了所有相关的信息，按照这种看法，在投资方面加强市场"价格发现"的作用就非常重要了。

价格反映了经济体中正在发生的一些事情，但同时也存在着许多外部干扰，这些干扰非常强，使得没有哪个商家敢依赖这些市场价格所提供的信息做出决定。当然，股票价格影响决策，因为市场影响企业的融资成本。但是，一家钢铁企业如何决定投资新建一家钢铁厂？如果仅仅是因为伊利诺伊州皮奥里亚市的某个由牙医组成的投资俱乐部认为钢材是未来所有金属的希望，从而与其他投资者一起将今天的钢材股票价格炒高，钢铁公司就可以根据高涨的钢材价格做出决策吗？一家石油公司制定其开采决策难道是依据今天的石油价格吗？不是，因为这些价格很可能受到短期投机行为的影响。

如果有效市场假说是正确的且市场参与者是完全理性的，那么他们应该都知道自己是无法战胜市场的，反而都只会"购买市场组合"，也就是拥有全国财富 0.01% 的人会购买各项资产的 0.01%。股票指数基金就是如此有效运作的，但是当指数基金在过去 30 年里获得大幅增长之后，就从中出现了一个试图战胜市场的产业。市场参与者投入数十亿美元的资金企图战胜市场的事实本身就反驳了市场有效和大多数市场参与者是理性的这套孪生假说。相信这套理论实际上就是说很难"战胜市场"。市场价格通常会表现出一定的一致性：大豆的价格与大豆粉和豆油的价格呈现系统的相关性。这就意味着，在任何时候都很容易测试市场的"有效性"。[48] 但是在更复杂的情况下测试市场有效性却是困难的。如果市场是有效的，那就不可能有泡沫，但现实中泡沫却总是不断出现。尽管有一些迹象可以提供预警信号，但想知道我们是不是处于房地产泡沫状态还是不容易的，大多数投资者看不到这些信号，但也有一些人捕捉到这些信号了，比如约翰·保尔森，他就因此利用对冲基金获利数十亿美元。

然而，还有两个不同的原因使得战胜市场会很困难。价格只有反映了所有可得信息，市场才是完全有效的，否则如果价格随情绪和期望而随机波动，那么市场可能就只是一个富人豪赌的赌场。在这两种情况下，未来的价格都是"不可预期的"。多年来，有很多强有力的证据来反对"有效市场"的解释。此次危机更是强化了以前无数次事件已经证明了的这个结论，例如在1989年10月19日，全球股票市场崩溃，暴跌了20%多。那时没有新闻或突发事件能够解释，为什么世界资本市场发生了如此大幅度的跳水，这场浩劫甚至比最惨烈的战争带来的市场震荡还大。没人能预料到这样的事件会发生，同样，也没人敢声称市场的这种波动反映了市场对相关信息的"理智处理"。[49]

在许多倡导有效市场的人们之间存在着一种很奇怪的不一致性。他们相信市场已经是完全有效了，但是他们又鼓吹金融市场中创新产品的价值，并声称这些创新产品所获得的高额奖金和利润只是其给社会带来收益所应得的回报。但是，在完全有效的市场中，这些创新产品的优势是非常有限的：它仅能降低交易费用，相对于其他金融工具，它让理性的个体以更低的成本管理风险。

有些人（对冲基金）似乎一直在战胜市场。在有效市场假说的情况下，有一个办法可以做到这点，那就是拥有内幕信息。利用内幕信息做交易是非法的，如果市场参与者相信其他人在信息上占有优势，他们将更不愿意去交易。前文（第6章）提出过一个担心，那就是一些大银行由于其规模和业务方位的优势，它们拥有信息上的优势。它们也许并没有触犯任何法律，但这就使得竞争并不是在同一个量级上进行的。[50] 2009年秋的大量案例表明，对冲基金行业中的许多公司是靠内幕信息取得成功的。[51]

有效市场和信息市场

芝加哥学派及其信徒都认为信息市场与其他市场是一样的，有着对信息的需求和供给。就像钢铁行业市场是有效的一样，在信息的制造和传播方面，信息市场也是有效的。然而不巧的是，如前面所说的"不完全信息市场和完全信息市场的表现是非常相似的"的观点一样，现在的这个观点也没有经过深思熟虑，当经济学家从理论和实证角度思考这些问题后，就会发现这些观点是错误的。

理论论证比较复杂，但下面也许可以给出一个简要的说明。比如，如果市场价格能够传递全部相关信息的话，那么一个人只需要简单地看一下市场价格，就应该与另一个花费大量资金购买了分析数据和报告的人掌握同样相同的市场信息。如果是这样的话，人们就缺乏动机去收集信息了，这也就意味着市场传递的价格并不能涵盖全部的信息。于是从这个意义上来讲，市场能够传递全部信息与市场价格蕴涵很大信息量这两种观点之间本身就存在一种逻辑上的矛盾。[52]

在标准的理论中并不考虑信息的社会价值和私人价值之间的区别。如果我比别人早一点知道一个大规模新油田被发现的消息，这就能给我带来巨大的私人利润。我可以赌石油价格将会降低，并卖出石油期货以赚上一大笔。我也可以卖掉我手里的石油公司股票，甚至可以通过卖空石油公司股票，这样赚得更多。在这些情况下，我的获利是建立在其他人的损失之上的。这是一种财富的再分配，而不是一种财富的创造。如果比别人提前几分钟知道一点信息不会影响任何实际决策，那么这个信息将没有什么社会收益。[53] 同样地，一些最成功的投资银行主要都是通过交易来赚钱的。但从另一个角度看，每次交易就是：一方的获利是建立在另一方的损失之上的。

从这个角度来看，许多在信息上的支出都是浪费，这是一种争当第一的竞争，早于别人去发现信息，然后以别人的损失来获利。最终，所有人为了不至于落后而不得不花费更大的成本。

我用另一种方式来向我的学生解释这个问题。假设当你听我讲课时，每人身边都落下了一张 100 美元的钞票。你可以继续听我讲课，去学习经济学的重要原理，然后在课程结束时，每个人都弯腰去捡你身边的那张

100美元钞票。这是一种有效的方案，但这却并不是一种市场均衡状态。你们中的某个人注意到邻座没有弯腰去捡钱，他就会迅速地弯腰去捡，不只是捡自己的钱，也会捡邻座的钱。当你们中的每个人都意识到你的邻座会这么做时，你也就会立刻弯腰捡钱了，每个人都想早于别人捡到钱，最终，每个人都会得到原本就属于自己的那100美元，但是这堂课却被打断了，你们的课堂因此而留下了缺憾。

有效市场假说和失败的货币政策

有效市场假说有着广泛的影响力，这在一定程度上导致了美联储的失败。如果该假说是正确的，那么压根儿就不存在什么泡沫。幸好美联储还没走那么远，它只是认为只有泡沫破裂时，人们才会知道这是泡沫，从这种意义上说，泡沫是无法预知的。美联储认为只有泡沫破裂时，人们才确定这是泡沫，这是正确的，但人们也可以在概率意义上做出很强的判定。所有的政策都是在不确定性的情况下制定的，尤其是当经济进入2006年的时候，经济运行中很明显存在泡沫。价格飞涨的时间越长，买不起房的人就越多，也就越可能存在泡沫。

美联储重点关注商品和劳务的价格，却不关注资产价格，因为它担心提高利率会导致经济的衰退。在这点上，美联储是对的。但是它们却选择了不去使用自己本可以借助的其他政策工具。它们犯了与高科技泡沫时完全相同的错误。它们本可以提高额定保证金（即个人买股票时需要的保证金）。早在1994年，国会就给予了美联储更多的权力，去监管抵押贷款市场，但是美联储前主席艾伦·格林斯潘却拒绝使用这项权力。即使美联储没有监管的权力，它也能够并且应该去国会要求这些它所需要的权力，就像我以前说的那样，如果它没监管投资银行的适当权力，它能够并且应该向国会求助。在此次危机的酝酿时期，当泡沫的迹象越来越明显时，美联储本可以降低贷款与抵押物价值比率的最高值，而不是让这个比率升高；

它们本可以降低许可的房屋月供与收入比率的最高值，而不是放任其升高；它们本可以限制可变利率的抵押贷款，但正相反，格林斯潘却鼓励这种可变利率的抵押贷款。它们可以限制首付为负的分期付款以及欺骗性贷款。在资产清算的时候也有许多手段。[54] 它们也许并不完全有效，但毋庸置疑，它们可以让泡沫缩小一些。

美联储之所以在经济出现泡沫时安于现状，原因之一就是它们还坚持另一个错误的观点：只有当问题已经出现时，才容易对付。它们之所以相信问题会容易对付，是因为它们相信新证券模型的一个观点，风险已经被广泛地分散于世界各地，全球经济体系可以轻松地分担这些风险。因此，如果佛罗里达州的房产市场崩溃了该怎么办？没关系，那些资产只是全球财富中的一丁点儿而已。然而在这里，美联储犯了两个错误：第一，与那些投资银行和评级机构一样，美联储低估了经济关联的程度，很明显，这种经济的相关性可能会导致美国（其实也包括世界其他的许多地区）房地产市场一起崩溃。第二，它们高估了风险分散化的程度，而没有意识到这些大银行自身经营的风险有多高。它们低估了人们过度追求风险的内在动力，却又高估了银行家管理风险的能力。[55]

当格林斯潘声称，政府可以轻松地"修复"经济时，他没有指明处理这些问题将花费纳税人数千亿美元，整个经济体的损失将更多。这是个奇怪的观念，就像在发生了事故之后再去修车比预防事故更容易。我们的经济从以往的多次萧条中复苏过来，东南亚和拉美的金融危机也没有蔓延到美国来。但每一次危机都为我们敲响了警钟：想想那些丢了工作的人们的遭遇，有人失去了家园，甚至失去了美满的退休生活。从宏观经济学的角度来看，即便一次温和的衰退，其代价也是惨痛的，而此次大衰退预计实际的损失将是数以万亿美元。格林斯潘和美联储在处理危机上犯了错误。当初之所以设立美联储，部分原因就是要阻止这种类型的灾难。它不是为了收拾烂摊子而设立的，美联储却忘了自己最初的使命。

创新经济学之争

尽管过去 100 年美国生活水平的提高都源于技术进步，但是标准经济学，也就是本章前面讨论过的新古典经济学，对创新并没发表过什么看法。[56] 正如我之前提到的就像"信息"一样，创新也不在原有的模型考虑之内。

由于主流经济学家意识到了创新的重要性，他们已经开始构建模型来解释创新的水平和方向。[57] 当他们这么做的时候，是重新审视了 20 世纪上半段两位伟大的经济学家的思想，约瑟夫·熊彼特和弗里德里克·哈耶克提出的一些观点，这些观点曾被主流经济学所排斥。

熊彼特是奥地利人，他的主要成果都是在哈佛大学完成的，他反对传统的竞争模型。[58] 他的研究集中于创新的竞争上。他发现每个被某一垄断者暂时控制的市场很快会被另一个技术创新者所垄断，存在为争夺整个市场而展开的竞争，而不是在市场内部展开竞争，并且这种竞争是通过创新来实现的。

很明显，熊彼特的分析有很大一部分是正确的。相对于传统经济学，也即本章前面讨论过的无视创新的瓦尔拉斯均衡理论，熊彼特对创新的分析和关注无疑是一大进步。但是熊彼特没有考虑这样一些关键问题，难道垄断者不会对新竞争对手采取措施阻止其进入吗？难道创新者只是为了抢占市场份额而不是为了提出一个真正的新想法才进行创新吗？如何才能判定一种创新过程是有效的呢？

最近的现实情况证明事情并不像市场支持者声称的那么美好。例如，微软已经取得了在个人电脑操作系统方面的垄断权力，在文字处理、电子数据处理和浏览器等应用软件方面都有统治市场的优势。它对潜在竞争者的压制使得其对手不敢有任何创新。事实上处于垄断地位的厂商能采取很多措施来阻碍新厂商的进入，从而维持自己的垄断地位。有些措施能够给社会带来正的效益，比如只是简单地通过比其竞争对手更快地进行创新来阻止对方进入。但有些措施对社会没有一丝好处。当然在不断发展的动态经济中，每家垄断企业最终都会遭到挑战。丰田最终夺取了通用的领先地位，谷歌也在很多领域挑战着微软的垄断地位。但是竞争最后会发挥作用的事实并不能说明市场的过程是有效的，也不能说明政府就可以不进行干涉而采取自由放任的态度。

像熊彼特一样，哈耶克跳出了统治主流经济学的均衡框架。在与政府在经济运行中起支配作用的论战中，他发表了很多观点。那些经历过大萧条、见证了大规模的资源错配、目睹了大量受苦人群的人们相信，政府应该在决定资源如何分配的问题上起着核心作用。哈耶克质疑这些观点，他认为分散化的价格体系不仅有信息上的优势，更重要的是它更符合分散化的体制演化过程。尽管哈耶克关于"制订计划的人不可能搜集和处理所有相关的信息"的观点是正确的，但正如我们已经看到的那样，这并不意味着自由定价机制本身就是有效的。

哈耶克深受生物进化论的影响，相反地，瓦尔拉斯的灵感则来源于物理中"均衡"的概念。达尔文曾讨论过适者生存，社会达尔文主义者也有类似的主张，认为企业适者生存的残酷竞争会带来经济效率的不断提高。哈耶克简单地把这当作信条，但事实是，没有导向的演化既可能带来经济的有效，也可能导致经济的无效。不幸的是，自然选择并非一定选择长期表现最好的企业或者机构。[59] 对金融市场最主要的一个批评就是它们变得越来越短视。一些机构在发生变化，比如投资者更关注季度回报，这使得企业更难以从长远的角度思考问题。在此次危机中，一些企业抱怨它们并不愿意有这么高的杠杆率，是被逼无奈。它们意识到了风险，但不这么做它们就很难生存下去。如果使用低杠杆率它们的净资产回报率会很低，市场参与者就会错误地以为低回报率是缺乏创新能力和进取心的结果，那么它们的股票就会进一步被抛售，股价就会跌得更低。企业感觉它们除了跟随别人之外，别无选择，但这却给股东和经济带来长期的灾难性影响。

有趣的是，当哈耶克已经成为保守派中备受推崇的人物时，他（像斯密一样）却很清楚政府在经济中应该起到重要的作用。正如他对市场拥护者直言不讳地说，"从经验上看，也许没有什么能比对自由放任资本主义原则僵化的坚持危害更大了。"[60]哈耶克主张政府应该在多种领域发挥作用，从工作时间的管制、货币政策、制度的制定到正确的信息传递。[61]

在过去 20 多年里，经济学理论提供了大量的关于市场为何经常失灵以及怎样改进的真知灼见。右派的理论家和支持他们的经济学家受到在放松管制的金融活动中获取巨额利润人们的支持，对这些先进的理论却视而不见。他们都选择假装认为亚当·斯密和哈耶克只知道市场有效这一个观点，最新的数学模型或许也强化了这种认识，却无视这些学者警示人们说政府进行干预是必要的。

思想观念市场并不比产品市场、资本市场和劳动力市场更完美。至少从短期来看，最好的观念也不能长盛不衰。但是，庆幸的是，尽管坚持市场完备的陈词滥调可能在经济学界占有一定的优势，一些学者还是正努力地想弄清楚市场究竟是如何运行的，而且目前他们的观点已经被应用于更加稳定、繁荣和公正的经济建设之中了。

第 10 章

走向新社会

人们总说面临死亡的一段经历会迫使一个人重新判定什么最重要与什么最有价值。全球经济刚刚就遭遇了这样一段几近毁灭的经历。这场危机不仅暴露了如今盛行的经济模式的缺陷，还暴露出社会中的问题。太多的人侵占了别人的利益，人们之间的相互信任已经荡然无存。几乎每天，金融部门的人们都在上演着恶劣的行径——庞氏骗局、内幕交易、掠夺性放款，大量从倒霉的信用卡用户身上尽可能榨取利润的诡计。本书关注的并不是那些触犯法律的人，而是关注那些并没有犯法，但却创造、包装、重新打包，然后出售"有毒"产品的人们，他们不计后果的行为给整个金融和经济体系造成了几乎毁灭性的威胁。现在，虽然这个体系得救了，但却为此付出了令人难以置信的代价。

本章只是要表明，我们应将此次危机视为一次总结和反思的机会，用来思考我们究竟渴望拥有哪种形式的社会，并扪心自问，我们是否创造了一个可以帮助我们实现这些愿望的经济体系？

我们已在另一条路上走得太远，在这条路上，我们构建的社会，物质主义战胜了道德承诺，在这个社会中，我们取得的快速增长并不是环境可持续和社会可持续的，我们并没有实现所有人的共同诉求，这在一定程度上是因为顽固的个人主义和市场万能论腐化了集体意识，导致了对缺乏自我保护意识的粗心人的大肆剥削，并加剧了社会的分化。信任已经被侵蚀，而这并不仅仅发生在金融机构里。现在，弥补这些过失还为时不晚。

经济学如何影响社会和个人

正如我反复强调的那样，此次危机的一个教训是我们需要联合行动，即需要政府的干预。此外还有一些其他问题：我们允许市场盲目地塑造我们的经济，这样做的后果是市场也塑造了我们自身和我们的社会。此次危机是一次反思的机会，用来审视市场所塑造的是否也是我们想要的。

稀缺资源的不当分配：人力资源

我之前描述过金融市场是如何不合理地配置资金的。但是，失去控制的金融部门实际所产生的成本远大于此：它导致稀缺人力资源的不合理配置。我目睹了许多最优秀的学生进入金融领域，他们也无法抗拒巨额金钱的诱惑。当我还是一名研究生的时候，最优秀的学生会从事自然科学研究、教学、人文学科或者医学。他们想利用自己的才能来改变这个世界。像许多青少年一样，我曾经也非常想知道长大之后能从事什么职业，我清楚地记得那时父母给我的忠告，他们说："金钱并不重要，它永远不会带给你幸福（对一个未来的经济学家来说，这真是个奇怪的忠告）。利用上帝赐予你的才能为他人服务，那将使你感到满足。"

只有当社会收益与个人收益相等时，金融部门获得的大量金钱才能反映出社会生产力的大幅度提高。有时社会收益与个人收益确实是相等的，但大多数情况下却并不是这样，比如像此次危机刚开始的阶段。

市场改变了我们的思考方式，扭曲了我们的价值观

标准的经济理论假定我们天生就有完整的偏好。但是，我们实际上却受到周围环境的影响，而且其中最重要的影响因素可能就是经济。

许多人相信这样一种理论，即工资反映了其对社会贡献的大小，因此他们断定获得如此高收入的人们肯定创造了最重要的社会价值。太多人用市场的衡量标准来评价他们对社会的贡献，拿着高收入的银行家说银行业是重要的。

对激励性工资的态度表现了市场如何改变我们的思考方式。试想在什么样的社会里，CEO 会说："如果你只支付给我 500 万美元，那么我只会施展我的一部分能力。如果想让我全身心地投入工作，你必须给我利润分红"？但是 CEO 认为他们需要激励性工资来提高他们的工作表现时，他们就会这么说。

对于如何合理分配人们在经济生活中所共同创造的财富，曾经是有普遍社会约定的。在公司内部，公司负责人的工资曾经是普通员工的 40 倍，这看起来是一笔很大的数目了，然而在日本和欧洲这个数目要更大一些。这些公司的大部分经理也是员工，这意味着公司的所有权不属于他们。但是，他们所处的职位能让他们做出重要决策，这些决策包括公司拿出收入的多大比例分配给股东、员工以及他们自己。但是，在大约 25 年前，玛格丽特·撒切尔和罗纳德·里根时代到来的时候，事情发生了变化，经理可以评估自己的薪酬收入的制度取代了任何有公平含义的薪酬制度。

市场和政治领域里所发生的一切在很大程度上说明了经济和政治的力量。它也向年轻人传递了很强的信息，所发生的这一切正在塑造我们的社会。我们对投机收入征税的税率比对辛苦工作收入征税的税率低得多，这

不仅会鼓励更多的年轻人去投机，也在向年轻人传递这样一种信息：我们的社会对投机行为的评价更高。

一场道德危机

大多数文章都在描述金融部门冒险的愚蠢、金融机构给经济造成的破坏以及由此导致的财政赤字问题，但几乎没有人认识到"道德赤字"才是问题的根本所在，这种赤字可能越来越大并且难以弥补。对利润的狂热追求和利己程度的加深并没有创造出期望中的繁荣景象，反而导致了道德赤字。

创新记账方法和造假账之间可能就是一线之隔，就像几年前的世界通信公司的事件和安然丑闻，金融部门已多次跨过这条界限。虽然不容易区分能力不足和故意欺骗这两种行为，但是一个声称净资产超过千亿美元的公司突然发现自己已资不抵债而事先却不知道账目有假，这是根本不可能的！抵押贷款发起人和投资银行说他们不知道自己正在创造、购买和打包的产品是"有毒"资产，这简直不能让人相信。投资银行总是试图让我们相信，那些出售抵押贷款的人欺骗了它们。事实上却恰恰相反，它们鼓励按揭贷款发起人进入危险的次级市场，因为只有通过供给大量抵押贷款产品，并将这些危险的资产转换为新的产品，它们才能赚取中介费，并通过杠杆作用来赚钱使它们看起来更像个金融奇才。如果有一天它们被欺骗了，那也是因为它们根本就不想知道真相！这其中可能有一小部分人当时并不知道自己在干什么，但是它们同样也是有罪的，是另一种形式的犯罪，因为它们明明在不清楚所做事情的风险时却口口声声说明白存在什么样的风险，这也是一种欺骗！

在许多交易中，卖家都是王婆卖瓜，自卖自夸。这一点我们是可以理解的，这就需要买家多加小心（就像古谚语说的那样：货物出门概不退换，买主需自行当心）。更让人不能原谅的是道德的堕落，金融部门竟然压榨美国的普通民众。正如我之前提到的那样，金融机构发现金字塔底层的人们还有些钱，于是就在法律允许的范围内（其实许多行为已经触犯了法律）竭其所能地将财富从金字塔的底层转移到顶层上去。与其质问为什么监管者不阻止这种行为，不如质问那些从事这种活动的人的道德负罪感哪去了？

我在第 6 章里阐述过伯纳德·麦道夫的庞氏骗局与那些从事高杠杆的骗局没有什么不同。金融家知道，至少他们应该知道，短期内获得的高回报（还有随之而来收取的高费用）很可能伴随着巨大的损失，但是根据签订的合约这不会影响到高层管理者们的红利。市场完美主义的追捧者应该知道杠杆效用不会带来免费的午餐，超常的回报一定伴有持续下滑的风险。在黄金时代，高杠杆比率能带来丰厚的回报，但是它也会把银行暴露在继续下滑的高风险之下。

把赚钱看作生活的终极目标就会使人的行为不受限制。就像在此次危机之前的很多次银行业危机一样，每次危机都有罪行累累的人被排队送进了监狱（即使扣除了数目惊人的罚金之后，他们的账户里仍然有亿万美元），这些人有 20 世纪 80 年代的查尔斯·基汀和迈克尔·米尔肯，有近 10 年中的肯尼斯·雷伊和伯纳德·埃伯斯。这一切使我们深感不安、深感羞愧！

伯纳德·麦道夫跨越了"夸张"与"欺诈行为"的界限。但是，金融家的人数却在"挑战伦理"的名单上与日俱增。安吉罗·莫兹罗，全国金融公司的首席执行官兼全国最大规模次级抵押贷款的发起人，是另一个跨越这一界限的例子。他曾经因为涉嫌证券欺诈和内幕交易被证券交易委员会起诉，他私底下描述自己制造的抵押贷款是"有毒"的，甚至说全国都在"死亡飞行"，然而同时却对公众散布谣言，吹捧他的抵押公司的产品全部是符合严格贷款标准的优质品。[1] 对于相当一部分企业家来说，巨额的收益来自出售其自己的公司。每个人都梦想着能够找到一个傻瓜愿意出高价来购买自己的公司。莫兹罗得逞了：卖出了他全国范围的股票，获得了约 1.4 亿美元的利润。

无论你怎样看待这个问题，银行和银行家在危机到来之前以及在危机过程中，都没有达到我们所期待的道德标准，尤其是他们还利用了普通借款者。次级抵押贷款是欺诈和违规操作的另一个例子，这些违规行为发生在各个领域，包括学生贷款、发薪日贷款、租赁中心[2]以及信用卡和借记卡等。

有时，金融公司（和其他公司）认为它们没有义务对是非做出判断，那是政府的事情。只要政府不禁止这项活动，那么只要有利可图，银行就有义务为股东进行投资。按照这种逻辑，即使知道持续加大让人上瘾的产品用量会置人于死地，还继续帮助烟草公司，也没有任何错误了。[3]

有些人提议只要在法律允许的范围内就可以按照自己喜欢的方式自由操作，这些人实际上是想更轻松地获得他们想要的东西。毕竟，商业界花费了大量的财力才争取到允许它们进行邪恶操作的法律许可。金融业努力制止各种阻碍掠夺性放款的法律，破坏各州消费者保护法，以此来确保联邦政府（布什执政期间通过宽松标准的方法）放松州监管机构的监管。更糟糕的是，许多公司努力争取通过立法来使其免于承担基本的责任。烟草公司的梦想是有一种"宽松"的法规，该法规允许它们做任何先前没法做的事情，但同时又能对任何因它们的活动而致死的事件进行辩护，以此来证明它们所做的一切都是正确的，因为它们的行为都是合法的，并且是在政府的完全监督下进行的。

承担责任

无意中，经济学为这种道德责任的缺失提供了养料。[4]初读亚当·斯密的著作可能会认为斯密并没有要求市场参与者必须思考道德问题。毕竟，如果追求自利的行为能由一只看不见的手指引并促使社会的福利最大化，那么一个人所能做的全部事情就是按照自利的原则来做事了，而那些金融部门似乎就是这样做的。但是很明显，追逐自身利益和贪婪并没有使社会福利最大化，在此次危机中没有，在之前的世界通信公司的事件和安然丑闻中也没有。

我在之前的章节里阐述的市场失灵理论可以帮助解释事情变得如此糟糕的原因。银行家追求自己私利的结果导致了如此严重的社会后果，但是为什么银行家的自利行为没有使社会或者至少是股东的福利最大化呢？当发生市场失灵时，比如外部性，行为的结果（边际收益和边际成本）没有完全体现在价格（收入或支出）上。我已经解释过世界到处都存在着外部性。一家银行的失败对其他银行造成潜在的不良影响，而整个银行系统的失败，甚至是潜在的失败，对经济、纳税人、工人、商人、房产拥有者都产生了巨大的影响。一项抵押贷款丧失抵押品赎回权会降低附近房产的市场价值，增加了它们未来丧失抵押品赎回权的可能性。

布什总统的牛仔长筒靴和充满男子气概的步伐成为坚定的美国个人主义恃强凌弱的缩影，它勾勒出来的世界是一个人人只关心自己的成功与失败的世界，在那里，人们通过自己的努力收获自己的成果。但是，像第 9 章中所讲的经济人和 19 世纪所有者自己管理的公司都是虚构的事物一样，没有任何事实根据。"没有人是一座孤岛。"[5] 我们的行为在很大程度上会影响到其他人，而且我们之所以成为现在的样子至少有一部分是他人影响的结果。

极具讽刺意义的是，美国个人主义的行为模式是这样的：成功时，他们愿意为此得到好评；但失败时，他们不愿意承担给他人造成不良影响的责任。获得巨大（会计上）的利润时，银行家希望获得赞许，并声称这归功于他们的努力，而面临巨大（真实的）的损失时，他们却声称这不能怪他们，这在他们的能力之外，他们控制不了。

这些态度反映在管理层的薪酬制度中，虽然强调发放的是绩效工资，但是通常工资和绩效很少完全挂钩：业绩好时，激励性工资很高；但是业绩不好时，却又获得了其他形式的工资来补偿，比如"留职金"。那些制造业的管理者说，尽管工人的业绩不好，但是我们不得不付给他们高工资，因为其他企业可能将这些人挖走。人们原本希望银行辞掉那些业绩不好的员工。但就像制造业的情况一样，银行认为收益不好不是因为员工的表现不好，而是因为一些事情的发生超出了他们的能力范围。这么说，当利润很高的时候，也应该同样不仅仅是员工单方面表现出色的原因呀。这是众多认知不一致的例子之一，成功时，金融市场上的人们就只从自己的能力方面找原因，而失败时，却将原因归于很多方面。[6]

大多数责任问题的讨论只不过是说说而已。在日本，首席执行官要为公司的倒闭负责，因为他们使数千名员工失去了工作，他们可能会选择剖腹自尽；在英国，当公司破产时，首席执行官会选择辞职；在美国，他们却正在为分红的多少而争执不下。

现在金融市场中的几乎每个人都声称自己是无辜的，他们都声称自己只是在完成自己的工作而已。而且，他们的确如此，但是他们的工作通常要剥削他人或者要以这种剥削为生。[7]这个社会存在个人主义但却没有个人责任，从长远来看，如果人们都不对自己的行为结果负责，那么这个社会将很难良好地运行。"我只是在做自己的本职工作"不该成为人们的辩护词！

外部性和其他市场失灵不是偶然发生的例外，而是一种常态。如果发生了市场失灵，那么它将产生深远的影响。个人和公司担负起责任是有重要意义的。公司不应仅仅使它的市场价值最大化，还应该关注更多的事情，而且公司内部的员工也应该思考自己在做什么，这么做会对他人造成什么影响，他们不应用"这仅仅是最大化自己的收益"这句话来敷衍了事。

你用什么衡量，你就重视什么；[8] 反之亦然

在一个业绩导向的社会里，就像我们现在所处的这个社会，人们努力把工作做好。但是人们到底要做什么会受到衡量标准的影响。比如，要测验学生的阅读水平，那么老师就会重点教学生阅读，因此必然会减少进一步开发认知能力的学习时间。同样地，政治家、政策制定者和经济学家都在以 GDP 为衡量标准来努力思考什么是好的业绩表现。但是，如果 GDP 并不能衡量社会运行状态是否良好，那么我们将驶向错误的目标。事实上，我们所做的一切可能正和我们的目标背道而驰。

在美国，通过衡量国内生产总值并没有真实地反映出危机爆发前的情况。美国和其他国家都认为国内生产总值能非常好地反映真实情况，但事实却并非如此。价格泡沫膨胀了房地产的投资价值和收益。许多国家都效仿美国的这种做法。经济学家运用复杂的研究来证明不同政策都会获得成功。但是，由于他们衡量成功的标准是有缺陷的，因此，他们根据那些研究所得到的结论通常也是不准确的。[9]

此次危机表明市场价格的扭曲是多么严重，这是衡量指标本身被严重扭曲造成的结果。即使此次危机没有发生，所有物品的价格也都被扭曲了，因为我们把周围的环境（比如纯净水）看作可以自由取用的，但其实它是稀缺的。任何特定商品的价格扭曲程度取决于这种商品"碳"含量的多少，包括生产某一商品所需的所有组件商品的碳含量。

人们对环境和经济增长的权衡关系的一些讨论可能并没有切中要害：如果我们准确地衡量了产出水平，那么就不会有这种权衡关系。在好的环境政策下，合理地衡量产出水平将会使产出更高，同时环境也将变得更好。我们应该意识到问题所在：看起来耗油的"悍马"车能带来非常可观的收益（然而在很多情况下，这些收益都是短暂的），但实际上，这种收益是以破坏未来环境为代价的。

我们现在的经济增长大部分都是以消耗未来的经济为代价的：我们过着收入无法支撑的阔绰生活。同样，一些经济增长是以自然资源的损耗和环境的恶化为代价的，这是一种向未来透支的行为。因为人们所欠的"债务"不会那么容易被看出来，[10] 所以有很多人会这么做。结果，我们给未来的子孙们留下了更贫瘠的资源和更恶劣的环境，但是国内生产总值却很难反映出这些问题。

我们衡量福利的方法还存在其他问题。人均国内生产总值（GDP）衡量的是我们在医疗保健上的投入，而不是这种投入产生的效果：我们的健康状况，比如人均寿命。造成的结果是我们医疗保健制度的效率越来越低，国内生产总值越来越高，而健康状况却越来越差。美国的人均国内生产总值比法国和英国高，但是我们的医疗保健制度却比它们的效率低。我们花费了更多的钱，但健康状况却越来越差。

尽管还有很多，但正如我举的最后一个具有误导性质的衡量指标人均GDP，[11] 当社会中大部分人不仅感觉糟糕而且实际情况也确实变得更糟的时候，人均 GDP 却会上升。导致这种情况发生的原因是社会越来越不公平，而这种情况在世界上的大多数国家都会发生。一个更大的蛋糕并不意味着每个人或者大部分人都可以分到更大的一块。我在第 1 章中提到过，即使美国 2008 年的人均 GDP 比 2000 年上升了大约 10%，但是，中产收入人群经过通货膨胀率调整后的收入却比 2000 年降低了 4%。[12]

社会化生产的目的是提高社会成员的福利水平，然而那只是定义而已。我们的衡量标准是不合理的，还应存在其他合理的衡量方法。尽管任何一种单一的衡量方法都不能完全捕捉现代社会发展的复杂性，但是GDP 的衡量方法确实不能度量社会发展最重要的方面。我们需要一种新的衡量方法，该衡量方法要关注典型的个体在持续性、健康和教育方面的表现如何，其中持续性是指我们应关注资源的损耗程度、环境的恶化程度以及负债增长的情况，另外，收入的中位数个体要比平均数个体更能合理地代表一个社会的典型个体。联合国开发计划署设计出了一套更全面的衡量方法，包括教育、健康以及收入。基于这种衡量方法，北欧各国的人类发展指数远高于美国，美国仅排名第 13 位。[13]

即使衡量经济的指标扩大了，将健康水平和教育也纳入其中，却仍然忽略了很多影响我们福利感受的因素。罗伯特·帕特南曾经强调过人与人之间联系的重要性。在美国，人与人之间的联系在减弱，这可能与我们构建的经济模式有关。[14]

坐落于喜马拉雅山脉、信奉佛教的不丹王国的国王曾经创造出一套独特的衡量方法。它致力于刻画国民幸福总值。幸福只是部分依赖于物质商品，而像精神价值等方面无法或许也不应该被量化。但是有些其他方面是可以被量化的（比如社会成员之间的联系程度），即使无法量化这些价值，只要我们关注它们，也能凸显我们社会和经济体重新定位的方向。

安全性和权力

社会福利的一个重要方面就是安全性问题。根据大多数美国人的生活标准，幸福感比国民收入统计中的数值（家庭中位数收入）要低得多，这与不断增加的不安全感有部分关系。人们对工作的安全感降低，如果失去了工作，那么健康保险也没有了。随着学费的飙升，人们的不安全感在加重，因为他们很难再给孩子提供受教育的机会，让孩子们能够实现自己的梦想。随着退休金的减少，他们对年老时能否过上舒适的生活越发没有把握。现如今，大多数美国人还在担心能否保住自己的房子。房屋净值，即房屋价值和抵押贷款之间的差额已经消失了。大约有 1500 万户的住房仅相当于全国抵押贷款的 1/3，其抵押贷款数额超过了房子本身的价值。[15]在这次萧条中，有 240 万人由于失去工作而失去了健康保险。[16] 对于这些人来说，生命处于悬崖边缘。

保证更好的安全性甚至对经济增长有间接的拉动作用：它使得个人

愿意承担更大的风险，因为他们知道，当事情没有达到预期目标时，还有一定程度的社会保障。帮助人们转换工作的政府计划能够保证人力资源这种最重要的资源更好地被使用。这种形式的社会保障还有一定的政治意义：如果员工们感觉更安全，那么对贸易保护主义的需求就会减少，而没有贸易保护主义的社会保障能够塑造一个更加有活力的社会。一个有着适当社会保障的、充满活力的经济社会，能够给员工和消费者带来更大的满足感。

当然，这也会存在过度的工作保护，如果对不好的表现没有惩罚措施，就容易导致他们没有动力去努力工作，以获得好的业绩。但是，同样具有讽刺意义的是，我们更担心个体出现道德风险（激励问题）而不是公司出现这些问题，这在很大程度上扭曲了我们对此次危机的反应，阻碍了布什政府对数百万美国人失去工作和房子所做出的反应。政府似乎不愿意"拯救"那些卷入不良贷款的个人，它们不愿意提高失业保险，因为它们担心这会降低人们寻觅新工作的动力。实际上，政府应该少担心个人的这些问题，而更多地担心一下那些新建立起来的公司保障体系会产生怎样的负面激励效果。[17]

经营状况良好的公司也在关注安全保障的重要性，它们强调安全保障财产权的重要性，并且表示如果没有这种保障，它们就无法进行投资，它们和大多数美国老百姓一样都是厌恶风险的个体。公共政策，尤其是涉及权力的政策，都格外重视财产权。但极具讽刺意义的是，许多人都建议降低个人保障、削减公民的社会保障和工作保障。这是多么大的矛盾，目前该问题已经被列于人权问题的讨论范畴了。[18]

在冷战开始后的数十年间，美国和苏联针对人权问题一直争论不休。《世界人权宣言》列出了基本的经济权利和政治权利。[19]美国只是谈论政治权利，苏联则只关心经济权利。

最后，在布什政府的努力下，美国终于开始认识到经济权利的重要性，但是，这种认识是有倾向性的：它只认识到资本市场的自由化、资本在国内外自由流动的权利，知识产权和财产权更是被普遍强调的经济权利。但是，为什么公司的经济权利就应该优先于基本的个人经济权利呢？比如个人获得卫生保健的权利、居住权和教育权或者接受一定最低安全保障的权利等。

所有社会都不得不面对这些基本问题。针对这些问题的全面而详细的讨论将超出本书的范围，但我们需要清楚的是，这些权利不是上帝赋予的，它们应该是社会结构的一部分。我们可以将它们看作社会契约的一部分，支配着我们如何作为一个社会团体来共同生活。

休闲和可持续性

很多其他的价值并没有被 GDP 这个标准的衡量方法所涵盖。我们重视休闲，无论我们将它用于放松、同家人在一起还是运动，休闲对于那些工作只能带来有限的即刻满足感的人、那些为了工作而生活而非为了生活而工作的人非常重要。

75 年前，凯恩斯庆祝人类有史以来将要第一次摆脱"经济问题"。[20]纵观全部人类历史，人们花费了大部分精力寻找食物、住所和衣服。但是，随着科学技术的发展，这些基本需求仅仅通过一周几个小时的工作就可以满足。比如说，不到 2% 的美国劳动力生产的全部食物足够我们这样一个超前消费和快速增长的国家所使用，多出来的食物让我们国家成为一个以小麦、玉米、大豆为主的出口国。凯恩斯想知道，面对这些进步的成果，我们会做些什么。当看到英国上层社会人士怎样打发他们的时间时，他立刻担心起来。

他完全没有预见到现在发生的一切，尤其是近 30 年的事情。美国和欧洲的反应截然不同。与凯恩斯的预言相反，美国作为一个整体并没有获得更多的闲暇。实际上每个家庭的工作时间都是上升的，在过去的 30 年中上涨了 26%。[21] 我们的社会变成了消耗型社会，每个车库中有两辆车，每个人的耳朵上都有苹果耳机，并且无节制地穿戴打扮。我们重复地买东西，然后丢掉。[22] 而欧洲却在实行另一种方式。五周的假期是正常标准，欧洲人对于我们只有两周的假期感到震惊。法国每小时的产出量比美国的高，但是，法国人一年的工作时间比美国人少，因此，收入也比美国人略低。

这种区别不是天生就有的，它们代表着不同的社会演变过程。大多数的法国人不会与美国人互换角色，而大多数的美国人也不愿意与法国人互换角色。美国和欧洲的这种演变过程没有任何事前的谋划。我们应该问问自己这种演变结果是不是我们本来想要选择的。作为社会学家，我们应该努力解释每个国家选择其各自模式的原因。

我们可能无法判断哪种生活方式更好，但是美国的生活方式不是可持续的，其他国家的生活方式可能更是如此。如果发展中国家效仿美国的生活方式，那么整个地球将是灰暗的，地球已没有足够消耗的自然资源，而且全球变暖的影响更是令人无法忍受。美国不得不尝试改变，而且必须加快改变的步伐。

社会团体与信任

顽固的个人主义和市场万能论相结合的模式不仅改变了个人如何考虑自己及其偏好，还同时改变了他们与其他人联系的方式。在一个充斥着顽固个人主义的社会中，几乎不需要任何团体和信任。政府的存在只是一种阻碍，它只会滋生问题，而不能解决问题。但是，如果外部性和市场失灵无处不在或遍布每一个角落，那么人们就有必要采取集体行动，此时不可能出现自愿达成的协议，因为没有"强制执行"也就没有办法确保人们按照应该的方式行事。[23] 但更糟糕的是，泛滥的市场万能论与顽固的个人主义相结合已经导致了对信任的破坏。即使在市场经济中，信任也是社会各项功能良好运作的润滑剂。有时候，虽然在没有信任的情况下，市场也可以运行，比如通过法律的强制执行或以契约的形式，但是这种形式只能是次优的选择。在此次危机中，银行家失去了人们对他们的信任，并且他们彼此之间也毫无信任可言。经济学家强调过信任在贸易和金融发展过程中的重要作用，有些团体之所以能够发展成为世界级的商务组织和金融机构，就是因为它们的成员彼此信任。[24] 此次经济危机的一个深刻教训就是，无论前几个世纪发生了多大的变化，错综复杂的金融部门仍然要依赖信任才能运转。当信任消失时，我们的金融体系也就终止了。但是，我们之前建立的经济体系却一直在鼓励着人们采取缺乏远见的行为，这种行为不计后果，即从不考虑信任破裂后要付出的代价。正如我们所看到的那样，这种短视行为可以解释金融部门为何出现其他糟糕的行为，也可以解释为什么社会不愿意去解决一直无法消除的环境问题。

此次危机已经开始并加剧了对信任的腐蚀。我们一直将信任当成理所当然，但结果却使信任逐渐崩塌。更进一步说，如果我们不进行根本性的改变，那么我们将无法依靠彼此的信任来构建我们的社会。如果真是这样的话，它将从根本上改变我们对待彼此的方式，阻碍我们彼此之间建立良好的关系，改变我们对自身以及彼此关系的思考。我们的团体感将进一步被侵蚀，甚至我们的经济效率也将遭到破坏。

证券化及其被滥用集中表现了市场是如何削弱个人关系和团体作用的全过程。在一个稳定的团体中，银行家和借款人的"友好"关系应该是这样的：银行家了解借款人，即使借款人真的有问题，银行家也知道何时、用何种方式来调整借款，这看起来似乎是一个神话。但是，这其中仍然有一些合理的成分。这种关系部分是建立在信任的基础之上的，但随着证券化的发展，信任没有发挥任何作用，贷款人和借款人之间没有任何个人联系。任何行为都是匿名的，所有抵押贷款的相关信息都被概括为统计数据。那些生活被破坏的人们仅仅被反映在数据之中，重组时唯一关心的问题只是其行为是否合法，哪些是允许抵押贷款服务商做的事情，怎么做才能使证券持有者的预期收益最大化。这不仅使借款人和贷款人之间的信任被完全破坏，而且在其他各种相互关系中，信任也将不复存在：比如，证券持有者不相信抵押贷款服务商能从他们的利益角度思考问题，信任的缺失导致许多契约都限制了重组的范围。[25] 贷款人和借款人都被法律纠纷所羁绊，双方均受损，只有律师是赢家。

但是，即使有贷款重组的可能，贷款人同样有动力要利用借款人；即使说银行家曾经同情过其他人，现在也不是同情他人的时候，他们还正担心着自己下个月的薪水呢。我们一定还会看到他们再次展示其剥削借款人的"精良技艺"来剥削普通房主以增加自己的利润。媒体和政府似乎常常对贷款重组进展速度很慢表示惊讶，但是事实上，相当多的重组看起来对借款人是不利的。贷款人希望贷款重组只是简单地延长还款时间、在短期内增加收费——直奔他们想赚更多钱的主题，他们知道许多借款人勒紧裤腰带也要还月供，因为他们不愿意因为这些重组交易而失去房子和尊严。

证券化不会消失，它是实现现代经济的一部分。然而，通过救市行为，我们却暗中补贴了证券化。我们至少应该创建一个公平的赌博场所，尽管我们并不鼓励这种场所的建立。

分裂

此次危机暴露出我们社会的裂痕：华尔街和普通大众之间的分裂，也即美国富人和其他群体之间的分歧。我曾经讲过，在过去的30年中，当美国上层人士的收入不断提高时，大多数美国人的收入却维持不变甚至减少。这个结果一直被隐瞒着，那些社会普通民众都被鼓励继续消费，就好像他们的收入也在增加一样。他们被鼓励通过借贷来过着他们根本负担不起的生活，经济中的泡沫使这一切成为可能。重回现实，后果却很明朗，人们的生活质量在不断地下降。但是我怀疑人们可能只顾着争吵有关银行红利的事情，而没有注意到自己的生活质量正在实实在在的下降。

整个国家一直都在入不敷出地生活，现在有必要进行一些调整，然而有些人将不得不为银行的救市举措买单，即使是按比例分担，对于大多数美国人来说也是一场灾难。同 2000 年相比，中位数家庭收入已经下降了 4%。如果我们还想保留一丝公平感的话，调整产生的主要负担必须由那些上层人士来承担，因为他们在过去的 30 年中已经积累了相当多的财富；金融部门也要承担，因为它们将太多的成本转嫁给了社会中的其他人。

但是，制定这种政策并不是一件容易的事情。金融部门不愿意承认自己的错误：一到算账的时候，人们只会指责部分的道德行为和个人责任；所有人都有可能犯错误，银行家也是如此。但是正如我们所见，它们费尽心机地将指责不断地转嫁给其他人，甚至包括那些它们伤害过的人。

我们并不是唯一面对艰难调整过程的国家，英国金融部门比美国所面临的情况更糟糕，苏格兰皇家银行在破产前曾是欧洲最大的银行。在 2008 年的这次危机中，苏格兰皇家银行的损失却比世界上任何一家银行的损失都要大。像美国一样，英国也同样存在房地产泡沫，并且现在也破灭了。为了适应新的现实环境，可能需要减少多达 10% 的消费。[26]

前景

政府不曾有意识地致力于建设或者重新建设经济，除了战争时期，政府曾为了进入或者退出战争状态而对经济采取过措施。在第二次世界大战期间，这一经济举措进行得非常好。虽然我们并非有意识地这么做，但这并不意味着公共政策没有影响到我们的社会。艾森豪威尔的高速公路项目创建了现代化的郊区，但同时也存在许多的缺陷，包括能源、排放以及通勤时间方面的成本，该项目毁掉了一些城市，并由此产生了很多社会问题。

我在第 7 章中讲述过，不管你喜不喜欢，现代社会需要政府起很大作用：从制定规则并强制执行，到提供基础设施、资助研究、提供教育、健康以及各种形式的社会保障。这些支出中有很大一部分是需要长期支出的，并且很多也是有长期影响的，艾森豪威尔的高速公路项目就是一个典型的例子。如果想把这笔钱花得非常合理，我们就不得不认真地想一想我们需要什么、我们要实现什么目标。

在本书中我们看到了许多变化，这些变化相互作用并改变着市场和我们社会的本质，这使得我们更加远离个人和团体（包括政府）之间更加和谐的前景；更加远离经济活动和非经济活动之间更加平衡的状态；更加远离市场和国家之间更加平衡的角色关系；更加远离通过信任加以协调的个人关系，取而代之的是依靠法律强制执行的市场协调关系。

我们看到短期盈利主义现象在一些个人、公司和政府当中持续地增多。如前所述，美国许多经济部门中（包括金融部门）近期出现的问题部分原因都在于过分重视短期收益，这本身就是管理资本主义的一方面表现。长期的成功需要对长期进行思考，需要前景规划，但是我们却通过鼓励短期行为来构建自己的市场，而且我们还不希望政府来填补这个鸿沟。关于政府是否要长远打算的争论更加激烈，尽管政治家短期打算的动机与公司经理的动机同样强烈，有时甚至更强。

从长远打算意味着有一个长远的目标。吉尔·米歇尔，法国战略投资基金的带头人，曾经很深刻地描述过，"国家有权利来设立一个远期目标"，"政府当局应该关注我们国家工业结构的性质和演化，这是法律赋予它们的责任。"[27] 经济理论中关于外部性的存在为他的这一说法提供了部分理论根据，外部性是本书经常讨论的主题。一个新的产业或产品的发展能够对其他产业或产品产生一系列的连锁效应，企业家可能看不到这个好处，或者即使他能看到这个好处，但是他却不能占为己有。

在某种意义上来说，政府只能支出它能够支付的钱，它就不得不做出长远的打算，无论小的方面还是大的方面：国家究竟应该依赖于耗油车，还是依赖于像航空和铁路运输这样的公共运输工具；经济应该重点关注科研、创新、教育，还是制造业。2009 年 2 月通过的财政刺激方案暴露了如果没有长远规划将会出现的后果：当教育系统不得不解雇教师、大学不得不大幅度地削减开支时，国家却正在修建新的公路；当政府应该鼓励投资时，它却在实施减税政策以鼓励居民消费。

政治、经济和社会——美国式腐败

我们讨论的许多问题长期以来都一直在引起人们的关注，然而解决这些问题的进度却非常慢。究竟为什么一个人才济济甚至可以将人类送上月球的国家，现在却不能更好地解决这些问题呢？

艾森豪威尔总统曾经警告过工业和军事联合形成的"合成体"有多么的危险。[28] 但是在上半个世纪，类似的"合成体"却进一步得到扩展，这些塑造美国经济和社会政策的特殊利益集团包括金融、制药、石油和煤等。由于它们的政治影响力，使得政府几乎不可能制定合理的政策。在某些情况下，说客在解释复杂的社会和经济现象时扮演着很重要的角色，但他们明显带有倾向性。甚至在一些关键问题上，他们的举止无异于赤裸裸地抢劫，政府近期对药品的采购就是一个典型，作为药品的最大买家，政府竟然没有与卖家讨价还价。但是，无论是在这次危机爆发之前还是在危机进行中，金融部门的表现都是最差的。

当美国完全被竞选捐助、说客以及"走马灯似的用人机制"蒙蔽双眼时，美国很难实现它所向往的任何长远目标。也许现在我们能勉强地应付过去，但是我们要付出多少代价？子孙后代又要付出多少代价呢？这次危机应该是一个觉醒的信号：要付出的代价是相当高的，即使是世界上最富有的国家也承担不起。

结论性评语

我是在危机发生时写的本书，现在自由坠落的感觉已经消失。也许当本书出版的时候，此次危机已经过去了，也许经济已经恢复到充分就业状态，虽然这不太可能发生。

我曾经说过美国和全世界所面临的问题不只是对金融体系进行微小的调整就可以解决的。有些人声称我们只是管道出现了点儿小问题，水管被堵住了而已，于是请来当初安装这个管道的水管工（实际上正是他将一切变得如此混乱），认为可能只有他才知道如何疏通。然而，我们却从来不计较他们是否对我们收取了过高的安装费和维修费，当通水设施重新运作时，我们感激不尽，然后迅速付账，同时祈祷但愿这次比上次修得好。

但是，事实上远不止"疏通管道"这么简单：金融体系的失败只是经济体系更大范围失败的一个标志而已，而经济体系的失败反映了我们社会存在着更深层次的问题。人们对究竟想要什么样的金融体系还没有明确的概念时，就实施了救市计划，现在这样的结果是那些曾让我们陷入混乱中的政治力量所一手造成的。既然我们并没有改变政治体制，那么面对这样的救市结果，我们就不应该感到惊讶。然而，希望这种政治体制的变化是有可能的，不是可能发生，而是必须要发生。

此次危机必然会引起一些变化，我们不可能再回到危机爆发前一样的世界。但是，问题在于，这些变化究竟有多么的深刻和彻底？它们是否在向着正确的方向改变？我们没有紧迫感，而且到目前为止，已发生的变化并没有预示着有一个光明的前景。

在有些地区，几乎可以肯定地说，监管制度得到了改进，过度的杠杆化投机被抑制住了。但是在另外一些地区，直到本书出版，几乎都没有什么明显的改进，而是继续允许那些"大而不倒"的银行像危机发生前一样行事，允许让纳税人遭受巨大损失的场外交易衍生品继续出售，而且金融主管依旧拿着巨额的红利。在这些地方，也会做一些表面文章，但距离我们的要求却远远不够。还有一些地区，仍然会继续放松监管，它导致的震惊后果就是：要不是大家一致反对，可能随着《萨班斯—奥克斯利法案》的严重削弱，为普通投资者提供的基本保护将险些被破坏。该法案是在安然丑闻和其他互联网公司丑闻发生之后，由一名共和党总统在一次共和党议会中签署生效的。

在此次危机中，有好几个关键领域的问题已经变得很糟糕了。我们不仅改变了制度，使得金融部门获得了过多的关注，还改变了资本主义的规则。前面已经说过，人们推崇的社会制度几乎不存在市场纪律。我们创造了一个伪资本主义，这种资本主义没有明确的社会规则，但却有着可以预见的结果：未来的危机；无论新的监管制度做出什么样的承诺，公共支出都承担着过度的风险；社会效率越来越低。我们也曾经表明透明度的重要性，但是却允许银行大范围地操纵它们的账目。在以前的危机中，人们担心的是道德风险以及救市产生的逆向激励问题，但这次危机的规模之大，引发了人们更新的思考。

游戏规则已经在全球范围内发生了改变，华盛顿共识政策及其背后的市场万能论的基本意识形态已经没有生命力了。过去，可能还会针对发达国家和发展中国家之间是否存在平等的竞技场进行一番争论，现在已不需要争论了。发展中国家不能向发达国家那样支持它们的公司，这也改变了发展中国家承受的风险，使它们看到了因管理不善而导致的全球化风险。但是更好地管理全球化的改革仍然很遥远。

汉语中的危机表示的是"危险"和"机遇"，这已是老生常谈了。我们已经看到了危险，现在的问题是：我们能否把握住机遇，恢复市场和国家、个人和团体、人类和自然、手段和目的之间的平衡呢？现在，我们面临一个可以创造全新金融体系的机遇，那是人类真正需要的金融体系；我们面临一个可以构建全新经济体系的机遇，它为那些需要工作的人们提供有意义的工作和体面的劳动，在这一经济体系中，贫富差距不是越来越大，而是在不断缩小；最重要的是，我们还面临一个能够建立全新社会的机会。在这个全新社会中，每个人都能实现自己的理想，充分发挥自己的潜能；人们能够共同分享理想和价值，能够建立一个善待环境的团体，这从长远来看是十分必要的。以上这些都是机遇。现在，如果我们抓不住这些机遇，那才是真正的危险。

致　谢

　　在过去的几年里，当我看到危机开始产生然后失控时，我就开始专心致志地研究这场危机了。得益于与全世界不同国家数百人的上千次谈话，我的观点渐渐成形，我也逐渐理解了到底发生了什么。我需要感谢的人员名单如果列出来可能要写满像这样的一本书了。在书中，我只是列出其中一部分，我无意冒犯其他没有提到的人，在文中提到的一些人也许不应包含在我的阵营中，也许他们的结论与我的会有很大差异。在危机发生的前几年里，我与史蒂芬·罗奇、诺瑞尔·鲁比尼、乔治·索罗斯、罗伯特·希勒、保罗·克鲁格曼和罗布·韦斯科特进行过的讨论是非常珍贵的，他们所有人与我一样对前景表示悲观。我用很长时间与联合国首脑大会关于重建国际货币金融体系委员会的专家委员会的成员们讨论全球经济危机以及应对之策，那时我担任该委员会的主席。我由衷地感谢他们提供的一些观点，并感谢他们使我更好地理解了危机是怎样影响整个世界的。

　　我也非常庆幸自己身处有利位置，不仅可以看到关于危机怎样影响全世界的第一手资料，而且也与很多发达国家和发展中国家的总统、国务卿、财政部部长以及央行的官员和他们的经济顾问探讨这些影响，其中包括的国家有英国、美国、冰岛、法国、德国、南非、葡萄牙、西班牙、澳大利亚、印度、中国、阿根廷、马来西亚、泰国、希腊、意大利、尼日利亚、坦桑尼亚和厄瓜多尔等。

自从20世纪80年代后期美国贷款危机后，我就一直在撰写关于金融监管方面的内容，该领域的合著者对我的影响也是十分显著的，他们来自斯坦福大学和世界银行，有凯文·穆尔多克、托马斯·赫尔曼、格里·卡普里奥（现在威廉姆斯学院）、玛莉露·乌伊和帕·郝诺汉（现在是爱尔兰中央银行的官员）等。

我十分感谢迈克·格林伯格，他现在是马里兰大学的法律教授，也是美国期货交易委员会交易和市场部的主任，在关键时期，该部门曾努力对衍生品进行监管；感谢兰德尔·多德，他现在是国际货币基金组织的官员，曾经是金融政策论坛及衍生品研究中心的成员，他使我对衍生品市场的问题增进了了解。还要感谢那些帮我形成观点的人们：原世界银行官员、香港证券及期货事务监察委员会前主席沈联涛；印度储备银行前行长雷迪；美国证券交易委员会前主席亚瑟·列威特；在解决瑞典银行危机中发挥核心作用的莱夫·帕格罗茨基；马来西亚中央银行行长扎蒂·阿齐兹，他在帮助马来西亚摆脱金融危机中发挥了重要作用；感谢英国金融服务管理处前主管霍华德·戴维斯，他现在在伦敦政治经济学院任职；得克萨斯大学的杰米·加尔布雷斯；哈佛大学的理查德·帕克和肯尼思·罗格夫；曾供职于国际清算银行的安德鲁·克罗克特和比尔·怀特；首次带我到冰岛中央银行的首席经济学家玛·古德蒙森，现在是冰岛中央银行行长；芝加哥大学的路易吉·津加莱斯；华威大学的罗伯特·斯基德尔斯基；中国社会科学院世界政治与经济研究所所长余永定；托宾项目和哈佛法学院的大卫·莫斯；伊丽莎白·沃伦和大卫·肯尼迪也来自哈佛法学院；美国劳工联合会—产业工会联合会的联席总顾问达蒙·西尔弗斯；牛津大学的农加尔·伍兹；哥伦比亚大学的乔斯·安东尼奥·奥坎波、佩里·梅林、斯特凡尼·格里菲斯·琼斯、帕特里克·博尔顿和查尔斯·卡洛米里什；华盛顿大学的基斯·莱弗勒。

　　幸运的是，有一些优秀并勇敢的记者帮助我深入挖掘出金融部门发生的事件并将其曝光。那些文章和一些扩展的访谈和案例使我受益匪浅，比如与格雷琴·摩根森、劳埃德·诺里斯、马丁·沃尔夫、乔诺·塞拉、大卫·韦塞尔、吉莲·邰蒂和马克·皮特曼的访谈。

　　尽管我对国会不满，但要给予国会众议员、联合经济委员会联合主席卡罗琳·马洛尼很多赞誉，因为她做出很多努力，并且我很感激她在许多相关问题上与我的多次讨论。不论怎样通过立法，都会印有带有国会众议员巴尼·弗兰克的印章，因为他是众议院金融服务委员会的主席，与他和他的首席经济学家大卫·史密斯的多次交谈以及在他的委员会面前作证的经历都弥足珍贵。尽管本书对奥巴马政府的一些措施表示不满，我还是要感激奥巴马政府经济团队（包括盖特纳、萨默斯、贾森·弗曼、古尔斯比和彼得·欧尔萨格），这个团队与我分享了他们的愿景并帮助我理解他们的策略。我还要感谢国际货币基金组织的常务董事多米尼克·斯特劳斯－卡恩，他不仅在这些年里与我进行了大量的交谈，并且在重构国际货币基金组织中也付出了很多努力。

　　还要单独感谢两个人，他们在我形成本书观点的过程中给了我很多影响：普林斯顿大学往届毕业生罗布·约翰逊，他对这次危机提供了不同的看法，他曾供职于私人部门和公共部门，在储蓄和贷款困难时期，他担任参议院银行事务委员会的首席经济学家，他也在华尔街工作。另外一位是布鲁斯·格林沃尔德，作为我的合著者已有20多年了，他是哥伦比亚大学的金融学教授，他在本书涉及的每个领域中总能带给我深入并有创造性的观点，从银行业到全球储备再到大萧条的历史。

　　本书的部分早期版本出现在《名利场》中，并且我在这里要由衷地感谢编辑卡伦·墨菲，因为他在这些文章的成稿和编辑方面发挥了重要的作用。

在本书的创作中，我感到特别的幸运，因为我有一流的研究助理团队（乔纳森·丁格尔、伊泽特·耶尔德兹、塞巴斯蒂安·伦多和丹·乔特），他们给予了我很多帮助。还有我的编辑助理戴德利·希汗、雪莉·普拉索和杰西·柏林。吉尔·布莱克福德不仅监督了整个进程，而且在从研究到编辑的每个阶段都做出了很多贡献。

再次声明，能与美国诺顿出版公司和企鹅集团一起合作我感到十分的荣幸，布伦丹·加里、德雷克·麦克法利和斯图尔特·普罗菲特的编辑整理及详细评论都是非常有价值的。玛丽·巴布科克在格外紧张的最后期限进行了超负荷的审稿工作。最后我要特别感谢安雅·谢芙琳，从讨论本书基本思想到编辑手稿，她都给予了我太多的帮助，没有她就不可能有本书的面世。

前言

1　Sharon LaFraniere. China Puts Joblessness for Migrants at 20 Million ［ N ］. *New York Times*, February 2, 2009, p.A10. 联合国秘书处经济与社会事务部估计，相对于危机前的经济持续增长情形，此次危机将会让7300万到1.03亿的人变穷甚至陷入贫困。United Nations. World Economic Situation and Prospects 2009. May 2009. 国际劳工组织（ILO）估计全球失业人数将在2009年年底增加5000多万人，其中2亿工人被推进极端贫困的状态。资料来源于国际劳工组织主任在会议上的发言：Tackling the Global Jobs Crisis: Recovery through Decent Work Policies. June 2009.

2　贝尔斯登是第一个遭到破产命运的大型投资银行，其破产让纳税人付出了数十亿美元的代价，当银行委员会的参议员询问这家公司的CEO艾伦·施瓦茨，问他是否认为自己犯了什么错误的时候，艾伦·施瓦茨回答说："我可以向你保证，这个问题我已经思考了很久，事后回过头来看，可以说，如果我已经确实知道将会发生什么，我们一定会事先采取行动以避免发生这种情况。我们只是没能预料到这些事情……这些事情与我们遇到过的事情是不一样的"。此为艾伦·施瓦茨面对美国银行、住房和城市事务委员会参议员的证词，资料来源：*Turmoil in U.S. Credit Markets: Examining the Recent Actions of Federal Financial Regulators*. Washington, DC, April 3, 2008.

3　Luc Laeven and Fabian Valencis. Systemic Banking Crises: A New Database. *International Monetary Fund Working Paper*, WP/08/224, Washington, DC, November 2008.

4　乔治·W. 布什在接受采访时说："此次经济的下滑主要是因为我们建造了太多的房子"，资料来源于 2008 年 2 月 18 日 NBC 的柯莉在今日秀节目中的采访。

5　Bob Woodward. *Maestro: Greenspan's Fed and the American Boom*. New York: Simon and Schuster, 2000.

6　政策存在差异有另外一种解释：即使进行援助是美国和欧洲的社会责任，但它们所采取的行动本质上都是其各自选民利益的反应。否则对于美国人和欧洲人而言，这些强加给东南亚的政策是不能被选民接受的。同样的原因，在东南亚，国际货币基金组织（IMF）和美国财政部采取的行动也是它们各自选民利益的产物，这些选民都是金融市场的债主，他们只关心去"修正"这些债务国的环境。这方面内容的进一步讨论请参见 Joseph E. Stiglitz. *Globalization and Its Discontents*. New York: W. W. Norton, 2002.

7　美国劳工部、劳动统计局，有关消费价格指数、所有城镇消费者的统计数据都可以在美国劳工部网站上获得。

8　Susan S. Silbey. *Rotten Apples or a Rotting Barrel: Unchallengeable Orthodoxies in Science*. Arizona State University Law School, March 19 ～ 20, 2009. 那些对危机负有责任的人中只有很少一部分人露出马脚导致东窗事发。他们中的大多数人在其律师的协助下逍遥法外，他们雇用的说客努力说服法官，争取能给他们最大的自由。尽管如此，这些被指控的人员名单仍然正在变长。如果艾伦·斯坦福面临的 21 项指控成立，他将被判处 375 年监禁，这些指控包括价值数十亿美元的欺诈、洗钱以及阻碍司法。协助斯坦福的首席财务官詹姆斯·戴维斯也承认犯有如下罪行：三宗邮件欺诈、密谋欺诈和密谋阻碍调查。两名瑞士信贷集团的经纪人被指控犯有向客户说谎的罪行，这些罪行导致了客户 9 亿美元的损失。其中一人已经入狱，另外一人已经认罪。

9　存在一种明显的反驳理由：情况变化了，如果这些国家（东南亚）也追求扩张的财政政策，效果将会适得其反。但是值得注意的是，那些追随传统凯恩斯政策的国家（如马来西亚）的经济要比被迫接受 IMF 政策的国家表现得更好。为了获得更低的利率，马来西亚不得不临时限制了资本的流动，但马来西亚的衰退要比其他东南亚国家更加短暂和轻微，也产生了更少的债务。参见 Ethan Kaplan and Dani Rodrik. Did the Malaysian Capital Controls Work? in S.Edwards and J. Frankel (eds.), *Preventing Currency Crises in Emerging Markets*, Boston: NBER, 2002.

10　在这个国际救助的清单中，我们应该加入"国内"救助，这些救助国家的政府不得不在没有其他国家帮助的情况下救助自己的银行。在这个长长的清单中，应该包括 20 世纪 80 年代美国的储贷崩溃、20 世纪 80 年代后期和 90 年代早期的斯堪的纳维亚银行危机。

11　很多人指责马来西亚政府和私人部门过于亲密的合作为"马来西亚公司制"，在那场危机中，政府和私人部门之间的合作被重新标上裙带资本主义的标签。

12　更加标准的解释参见 Nicholas Lardy. *China's Unfinished Economic Revolution.* Washington, DC: Brookings Institution Press, 1998. 具有讽刺意味的是，不是中国而是美国的银行先崩溃了，尽管这些国家都是太平洋两岸的国家。

13　在 2002 年，阿根廷的产出相对于 2001 年下降了 10.9%，相对于 1998 年的经济高峰累计下降了 8.4%，总共失去了 18.4% 的产出，降低超过 23% 的人均收入。由于消费、投资和产出的巨大萎缩，危机还造成 26% 的失业率。资料来源：Hector E. Maletta. A Catastrophe Foretold: Economic Reform, Crisis, Recovery and Employment in Argentina. September 2007.

14　在一项包括 8 个北美和欧洲经济体（英国、美国、德国、加拿大、挪威、丹麦、瑞典和芬兰）的研究中，美国拥有最低的代际收入流动性。美国的代际收入的偏相关系数（一种测量代际收入停滞的指标）是北欧国家的两倍，只有英国的这个指标与美国接近。研究认为将美国视为"机会的乐土"的想法明显是不合时宜的。资料来源：Jo Blanden, Paul Gregg and Stephen Machin. Intergenerational Mobility in Europe and North America. London School of Economics Centre for Economic Performance, April 2005. 法国的代际收入流动性也超过美国，参见 Arnaud Lefranc and Alain Trannoy. Intergenerational Earnings Mobility in France: Is France More Mobile than the US? *Annales d'Économie et de Statistique*, No.78. April ～ June, 2005, pp.57-77.

15　国际学生评估计划（PISA）是一套国际学生素质评估系统，它用于每三年一次的评估 15 岁孩子在读写、数学和自然科学等方面的能力。平均而言，美国学生的得分低于经济合作和发展组织（OECD）的 30 个成员国的平均水平，各项得分对比情况是：自然科学能力对比得分是 489 对 500；数学能力对比得分是 474 对 498；在自然科学方面，美国学生落后其他 29 个 OECD 国家平均得分 16 分，而数学方面落后 OECD 其他国家平均得分 23 分。参见 S. Baldi, Y. Jin, M. Skemer, P. J. Green and D. Herget. Highlights from PISA 2006: Performance of U.S. 15-Year-Old Students in Science and Mathematics Literacy in an International Context, NCES 2008-016. U.S. Department of Education, Washington, DC: National Center for Education Statistics, December 2007.

第1章

1 Milton Friedman and Anna Schwartz. *A Monetary History of the United States*, 1867 ～ 1960. Princeton: Princeton University Press, 1971. ; Barry Eichengreen. Golden Fetters: The Gold Standard and the Great Depression, 1919 ～ 1939. Oxford: Oxford University Press, 1995.

2 从 2000 ～ 2008 年，中等家庭的实际收入（经过通货膨胀调整）减少了大约 4%。在 2007 年经济扩张后的收入依然比 2000 年扩张结束时的收入低 0.6 个百分点。参见美国人口普查局的 Income, Poverty, and Health Insurance Coverage in the United States: 2008. Current Population Reports, September 2009.

3 参见 James Kennedy. Estimates of Mortgage Originations Calculated from Data on Loans Outstanding and Repayments. November 2008. 还可参见 Alan Greenspan and James Kennedy. Estimates of Home Mortgage Originations, Repayments, and Debt on One-to-Four-Family Residences. Finance and Economics Discussion Series, Division of Research and Statistics and Monetary Affairs, Federal Reserve Board, Working Paper 2005-41, September 2005.

4 高科技泡沫是另外一段故事，有关其详细说明请参见 Joseph E. Stiglitz. *Roaring Nineties: A New History of the World's Most Prosperous Decade*. New York: W. W. Norton, 2003.

5 2000 年 3 月 9 日纳斯达克指数（通常用来测量科技股表现的指数）收于 5046.86 点的高位，而在 2002 年 10 月 9 日，该指数收于 1114.11 点的低位。资料来源：谷歌财经，纳斯达克指数的历史价格。

6 美国能源信息部，"石油导航者"数据库，美国日进口原油几千桶（2009 年 8 月 28 日数据），原油价格是根据所有石油出口国出口数量加权平均的离岸现货价格（每桶以美元标价）（2009 年 9 月 2 日数据）。

7 艾伦·格林斯潘经常因保持了低通货膨胀而备受赞誉，但是，实际上这并不是美国独有的现象，世界上很多国家都有低通货膨胀现象。

8 这一切都是怎么发生的是一个可以广泛讨论的主题。部分原因是，像很多贸易公司一样，银行也持有"存货"。还有就是，在复杂的金融产品的反复包装过程中，它们可能已经被自己的计算所愚弄。它们自己持有了很多的证券并承担着一些风险，其中有些资产是以表外资产的形式出现，这样它可以记录反复包装过程中产生的费用收入，而无须将那些没有销售掉的产品的风险记录下来。在后面的章节，我们将讨论产生这种表外业务活动的动机。

9　经济分析局. National Income and Product Accounts Table, Table 6.16D. Corporate Profits by Industry.

10　对于为什么市场给予风险如此低的回报，普遍的观点是无风险利率太低的缘故，此时人们蜂拥买入回报率稍高的风险资产，抬高了这些资产的价格，却压低了这些风险资产的回报率。华尔街也有相似的观点：当美联储提高它们的利率时，华尔街长期利率与短期利率之间的差距就被减少了。2004 年 6 月时很多人说，如果他们想要获得和以前一样的收益，他们将"不得不"买入更多的风险资产。这就像强盗在为自己辩护时会说，老老实实赚钱已经没法过日子了，我们不得不为生计而犯罪。不管利率如何，投资者会坚持要求为他们承受的风险获得足够多的补偿。美联储从 2004 年 6 月～ 2006 年 6 月提高了 17 次利率（每次 25 个基点），将美联邦基准利率从 1.25% 增加到 5.25%。参见美联储. Intended Federal Funds Rate, Change and Level, 1990 to Present, December 16, 2008. 在那段时间里，美国的 10 年期国债收益率从 2004 年的 4.7% 降低到 2005 年 6 月的 3.9%，然后升至 2006 年 6 月的 5.1%。参见 10 年期国库券。因此，收益率曲线明显比较平坦，实际上直到 2006 年 6 月才发生反转。

11　艾伦·格林斯潘于 2004 年 2 月 23 日在国家信用联合协会在华盛顿特区举办的政府事务会议上的发言。还可参见第 4 章的讨论。

12　Alan Greenspan. The Fed Didn't Cause the Housing Bubble. *Wall Street Journal*, March 11, 2009, p. A15.

13　美联储通常关注于短期政府利率，允许市场去决定长期利率，但这只是其自己规定的，在危机期间，美联储更愿意也有能力影响其他利率。

14　CRA 的贷款质量是可以与其他次级贷款相媲美的。事实上，作为一个典型的 CRA 计划中的贷款，美国邻居社区贷款的逾期欠款率还低于次级贷款的逾期欠款率。参见 Glenn Canner and Neil Bhutta. Staff Analysis of the Relationship between the CRA and the Subprime Crisis. memorandum, Board of Governors of the Federal Reserve System, Division of Research and Statistics, November 21, 2008. 以及 Randall S. Kroszner. The Community Reinvestment Act and the Recent Mortgage Crisis. speech at Confronting Concentrated Poverty PolicyForum, December 3, 2008.

15　房地美购买了总计 1580 亿美元的这些产品，占 2006 ～ 2007 年全部次级和另类 A 级证券化产品总量的 13%，房利美购买了另外 5%。向两房提供证券化产品的最大几家公司包括：加州卡拉巴萨斯的全国金融公司、加州艾尔文的新世纪金融公司和 Ameriquest 抵押贷款公司，这些贷款公司要么破产、要么被出售。两房是美国最大的此类贷款购买者。参见 Jody Shenn. Fannie, Freddie Subprime Spree

May Add to Bailout. *Bloomberg*, September 22, 2009.

16　为什么金融部门没能很好地完成其核心社会功能的一个原因是：处于该部门中的
人们根本不知道他们的核心功能是什么。但是，在一个运行良好的市场经济中，
人们认为市场会提供一种激励机制，这种机制会诱导自利的个体来完成社会的总
体利益，尽管市场参与者自己也不清楚这种机制是如何发生作用的。

17　在 78 年前，Adolf Berle and Gardiner Means 在其经典著作 *The Modern Corporation
and Private Property*. New York: Harcourt, Brace and World, 1932 中就已经强调了
所有权和控制权的分离，而且从那以后，由于大量养老金储蓄的存在而使这一
问题变得更加严峻。这些基金管理者甚至都不想对企业实施控制。约翰·梅纳
德·凯恩斯对投资者的这种短视行为表示了广泛的关注。他认为投资者就像选
美比赛中的评委，他们并不是判定谁是最美的选手，而是揣测其他评委会怎么
选（《就业、利息与货币通论》，第 12 章，Cambridge, UK: Macmillan Cambridge
University Press, 1936.）。自从凯恩斯的著作之后，事情毫无疑问地又一次变得更
加糟糕。我本人的一些研究也帮助 Berle 和 Means 的学说建立了更加坚实的理论
基础。参见 J.E. Stiglitz. Credit Markets and the Control of Capital. *Journal of Money*,
Banking, and Credit, vol. 17, no.2, May 1985, pp.133 ～ 152 以及 A. Edlin and J. E.
Stiglitz. Discouraging Rivals: Managerial Rent-Seeking and Economic Inefficiencies.
American Economic Review, vol. 85, no.5, December 1995, pp.1301 ～ 1312.

18　2009 年 10 月的失业率为 17.5%，这个季节性调整的失业率的计算方法是：（所有
失业人员 + 边际临界工人 + 由于经济原因而只能参加非全日工作的人员）/（所有
劳动人口 + 所有的边际临界工人）。劳动统计局. Current Population Survey: Labor
Force Statistics, Table U-6. 译者注：边际临界工人包括因为劳动市场的相关原因
（如缺乏必须的教育、训练、技能或经济，甚至是雇主对应征者的歧视）而没去找
工作的怯志工作者以及那些想要且能工作但却因为个人因素（如照顾婴儿、家庭
责任及交通问题）而并没去找工作的工作者。

19　美联储主席本·伯南克在参加美国国会联合经济委员会前的声明，华盛顿特区，
2007 年 3 月 28 日。

20　抵押资产的买卖双方都没能意识到，如果利率升高或者经济步入衰退，那么房
地产泡沫将会破灭，很多人都会陷入麻烦，而现实发生的情况就是这样。我将
在后面说明证券化会产生信息不对称问题，并会削弱人们追求良好信用等级的
动力。参见 Joseph E. Stiglitz. Banks versus Markets as Mechanisms for Allocating
and Coordinating Investment. in J. Roumasset and S.Barr (eds.), *The Economics of
Cooperation*. Boulder, CO: Westview Press, 1992.

21 如前面所说，在危机发生的前一年，由于高油价，国内需求已经被大大削弱。在很多国家都存在抑制国内总需求的高油价和收入差距加大的问题。从 20 世纪 80 年代中期到 21 世纪的前 5 年左右，3/4 的经济合作与发展组织（OECD）国的收入不平等程度都加剧了，在过去的 5 年，2/3 的 OECD 国家出现日益严重的贫困和收入不均问题。参见 OECD. Growing Unequal? Income Distribution and Poverty in OECD Countries, Paris, October 2008.

22 在《全球化及其不满》一书中，我对产生不满的原因给出了更加详细的解释：IMF 的政策经常是根据有瑕疵的市场万能论思想制定的（我在本章中已经讨论过），这些政策往往将经济低迷恶化为经济衰退，再将经济衰退恶化成经济萧条，这些政策也带来了令人难以接受的经济结构和阻碍经济增长的宏观政策，导致更加严重的贫困和不平等。

23 Daniel O. Beltran, Laurie Pounder and Charles P.Thomas. Foreign Exposure to Asset-Backed Securities of U.S. Origin. Board of Governors of the Federal Reserve System, International Finance Discussion Paper 939, August1, 2008.

24 正如我在后面将要解释的那样，因为外国基金的购买可能也会加剧泡沫，所以这种影响可能会变得更加复杂。

25 因为后来英国政府（比如玛格丽特·撒切尔时代的英国）将"松"管制政策作为吸引金融机构的有力竞争工具，所以客观公正地说，一些国家是自己主动将放松管制思想引入其国内的。但最终，英国还是得不偿失。

26 An Astonishing Rebound. Economist, August 13, 2009, p.9.

27 尽管很努力，英国的放贷还是依然受到限制。准确地确定什么是"公平回报"并不很容易。但是，作为对政府提供资金和承担风险的补偿，纳税人还是获得了足够多的股权（对未来影响收入的索取权）。后面我将说明，一个认真研究美国救助行为的报告表明，美国纳税人并没有获得公平的回报。

28 Joseph E. Stiglitz. Monetary and Exchange Rate Policy in Small Open Economies: The Case of Iceland. Central Bank of Iceland, Working Paper 15, November 2001.

29 Willem H. Buiter and Anne Sibert. The Icelandic Banking Crisis and What to Do about It: The Lender of Last Resort Theory of Optimal Currency Areas. Centre for Economic Policy Research (CEPR) Policy Insight 26, October 2008.

30 1976 年，英国向国际货币基金组织（IMF）求援。

31 冰岛银行对国外的负债总计为 1000 亿美元，而该国的 GDP 却只有 140 亿美元。参见 Iceland Agrees Emergency Legislation. Times Online (UK), October 6, 2008, http://www.timesonline.co.uk/tol/news/world/europe/article4889832.ece. 2009 年 8

月冰岛议会通过法案，同意偿还英国和荷兰政府 60 亿美元的资金，用以补偿这些国家在金融危机期间向其在冰岛有存款的本国储户进行的先期支付。参见Matthew Saltmarsh. Iceland to Repay Nations for Failed Banks' Deposits. *New York Times*, August 29, 2009, p.B2. 但是英国和荷兰政府反对该法案中有关偿还保证期到 2024 年结束的条款。2009 年 10 月，冰岛同意新的条件，承诺如果到 2024 年没有清偿全部债务，可以再向后展期 5 年。清偿上的意见分歧也搁浅了 IMF 向冰岛的资助。参见 Iceland Presents Amended Icesave Bill, Eyes IMF Aid. Reuters, October 20, 2009.

32　资本市场自由化意味着允许短期资金自由出入一个国家，该国不能用这些热钱建造工厂和学校，但是这些热钱还是会给一国经济造成波动。金融市场全球化要求一国向外国金融机构开放。越来越多的证据表明外国银行很少向中小企业贷款，然而很多时候，中小企业对全球冲击的反应非常强烈（比如眼前这场危机），因此，也会造成更大的波动。也有证据表明，资本市场一体化并没有如其所愿地减少经济波动，提高经济增长。参见 Eswar Prasad, Kenneth Rogoff, Shang-Jin Wei and M. Ayhan Kose. Effects of Financial Globalisation on Developing Countries: Some Empirical Evidence. *Economic and Political Weekly*, vol.38, no.41, October 2003, pp.4319 ～ 4330; M. Ayhan Kose, Eswar S. Prasad and Marco E. Terrones. Financial Integration and Macroeconomic Volatility. IMF Staff Papers, vol.50, Special Issue, 2003, pp.119 ～ 142; Hamidur Rashid. Evidence of Financial Disintermediation in Low Income Countries: Role of Foreign Banks. Ph.D. dissertation, Columbia University, New York, 2005; Enrica Detragiache, Thierry Tressel and Poonam Gupta. Foreign Banks in Poor Countries: Theory and Evidence. International Monetary Fund Working Paper06/18, Washington, DC, 2006.

第 2 章

1　约翰·肯尼斯·加尔布雷斯是 20 世纪最伟大的经济学家之一，也是《大崩溃》一书的作者，有人问加尔布雷斯下一次萧条将会发生在什么时候，他预言性地回答：大萧条后出生的第一位总统上台后的 15 年。

2　Richard Wolf. Bush Mixes Concern, Optimism on Economy. *USA Today*, March 23, 2008, p.7A.

3　在一项评估获得退税款的人如何支出这笔款项的调查中，只有 1/5 的被调查者认为他们会因这笔退税款而增加支出；很多人认为他们要么将大部分钱储蓄起来，要么用其中的大部分钱来偿还债务。这项调查显示只有 30% ～ 40% 的退税款会被用于增加支出。参见 Matthew D. Shapiro and Joel Slemrod. Did the 2008 Tax Rebates Stimulate Spending? *American Economic Review*, vol.99, no.2, May 2009, pp.374 ～ 379.

4 与此同时，贝尔斯登认为它的账面价值超过每股 80 美元。一年前的 2007 年 3 月，贝尔斯登的股票价格是每股 150 美元，参见 Robin Sidel, Dennis K. Berman and Kate Kelly. J.P. Morgan Buys Bear in Fire Sale, as Fed Widens Credit to Avert Crisis. *Wall Street Journal*, March 17, 2008, p.A1.

5 2008 年 10 月，花旗银行（与其他 8 家银行一起作为问题资产拯救计划（TARP）的一部分）接受了 250 亿美元的现金注入，2008 年 11 月它再次接受 200 亿美元现金外加对其 3060 亿有毒资产给予保险的救助，紧接着，在 2009 年 2 月，政府再次将其 250 亿优先股转变成普通股。AIG 同样也接受了 3 次救助，包括 600 亿美元信用额度贷款、高达 700 亿美元的投资和 525 亿美元用以购买 AIG 的抵押挂钩资产。

6 刺激方案最终在 2009 年 2 月通过。美国的复兴法案包括超过 600 亿美元的清洁能源投资，具体为：110 亿美元投资更大、更好和更智能的电网建设，它将乡村地区可再生能源生产的电能输送到使用量巨大的城市，同时将有 4000 万个智能电表用于美国家庭；给低收入家庭进行 50 亿美元的房屋保温计划；45 亿美元用于联邦建筑物的节能和削减政府能源支出；63 亿美元用于州和地方可再生能源和节能计划；6000 万美元用于有关节能工作的培训计划；20 亿美元的竞标性补助资金用于下一代蓄能电池的开发。

7 Barack Obama. Renewing the American Economy. speech at Cooper Union, New York, March 27, 2008.

8 2009 年 9 月，日本财政部的贸易统计、一般的贸易统计以及年度和月度进出口价值数据可以参见日本政府网站。2009 年 8 月 7 日，德国联邦统计局 290 号新闻公告称"2009 年 6 月，德国出口同比下降 22.3%"。

9 房屋价格从 2006 年 7 月开始一直下跌到 2009 年 4 月，即使到了价格开始稳定的时候，我们还是不清楚这一结果是不是政府临时措施的结果，美联储史无前例地干预并降低抵押贷款利率，而且对第一购房者采取帮扶计划。48 个州面临着预算不足，缺口达到州预算总额的 26%，这迫使 42 个州政府解雇雇员，41 个州减少了对居民提供的服务。参见标准普尔公司的新闻稿：The Pace of Home Price Declines Moderate in April according to the S&P/Case-Shiller Home Price Indices. New York, June 30, 2009; Elizabeth McNichol and Nicholas Johnson. Recession Continues to Batter State Budgets: State Responses Could Slow Recovery. Center for Budget and

Policy Priorities, October 20, 2009.

10　经过压力测试，很多银行被要求追加资本金，这些银行也成功地做到了这一点。很明显，尽管压力测试的测试压力并不大，但它还是恢复了一定的市场信心。

11　经济研究局，国民收入和生产账户，"表 2-1 个人收入及其支出（经季节性调整后的年储蓄率）"。

12　Chrystia Freeland. " First Do No Harm " Prescription Issued for Wall Street. Financial Times, April 29, 2009, p.4.

13　新的花旗主席说：银行家不是恶棍，CBS News.com, April 7, 2009.

14　匿名作者，"TARP 夫人的忏悔"康德纳斯组合，2009 年 5 月。

15　相对于没有救助，发展中国家的救助会使得其本币升值。经济复苏的一个主要途径就是增加出口，但是汇率升值会阻碍出口及经济复苏。1994 年的墨西哥救助可能对该国的复苏就没有什么帮助，而且可能还起到了负面作用。参见 D. Lederman, A. M. Menéndez, G. Perry and J. E. Stiglitz. Mexican Investment after the Tequila Crisis: Basic Economics, Confidence Effects or Market Imperfections? *Journal of International Money and Finance*, vol.22, 2003, pp.131 ～ 151.

16　Elizabeth Mcquerry. The Banking Sector Rescue in Mexico. Federal Reserve Bank of Atlanta Economic Review, Third Quarter, 1999.

17　还有许多其他因素导致了墨西哥接下来几十年糟糕的经济表现。参见 Lederman, Menéndez, Perry and Stiglitz. Mexican Investment after the Tequila Crisis. op. cit., and chapter 3, " Making Trade Fair " in Joseph E. Stiglitz, *Making Globalization Work*. New York: W. W. Norton, 2006.

18　Robert Weissman and James Donahue. Sold Out: How Wall Street and Washington Betrayed America. Consumer Education Foundation, March 2009.

19　1953 年，通用主席 Charlie Wilson 说道："这些年来，我一直认为对这个国家有好处的，就会对通用有好处；反之亦然。"U.S. Department of Defense, bio of Charles E. Wilson.

20　1997 ～ 1998 年东南亚金融危机之后，金融市场的做法就是这样。那时，有很多人在讨论改革全球金融架构。直到危机结束，讨论还在继续，但人们的兴趣已慢慢消失。政府并没有推行新的监管措施，而是依然继续加快放松监管。很明显，政府做得太少，这么少的措施无法阻止危机的再次产生。

21　本·伯南克在 2006 年 2 月上任，此后的几个月，次级抵押贷款强度（发放的次级抵押贷款占全部发放贷款的百分比）继续增加，并在 2006 年中期达到顶峰。参见 Major Coleman IV, Michael LaCour-Little and Kerry D. Vandell. Subprime Lending and the Housing Bubble: Tail Wags Dog? *Journal of Housing Economics*, vol.17, no.4, December, 2008, pp.272 ～ 290.

22　格林斯潘说："很多情况表明这个市场只是有一点点过热"，"我们不认为存在全国性的泡沫"，"如果有大量局部泡沫的话，那并不难被发现"参见 Edmund L. Andrews. Greenspan Is Concerned about "Froth" in Housing. *New York Times*, May 21, 2005, p.A1.

23　花旗集团季度金融数据附录，2008 年 10 月 16 日。

24　Mr. Obama's Economic Advisers. *New York Times*, November 25, 2008, p.A30.

25　Joe Hagan. Tenacious G. *New York Magazine*, August 3, 2009, p.28; Gretchen Morgenson. Time to Unravel the Knot of Credit-Default Swaps. *New York Times*, January 24, 2009, p.A1.

26　值得注意的是，英国银行的监管者 Mervyn King 则持不同的观点，他认为如果银行太大就不能倒闭的话，然么就让太大的银行不要存在，或者至少要严格限制这些银行的行为。该观点发表于 2009 年 6 月在伦敦市长官邸为伦敦银行家和商人举办的宴会上。参见 http://www.bankofengland.co.uk/publications/speeches/ 2009/ speech394.pdf，以及 2009 年 10 月 20 日他在爱丁堡苏格兰商业协会的演讲。

27　美国银行获得了 1630 亿美元的救助资金，在政府的许可下，银行计划在未来三年内支付超过 800 亿美元的红利。一些银行用在分红上的资金甚至比它们从政府获得的援助还要多。参见 Binyamin Appelbaum. Banks to Continue Paying Dividends. *Washington Post*, October 30, 2008, p.A1. 有 9 家获得政府援助的银行共支付了 330 亿美元的奖金，其中有 500 个雇员获得了超过 100 万美元的奖金。参见 Susanne Craig and Deborah Solomon. Bank Bonus Tab: $33 Billion. *Wall Street Journal*, July 31, 2009, p.A1.

28　有充足的理由担心经济会崩溃，因为现在的经济失去了方向。没有人清楚政府采取的所有措施最终会导致什么结果。毫无疑问，银行想从政府那里得到更多的支票，它们声称这是对经济造成最少伤害的做法。但是，正如我将在后面章节用更长篇幅阐述的那样，这种无限制地提供资金的做法的合理性是靠不住的，特别是到最后政府还保证几乎任何救助资金提供人可以随时撤走资金（例如短期资金提供者）。长期债券持有人可能会不高兴，因为按照规定，这些人不能将钱撤走。奥巴马政府担心如果人们不能谨慎地对待向银行提供资金的投资人，将来这些资金就不会再有了。这是一个合理的要求，毕竟资金要流向有回报的地方。如果私人部门不再提供资金，政府就需要显示它这方面的能力了。私人部门的表现可以看出其在管理风险和资金方面并没有什么竞争力；政府不会做得更糟，并且似乎会表现得更好。虽然没有持续的激励诱使政府一直把事情做好，但是它们受限于一定的责任感，至少不会做出掠夺性的行径。这样做存在一定的诉讼风险，但不论做什么都会有风险。尽管几乎可以肯定的是，国会的行动已经对信用违约互换产品产生了限制，但是在这个问题的处理方面，诉讼风险显得还是很重要的。

29　一个美国地区法官要求美联储在 5 天之内上交通过经济援助法案获得资金的公司的所有记录。参见 Mark Pittman. Court Orders Fed to Disclose Emergency Bank Loans. Bloomberg. com, August 25, 2009. 美联储发表声明它将对该法官的要求进行上诉。参见 Federal Reserve Appeals Court Order to Disclose Loans. Bloomberg. com, September 30, 2009.

30　这已经不是第一次试图绕过国会去帮助华尔街了。在国会拒绝听从克林顿政府的要求、以墨西哥债券的形式资助华尔街投资人的时候（这后来被称为墨西哥救助），罗伯特·鲁宾转而求助于汇率稳定基金，该基金成立于 1934 年，是为了其他目的而成立的，国会创立该基金是为了在国际金融市场动荡不安的时候稳定美元币值，因为当英国放弃金本位的时候，英国为了在国际贸易中增加竞争曾让英镑贬值。

31　2009 年第 3 季度经济增长 3.5%，这被认为是衰退结束的标志，但是认真分析就会发现其中的问题：有 1.6%，接近一半的增长是得益于"旧车换现金"计划（参见第 3 章），而其余 1.9% 的增长来自重建库存的结果。

32　Economic Report of the President. Washington, DC: U.S. Government Printing Office, 1996.

33　根据一项约翰逊协会的收费咨询项目，交易员的奖金预计将增长 60%，这些投资银行家原先只指望能够增长 15% ～ 20%。然而，7 家获得政府超常支持的公司的奖金发放将被限制。参见 Eric Dash. Some Wall Street Year-End Bonuses Could Hit Pre-Downturn Highs. New York Times, November 5, 2009, p.B3.

第 3 章

1　一些经济学家认为：乘数可能比这些建议的数值更大一些，因为投资的增加会提升消费信心（一种"信心乘数"）。如果投资刺激减少了失业，减少的失业又会降低工人的后顾之忧，他们就会被引导来消费更多，这样，所有的影响作用于经济就会产生更大的乘数。对于乘数发挥作用所需要的精确时间和目标是争论的焦点之一：如果实际的刺激效力低于承诺的刺激效力，将会产生一种负面的信心指数。财经人士通常高度重视信心指数，然而标准的经济模型却不会这样，它们更多地强调实际变量，如失业率和实际工资。更进一步来说，当利息率接近于下限零时，财政刺激的效力将会更高，正如美国近期的这次危机，其短期财政乘数很有可能高于 1.6。参见 L. Christiano, M. Eichenbaum and Sergio Rebelo. When Is the Government Spending Multiplier Large? NBER Working Paper 15394, 2009.10.

2　一些评估家将失业保险福利延伸到乘数中，认为乘数大约在 1.6。参见 Martin Schindler, Antonio Spilimbergo and SteveSymansky. Fiscal Multipliers. 国际货币基金组织情况说明，SPN/09/11, 2009.5.20.

3　从 1999～2006 年，也就是泡沫破碎的前一年，美国 5% 的最高收入人群的平均收入增加了 4.6%，而中等收入人群的平均收入却下降了 1%。参见美国人口普查局。Historical Income Tables, Tables H-3 and H-6, 2008.

4　不公平性与银行的紧急援助直接相关。当银行的票据和股份被视为高风险（风险太大以至于不能够被养老基金和其他安全对象持有）或者被许多对冲基金和其他投机商购买的时候，这种紧急援助对于债券持有者的保护程度相当的大。

5　Christina Romer and Jared Bernstein. The Job Impact of the American Recovery and Reinvestment Plan. 经济顾问委员会，2009 年 7 月 9 日。

6　劳工统计局. Employment Level (Seasonally Adjusted). 劳动人口统计数字显示，当前人口调查，2009 年 11 月。在执行 7 个多月方案之后，管理当局声称它们的消费方案已经创造了 64 万个工作岗位。参见 Elizabeth Williamson and Louise Radnofsky. Stimulus Created 640 000 Jobs, White House Says. Wall Street Journal, 2009.10.31, p.A5.

7　Paul Krugman. Averting the Worse. New York Times, 2009.8.10, p.A17. 正如我注释的那样，由于失业者和新受训者难以获得全职工作，因此，他们中的大多数人只能加入到兼职行列中，因而导致对失业问题规模的低估。

8　费城联邦储备银行. Forecasters See the Expansion Continuing. 2009 年第四季度调查的专业预测，2009.11.6.

9　官方认为现在的失业率是 1994 年以来最低的，但为劳动部工作的《纽约时报》认为应该是自 1970 年以来最低的。2009 年 10 月的失业率是至少自 1970 年以来甚至可能是自大萧条以来最高的数字了。参见 David Leonhardt. Jobless Rate Hits 10.2%, with More Underemployed. New York Times, 2009.11.7, p.A1. 到 2009 年 10 月，有工龄的员工（包括有工作的和正在积极寻找工作的员工）的比例是 65.5%，为 22 年以来最低。详见劳工统计局的当前人口调查，Table U-6. Total Unemployed, All Marginally Attached Workers and Total Employed Part Time for Economic Reasons, as a Percent of the Civilian Labor Force Plus All Marginally Attached Workers. 2009.9.

10　参见劳工统计局当前人口调查，Table A2 Unemployment Statistics, 2009.11.6; Table 3, Civilian Labor Force and Unemployment by Stateand Selected Area (seasonally adjusted). Regional and State Employment and Unemployment, Labor Force Data，劳工统计局，2009.11.20.

11　Conor Dougherty. The Long Slog: Out of Work, Out of Hope. *Wall Street Journal*, 2009.12.23, p.A1.

12　1948 年，半数以上的失业人员至少连续 15 周没有工作，2009 年 10 月，35% 的失业人员已经有连续 27 周或者更长的时间没有工作过了，这在第二次世界大战以来是最高的纪录了。2009 年 7 月也是政府开始收集数据的第一个月，这仅仅才是初步统计。参见劳工统计局. Table A-12. Unemployed Persons by Duration of Employment, seasonally adjusted. 2009.10; Floyd Norris. In the Unemployment Line, and Stuck There. *New York Times*, 2009.11.7, p.B3.

13　经济分析局. 工业经济核算 GDP by Industry Accounts. Value Added by Industry as a Percentage of GDP. 2009.4.28.

14　参见劳工统计局，职位空缺和劳动力营业额调查。

15　劳工统计局. 当前失业统计调查. Employment, Hours and Earnings: Average Weekly Hours of Production Workers.

16　对于私有员工来说，加入"灵活收益"退休计划的人数从 1999 年的 36% 增加到 2009 年的 43%，而参加"固定收益"退休计划的人数依然稳定在 20% 左右。所有纳入到退休计划的人数从 1999 年的 48% 增加到 51%，其中一些员工同时参保两种退休计划。参见劳工统计局，国家赔偿的雇员福利统计调查. Table 2.Retirement Benefits: Access, Participation and Take-up Rates, Private Industry Workers, National Compensation Survey. 2009.3.

17　美国皮尤研究中心的调查报告称，大约 40% 超过 62 岁的员工由于萧条推迟了退休，50 ～ 61 岁的员工中，有 63% 说他们可能不得不推迟退休日期。参见 Pew Research Center. America's Changing Workforce: Recession Turns a Graying Office Grayer. Social and Demographic Trends Project, Washington, DC, 2009.9.3.

18　我和克里斯蒂娜·罗默都曾要求设计一个更大规模的刺激方案。而总统面对他的经济顾问却只有两个选择：一个是 8900 亿美元的一揽子刺激方案，另一个则更低，大约只有 5500 亿美元。参见 Ryan Lizza. Inside the Crisis. The New Yorker, 2009.10.12.

19　Elizabeth McNichol and Iris J. Lav. New Fiscal Year Brings No Relief from Unprecedented State Budget Problems. Center on Budget and Policy Priorities,

Washington, DC, 2009.9.3.

20　Jordan Rau and Evan Halper. New State Budget Gap Is Forecast. *Los Angeles Times*, 2009.3.14, p.A1.

21　白宫新闻秘书办公室. New Recipient Reports Confirm Recovery Act Has Created Saved over One Million Jobs Nationwide. press release, 2009.10.30.

22　劳工统计局. All Employees (Sector: Government), Employment, Hours and Earnings from the Current Employment Statistics survey (National). 2009.11.10.

23　这些非常措施，再加上 26 周的州基本水平福利，根据州失业率水平来计算，到 2009 年年末，总失业福利将从 60 周扩展到 99 周。参见 National Employment Law Project. Senate Extends Jobless Benefits 14 ～ 20 Weeks. Washington, DC, 2009.11.4.

24　尽管国会同意延期，但如果美国的恢复和再投资法案未能在 2009 年 12 月获得授权，100 万失业者将会在 2010 年 1 月损失他们的福利，而且 300 万人将会在 2010 年 1 月～3 月失去联邦福利。国家就业法律课题组，NELP 分析：如果国会未能授权 ARRA，将会有 100 万人在 1 月之内失去援助福利。Washington, DC, 2009.11.18.

25　奥巴马内阁设计这样的减税方案是为了刺激投资。与以前的折扣率相比，它们降低了扣交率，期望诱导家庭进行更多的投资。John Cogan, John B. Taylor and Volker Weiland. The Stimulus Didn't Work. *Wall Street Journal*, 2009.9.17.

26　Amity Shlaes: *A New History of the Great Depression*: New York: Harper Collins, 2007; Jim Powell. *FDR's Folly: How Roosevelt and His New Deal Prolonged the Great Depression*. New York:Crown Forum, 2003.

27　凯恩斯经济曾经不止一次地被付诸检验，而且在大多数情况下都是正确的。最戏剧化的试验是由国际货币基金组织在中东或者其他地方牵头进行的试验，它们不仅不应用扩张性货币政策和财政政策来应对危机，却采取相反的措施，导致了经济明显的萎缩，而这正是凯恩斯经济所预测的后果。

28　美联储资产（包括其持有的抵押资产和政府债券等）从 2008 年 8 月的 9000 亿美元增加到 2008 年 12 月的 22 000 亿美元。美联储通常只买进一些政府短期债券。如果它想调节长期利率和抵押利率，它就会购置一系列更多品种的产品，就是我们常说的适当宽松的货币政策。

29　到目前为止，我们能够意识到，市场也并不总是很灵敏，许多金融市场似乎只关注政府资产负债表的债务方面，却从来不关心资产方面。

30　在第 8 章中，我们会更加详细地讨论全球储备体系及其改革策略。

第 4 章

1　在房地产热期间，私房业主超过了 400 万，但是到 2009 年第三季度，拥有房子的比例（67.6%）与 2000 年（67.4%）基本没有什么差别。资料来源：美国人口普查局住房和家庭经济统计部门. Housing Vacancies and Homeownership: Table14, Third Quarter 2009.

2　从 2001 ～ 2007 年，负担沉重（一半以上的收入要支付房子贷款）的家庭数量又多出了 400 多万。资料来源：哈佛大学住房研究中心. The State of the Nation's Housing 2009, June 22, 2009.

3　Joe Weisenthal. Dick Parsons: Don't Just Blame the Bankers. *Business Insider*, 2009.4.7.

4　Abby Aguirre. *The Neediest Cases: After a Nightmare of Refinancing, Hope*. New York Times. November 8, 2008, p.A47.

5　Peter J. Boyer. Eviction; The Day They Came for Addie Polk's House. New York Times. November 24, 2008, p.48.

6　房地产数据公司. US Foreclosure Activity Increases 75 Percent in 2007. 新闻简报，2008 年 1 月 29 日；Foreclosure Activity Increases 81 Percent in 2008. 2009 年 1 月 15 日。

7　Sonia Garrison, Sam Rogers and Mary L. Moore. Continued Decay and Shaky Repairs: The State of Subprime Loans Today. 可靠贷款中心，华盛顿特区，2009 年 1 月；社论. Holding Up the Housing Recovery. *New York Times*. 2009 年 4 月 24 日，p.A26；瑞士信贷. Foreclosure Update: Over 8 Million Foreclosures Expected. 固定收益研究，2008 年 12 月 4 日。截至 2009 年 3 月，有 540 万的美国房屋业主持有抵押贷款，根据抵押贷款银行协会截至 2008 年年末的统计，其中将近 12% 的人至少有一个月没支付其贷款或者已经丧失抵押品赎回权。美国联邦调查局 2008 年抵押贷款欺骗报告. *Year in Review*.

8　Matt Apuzzo. Banks Torpedoed Rules That Could Have Saved Them. 美联社，2008 年 12 月 1 日。也有其他人看到了所发生的事情，并对此持反对态度，但这只是一小部分人。

9　由于纽约州总检察长安德鲁·科莫的努力，才使大家可以看到这些数据。数据不是由美国财政部发布的，财政部只是负责财政援助。Susanne Craig and Deborah Solomon. Bank Bonus Tab: $33 Billion. *Wall Street Journal*. 2009 年 7 月 31 日。

10　事实上，格林斯潘阻止了一项旨在提高对次级贷款人加强监管的提议。Greg Ip. Did Greenspan Add to Subprime Woes? *Wall Street Journal*, June 9, 2007, p.B1.

11　这个有关监管目的的清单并非详尽无遗：监管条例的设计主要是保证融资渠道、阻止歧视、促进宏观经济的稳定，并加强竞争。还有一些监管条例仍然有效。

12　虽然并不是所有美国的抵押贷款都是无追索权的，但是在现实中绝大多数是无追索权的。

13　由于存款人有动力去确保银行能够很好地使用他们的资金，因此相信即使没有存款保险，一切也会很好，所以对存款保险进行批评是错误的。在有和没有存款保险的国家都有很多银行经营失败的例子。的确，当银行管理人员和监管者每天的风险评估都明显存在很大的差异时，存款人又怎么评估如花旗银行这样专业银行的风险呢？

14　如果借款人意识到抵押贷款经纪人虚报了其真实收入，并以此表示对其的关心，借款人会很快保持沉默，调查收入仅仅是例行公事。

15　美国人口普查局的当前人口调查，历史收入表，表 H-6。

16　Robert J. Shiller. *Irrational Exuberance*. Princeton: Princeton University Press, 2005.

17　联邦住房金融委员会月度利率调查，表 36。

18　艾伦·格林斯潘，2004 年全国信贷联盟协会政府事务会议演讲，华盛顿特区，2004 年 2 月 23 日。以他一贯晦涩的演讲（有时被称作"美联储式的讲话"）来避免自己将来受到批评："市场分析师对抵押贷款'期权调整价差'的计算表明，由固定利率抵押贷款所带来的收益的成本占 0.5% ～ 1.2%，使房屋业主年税后抵押贷款支付增加了几千美元。"虽然他也额外地提出，"如果利率的趋势是大幅上升"，就不会有这么多的储蓄。

19　James R. Hagerty and Michael Corkery. How Hidden Incentives Distort Home Prices. *Wall street Journal Online*. 2007 年 12 月 20 日。

20　Aubrey Cohen. Rules Set to Cut Off Mortgage Originators from Appraisers This Week. 西雅图邮迅报在线，2009 年 4 月 29 日。

21　当次级贷款增加时，一项对 44 个州的 500 名评估师的调查显示，有 55% 的人称其被迫夸大财产值，25% 的人说他们至少在一半的受托评估中经受到了压力。David Callahan. Home Insecurity: How Widespread Appraisal Fraud Puts Homeowners at Risk. 借款以使收支平衡，4 号简报文件，2005 年 3 月。联邦调查局监控抵押贷款诈骗，其中包括评估诈骗，并指出在 2008 年这种诈骗案件的数量增加了 36%，而在抵押贷款违约率和丧失抵押品赎回权数量最高的州此类案件发生最多。FBI, 2008 Mortgage Fraud Report, op. cit. 很可能会出现诉讼风潮，如代表购买贝尔斯登资产支持债券的购买者的集体诉讼，他们指证虚假陈述和遗漏对隐含的抵押贷款特性的评估。Cohen Milstein and Coughlin Stoia Announce Pendency of

Class Action Suits. 市场观察，2009 年 9 月 11 日。

22　Keith Ernst, Debbie Bocian and Wei Li. Steered Wrong: Brokers, Borrowers and Subprime Loans. Center for Responsible Lending, April 8, 2008.

23　既然利率的提高会给整个国家带来问题，那么违约的风险会在全国各地同时发生。关于证券化问题更加完整的分析，参照 Stiglitz. Banks versus Markets as Mechanisms for Allocating and Coordinating Investment. op. cit.

24　有些人持相反的意见，认为美国抵押贷款的外国需求促成了泡沫，使得事情更加严重。对我来说，很清楚的是，国内对不良贷款的需求足够大，对风险的误判也是足够多的，即使没有这些国外需求，美国也会有泡沫。我们不能像一些人常做的那样去指责外国人。没有外国需求，对风险产品的风险溢价会更高，会吸引更多的美国人购买。

25　那就是为什么由崇尚自由市场的人所提倡的"改革"之一——增加评级机构的数量，从而加强它们之间的竞争——会使得事情更糟糕的原因，除非有其他的改革措施。

26　投资银行和评级机构使用的模型是基于经典的对数正态分布的假设，也就是我们所熟悉的钟形曲线的变形。事实上，它们应该使用"厚尾"分布，在这种分布中，稀有事件发生的频率比对数正态分布里的要高。

27　Mark Rubinstein. Comments on the 1987 Stock Market Crash: Eleven Years Later. in Risks in Accumulation Products. Schaumburg, IL: Society of Actuaries, 2000.

28　例如，这些模型使用概率分布，低估了"稀有"事件发生的可能性。但是，不仅技术假设有缺陷，所依据的经济学理论也是有问题的。它们忽略了各种流动性危机，而这种危机在历史上时常发生；这些危机和不完全以及不对称信息有关，而这些模型却忽略了这些。

29　Eric Lipton. After the Bank Failure Comes the Debt Collector. *New York Times*. 4 月 17 日，2009, p.B1.

30　证券化使得重新谈判抵押贷款变得更加困难，这本应该是市场参与者和监管者都能够注意到的另一种情况：证券化使得 20 世纪 90 年代末在东南亚金融危机时对债务进行重新谈判和重组比 20 世纪 80 年代早期的拉丁美洲债务危机时那么做困难多了。在拉丁美洲债务危机中，主要债权人可以围坐在一张桌子上，而在东南亚金融危机中，没有足够大的房间来容纳这些索取者。

31　联邦存款保险公司主席 Sheila C. Bair. Possible Responses to Rising Mortgage Foreclosures. 金融服务委员会，美国众议院，华盛顿特区，2007 年 4 月 17 日。

32　在第 5 章中，我会进一步解释奥巴马政府是如何设计银行救助，从而使得重组计划进一步搁浅的。

33　截至 2009 年 6 月 30 日，几乎占所有抵押财产的 1/3、超过 1520 万美元的抵押贷款缩水。参见 First American CoreLogic. Negative Equity Report, Q2 2009. August 13, 2009.

34　计划向抵押贷款服务商和投资者提供的资金和借款人一样多：在这个"成功的修改"计划中，借款人在 5 年内月供由原来其收入的 38% 降至 31%，中间的空缺，该计划承担一半，同时给服务者 4000 美元，借款人 5000 美元。银行将不得不承担减少 38% 收入的月供带来的损失（比如，一个人有 40 万美元的抵押贷款，却只将其收入的 38% 用来支付只付利息的抵押贷款。5 年之后，贷款人所得会超过 1.1 万美元，比服务提供商和借款人加起来的所得还要多）。该计划对失业者没有帮助。有几个州（如宾夕法尼亚州）已经介入并开始为它们提供贷款。

35　美联储的直接参与降低了抵押贷款利率，这极大地便利了正在进行的"修正"政策。美联储通过将贷款期限从"修正"政策起效日开始延长 40 年，并将抵押贷款转换成只支付利息的贷款，降低了还款额，这彻底使得还款有一个很大的期末大额偿还。这样的期末大额偿还很大程度上造成了此次危机，因为它意味着把麻烦留给了未来。

36　美国财政部. Making Home Affordable Program: Servicer Performance Report through October 2009. 2009 年 11 月。

37　美国财政部. Making Home Affordable Program: Servicer Performance Report through July 2009. 2009 年 8 月。

38　财务会计标准委员会. Determining Fair Value When the Volume and Level of Activity for the Asset or Liability Have Significantly Decreased and Identifying Transactions That Are Not Orderly. FSP FAS 157-4，2009 年 4 月 9 日。

39　银行声称许多抵押贷款的亏损只是暂时的，其实是为其拒绝减记抵押贷款值找借口。但是，从统计的观点来看，这是无稽之谈：任何受损的抵押贷款，甚至那些只是列为暂时受损的抵押贷款，不被偿还的可能性要远远大于正常的抵押贷款，好的会计准则本可以反映这一点。尤其在此次深度衰退事件中，对那些缩水的抵押贷款，好的会计准则更应该清晰地反映出来。

40　当用于偿还债务的工资被虚增时，雇主会直接把借款人更高比例的工资打到债权人账上。

41　一个为几家银行贸易协会工作的说客告诉《纽约时报》，共和党如果表现出政策影响力，将会让"专业捐赠者和游说者刮目相看"。社论，Holding Up the Housing Recovery, *New York Times*, April 24, 2009, p.A26.

42 住房贷款冲销率（一年中从银行账簿中减少的贷款和租金的比例，被计入损失准备），从 2005 年 4 月前（《防止滥用破产法与消费者保护法案》通过时）的 0.08 上升到 2009 年第二季度的 2.34.资料来源：美联储. Charge-Off Rates: All Banks, SA. 美联储统计公报。

43 David U. Himmelstein, Elizabeth Warren, Deborah Thorne and Steffie Woolhandler. Illness and Injury as Contributors to Bankruptcy. *Health Affairs*, vol. 24, January ～ June 2005, p.63.

44 关于哪些家庭有资格得到进一步的救助可能有新的标准，例如，限制抵押贷款支付占收入的比例。

45 可以有其他方式向家庭提供援助。任何策略都要在银行、业主和政府之间分配损失。如果政府减记抵押贷款值，通过一项"税收"就可以挽回减记价值所损失的大部分资本收益，利用收益帮助整个银行业，为它们在过渡时期提供融资，结果大同小异。基本的原则是：一方面，能帮助它们还得起钱，则允许房屋业主留在他们的房子里，这是很重要的。如果用减记价值的方法和少量的援助——丧失抵押品赎回权对家庭和社区来说都是很昂贵的，则会加剧价格向下的压力；另一方面，不良贷款的成本应该由银行和其他贷款人负主要责任。

46 美国财政部. Homeowner Affordability and Stability Plan Fact Sheet. 新闻简报，2009 年 2 月 18 日。

47 如我在本章注释 1 中提到的那样，到 2009 年第三季度，房屋自有率和 2000 年差不多，但是由于到 2009 年中期，每四个借款人中就会有一个借款人的房产价值缩水，因此，在接下来的几个月和几年中可能会有很多人失去他们的房子。参见 Ruth Simon and James R. Hagerty. One in Four Borrowers Is Underwater. *Wall Street Journal*, November 24, 2009, p.A1.

48 在丹麦体制中，抵押贷款发起人无论何时发放贷款，相应的抵押贷款债券都会被创造出来，房屋业主能够归还贷款（抵押贷款债券的数量也会相应下降）。在美国体制中，当利率上升，同时伴随着价格下降的风险，有很大的负的净资产的风险（就像我们已经看到的那样）。在丹麦体制中，当房屋价格下降，抵押贷款债券价值也会随之下降，因此房屋业主可以更容易地归还所欠的贷款。 这样就阻止了负的净资产。实际上，丹麦抵押贷款债券鼓励利率上升时进行再融资，而美国只有在利率下降时才这么做。

49 Martin Feldstein. How to Stop the Mortgage Crisis. *Wall Street Journal*, March 7, 2008, p.A15.

50 参与这个回购计划的贷款人必须放弃对借款人任何提前还贷的处罚。

第5章

1 在经济后果方面，大概唯一能与之相比的错误就是美国决定对伊拉克发动战争。参见 Joseph E. Stiglitz. *The Three Trillion Dollar War: The True Costs of the Iraq Conflict.* 纽约：诺顿出版社，2007.

2 Mark Pittman and Bob Ivry. Fed's Strategy Reduces U.S. Bailout to $11.6 Trillion. 彭博资讯，2009 年 9 月 25 日。

3 当一个人以零利率贷款时，所有奇怪的事情都将随之出现。中央银行可以策划调整银行的资产额。中央银行向银行 A 贷款，银行 A 向阿尔法基金贷款，阿尔法基金将钱投资购买银行 A 的股份：像变戏法一样，我们有一个资金充足的银行，我们可以庆祝市场奇迹。这是个非常透明的花招。银行 A 也能借钱给阿尔法基金，用来投资于银行 B，银行 B 可以借钱给贝塔基金，贝塔基金又投资于银行 A。效果差不多一样，没有明显的利益冲突。实际上，重新调整银行资本（例如通过养老基金）可能只是因为相信银行的股价被低估，这种行为只是理性繁荣或非理性繁荣的例证。另外，如果不是以贷款的方式提供流动性，也会以其他方式表现在体系中。这可能会引起另一场资产泡沫。

4 政治家也发挥了作用。就像我所提到的那样，救助的方式以及银行自己的表现使得国会不太可能再批准更多的资金。Robert Johnson 和 Tom Ferguson 争论说，在选举之前的几个月，通过很多政府机构所支出的隐性补贴，小布什政府尝试掩盖问题（和补贴），希望可以阻止选举前危机的真正爆发。尝试几乎快成功。参见 Robert Johnson and Tom Ferguson. Too Big to Bail: The "Paulson Put," Presidential Politics and the Global Financial Meltdown, Part I: From Shadow Banking System to Shadow Bailout. *International Journal of Political Economy*, vol.38, no.1, 2009, pp.3 ～ 34; Robert Johnson and Thomas Ferguson. Too Big to Bail: The "Paulson Put," Presidential Politics and the Global Financial Meltdown, Part II: Fatal Reversal-Single Payer and Back. *International Journal of Political Economy*, vol.38, no.2, 2009, pp. 5 ～ 45.

5 Edward M. Liddy. Our Mission at AIG: Repairs and Repayment. *Washington Post*, March 18, 2009, p.A13.

6 就像我早些时候提到的那样，大约 20 年前，证券化开始出现的时候，我就预测到证券化很可能以一场灾难而告终，因为投资者低估了信息不对称带来的问题、价格下跌的风险及其程度。

7 银行有复杂的法律结构，这增加了重组的复杂性，有些银行还由银行控股公司拥有。现在，政府有权力接管银行，但是对控股公司却只具有有限的权力。对政府"决断"权力的限制已经成为没能处理好一些问题机构（如雷曼兄弟、贝尔斯登）的借口。人们已经普遍认为，下一步需要改革的地方就是加强政府在该领域的权力。

8　有时银行的金融资产要少于其欠储户的钱，但是一个新的银行会愿意赔偿顾客的本金。即使银行在信贷评估方面做得不好，其作为继续运行的机构可能还是有价值的。

9　在一次 ABC 新闻夜线的采访中，奥巴马声称银行国有化对美国来说并不是个好的选择，虽然这种做法在瑞典运转得很好，部分原因是我们"国家有不同的传统"。Terry Moran 采访奥巴马总统, *Nightline*, ABC News, transcript, February 10, 2009.

10　银行几乎每周都经历这个过程，不会产生什么反应。到 2009 年 11 月末，仅 2009 年就有 124 家银行陷入破产。联邦存款保险公司. Failed Bank List. November 20, 2009。即使是大银行也会破产，比如 1984 年美国的第六大银行——伊利诺伊大陆银行非常有序地被接管（"国有化"）。几年之后，这家银行被重新私有化。

11　关键问题是如何评估银行的资产和负债。原理很清楚，但是实践起来却很复杂，因为在危机期间尤其难以评估资产。

12　因为政府经常成为人们赚钱的诱饵，所以在重组的管理过程中，政府不得不发挥积极作用；即使是在航空公司破产的案件里，法庭通常也会委派某人作为代表来监督重组以确保当事人的利益。通常，重组过程是平稳的。

13　税收会使问题变得复杂。当然，一旦债券持有人变成新的股东，他们会承担更多风险。如果他们不想承担这么多的风险，就可以把所持股票换成更安全的资产。

14　那些"太大就不能被解决"观念的拥护者争辩说，让其他大机构倒闭可能会造成一个类似的后果。尽管如此，雷曼兄弟的处理方式却非常无序。为这次失败寻找的第一个借口是市场已经有过很多次可以采取正确行动的时机。毕竟，自从 2009 年春以来，很多人都预计雷曼兄弟会倒闭。古老的信念在市场上再一次上演，很明显，市场并没有按照政府希望的方式发挥作用。之后，他们又找到了另一个借口，声称政府没有法律授权来做任何接管的事情，但是几天之后，这个借口却成了一句空话，因为政府正在采取强硬的手段对 AIG 这个美国最大的保险公司进行紧急财政援助和有效的国有化。这肯定是一次权力的扩大，因为，一般认为美联储只有权管理商业银行，无权管理保险公司。但是，对美联储和财政部更有力的批评是，它们应该有很多时间来考虑它们需要什么样的法律权力，如果它们没有被授予保护美国经济以及世界经济的有关金融稳定的法律权力，它们就有责任向国会要求这个权力。有意思的是，虽然财政部似乎从雷曼兄弟的事中获得了教训，但是没有注意到更早的来自印度尼西亚的经验，在印度尼西亚危机中，财政部和 IMF 一起收缩了印度尼西亚经济。关闭 16 家银行以后，财政部宣布更多的银行将会被关闭，只有部分的存款会被保险。结果毫无疑问，恐慌继续，资金从私人银行逃往公众银行。预测其他银行也会陷入困境的预言自我实现了。

印度尼西亚银行的倒闭和雷曼兄弟的倒闭具有惊人的相似之处。例如，在两个倒闭案中，都缺乏透明度，没有人知道哪家公司会被救助，哪家公司会被放任不管（虽然贝尔斯登比雷曼兄弟规模小，但贝尔斯登被救助了）。在这两个案例中，金融失误带来的经济后果都很严重。造成雷曼兄弟倒闭后金融动荡的部分原因是政府的担保范围日益变得更加不确定。很多银行都深陷困境，但是，人们都认为政府会出手救助它们，这使得这些银行的问题好像不存在。一些人，比如约翰·科克伦和路易吉·津加莱斯，声称不良资产救助计划（TARP）"吓坏了"市场，看到政府救助的规模，市场参与者猜测问题很严重。为了支持这个观点，他们用利息差增加的时间来证明这个观点。参见 John H. Cochrane and Luigi Zingales. Lehman and the Financial Crisis. *Wall Street Journal*. September 15, 2009, p.A21. 但是不良资产救助计划（TARP）和利息差的增加都是其他潜在问题造成的后果，这些潜在的问题是银行资产负债表的恶化以及经济总体环境的不确定性。了解一下更广泛的信贷指标就会发现，一旦人们确定没有政府的自动援助后，市场会变得多么冷清。参考 Thomas Ferguson and Robert Johnson. The God That Failed: Free Market Fundamentalism and the Lehman Bankruptcy. Economists' Voice (forthcoming). Crisis. *Wall Street Journal*, September 15, 2009, p.A21.

15 虽然公众可能没有意识到问题，但实际上，在 2007 年年初金融部门的危机就已经初见端倪（部分原因可能像我在前文某处所说的那样：因为财政部长汉克·保尔森隐瞒了这些问题）。第一次震惊公众的事件出现在 2007 年 8 月，紧接着是两个大型基金的倒闭。当投资者意识到抵押贷款支持证券的问题时，这些市场就已经有问题了。这些问题最终波及银行只是时间问题，在雷曼兄弟倒闭前的 9 个月，经济已经在 2007 年年末陷入了衰退。

16 在金融重组的过程中，可以增加一些其他的优惠条件，比如，给现有股东一些保证，保证他们在将来银行业绩恢复后可以分得部分股价上涨的收益。

17 房利美开始是一家政府发起设立的企业，后来在 1968 年被私有化。它所发行的债券从来都没有政府担保，如果有政府担保的话，债券收益就会比较低，和美国的国债差不多。

18 David Herszenhorn. Bailout Plan Wins Approval; Democrats Vow Tighter Rules. *New York Times*, October 3, 2008, p.A1.

19　最终通过的法案中包括的主要补贴有：免除对儿童木箭的 39 美分的特许权税（该提议由俄勒冈州参议员提出，这将减少一个俄勒冈的木箭生产者 20 万美元的支出）；补贴纳斯卡赛车场 7 年恢复期中的运营成本，补贴数量为美国国税局认可的一半（价值大约 1.09 亿美元）；调整与波多黎各和英属维尔京群岛的朗姆酒特许权税相关条款（价值约 1.92 亿美元）；鼓励在美国拍摄包括成人电影在内的各种电影（在超过 10 年的时间里补贴价值约 4.78 亿美元）；增加向羊毛制造商和绵羊农场主提供补助的羊毛信托基金的资金。参见 Spoonful of Pork May Help Bitter Economic Pill Go Down. CNN. com, October 4, 2008; Paul Waldie. Bill Larded with "Goodies" for All. Globe and Mail, October 3, 2008, p.B1.

20　Edward J Kane. *The S&L Insurance Mess: How Did It Happen?* (Washington, DC: Urban Institute Press, 1989)；和 Edward J. Kane. Dangers of Capital Forbearance: The Case of the FSLIC and 'Zombie' S&Ls. *Contemporary Economic Policy*, Western Economic Association International, vol. 5, no. 1(1987), pp.77～83.

21　George Akerlof and Paul M. Romer. Looting: The Economic Underworld of Bankruptcy for Profit. Brookings Papers on Economic Activity, vol. 2, 1993, pp. 1～73.

22　在那时，储蓄和贷款协会崩溃造成的损失估计是 1600 亿美元（当时看起来难以置信的数目，按照当前的美元价值大约为 3130 亿美元）。最终由于 1993 年的经济复苏，政府收回了可观数额的资金，但是，通常所报告的回收数额并不能充分地反映全部资金的机会成本。参见联邦存款保险公司. An Examination of the Banking Crises of the 1980s and Early 1990s. Washington, DC, 1997.

23　巴菲特投入了 50 亿美元，作为回报得到了 50 亿美元的永久优先股，收益率为 10%，加上一份比市场价低 8% 的权证，权证允许他以 115 美元 / 股的价格买入 50 亿美元高盛的普通股。到 2009 年 11 月，高盛股票价格是 170 美元，巴菲特已经从他一年前的投资中赚取了很高的收益，比美国政府获得的收益要高很多。

24　金融部门散布"恐慌"气氛，以说服政府不要对其施加控制，这就像它们曾经运用同样的伎俩来鼓动出台债券持有人和股东保护计划一样。它们的理由是如果采取这些控制措施，银行就不能筹集私人的资金，好像"私有的"高成本的资金是一种特殊的能保证金融市场良好运行的资金。但是，政府拒绝对银行施加控制将会削弱银行，它将大量资本金都用于发放奖金和红利，这将使银行更加不稳定，更加缺乏吸引力。早些时候，有一种观点认为要让银行被充分地资本化，因为资本化可以提高有益的正向激励；如果有更多的股权，银行若冒过度的风险，那它会失去很多。但是，奥巴马政府和小布什政府犯了一个简单的错误：银行的私人拥有者几乎不关心政府的损失，它们的股权并没有危险。因此，如果政府不管不问，那么可以预见，尽管现在银行还处在危险的金融状态之中，它们还是会毫无顾忌地肆意行事，乱发奖金和红利。

25　尽管如此，英国所面临的问题也很严重，国家的贷款仍然很少。

26　Mike McIntire. Bailout Is a Windfall to Banks, if Not to Borrowers. *New York Times*, January 18, 2009, p.A1.

27　国会监督小组. Valuing Treasury's Acquisitions. February Oversight Report, February 6, 2009。

28　国会预算办公室. A Preliminary Analysis of the President's Budget and an Update of CBO's Budget and Economic Outlook. March, 2009。

29　国会预算办公室. The Troubled Asset Relief Program: Report on Transactions through June 17, 2009. June, 2009。

30　如果一家银行的资产超过负债，但是又不能获得资金，我们称这样的银行（或者任何其他公司）是"有清偿能力"但是"不流动"。当然，如果人人都看得出银行的资产超过负债，银行筹集资金就没有任何问题。银行也相信它们自己是有清偿能力的，因为它们自认为其资产（特别是抵押贷款）比"市场"认为的要更值钱。银行的问题是它们的负债大多数是以"活期存款"的形式出现，这些钱随时都会被储户要求取走。银行认为大量储户几乎从来不可能同时来提取他们的钱，所以银行将资金进行长期投资（像抵押贷款）。如果所有储户同时要求取款，银行就不得不迅速地变现资产，如果这样做，就不能得到资产的"全部价值"。在这种情况下，如果给银行出售资产的时间，它就可以有清偿力，但是，如果不能很快地变现资产，就会没有清偿力。此时，美联储就应该介入此事，美联储应该去评估是不是只需要给银行更多的时间就能让银行将其资产卖个它认为的好价钱。当且仅当美联储对该问题的回答是肯定的时候，它才能向银行提供其所需要的流动性。

31　国际货币基金组织. Global Financial Stability Report. Washington, DC, October, 2009.

32　财政部. Treasury Department Releases Details on Public Private Partnership Investment Program. April 23, 2009。

33　支持这个计划的人认为这可以"清理"银行的资产负债表。但是如果一家银行从另一家银行拿来资产，这意味着当第一家银行被清理后，后一家银行就会被"污染"。这表明公私共同投资计划的真正目的是向银行隐蔽地转移资金。

34　公私共同投资计划（PPIP）有另外几个优势，例如可以使政府免于很多指责，比如被指责为某些资产花钱太多，把钱给银行却没有任何政府控制（这是一个奇怪的目标，在奥巴马观念中却很重要）。但是，该计划也有其缺点，当政府和美联储竭力想保持经济发展的时候却使经济更加恶化。用来稳定抵押贷款市场的低抵押贷款利率，间接地使得"逆向选择"问题更加恶化：被公私共同投资计划购买的原有抵押贷款中包括很大比例的有毒抵押贷款，有毒抵押贷款不能进行再融资。

35 很显然，注入银行的资金立刻以奖金和红利的形式流出银行，并没有使银行重启贷款。虽然贷款没有扩张，反而有可能收缩，但是，剩下的资金可能还是有用的，其他设计更好的计划可能会更加经济有效。

36 很明显，构建这些营救计划的人并没有认真思考是什么决定了信贷流（或者至少思考得还不够多），事实上这些思考是任何货币理论的核心。还有很多因素影响信贷，其中一个就是风险，当经济更加困难时，风险问题将会变得更糟，这是我早期著作的一个核心主题，参见 B. Greenwald and J. E. Stiglitz. *Towards a New Paradigm in Monetary Economics*. Cambridge, UK: Cambridge University Press, 2003.

37 Mary Williams Marsh. AIG Lists Firms to Which It Paid Taxpayer Money. *New York Times*, April 16, 2009, p.A1. 政府为何如此不愿意披露 AIG 的资金去向，这一点已经很清楚了。美国最大的受援者高盛声称（可能并不坦诚），虽然它很自然地愿意从政府那里接受 130 亿美元的大礼，但靠它自己也可以过得很好，不存在系统性风险。其他几家大的受援者是外国银行。如果这些银行的失败意味着存在系统性问题，它们的政府可能已经救助它们了。我们实际上是给其他发达国家（法国、德国）外援，而不是给更需要钱的发展中国家，援助的数量实际上比所有非洲国家得到的总和还要多。在 2008 年的财政年度，美国官方向所有非洲国家的发展援助总和是 65 亿美元，这笔钱却只有流向高盛资金（间接通过对 AIG 的援助）的一半。参见美国国务院. The US Commitment to Development, Fact Sheet, Bureau of Economic, Energy and Business Affairs, July 7, 2009。

38 因为银行债券和股票经常被买入或卖出，救助的真正赢家是那些在宣布（或被大家都预期到）实施救助时，碰巧持有这些证券的人。当股票价格崩溃时，养老基金会卖出债券，因为风险太大，持有它不会有好处。

39 美联储. Table H.4.1. Factors Affecting Reserve Balances. Washington, DC。

40 欧洲中央银行每月公报，2007 年 9 月，p.33; Federal Reserve Bank. Table H.4.1. Factors Affecting Reserve Balances. Washington, DC, August 16, 2007。

41 在贝尔斯登倒闭后，人们批评美联储扩大最后贷款人的职能来得太晚：如果这个职能能早几天执行，可能该公司就不会倒闭。

42　确切地说，美联储是一个独立的机构。但是对美联储的信心并不是来自它的独立性，而是来自每个人都知道美联储背后有政府在支持这一事实。美联储的所有利润都会交到财政部，很清楚一切损失也由财政部承担。

43　75 年前，凯恩斯已经讨论了一个相似的现象，他称为流动性陷阱。向经济注入大量的现金不起作用，因为家庭只愿意持有现金。现在，钱被给了银行，它们也只是拿着这些钱。

44　然而，美联储设法将国家的大部分未到期抵押贷款转移到自己的资产负债表。大多数的信贷风险由政府承担（以低利率进行再融资的抵押贷款由联邦住房管理局、房利美和房地美包销，美联储承担利率风险）。就像我早些时候提到的那样，结果是所有的风险都由纳税人承担。

45　实际上通过通货膨胀来化解政府债务并不是那么容易的事：大多数政府借款是短期的，当对通货膨胀的担忧增加时，政府所要支付的利息也会增加。存在的风险是，利率会由于对通货膨胀的担忧而增加，尽管实际上通货膨胀本身并没有发生。这时，我们为通货膨胀预期支付了成本，但是债务并没有减少，反而会由于更高的利率而增加。

46　例如 2008 年春，次贷危机爆发前的几个月，美联储预测经济正处于复苏的路上。一年前，美联储还说它们已经充分考虑了次级抵押贷款的问题。

47　也许美联储将可能宣称它会将抵押贷款持有到其到期日，这样会避免承受损失（除非抵押贷款最终违约），但是，如果这样美联储在这些资产上获得的利息就会很低。私人投资者就是因为利息太少而不愿花高价钱买这些资产。如果美联储不得不使用盯住市场的记账方式，它就不得不承认这些损失。但是，美联储并没有这么做，因此，这些反映机会成本被损失掉的收入就被大大地忽视了。但是所有美联储的利润都交给财政部，美联储的低利润就意味着未来的高税收或者更高的国债负担。

48　有一个相反的观点认为，美联储认识到它在制造危机中扮演了关键角色，就不想在经济正处于复苏阶段的时候被看作将经济推进另一场衰退的推手。

49　银行持有长期政府债券的部分原因是会计和银行监管条例的不足。银行监管条例认为即使有价值下跌的风险，这些债券也是安全的，比如说，在通货膨胀预期上升时利率可能会上升。银行允许将长期利率记录为"收入"，而不用为债券价格下跌相关的风险损失做任何准备（如果市场运转良好，短期利率和长期利率的差异就是对价格下跌的预期）。参见 Stiglitz, *Roaring Nineties*, op. cit.

50　比较重要的是公司投资会做何反应，投资的反应依赖于它们对真实利率（即如果在通货膨胀上升的同时利率也上升，那么这个利率上升就不重要了）以及信贷约束持有的信念。很容易明白文章中描述的那些过程是如何引起经济波动的。市场对通货膨胀预期做出反应，使得长期利率上升，经济会进入衰退。当美联储实行宽松的货币政策时，通货膨胀预期会更明显。如今的市场参与者对美联储能够平稳地管理好整个过程并没有信心，但是，在《财经新闻》和华尔街那里，似乎更担心美联储会反应不足，而不是反应过度，这种想法可能会造成新一轮通货膨胀（虽然当本书即将出版之际，代表通货膨胀预期的通货膨胀指数化债券（TIPS）的价格还没有太大的变动）。

51 关于美联储行动精彩详细的描述和评价请参见 David Wessel. *In Fed We Trust: Ben Bernanke's War on the Great Panic*. New York:Crown Business, 2009.

52 对贝尔斯登的援助是特别复杂的事情，美联储借钱（主要都是无追索权的贷款，这些贷款的抵押品价值都是不确定的）给摩根大通去购买贝尔斯登，看来美联储将会在抵押品上面临严重的损失。到 2009 年 11 月 4 日，美联储已经记录了大约 10% 的损失。参见美联储统计公报 H.4.1. Factors Affecting Reserve Balances。

53 正如我前面提到的那样，美联储声称它不受《信息自由法》的约束。2009 年 2 月 26 日，罗恩·保罗向国会提交了一份要求审计美联储的运作更加透明的议案。参见 Declan McCullagh. Bernanke Fights House Bill to Audit the Fed，2009 年 7 月 28 日。此后，对该审计提议的支持一直在增加，在 2009 年 11 月 9 日，众议院金融服务委员会以压倒性的投票支持这一审计议案。

54 摩根大通从援助贝尔斯登中获得了很多好处。另一个备受质疑的有关治理方式的案例是，在 2008 年 1 月，虽然史蒂芬·弗里德曼是高盛的董事会成员并持有很多高盛股票，但是他还是同时成了纽约联储银行的主席，后来他于 2009 年 5 月被迫辞职。在这之前他还在为明显存在的利益冲突进行狡辩（他通过购买股票从中挣了 300 万美元）。参见 Hagan. Tenacious G. op. cit.; Kate Kelly and Jon Hilsenrath. New York Fed Chairman's Ties to Goldman Raise Questions. *Wall Street Journal*, June 4, 2009, p.A1.

55 货币主义坚持认为货币供给的增加应该按照固定的增长率，而通货膨胀目标制认为只要通货膨胀率超过中央银行的既定目标值，就应该提高利率。

56 参见 Wessel. *In Fed We Trust*，出处同注释 54.

第 6 章

1 参议院银行与货币委员会于 1932 年 3 月 4 日成立佩科拉听证会，调查 1929 年股市暴跌的原因。该听证会发现银行及其分支机构存在大量滥用职权的行为。为此，美国国会于 1933 年通过了《格拉斯－斯蒂格尔法案》以及《证券法》，后者对股票发行过程中提供虚假资料的行为做出了处罚。并于 1934 年通过了《证券交易法》，该法案由美国证券交易委员会（SEC）制定并致力于规范证券交易行为。基于上述情况，2009 年 5 月国会成立了国会金融危机调查委员会对此次金融危机展开深入的调查。

2 Manuel Roig-Franzia. Credit Crisis Cassandra. *Washington Post*, May 26, 2009, p.C1.

3 许多人都会感到奇怪，虽然艾伦·格林斯潘的经济哲学与比尔·克林顿政府截然不同，但他仍然能连任美联储主席（克林顿政府中的很多人都很尊敬他）。格林斯潘的支持者害怕市场混乱可能会阻碍经济复苏，要是这样的话，总统就会支持与格林斯潘意见相左的他自己的经济团队。

4 在我被任命为克林顿政府总统经济顾问委员会主席期间，我曾与所有主要的联邦金融监管者一同供职于同一委员会，这其中就包括格林斯潘和财政部长罗伯特·鲁宾。尽管当时我们也清楚地知道金融衍生工具是十分危险的，但是那些控制金融系统（包括美联储）的反对监管者则对所有的风险都无动于衷，它们过分担心监管行为会妨碍金融系统的"创新"。它们似乎认为收拾危机后的烂摊子比"抑制"经济发展要好得多，这种看法在反对抑制房地产泡沫时就曾经出现过。

5 2009 年 11 月 4 日，众议院金融服务委员会通过一项针对《投资者保护法》的修正案，该修正案免除了《萨班斯－奥克斯利法案》中第 404 条对中小企业（其注册资本本金低于 7500 万美元）的规定。原有规定要求企业要如实上报企业内部财务控制有效性的执行情况，这对保持投资者的信心十分重要。美国证券交易委员会前主席阿瑟·莱维特称这一条款是保护投资者的"圣杯"。对 2009 年的修正案投票后，他说："任何投票支持修正案的人都要被永远贴上对投资者进行'谋杀'的烙印。"参见 Floyd Norris. Goodbye to Reforms of 2002. *New York Times*, October 5, 2009, p.B1.

6 在内务委员会展开监督和政府改革委员会讨论"金融危机和联邦监管条例的作用"之前的 2008 年 10 月 23 日，格林斯潘说道，"我错误地假定了一个拥有自身利益的组织（特别是银行和其他类似机构）能够最好地保护自己的股东和其在公司的权力"。

7 格林斯潘甚至不相信需要建立防范欺诈行为的法律。美国商品期货交易委员会前主席布鲁克斯利·伯恩与他谈及此事时，格林斯潘争辩说："不需要防止欺诈的法律，因为如果场内经纪人弄虚作假，客户一旦发现就会与其终止交易。"引自 Roig-Franzia. Credit Crisis Cassandra，出处同注释 5。

8 2008 年，无论银行的经营业绩如何，银行业的高层管理者都领到了丰厚的奖金。这一年银行业却经历了创纪录的亏损，与此同时，创纪录的奖金却达到了 330 亿美元。在 9 家银行中，有 2/3 的银行给它们高层管理者开出的奖金都超过了银行自身的利润。参见 Craig and Solomon. Bank Bonus Tab: $33 Billion，出处同 5。

9 高层管理者们为自身的会计欺诈行为辩称，银行的股东将会从预期的高利润中获利。但是在一些股东获利的同时，另一些却遭受了损失。这些受损的股东一般都是被篡改的数据所蒙蔽并一直坚定持有股票的人。最终，当真相大白于天下时，股价必然下跌，有时甚至会出现暴跌（花旗银行就是如此）。

10 自 2004 年早期至 2007 年中期，9 家最大银行的收益总和为 3050 亿美元。但自 2007 年 7 月开始，它们都相继调低了自己对贷款和其他资产的估值，调整后的估值刚刚超过 3050 亿美元。参见 Louise Story and Eric Dash. Banks Are Likely to Hold Tight to Bailout Money. *New York Times*, October 16, 2008, p.A1.

11 通过经理之间的相互竞争以及收购糟糕的公司等措施可以在一定程度上限制经理滥用自己手中的权力。但是，许多经济学论文还是论证并解释了这种机制效果有限的原因。

12 Stiglitz. *Roaring Nineties*，出处同 10。

13 美国证券交易委员会前主席，令人尊敬的阿瑟·李维特开始相信（在《萨班斯－奥克斯利法案》中）未能对股票期权采取措施是他的重要失误之一。参见 Arthur Levitt. *Take On the Street: How to Fight for Your Financial Future*. New York: Random House, 2002.

14 投资者并没有发出这种警告，也许部分是因为他们中的许多人也陷入了这种"泡沫"心态，也正是这种魔咒驱使着华尔街走向疯狂。此外，大多数投资者也不认为自己比所谓的华尔街精英更加了解风险，投资者非常信任华尔街。对于他们何时能够重拾这种信任，我们拭目以待。

15 1993 年通过的税收法案要求对与经营业绩无关的高工资征收额外的税收，该法案带来的一个无意的后果就是鼓励人们在与业绩相关的工作上装模作样，它没能给出一个恰当的评估标准，来判断薪金是否真的与工作表现有关。

16 这种利益冲突明显地反映在双方对实施股票期权激励的态度上。股东们想知道发行股票期权到底会对他们手中的股票价值产生多大的影响，他们的股权究竟是否会被稀释。但是公司（主要是公司高层管理者）强烈抵制这种变革，他们反对股票期权发行过程更加透明化。这是因为他们意识到，如果股东了解自己手中的股权究竟被摊薄了多少份额，就会竭力阻止这种薪酬体制。

17 2007 年 4 月众议院通过了股东投票决定经理人报酬的法案，并将其提交参议院审议，但参议院推诿敷衍，最终没能通过该项法案。参见 Tomoeh Murakami Tse. Say-on-Pay Movement Loses Steam. *Washington Post*, May 6, 2008, p.D1.

18　Jonathan Weil. Lehman's Greatest Value Lies in Lessons Learned, June 11, 2008 ；
　　Jeffrey McCracken and Alex Frangos. Lehman Considers Spinoff of Remnants. *Wall
　　Street Journal*, May 14, 2009, p.C1.

19　正如我们看到的那样，由于银行经理层的利益与股东的利益不相容，对经理层如
　　何实施恰当的激励就成为一个重要问题。由于透明度的缺失，我们需要强有力的
　　管理措施。参见 Edlin and Stiglitz. Discouraging Rivals: Managerial Rent-Seeking
　　and Economic Inefficiencies.

20　大约在 15 年前，克林顿政府（包括罗伯特·鲁宾）和国会成员（包括参议员约瑟
　　夫·利伯曼）对独立于政府的财务会计准则委员会（FASB）施加政治压力，使其
　　不要强制企业在做出决策时一定要评估股票期权对企业自身产生的影响。我那时
　　就已经对他们的行为感到非常失望了。然而，在当前经济危机中发生的一些事情
　　更令人震惊。国会成员甚至威胁说要推翻财务会计准则委员会（FASB），除非该
　　委员会同意银行所提出的降低会计准则的要求。

21　2009 年 4 月 2 日，财务会计准则委员会（FASB）投票通过了这一做法上的变化。
　　参见 Floyd Norris. Banks Get New Leeway in Valuing Their Assets. Financial Accounting
　　Standards Board, Summary of Board Decisions, April 2, 2009。

22　这种允许银行在繁荣时期降低贷款、低迷时期增加贷款的规定被称为反周期的资
　　本充足标准，这些法规有时也被称为宏观审慎监管。

23　在这种情况下，完全以市值计价可能会给股东带来实现预期收益（平均收益）的
　　希望，但对债券持有人而言，其获得的收益一般都要小于预先的承诺。

24　其他会计问题也会扭曲银行行为。在存贷危机之后，银行自然要求持有更多的资
　　本（它们认为，某些情况下危机可能会再次发生），鉴于长期政府债券更为安全，
　　所需资本金也较少，因此银行更愿意持有长期政府债券。当这些债券的收益高于
　　短期存款利率、政府短期债券的收益时，银行就会预期得到一个较高的回报，即
　　使这种高回报率反映了债券价格下跌（资本损失）的预期。这种银行所喜欢的会
　　计制度引起了银行资产组合结构的变化，银行纷纷降低贷款，更多地持有长期政
　　府债券，这造成了 1991 年的经济衰退。参见 Stiglitz. *Roaring Nineties.*

25　事实上，原有的会计准则（2009 年 4 月以前）就没有那么严格。正如我以前提
　　到的那样，原有的会计准则并不强制银行将其所有的资产都以市值定价，而只
　　是强调逾期偿贷的"受损资产"要按市值定价。这是有道理的——这总比银行
　　自行决定如何处理不良资产要好，那样银行就会说"好吧，也许我们持有的时间
　　足够长，总有一天它的价值会涨回来的"。事实是，所有证据都表明，除非政府
　　大规模地救市，否则越来越多的抵押贷款都要陷入困境。虽然政府的抵押贷款

计划能帮点忙，但这是远远不够的，还不足以推动新的制度朝我们预期的方向发展。

26　负责管理重组的贷款业务人员存在某些扭曲的激励。通过推迟取消抵押品赎回权，他们可以为自己谋取一些费用，这笔钱最终是由第一抵押权人来支付的。参见第 4 章中相关部分的讨论。

27　进一步的问题是：不采取市值定价法将会使经济系统暴露在无法形容的风险之下，而且也促使所有银行都来赌一把。假设一家银行在出售资产前都是以购买该资产时的账面价格计价，而售出该资产时银行又以售出价记录。此时，银行就会倾向于购买高风险的资产，其中一部分资产会升值，另一部分则会贬值。这样，银行就可以尽可能地通过出售增值资产、保留贬值资产的方法，轻而易举地调整自己的账面资产价值。如果要求银行必须按市值定价记录那些广泛交易的资产，那么银行就会倾向于购买那些非广泛交易的资产。因为银行可以自行决定以不透明会计来记录这种非广泛交易资产的价格。账面价值本身不仅仅是对真实价值一种扭曲的衡量，其后果是缺失的会计制度又扭曲了贷款和投资，鼓励过度冒险并购买难以估值的资产。

28　美国政府责任办公室（GAO）. Cayman Islands: Business and Tax Advantages Attract US Persons and Enforcement Challenges Exist. Report to the Chairman and Ranking Member, Committee on Finance, U.S. Senate, GAO-08-778, July, 2008.

29　目前政府已经采取措施，在限制"离岸"金融中心的银行保密行为方面也已经取得了一些进展，最近二十国集团峰会也暗示会在这方面采取更多的措施。但是，在关键的信息自动交换问题上，政府却没有采取什么行之有效的行动。现在关注的重点都在逃税领域，而在银行保密方面出现的其他恶意用途，例如向腐败的独裁政府提供安全资金场所等行为，并没有给予足够的关注。而且，当政府主要监督离岸岛屿的银行保密行为时，税收正义网给出的银行安全指数却表明，美国、英国和新加坡已经成为最严重的金融犯罪发生地。参见 Michael Peel. Leading Economies Blamed for Fiscal Secrecy. *Financial Times online*, October 30, 2009；Tax Justice Network. Financial Secrecy Index. 2009。

30　我曾经阐述过类似的问题。

31　1995 ～ 1997 年，作为经济顾问委员会的主席，我曾大力反对废除《格拉斯－斯蒂格尔法案》。作为一名经济学家，我相信经济激励的力量，我也相信这种观点是健康正确的。我曾经指出，如果那些废除《格拉斯－斯蒂格尔法案》的支持者能够建立一种真正的屏障来明确两种业务的区别，那么在大部分经济领域，自称来自商业银行和投资银行混业经营带来的利润就将不复存在。

32　Federal Deposit Insurance Corporation. *Summary of Deposits*, October 15, 2009.

33　一些人例如美国证券交易委员会前官员安德鲁·卡德认为，2004 年做出关于 1975 年法案某些条款的修改才是导致失败的关键原因。而美国证券交易委员会则认为，新规定"加强了监管"。回顾过去，由于投资银行出现了这样那样的许多问题，该说法似乎缺乏说服力。参见 Julie Satow. Ex-SEC Official Blames Agency for Blow-up of Broker-Dealers, September 18, 2008；反方观点参见 Erik R. Sirri 的讲话，Division of SEC Division Trading and Markets, April 9, 2009。

34　有些人主张所谓的"窄银行"的观点，这种极端主张认为，只能允许存款机构投资国库券。普通商业银行的职能，例如给中小企业提供贷款，对实现市场经济的良好运转是至关重要的。我相信，这种贷款与支付系统的联合存在着某种自然协同的作用。

35　2009 年 6 月 17 日的讲话。

36　Group of Thirty, *Financial Reform: A Framework for Financial Stability*, January 15, 2009.

37　一直迫使其他银行为那些大而不倒的银行所带来的损失买单，这是毫无道理可言的。这既不公平，也没有效率。所有持有被联邦存款保险公司保险过的债券的存款人，包括那些将自己的钱存在经营较好银行的存款人，实际上都被迫承担着一定程度的银行经营失误成本，这些成本是由于大而不倒的银行过度承担风险等错误所致。实际上，这些大而不倒的银行应该承担这些成本，这一点可以通过如下措施做到：对它们的利润、红利分配、奖金和债券利息支付征收特别税。如果我们可以承诺不去救助银行债券持有人，即让现有债券持有人承担一定的损失，那么，那些大而不倒的银行就不必缴纳这些税收了。但是鉴于目前的状况，应该向它们征收这些税。在本书付梓之时，大银行都反对向它们征收任何额外费用。它们宣称，它们会表现得很好，不再求助于政府。如果要让它们为那些没能很好管理风险的人买单，那是不公平的。有人建议向那些最终不得不被救助的银行征收费用。但通常情况下，关键问题是政府救市是要投入资金的，而这些钱一旦投入就很难被收回，比如在当前的这次救助中，政府已经遭受很大的损失了。正如我所指出的那样，在政府能够对银行施加强有力的监管、使其走出经营失败之前，政府不得不反反复复地挽救这些银行，所以必须对那些大而不倒的银行进行费用征收。很明显，这就是金融体系运营成本的一部分。与一般的纳税人不同，公平和效率都要求银行承担损失。

38　所有银行都不能有任何资产负债表外业务。在本章后面的部分，我将讨论一种特殊的金融风险产品（信用违约互换）以及应该如何对其进行监管。

39   提出一些具体可行的计划来清偿交易、关闭银行无疑是朝正确的方向迈了一大步，但这还远远不够：情况在瞬间就会发生极大的改变，那些在危机前看上去十分有效的计划，在危机时可能就没什么用了。

40   本书不能对所有金融部门创造的复杂金融工具展开论述，也不去深究它们究竟出了什么问题。拍卖级证券就是一种备受重视的金融产品，通过每周拍卖的方式来确定这种证券所支付的利率。截至 2008 年年初停止拍卖运作时，市场共冻结资金达 3300 亿美元。由于没有充分的证据证明华尔街的公司在出售此类证券的过程中存在渎职行为，因此通过司法体系获得补偿，特别是通过集体诉讼的方式使投资者获得赔偿，充其量也只不过是一个特别耗时、费尽财力的过程，在这种情况下，个人投资者只能自己承担损失。参见 Gretchen Morgenson. A Way out of the Deep Freeze. *New York Times*, October 8, 2009, p.B1.

41   正如我所说的一样，这对抵押贷款抵押品赎回权来说是不现实的。保险公司通常都排除了这类相关风险。

42   人寿保险和公司破产保险还有一个根本区别，那就是信息的不对称程度。就人寿保险而言，无论是保险公司还是被保险人都能获得与寿命有关的相同信息。个人可能略有信息优势，他可能更了解自己是否会实施那些有可能缩短其寿命的冒险行为；就公司破产保险而言，企业比保险公司更具信息优势，它深知自己的经营前景。因此，如果保险公司索要的保费报价反映了一个高估的破产概率，那么企业肯定不会投保。这就是所谓的逆向选择问题。

43   像金融市场中出现的许多事情一样，它们不仅没有试图管理风险，有时反而适得其反：事实上，通过构建一个充满利益冲突和法律纠纷的复杂网络，它们所面临的风险大大增加了。当政府向一家银行提供资金让其收购另一家银行时，那么实际上政府不仅救助了第一家银行，也救助了第二家银行。但是，如果此时第一家银行却不得不向第三方支付大量款项，那么第二家银行就有可能倒闭。

44   金融市场（包括政府监管者）应该对风险给予足够的重视，10 年前的东南亚金融危机足以说明这一点。例如，韩国银行认为它们可以应对汇率变化所带来的众多风险，并宣称它们从一家海外公司购买的保险足以弥补全部风险。然而，这家保险公司倒闭了，只剩下韩国银行自己来处理这些烂摊子。

45   人们可以根据债券市场的价格来间接地判断违约的可能性。如果资本市场真如它们的倡导者所声称的那样有效，就没有信用违约互换存在的必要了，而且也没有理由收取高达数十亿美元的发行费了。信用违约互换市场的作用就在于让那些善于风险评估的人更加关注风险，而无须对其要求更多的资金。这本身可能很重要，但是正如我们所看到的那样，它也蕴涵着相当大的风险，特别是因为它会给风险评估本身带来各种各样的猜测。

46　当厄普顿·辛克莱在其 1906 年出版的著作《丛林》中严厉地控诉了美国畜牧围场后，美国民众对美国产的肉类产品表现出极大的不信任，该著作也促使美国业界恳求政府实行肉类检查，消费者并不相信私人公司提供的证明。同样地，让老百姓自己去评估银行的财务状况以确定自己把钱存在银行是否安全，这对于普通民众来说也是不太可能的。他们完全有理由不相信任何给银行财务状况进行评级的私人部门，特别是那些银行出钱赞助的私人部门，例如信用评级机构。这种信息就是经济学家所谓的公共产品，也只有政府才能对其提供强有力的保障。

47　奥巴马政府已经提出要成立一个金融产品委员会。在本书付梓之时，该提议尚未得到国会通过，但众议院金融服务委员会已经删除了许多关键规定，豁免了绝大多数银行。

48　1980 年，只有 56% 的美国成年人拥有至少一张信用卡，但这一数字在 2001 年已经增长到 76%。参见 Debt Nation. *News Hour with Jim Lehrer*, PBS, April 18, 2001。

49　维萨卡和万事达卡与其他信用卡不同（例如美国运通卡和大来卡），这是因为它们实际上是由银行所拥有的，而且它们的应用非常普遍，以至于商家会毫不犹豫地接受它们，以免损失客源。

50　当然，商家能够而且确实也将其成本转嫁到了消费者身上。无论消费者的支付手段如何，实际上消费者都要支付全部款项，对消费者来说他们用现金、借记卡、信用卡或溢价信用卡都没有什么差别。市场的支付机制（在这些替代品中选择）完全被扭曲了。

51　高效支付系统背后的重要思想在于将支付职能和信用职能分离开来，个体的支付都是彼此独立的，当然也可以存在一些两种功能都有的产品，以便让那些希望以较低成本完成交易的人可以有所选择，但是"增加"信贷功能时一定要选取高效率、低成本的方式。只有"借记"功能的银行卡的交易成本（同时向客户和商家收费的）是目前银行收费体系的一小部分。澳大利亚最近推出了全新的改革举措，针对不断增加的持卡交易成本，允许商家收取一定的费用，但同时也对商家的收费做出了限制，这一政策取得了预期的良好效果。参见 Reform of Credit Card Schemes in Australia. August 27, 2002，对利润的综述参见 Reform of Australia's Payments System: Conclusions of the 2007 ~ 2008 Review. 悉尼，澳大利亚, September 2008。

52　世界银行，2008 年世界发展指标，人均国内生产总值，购买力平价（即调整了生活成本差异），修订版，华盛顿特区，2008 年 4 月 6 日。

53　只有 24 个州规定了承兑汇票手续费的上限。参见 Matt Fellowes and Mia Mabanta.

Banking on Wealth: America's New Retail Banking Infrastructure and Its Wealth-Building Potential. Metropolitan Policy Program at Brookings Institute, Washington, DC, January 2008.

54 国会通过了《社区再投资法》来保证这些金融服务不足的地区得到银行贷款。正如我在第 1 章中所指出的那样，一旦被迫放贷，银行会发现，与其他放贷地区相比，在这些地区的违约率水平下，其实还是有利可图的。

55 国会预算办公室. Cost Estimate: H.R. 3221 Student Aid and Fiscal Responsibility Act of 2009. July 24, 2009。

56 Karen W. Arenson. Columbia to Pay $1.1 Million to State Fund in Loan Scandal. *New York Times*, June 1, 2007, p.B1.

57 有大量的经济学和政治学文献描述过监管者通常都是如何被那些被监管对象"俘获"的。从自我监管方面来看，贿赂行为是显而易见的。正如我们在第 5 章中看到的那样，纽约联邦储备银行的监管几乎就是自我监管，但首要问题在于心理层面（"认知捕获"）。监管者的思维方式应该不同于监管对象，他们更应关注什么地方可能出错。一旦事情的苗头不对，监管者就要采取行动了，因为他们应该明白，是其他人（如纳税人）将要为这些乱七八糟的后果买单。

58 我们有（通过民事诉讼的）私人强制执行和政府强制执行两种。我们已经在联邦和州的层面上建立了强制执行制度，而且在联邦的层面上，由司法部和美国联邦贸易委员会共同行使强制执行的责任。

59 金融市场抵制创新的例子还有很多：几年前，一些经济学家指出通过拍卖的方式出售国债可以更好地降低交易成本，使销售过程更加透明，政府也能获得更好的债券收益。然而这再次遭到了一些华尔街人士的抵制。原因是显而易见的：华尔街并不希望政府收益最大化，相反地，它要尽可能地增加自己的收入，而且原有的不透明制度可以让它赚更多的钱。

第 7 章

1 这些数字表明了公众持有的债务占 GDP 的比重。根据国会预算办公室所提供的最接近现实的估计，债务占 GDP 的比重在 2019 年预计会达到 87%。参见管理和预算办公室. Budget of the US Government, Fiscal Year 2010, Updated Summary Tables, May 2009；美国政府财政预算. Historical Tables Fiscal Year 2010, Table 7.1—Federal Debt at the End of Year: 1940 ～ 2014. Washington, DC；国会预算办公室. The Long-Term Budget Outlook. June, 2009.

2 从 1950 ～ 1973 年，人均收入平均增加了 59 个百分点，与此同时，人均收入的中位数，即中间层的收入，增加了 41 个百分点。参见美国人口普查局. *Historical Income Tables—People*. Table P-4. Race and Hispanic Origin of People (Both Sexes Combined) by Median and Mean Income: 1947 to 2007.

3　Julia B. Isaacs. Economic Mobility of Men and Women. in R. Haskins, J. Isaacs; I. Sawhill (eds.). *Getting Ahead or Losing Ground: Economic Mobility in America.* Washington, DC: Brookings Institution, 2008.

4　Carmen DeNavas-Walt, Bernadette D. Proctor and Jessica C. Smith. Income, Poverty, and Health Insurance Coverage in the United States: 2008. U.S. Census Bureau, September, 2009.

5　Roy Walmsley. World Prison Population List. 7th edition. International Centre for Prison Studies, School of Law, King's College London, 2007.

6　在科学能力和数学能力方面，美国 15 岁学生的成绩明显低于经济合作与发展组织（OECD）成员国学生的平均水平。其中在科学能力方面，在全部的 57 个国家中，有 22 个国家的学生取得了较高的平均分；在数学能力方面，有 31 个国家的学生取得了较高的平均分，只有 20 个国家的学生平均分数较低。就科学能力而言，在美国学生中，有相当一部分学生的成绩低于或维持在最低水平（1 级），这一比例低于 OECD 成员国的平均水平。参见 Baldi, Jin, Skewer, Green and Herget, *Highlights from PISA 2006.*

7　婴儿潮的一代是指 1946 ~ 1964 年出生的 7900 万美国人。在美国，到 2030 年，65 岁以上的人口预计将比现在增加 50% 以上。这一年龄段的人口占全部人口的比重将从 2010 年的 13% 上升至 2030 年的 20%，并且这一比重在未来数十年内将一直维持在 20% 以上。2010 年后，婴儿潮一代的老龄化问题会带来政府支出的大幅增加：每年的社会保障支出将加速增长，从 2008 年约占 GDP 的 5.1% 增加到 2018 年约占 GDP 的 6.4%。健康保健和医疗开支增长将更为迅速，会达到年均增长 7 ~ 8 个百分点。至 2018 年，这项开支预计将比 2009 年翻一番，而 GDP 却最多只能增长一半。参见美国人口普查局人口司. National Population Projections—Projections of the Population by Selected Age Groups and Sex for the United States: 2010 ~ 2050. August 14, 2008；Peter Orszag. The Budget and Economic Outlook: Fiscal Years 2008 ~ 2018. statement before the Committee on the Budget, U.S. Senate, Washington, DC, January 24, 2008.

8　2006 年，能源支出占国民生产总值的 8.8%。参见能源信息局. Annual Energy Review 2008, Table 1.5: Energy Consumption, Expenditures and Emissions Indicators, 1949 ~ 2008. June 26, 2009, http://www.eia.doe.gov/emeu/aer/overview.html. 在全美

最大公司的排名中，埃克森美孚（排名第一位）、雪佛龙（排名第三位）、康菲（排名第四位）和瓦莱罗能源（排名第十位）均榜上有名。

9　经济分析局. National Income and Product Accounts Table. Table 6.16D. Corporate Profits by Industry. 除了高额利润，巨额奖金也很值得我们关注（在一些银行，这二者的数额几乎是相等的）。

10　国际劳工组织. Global Employment Trends Update, May 2009. International Labour Office, Geneva, Switzerland. 2009.

11　2006 年美国经常项目的赤字为 8040 万美元，但在 2007 年和 2008 年略有下降，分别为 7270 万美元和 7060 万美元。经济分析局. U.S. International Transactions Accounts Data, Table 1, September 14, 2009.

12　2006 年，美国家庭净借款超过 1 万亿美元，但截至 2008 年第四季度，就已经转变为净储蓄 2790 亿美元了。然而，与此同时，政府借款却由 3350 亿美元上升至 2.2 万亿美元。美联储. Flow of Funds Accounts of the United States, Table F.1, Washington, DC, March 12, 2009, http://www.federalreserve.gov/releases/z1/Current/data.htm.

13　同样，另一种误导的说法就是鼓励中国多消费：即便是中国提高了自己的消费水平，也很难保证一定就能增加美国的出口。相反地，我们应该首先关注教育和健康等国内服务。有些人认为，增加中国消费就能轻松缓解美国巨额贸易赤字，这种想法是十分荒谬的；还有人提出，只要人民币适度升值也能达到同样的目的，这些纯属无稽之谈。美国人自己并不想生产服装和纺织品，它只不过是想从其他发展中国家进口罢了。全球失衡所带来的问题可能会进一步恶化：即使中国愿意将其贸易盈余再借给美国，但其他发展中国家也未必愿意如此。

14　对发达国家的影响也是不言而喻的：非技术工人被迫要与那些来自世界各地的低工资工人展开竞争。参见 Stiglitz. Making Globalization Work.

15　例如，无论是现在还是将来，如果全球承诺对二氧化碳的排放征收一个高价（比如每吨 80 美元），就会给企业和家庭带来一种强烈的刺激，使其增加在提高"碳"效率方面的投资。

16　工资收入排名前 1% 和 5% 的人们，其收入已经超过了 20 世纪 80 年代末以来的最高值，而且在 1998 年达到了新的历史高位。参见 Thomas Piketty and Emmanuel Saez. Income Inequality in the United States, 1913 ～ 1998. Quarterly Journal of Economics, vol. 118, no. 1, February, 2003, pp.1 ～ 39, figure Ⅸ.

17　Elisabeth Rosenthal. China Increases Lead as Biggest Carbon Dioxide Emitter. New York Times, June 14, 2008, p.A5.

18　Wallace E. Tyner. The US Ethanol and Biofuels Boom: Its Origins, Current Status and Future Prospects. BioScience, vol. 58, no. 7, July ～ August, 2008, pp.646 ～ 653. 一个广泛的共识是，即使能从玉米基乙醇中获得环境收益，那也是微乎其微的。反对者还指出，补贴玉米基乙醇会带来食品价格上涨的风险。

19　古巴将已经很低的婴儿死亡率进一步降低至 7.2‰，这相当于美国的平均水平，只有华盛顿特区婴儿死亡率的一半。Molly Moore. The Hemorrhaging of Cuba's Health Care; Doctors without Data, Patients without Drugs: U.S. Embargo, Economic Crisis Cripple a Showcase System. *Washington Post*, February 23, 1998, p.A12.

20　例如，在经济合作与发展组织（OECD）成员国的国际学生评估项目测试（PISA）中，韩国顶尖的 15 岁学生的成绩远远高于 OECD 成员国的平均水平，而美国同一等级学生的成绩却远低于平均水平。Organisation for Economic Co-operation and Development. OECD Briefing Note for the United States. PISA 2006: Science Competencies for Tomorrow's World, December 4, 2007.

21　Mamta Murthi, J. Michael Orszag and Peter R. Orszag. The Charge Ratio on Individual Accounts: Lessons from the U.K. Experience. Birkbeck College Working Paper 99-2, University of London, March, 1999.

22　Yao Li, John Whalley, Shunming Zhang and Xiliang Zhao. The Higher Educational Transformation of China and Its Global Implications. National Bureau of Economic Research Working Paper 13849, Cambridge, MA, March, 2008.

23　联合国开发计划署的"人类发展指数"（HDI）综合衡量了一国的人均收入水平、教育和健康水平。2009 年人类发展报告指出，瑞典在人类发展指标方面的排名为世界第 7 位，而美国只排名世界第 13 位。

24　Herbert Simon. Organizations and Markets. Journal of Economic Perspectives, vol. 5, no. 2, 1991, p.28.

25　在这两种组织形式中，公司管理可以被看成是一种公共产品，从这个意义上讲，如果企业经营良好，则所有的股东都会获利。同时，在这两种组织形式下，此类公共产品都存在监管不足的风险。也许是因为在这个问题上，官办企业显得更加明显，所以它们往往会建立各种制度安排来解决这些问题，以防止事态变得更糟。

26　以职业培训为重点的营利性学校都很擅长欺诈行为，从这些学校毕业的学生往往会感觉非常失望，所以不愿意去偿还学生贷款。克林顿政府曾试图取缔那些学生贷款高违约率的学校，但这些私立学校却积极游说反对。它们知道，如果没有获得政府的担保贷款，它们就会被停业。

27　环境工作小组. Farm Subsidy Database. http://farm.ewg.org/farm/progdetail.php?fips =00000&yr=2006&progcode=cotton&page=conc. 2009 年 8 月，世界贸易组织上诉委员会裁定，巴西可以对美国的《反世界贸易法案》的行为征收高达 8 亿美元的关税。参见世界贸易组织. WTO Issues Arbitration Reports in US-Brazil Cotton Dispute. August 31, 2009.

28　Statement of Senator McCain on the Energy Bill. November 19, 2003.

29　当我时任经济顾问委员会主席时，我们编纂了企业福利项目目录，并将这份名录与其他人编纂的进行比对（其中包括保守党智囊团编纂的目录）。有趣的是，接受国际货币基金组织（该组织在救助银行方面起着重要的作用）援助的银行在各种目录中均榜上有名并高居榜首。提供给美国银行的援助甚至超过了国际货币基金组织向亚洲、俄罗斯和拉丁美洲的大银行所提供的救助规模。

30　如果对市场风险的低估与被扭曲的激励机制有关，那么政府可以通过影响激励机制从而间接地影响风险定价。

31　这就是为什么试图让市场生产知识很可能极其没有效率。在某些情况下，个别人这么做也许行得通（例如通过专利制度），但是使用市场机制的社会成本可能会相当巨大。

32　经济学家耗费大量的精力去了解为什么会缺少一些关键的保险市场，很大程度上是因为信息的问题（特别是信息不对称）。参见 M. Rothschild and J.E. Stiglitz. Equilibrium in Competitive Insurance Markets: An Essay on the Economics of Imperfect Information. *Quarterly Journal of Economics*, vol. 90, no. 4, November, 1976, pp.629 ～ 649.

33　银行的剥削方法多种多样。一家保险公司会推销针对各种可怕疾病的人寿保险，尽管这些疾病真正的风险非常小，甚至可以忽略不计，但是推销员还是会向顾客描述某人因可怕疾病导致死亡后留下孤苦的寡妇的悲惨情景，这种惨状足以让推销员在不到 6 个小时内轻松地卖出很多保单。美国食品和药物管理局前局长大卫·凯斯勒也给出了很多食品和饮料业的实例。参见 David Kessler. *The End of Overeating: Taking Control of the Insatiable North American Appetite*. Emmaus, PA: Rodale, 2009; *A Question of Intent: A Great American Battle with a Deadly Industry*. New York: Public Affairs, 2001.

34　亚当·斯密已经意识到危险的存在，现代反托拉斯法的目的就在于设法维持完全竞争的市场环境，从而防止反竞争行为的滥用。

35　Claude Henry. *Patent Fever in Developed Countries and Its Fallout on the Developing World*, Prisme No.6, Paris: Centre Cournot for Economic Studies, May, 2005; Andrew

Pollack. Patent on Test for Cancer Is Revoked by Europe. *New York Times*, May 19, 2004, p.C3.

36 专利制度甚至可以阻碍创新的步伐。例如，它可以提高最重要研究投入（知识）的成本，而且会设定许多专利上的障碍，因为每位专利拥有者都会担心其他人会侵犯自己的专利权。参见第 4 章，Stiglitz. *Making Globalization Work*。

37 美国经济分析局工业经济核算，按行业划分的国民生产总值：Value Added by Industry as a Percentage of GDP. April 28, 2009.

38 如果政府要求电视台和广播电台为候选人提够免费宣传时段，那么就会降低竞选的资金需求。澳大利亚的表决制度就减少了政党为获得选票而进行的支出。

39 来自联邦选举委员会政治反应中心编制的数据表明，在 2008 年的大选期间，政治行动委员会和证券投资公司的员工提供了 1.56 亿美元的捐款。高盛、花旗集团、JP 摩根大通、美国银行和瑞士信贷提供了 2270 万美元的资助，并在竞选游说期间总计花费了 2500 多万美元之多。政治反应中心. Lobbying Database. 众议院农业委员会主席，众议员科林 C. 彼得森直截了当地说："这些银行影响巨大。我告诉你问题出在哪里，它们出的钱比最大的集团给的三倍还多。"彼得森通常负责监督期货市场的各种交易（因为在农产品期货交易中，通常需要确定其原产地）。参见 Gretchen Morgenson and Don Van Natta Jr.. Even in Crisis, Banks Dig in for Battle against Regulation. *New York Times*, June 1, 2009, p.A1.

第 8 章

1 举行二十国集团会议的想法来自法国总统尼古拉斯·萨科齐，他本来希望在联合国的支持下在纽约举行这次会议。美国总统乔治·W. 布什想必意识到如果他不迅速采取行动，欧洲国家将会采取行动，所以他要求在华盛顿举行此次会议。

2 International Monetary Fund. *World Economic Outlook*, Washington, DC, April, 2008, p.24.

3 这是国家间外部性的例证。我已经反复强调过，外部性具有普遍性和很强的影响力，并且当它普遍存在的时候，市场仅靠自己是无法有效运行的。

4 爱尔兰国防部长如是说："从爱尔兰的角度来讲，最好的财政刺激方案就是努力让我们的贸易伙伴把我们放在有利的位置，我们最终将无须任何代价就能扩大贸易伙伴对我们出口商品的需求。我们需要做的是确保能够充分利用贸易伙伴所创造的机会。"Willie O'Dea. Why Our Response to Crisis Isn't Wrong. *Sunday Independent* (Ireland), January 4, 2009.

5 关于这些条款的更一般的讨论以及在危机过程中向银行和其他企业提供贸易援助

所带来的潜在扭曲效应，参见 Trade Policy Review Body. Overview of Developments in the International Trading Environment-Annual Report by the Director-General. World Trade Organization.

6　Elisa Gamberoni and Richard Newfarmer. Trade Protection: Incipient but Worrisome Trends. Trade Notes No.37, International Trade Department, World Bank, Washington, DC, March 2, 2009.

7　资本市场自由化允许热钱一夜之间流入某个国家，然后又以同样快的速度流出这个国家，随之而来的结果是整个经济被破坏。资本市场自由化是 1997～1998 年东南亚金融危机爆发的一个关键因素。因资本市场自由化带来了高风险成本的同时却并没有给我们带来明显的好处，所以我对资本市场自由化持特别的批判态度。人们是无法利用那些在一夜之间流入又流出的热钱来建造工厂的。IMF 的首席经济学家肯·罗格夫承认，至少在很多情况下，几乎没有什么证据可以证明资本市场自由化会带来更大的增长，相反地，却有证据表明一些国家资本市场因此变得更加不稳定。正因为如此，IMF 最终放弃了其原来的立场。参见 Prasad, Rogoff, Wei and Kose. Effects of Financial Globalization on Developing Countries. op. cit. 金融市场自由化之所以允许国外银行在本国自由经营与运作，一个关键的理由就是它们认为美国的银行会给发展中国家提供很好的银行实践经验，而且也会促使其经济以更快的速度增长，从而使得整个资本市场更加稳定地运行。然而它并没有如上所述那样去发挥应有的作用。具有讽刺意味的是，甚至直到自由化时代遭到重创之前，美国还一直在抵制业务地域不受限制的国家银行的观念。它们担忧，来自纽约和其他货币中心的大银行会把所有的储蓄从当地吸引走，而并不在当地进行再投资。借贷就是基于信息的经济关系，好的贷款人了解借款人的信息，而且如果贷款人在纽约，那么它们更愿意把钱借给纽约的公司，虽然也有例外，但是本地的贷款相对占有很大比例。银行经营地域的限制使得美国的金融系统表现出以存在大量地方性社区银行为标志的独特特征。即使到今天，在美国还有 7000多家地方性社区银行，这些银行不仅向当地中小企业出借资金，而且还是美国经济发展动力的来源。

8　作为向其提供资金的一个条件，IMF 坚决要求那些接受贷款的国家做一些特别的事情。每家银行都会要求借款人满足一些条件，以提高他们还款的可能性，这无可厚非。但是 IMF 所要求的条件有时候却减小了还款的可能性，而且这些条件通常和贷款本身关系不大。IMF 可能会提出一些"宏观条件"，例如要求中央银行提高利率或者削减财政赤字，也有一些是结构性条件，例如要求政府使其银行私有化，以及一些政治条件，例如要求政府给予中央银行更多的独立性。总之，这些条件缩小了那些国家独立制定本国政策的范围。许多发展中国家认为这些条件剥夺了它们的经济主权。

9　在阿根廷、巴西、哥伦比亚、肯尼亚、韩国以及津巴布韦也同样发生了针对 IMF 的抗议和暴乱。参见 Mark Ellis-Jones. States of Unrest II: Resistance to IMF and World Bank Policies in Poor Countries. World Development Movement Report, London, April, 2002.

10　例如，IMF 向巴基斯坦施加压力，要求其提高利率和税收。参见 James Melik. Pakistan Business Fighting on All Fronts. BBC News, May 22, 2009. IMF 还为巴基斯坦的财政预算赤字设定了指标，而巴基斯坦本国的预算赤字正处于超出 IMF 规定的危险境地。参见 Khaleeq Ahmed and Khalid Qayum. Pakistan's Budget Deficit May Exceed IMF Target, Tarin Says. *Bloomberg.com*, June 10, 2009. IMF 对拉脱维亚进行威胁，声称如果拉脱维亚不削减预算，IMF 将延迟对其下期贷款的拨付，这是 IMF 推动各国削减预算的惯用伎俩，而这种手段有可能会导致拉脱维亚的破产。参见 Aaron Eglitis. Latvia Faces Bankruptcy by June If IMF Loan Delayed. *Bloomberg.com*, March 9, 2009，每一次事件中，人们都会争论 IMF 政策是否合适：没有 IMF 的援助计划，一个国家是否会实施更为扩张的经济政策？ IMF 对通货膨胀和失业之间的取舍权衡是否得当？ 然而，今天争论的内容已经跟 10 年前争论的内容有很大不同了。

11　我在早期的著作《全球化及其不满》（*Globalization and Its Discontents*）中一直在呼吁这种以及许多其他形式的改革。

12　美国政府的经济援助仅占其 GDP 的 0.18%，还不到以下国家捐助的 1/4：丹麦（0.82%）、荷兰（0.8%）、挪威（0.88%）、瑞典（0.99%）。参见 Organisation for Economic Co-operation and Development. OECD.Stat, ODA by Donor, March 30, 2009; Gross Domestic Product.

13　美国甚至不情愿配合欧洲、日本去支援 IMF。它的第一反应是向 IMF "慷慨"地提出建议：IMF 可以邀请中国、沙特阿拉伯和其他一些国家借钱给 IMF，然后 IMF 可以把钱借给那些发展中国家。最终，奥巴马政府确实承诺向 IMF 提供 1000 亿美元的贷款，相对于美国的实力，相对于美国政府为其本国银行提供的救助，尤其是相对于它引起的危机以及给其他国家带来的痛苦这一罪过而言，这 1000 亿美元太少了，甚至比日本提供的援助都要少。而且与直接把钱无偿给本国银行不同，这笔钱属于贷款，是要偿还的。但是，即使在这个 1000 亿美元的提案上，国会都持反对态度。值得称道的是，奥巴马政府动用了相当大的力气去做了件正确的事情，并且最终使这 1000 亿美元救助计划在国会上得以通过。

14   二十国集团要求 OECD 公开那些已经分好类的国家名单，名单上列的这些国家的
      政府都承诺完全遵守信息互换国际标准。OECD 把 4 个国家（乌拉圭、哥斯达黎
      加、马来西亚和菲律宾）列入了黑名单中，把 30 多个国家列入了灰名单，大约
      40 个国家列入了白名单。而被列入黑名单的四个国家在一周之内就都被升到了白
      名单中。参见 Organisation for Economic Co-operation and Development. Four More
      Countries Commit to OECD Tax Standards, OECD press release, April 7, 2009.

15   贪污腐败问题在二十国集团的匹兹堡会议上被提上了日程。

16   Francis Fukuyama. *The End of History and the Last Man*. New York: Free Press, 1992.

17   Angus Maddison. *The World Economy: A Millennial Perspective*. Paris: Organisation
      for Economic Co-operation and Development, 2007.

18   Luc Laeven and Fabian Valencia. Systemic Banking Crises: A New Database. op.cit.

19   那些高度发达的工业化国家（尤其是美国）的人们为他们表面上伪善的行为做辩
      护。首先，他们会说，美国非常富裕，所以为了公司的福利浪费点资源无关紧
      要。但发展中国家却不能这么做。政府官员可能私下里也认为这种观点是错误
      的，但是他们会接着说，我们别无选择，我们生活在一个民主的社会，我们的政
      治机构需要它。但发达国家却不愿支持发展中国家的民主产生的同样需求，事实
      上，当发达国家向反对这些国际协定（如华盛顿共识）的人们提供了援助时，发
      达国家的伪善更加昭然若揭了。

20   这些有才能的人在产业高度发达的国家发挥了非常重要的作用，例如美国硅谷
      的成功。英国国家医疗保健机构配备的医生和护士中，许多都是有国外培训经历
      的。大批医疗专业人士从发展中国家转移到英国、美国以及其他产业高度发达的
      国家，这种转移有助于提高发达国家的医疗服务质量，但却使发展中国家丧失了
      许多医疗系统必需的人员。当然，在许多发展中国家，也有其他一些诸如资金不
      足的因素导致医疗卫生保健部门出现问题。参见 Tikki Pang, Mary Ann Lan-sang
      and Andy Haines. Brain Drain and Health Professionals. *British Medical Journal*, vol.
      324, March 2, 2002, pp.499 ～ 500.

21   George Soros. *The New Paradigm for Financial Markets: The Credit Crisis of 2008
      and What It Means*. New York: Public Affairs, 2008.

22   参见 International Monetary Fund. World Economic Outlook database, April, 2009.

23   Peter Marsh. China to Overtake US as Largest Manufacturer. *Financial Times online*,
      August 10, 2008; and China to Surpass Japan in Auto Production in 2009. iSuppli
      Corp press release, March 26, 2009.

24   Rosenthal. China Increases Lead as Biggest Carbon Dioxide Emitter. op. cit.

25　2008 年 11 月，中国宣布了两年内 5860 亿美元的刺激计划，大约是中国 GDP 的 14%。如果按照相同比例的话，美国刺激计划的规模应该是 2 万亿美元。参见 Xinhua News Agency. China's 4 Trillion Yuan Stimulus to Boost Economy, Domestic Demand. November 9, 2008.

26　两名参议员，纽约的查尔斯·舒默和南卡罗来纳州的林塞·格拉厄姆计划提出议案，称除非中国允许人民币升值到合理程度，否则要对中国的商品征收高达 27.5% 的关税。但是在 2009 年 3 月的时候，他们又决定不这么做了。全美制造商协会反对对华制裁，这更加凸显了中美之间的相互依赖关系，它们估计来自中国 1/4 的制造业商品是由美国公司的在华子公司生产的。参见 Edmund L. Andrews. Trade Truce with China in the Senate. *New York Times*, March 29, 2006。2009 年 9 月，美国对中国的低等级轮胎征收关税。该案件由美国钢铁工人挑头，但是行业工会并没有参与这件事情，行业工会很久以前就停止了这种低等级轮胎的生产。就像其他新加入世贸组织的成员一样，中国必须同意一系列要求才能参与其中，正常开展贸易，对中国的要求可比对原有成员国的要求多多了。英国牛津饥荒救济委员会称其为"门前勒索"。即使中国仅仅是按照市场经济的规则办事的情况下，在其加入世贸组织以后的若干年内，美国还是可以设法保护其本国产业不受中国大量出口商品冲击的影响。中国在美国的销售量确实已经增加了，但主要是击退了其他国家的低等级轮胎的低成本生产商，并没有击退美国的生产厂商，因为美国并不生产这些低等级轮胎。

27　中国人民银行行长周小川的演讲：Reform the International Monetary System. March 23, 2009.

28　想了解关于此事的描述，参见 John Williamson. Keynes and the Postwar International Economic Order. in Harold L. Wattel (ed.), *The Policy Consequences of John Maynard Keynes*. Armonk, NY: M. E. Sharpe, 1985.

29　Report of the Commission of Experts of the United Nations President of the General Assembly on Reforms of the International Monetary and Financial System, September, 2009.

30　Dani Rodrik. The Social Cost of Foreign Exchange Reserves. *International Economic Journal*, vol. 20, no. 3, September, 2006, pp.253 ～ 266; Stiglitz. *Making Globalization Work*, op. cit.

31　除非有大量的非理性投资者存在，比如 20 世纪 90 年代网络泡沫的出现，政府通常会实行财政赤字政策来抵消贸易逆差的影响。

32　2008 年 5 月，"10+3"（东南亚国家联盟 10 个成员国与中国、日本、韩国之间的合作）财政部长级会议通过了建立 800 亿美元外汇储备基金的决议。2008 年 12 月，他们提议把基金规模增加到 1200 亿美元。该提议在 2009 年 5 月获得批准。参见 C. R. Henning. The Future of the Chiang Mai Initiative: An Asian Monetary Fund? Peterson Institute for International Economics Policy Brief 09-5, Washington, DC, February, 2009; Asian Nations Unveil $120 Billion Liquidity Fund. Wall Street Journal, May 4, 2009, p.A10.

33 在几个主要国家，甚至在一些相对小的国家，发生了反欧盟的选举行动。这一政治活动逆转了欧元走强的势头。

34 很自然地，这里有这样一个解决方案：产业高度发达的国家可以把它们不需要的特别提款权分配额转移给需要特别提款权的发展中国家。而财政部长罗伯特·鲁宾滥用外汇平准基金绕开国会帮助墨西哥人摆脱经济困境这一事件却激怒了国会，使得上述特别提款权转移方案很难被实施。参见 J.Lawrence Broz. Congressional Politics of International Financial Rescues. American Journal of Political Science, vol. 49, no. 3, July, 2005, pp.479 ～ 496.

35 人们广泛讨论全球货币储备体系如何设计以及如何实现从现行制度到新制度的过渡等问题，相关细节请参见 The Report of the Commission of Experts of the United Nations President of the General Assembly on Reforms of the International Monetary and Financial System.

第 9 章

1 认为罗斯福新政使得经济情况更差的人多数都是保守的新闻从业者，例如 Amity Schlaes. The Forgotten Man: A New History of the Great Depression. New York: Harper Collins, 2007。但一些学院派理论经济学家也支持上述观点。在此次危机爆发的时候，对外关系委员会在 2009 年 3 月 30 日举办了一次会议，主题为"重新审视大萧条和新政"，以此来庆祝凯恩斯经济学的失败。

2 E. Cary Brown. Fiscal Policy in the Thirties: A Reappraisal. *American Economic Review*, vol. 46, no. 5, December, 1956, pp.857 ～ 879; Peter Temin. *Lessons from the Great Depression* (Lionel Robbins Lecture). Cambridge, MA: MIT Press, 1989.

3 1936 年总预算支出是当年 GDP 的 10.5%，但这一比例到 1937 年降至 8.6%，1938 年降至 7.7%，而这几个时期的预算赤字分别是 GDP 的 5.5%、2.5% 和 0.1%。参见管理预算部门. Budget of the United States Government: Historical Tables Fiscal Year 2010, Table 1.2: Summary of Receipts, Outlays, and Surpluses or Deficits (-) as Percentages of GDP: 1930 ～ 2014.

4 凯恩斯曾有力地指出，对现在的问题来说，长期是个误导，从长期来说我们都已死去。经济学家留给自己的任务太过简单和无价值，就像在暴风雨来临时，他们只能告诉我们当风暴过后会恢复风平浪静的，摘自凯恩斯 *A Tract on Monetary Reform* 的第 3 章 "The Theory of Money and the Foreign Exchanges", New York: Macmillan, 1923.

5 Charles Kindleberger, *Manias, Panics and Crashes. A History of Financial Crises*. New York: Basic Books, 1978; Carmen M. Reinhart and Kenneth S. Rogoff. *This Time Is Different: Eight Centuries of Financial Folly*. Princeton, NJ: Princeton University Press, 2009.

6 Franklin Allen and Douglas Gale. *Understanding Financial Crises*. Oxford: Oxford University Press, 2007.

7 Léon Walras. *Éléments d' économie politique pure. ou théorie de la richesse sociale*, Elements of Pure Economics, or the Theory of Social Wealth, 1874.

8 Kenneth J. Arrow. An Extension of the Basic Theorems of Classical Welfare Economics. in J. Neyman (ed.), *Proceedings of the Second Berkeley Symposium on Mathematical Statistics and Probability*. Berkeley, University of California Press, 1951, pp.507 ～ 532; Gerard Debreu. Valuation Equilibrium and Pareto Optimum. *Proceedings of the National Academy of Sciences*, vol. 40, no. 7, 1954, pp.588 ～ 592; The Theory of Value: An Axiomatic Analysis of Economic Equilibrium. New Haven : Yale University Press, 1959.

9 这个效率的概念参考了帕累托有效，在帕累托之后，一位意大利经济学家在他 1906 年的书 *Manual of Political Economy* 中，第一个清楚地阐述了这个观点。

10 Debreu. *The Theory of Value*, op. cit.

11 Bruce Greenwald and Joseph E. Stiglitz. Externalities in Economies with Imperfect Information and Incomplete Markets. *Quarterly Journal of Economics*, vol. 101, 1986, pp.229 ～ 264.

12 像 "只要参数值稍微变动一下就会造成结果的巨大变化" 这种情况在物理学界很常见，而经济学家却简单地假设这种情况不会出现。如 19 世纪末 20 世纪初最著名的经济学家之一阿尔弗雷德·马歇尔提出的 "本质不会出现突变" 的观点：Natura non facit saltum. or Nature does not make a leap. 参见 *Principles of Economics*. London: Macmillan, 1920. 在特定的数学假设下这确实是正确的，但是，当用模型来分析具有内生信息和创新的市场时，该模型的前提假设通常很难被满足。的确，即使微小的信息不完美也能影响均衡存在的结论。参见 Michael

Rothschild and Joseph E. Stiglitz. Equilibrium in Competitive Insurance Markets: An Essay on the Economics of Imperfect Information. *Quarterly Journal of Economics*, vol. 90, no. 4, December, 1976, pp.629 ～ 649.

13 用 "新古典经济学" 这个称谓是为了与斯密和李嘉图的古典经济学区分开。新古典经济学强调人们对不同商品的 "边际" 评价。

14 作为总统经济顾问委员会的主席，聘请宏观经济学家对我来说是个问题。宏观经济学家关注产出和就业这类宏观问题。正如我在后面解释的那样，在很多研究生院里讲授的主流预测模型都是建立在新古典经济学基础上的。总统之所以被选举是因为他的施政纲领就是 "就业！就业！就业！" 但最聪明、最优秀的年轻经济学家总是解释说 "没有失业这回事"，我很好奇总统面对这种场景会有何反应。

15 如果人们总是能很容易借到资金，那当然就意味着失业带来的痛苦相对会小一些。

16 Franco Modigliani and Merton Miller. The Cost of Capital, Corporation Finance and the Theory of Investment. *American Economic Review*, vol. 48, no. 3, 1958, pp. 261 ～ 297. 他们也认为公司派发红利与留存股票没有什么区别，其最初的分析忽略了税收的影响，但是随后的研究揭示了 "股利悖论"。在莫迪利亚尼的理论中，企业可以通过回购股份而不是支付股利来降低公司和个人的整体税收。看上去好像他们自愿比应交税款多支付上千亿美元。参见斯蒂格利茨. Taxation, Corporate Financial Policy and the Cost of Capital. *Journal of Public Economics*, vol. 2, 1973, pp. 1 ～ 34. 这种股利悖论大量地见诸于各种文献，任何基于理性模型之上的解释却不曾令我信服。

17 标准普尔 500 企业的 CEO 们去年的平均薪酬是 1050 万美元，是典型美国工人的 344 倍。私人投资基金经理的年薪水平甚至高到令人惊讶的地步。2007 年，最大的 50 位对冲基金和私人股权基金经理每人平均年薪达到 5.88 亿美元，比普通美国工人的薪水多出 19 000 倍。参见 Executive Excess 2007: How Average Taxpayers Subsidize Runaway Pay. 第 15 届年度 CEO 年薪调查, Institute for Policy Studies and United for a Fair Economy, Washington, DC, and Boston, MA, August 25, 2008.

18 Gary Becker. *The Economics of Discrimination*. Chicago: University of Chicago Press, 1957. 贝克在 1992 年获得诺贝尔经济学奖，而另一些诺贝尔经济学奖获得者阿罗、菲尔普斯和我对贝克的理论进行了强烈的抨击。参见 Joseph E. Stiglitz. Approaches to the Economics of Discrimination. *American Economic Review*, vol. 63, no. 2, 1973, pp. 287 ～ 295; Theories of Discrimination and Economic Policy. George M. von Furstenberg, Bennett Harrison and Anne R. Horowitz (eds.). *Patterns of Racial Discrimination*, vol. II: Employment and Income (Lexington, MA: Lexington Books,

1974, pp.5 ～ 26 ; Edmund S. Phelps. The Statistical Theory of Racism and Sexism. *American Economic Review*, vol. 62, no. 4, 1972, pp. 659 ～ 661; Kenneth Arrow. The Theory of Discrimination. in Orley Ashenfelter and Albert Rees (eds.). *Discrimination in Labor Markets*. Princeton: Princeton University Press, 1973.

19　对我影响特别深刻的是与阿克洛夫的讨论，他与我一同获得 2001 年的诺贝尔经济学奖。

20　现代经济学的一个主要发展是博弈论，它分析策略的相互作用，尤其是在小规模参与者之间的互相作用情况，博弈论成为分析非竞争市场的有用工具，在解释歧视的持续性时博弈论也非常管用。如果违反了歧视准则，即使那些没有任何种族偏见的人也会被别人惩罚，并且如果他们不对别人粗暴，自己就会被欺负。这样的模型可以用来解释长期的种族隔离政策和其他形式的歧视现象。参见 Dilip Abreu. On the Theory of Infinitely Repeated Games with Discounting. *Econometrica*, vol. 56, no. 2, March, 1988, pp. 383 ～ 396; George A. Akerlof. Discriminatory, Statusbased Wages among Tradition-Oriented, Stochastically Trading Coconut Producers. *Journal of Political Economy*, vol. 93, no. 2 April, 1985, pp. 65 ～ 276.

21　Robert H. Frank, Thomas Gilovich and Dennis T. Regan. Does Studying Economics Inhibit Cooperation? *Journal of Economic Perspectives*, vol. 7, no. 2, Spring of 1993, pp. 159 ～ 171. 有趣的是亚当·斯密在其另一本著作《道德情操论》中探讨了人类所有的这些特质。

22　参见经济运行与社会发展度量委员会的报告，以及保罗·费图西、阿马蒂亚·森和约瑟夫·斯蒂格利茨写的综述。该委员会是由法国总统尼古拉·萨科奇指定的，我作为主席，阿马蒂亚·森被聘为首席顾问。

23　自从 *Bowling Alone:The Collapse and Revival of American Community*. New York: Simon and Schuster, 2000. 出版以来，罗伯特·普特南便开始召集并成立了萨瓜罗研讨会，该研讨会是美国市民参与的共同行动，旨在推广让美国人增进彼此沟通以及与社会团体互动的思想。30 个参与者分别来自学术界、艺术界、商业届以及两大政党的最高政策制定者、牧师等。最终出版了书籍《最佳组合》(*Better Together*)（网址为：www.bettertogether.org），提出了让美国人更加市民化的策略。参见 Lewis M. Feldstein, Don Cohen and Robert Putnam, *Better Together: Restoring the American Community*. New York: Simon and Schuster, 2003.

24　然而，在这个领域已经出现大量并且在不断增加的文献。比如 Richard Layard. *Happiness: Lessons from a New Science*. London: Penguin, 2005，以及经济运行和社会发展度量委员会的报告等。

25　Dan Ariely. *Predictably Irrational*. New York: Harper Collins, 2008.

26　Shiller. *Irrational Exuberance*; Robert J. Shiller. *The Subprime Solution: How Today's Global Financial Crisis Happened, and What to Do about It*. Princeton: Princeton University Press, 2008.

27　假如我们预先就知道泡沫有一天，比如是 20 年后会破灭，那么泡沫就不会形成，因为没人愿意持有资产到经济崩溃前的那一刻，但这也可能意味着崩溃就出现在那一刻。同理，如果已知泡沫破灭就在那一时刻，这就很容易看清泡沫到底是怎么破灭的。有趣的是，与广为流传的观念相反，理性预期并非完全排除泡沫出现的可能性。只要不同的人拥有不同的信息（这一点很明显符合现实），那么泡沫就会与理性预期共存。当美联储的市场万能论信徒假定市场是聪明理性的、不会存在泡沫时，泡沫却滋生得很好，这超出了经济理论所能解释的范围。参见 Markus K. Brunnermeier. Bubbles. in Steven N. Durlauf and Lawrence E. Blume (eds.), *The New Palgrave Dictionary of Economics*, 2d ed. New York: Palgrave Macmillan, 2008；Dilip Abreu and Markus K. Brunnermeier. Bubbles and Crashes. Econometrica, vol. 71, no. 1, January, 2003, pp. 173 ～ 204; Roger Guesnerie. *Assessing Rational Expectations: Sunspot Multiplicity and Economic Fluctuations*, vol. 1. Cambridge: MIT Press, 2001.

28　但是群体理性模型也是存在的，在模型中个体会对其他个体的行为做出推断。参见 Andrea Devenow and Ivo Welch. Rational Herding in Financial Economics. *European Economic Review*, vol. 40, nos. 3 ～ 5, 1996, pp. 603 ～ 616.

29　*Jared Diamond. Collapse: How Societies Choose to Fail or Succeed*. New York: Viking Books, 2005.

30　有些研究更倾向于支持政府干预的观点，这些研究结果显示，个体会系统性地低估某一特定小风险的可能性。很多个体发现很难对不确定的事件尤其是小概率事件做出判断。他们要么买保险，这些人具有高风险厌恶偏好；他们要么选择赌博，因为他们相信总会有赢的机会。

31　在这些情境中，评估对人们而言什么是更好的则是个复杂的哲学问题。但至少人们要确保的是，他们现在的储蓄和投资计划能以很高的概率保证他们退休后的生活标准不会显著地下降。参见 Richard H. Thaler and Cass R. Sunstein, *Nudge: Improving Decisions about Health, Wealth and Happiness*. New Haven: Yale University Press, 2008.

32　John Maynard Keynes. *The General Theory of Employment, Interest and Money*. London: Macmillan, 1936.

33　奥巴马政府也许也会被同期出版的另一本极具影响力的书所触动：George A. Akerlof and Robert J. Shiller. *Animal Spirits: How Human Psychology Drives the Economy, and Why It Matters for Global Capitalism*. Princeton: Princeton University Press, 2009.

34　Greenwald and Stiglitz. *Towards a New Paradigm of Monetary Economics*.

35　在乔治·索罗斯的反射理论中，他强调了行为和预期依赖于他人的预期和信念。但是这种相互依赖并不是简单地意味着通过宣布有"复苏萌芽"就可以从一种均衡转向另一种均衡。参见 Soros. *The New Paradigm for Financial Markets*.

36　保罗·萨缪尔森是 20 世纪最伟大的经济学家之一。他在将凯恩斯主义引入美国方面做出了突出的贡献，尤其是通过他撰写的教材《经济学入门分析》，该书从 1948 年首次发行以来一直是经济学学生的圣经。通过被其称为新古典综合方法，他尝试把微观经济学和宏观经济学进行整合：存在失业和充分就业两种机制。一旦政府让经济恢复到充分就业状态，有效市场的标准结果就会出现。在很长的一段时间里，萨缪尔森的新古典综合方法的主张被他的支持者所坚信，但是该方法并没有任何理论基础，对该观点的批判可以参见后续的讨论。

37　许多芝加哥大学的经济学家对芝加哥学派的一个或多个信条并不认同。正如每个经济学派中都有一些"变异"。比较有影响力的一个理论是"真实经济周期"理论，它认为经济的波动并不是由于货币政策的变化，而是经济受到"真实"冲击的结果，比如因新技术的发展而产生的一些冲击。

38　然而，完美市场的假设确实在很多结论中起着重要作用。这种假设意味着不存在信贷配给，也不存在失业。代表性个体（生命是无限期的）的假设意味着无法对人们从年轻到年老或者贪富之间的收入进行再分配的后果进行分析，也意味着现在享受政府支出利益的人与未来需要纳税的人会是同一个人。

39　批评政府支出对经济有刺激作用的人们更多地关注供给方面的效应，认为税收会导致更少的储蓄和更多的工作，但是在短期内更少的储蓄意味着更多的消费，这事实上是有益于经济的。因为工人找不到工作，所以已经降低的劳动力供给也没有负面后果。认为未来增加的税收会抑制工作从而使情况更加糟糕的观点又一次体现了芝加哥学派思想的不一致性。如果人们都是相同的，那么政府就可以征收一次付清税款的税种，这种税不以收入或者是工人的其他行为为税基，并且这些税的征收不会对纳税人行为造成任何的扭曲，反而会鼓励人们工作。

40　Bruce Greenwald and Joseph E. Stiglitz Keynesian. New Keynesian and New Classical Economics. *Oxford Economic Papers*, vol. 39, March, 1987, pp. 119 ～ 133.

41　该观点最早要追溯到约翰·希克斯，他是我的一位前辈，是牛津大学的经济学家、万灵学院的（德拉蒙德）政治经济学教授，他在 1972 年获得诺贝尔经济学奖，事实上这个观点盛行于 20 世纪下半叶。

42　第二个流派的创始人是欧文·费雪，在他发表于 1933 年的经典文章——The Debt Deflation Theory of Great Depressions. *Econometrica*, vol. 1, pp. 337 ～ 357 中首次提出这种观点，并且在新近的演变中，被很多学者进一步地发展，包括：Hyman Minsky. *John Maynard Keynes*. New York: Columbia University Press, 1975; Can It Happen Again? Armonk, NY: M. E. Sharpe, 1982; *Stabilizing an Unstable Economy*. New Haven: Yale University Press, 1986，以及布鲁斯·格林沃尔德和我在 20 世纪 80 年代早期发表的一系列论文，包括 Financial Market Imperfections and Business Cycles. *Quarterly Journal of Economics*, vol. 108, no. 1, February, 1993, pp. 77 ～ 114，并集中体现在 "Towards a New Paradigm of Monetary Economics" 上。

43　他们的观点是存在自然失业率，因此通过降低利率来降低失业率的尝试注定是要失败的，只会导致不断上升的通货膨胀水平。该理论中只有极小部分是正确的，即人们对未来通货膨胀的预期依赖于他们过去的经历，并且这些预期能够影响未来的工资需求和通货膨胀率。但是通货膨胀的变化率和失业率之间是否存在稳定的关系仍然是极富争议的，正如我们前面提到过的那样，人们甚至无法确定失业率低于什么程度会使得通货膨胀开始上升。参见 J. E. Stiglitz. Reflections on the Natural Rate Hypothesis. *Journal of Economic Perspectives*, vol. 11, no. 1, Winter of 1997, pp. 3 ～ 10.

44　究竟导致经济出现问题的准确通货膨胀水平是多少这一问题仍然充满争议，而且这个通货膨胀水平因时而异。现在人们已经达成共识，认为低于 8% ～ 10% 的通货膨胀水平对经济没有显著的负面影响，并且在一些国家，比如土耳其，会设法保持较高的通货膨胀率来维持经济持续的增长。同时，由于价格很难向下调整，因此当通货膨胀率过低的时候，经济的调节会遇到问题。参见乔治·阿克洛夫、威廉姆·迪肯斯和乔治·佩里. The Macroeconomics of Low Inflation. *Brookings Papers on Economic Activity*, vol. 27, no. 1, 1996, pp. 1 ～ 76.

45　我开玩笑说美联储下定决心要证明温和的通货膨胀将对经济的增长会有显著的负面影响，但尽管有大量的优秀计量经济学家，却没有人能够明确地实证这种关系。

46　对通货膨胀还有另外一种批评的声音：因为通货膨胀的存在，相对于经济"有效"和物价稳定的世界，人们持有更少的现金。尽管在过去存在上述这种关系，但是在现代社会大多数资金都是生息的，这种对通货膨胀的担心就没有必要了。通货膨胀率的上升同样也会带动名义利率的提高。只关注什么样的通货膨胀水平会迫使人们持有更少的现金、导致经济效益的损失，而无视资产价格泡沫将怎样摧毁整个经济，这充分体现了一些理论经济学的研究脱离了客观世界。

47　如果一个人把注意力都集中在一件事情上，则会出现忽视其他事情的危险。事实上，更具一般性的结论是：稳定的价格会导致产量不稳定，反之亦然。对通货膨胀的关注不仅不会确保真正的稳定，还会损害长期的增长，这与通货膨胀目标制支持者的初衷正好相反。很多国家从危机中获得的经验表明，危机造成的损失不可能再重新找回，尽管经济最终会重新增长。但即使 15 年后，产出还是会低于如果没有发生危机现在应有的水平。

48　一个经常被引用的更简单的例子是：在充分有效的市场中，1 瓶 32 盎司[⊖]的番茄酱的价格应是一瓶 16 盎司番茄酱的两倍。但是因为存在交易成本（比如包装和运输成本），所以在现实中，一瓶 32 盎司的番茄酱会比 2 瓶 16 盎司的番茄酱便宜。

49　在有效市场理论的框架下，股票价值应该等于未来预期的贴现。因此，如果市场价值下降 20%，那就在某种程度上预示未来分红的预期将突然下降那么多。只是没有新闻能够“理性”地解释这些预期变化。对于这种认为“个人不可能战胜市场”观点很流行的讨论参见 Burton G. Malkiel. *A Random Walk Down Wall Street: The Best and Latest Investment Advice Money Can Buy*. New York: W. W. Norton, 2003。还有一篇对有效市场理论提出强烈质疑的文献，参见席勒的《非理性繁荣》。

50　另一个例子是，一些投资银行和对冲基金通过拥有关于订单流的信息优势进行闪电交易，赚了数十亿美元。当然如果赔钱的一方是理性的，他们应该能够意识到这是不公平的游戏，他们就应该退出。这些投资银行所获得的部分利润是以牺牲这些不理性的投资者为代价的，这些不理性的投资者总是相信自己的策略是高人一等的。但是有些利润是政府干预市场的后果，比如，政府力图在流动性危机中稳定汇率，这点我在《全球化及其不满》一书中有所提及。

51　有一种看似能够战胜市场的方法，就是以不十分明显的方式承担更多的风险，参见本书第 6 章的相关讨论。

52　Sanford Grossman and Joseph E. Stiglitz. On the Impossibility of Informationally Efficient Markets. *American Economic Review*, vol. 70, no. 3, June, 1980, pp. 393 ～ 408。我们也证明了市场不会完美地把不同市场参与者截然不同的信息完全地汇总在一起。参见格罗斯曼和斯蒂格利茨的 Information and Competitive Price Systems. *American Economic Review*, vol. 66, no. 2, May, 1976, pp. 246 ～ 253.

⊖　1 盎司 =28.35 克。——译者注

53 信息对社会回报和个人回报有差别的观点参见 Jack Hirshleifer. The Private and Social Value of Information and the Reward to Inventive Activity. *American Economic Review*, vol. 61, no. 4, September, 1971, pp. 561 ～ 574; Joseph E. Stiglitz. The Theory of Screening, Education and the Distribution of Income. *American Economic Review*, vol. 65, no. 3, June, 1975, pp. 283 ～ 300.

54 美联储虚伪地假装自己没有工具可以抑制泡沫或者压根儿就没有探测出资产泡沫的原因是它也许不想做任何事情。它认为有所行动就会干预市场，尽管很明显，不过我们已经看到，确定利率也是在干预市场。

55 除了在亨利·魏克斯曼担任主席的众议院监管委员会面前承认错误，格林斯潘之前在 2008 年 10 月 23 日同样也承认自己应该承担责任，并声称"是我的错"，参见前面章节的讨论。

56 根据一些估算，人均收入的 80% 以上是源于创新，而不是资本积累或者工人技术的改进。当然也有另外一些估计，在某种程度上更加强调资本积累。参见 Robert M. Solow. Technical Change and the Aggregate Production Function. *Review of Economics and Statistics*, vol. 39, no. 3, 1957, pp. 312 ～ 320.

57 这些理论被称为"内生"模型，因为它们把对技术进步的解释纳入理论中，与把技术进步撇在模型外的"外生"理论相反。内生增长理论要追溯到在 20 世纪五六十年代后期的宇泽弘文、阿罗、尼古拉斯·卡尔多和理查德·尼尔森，以及他们的许多学生的著作（包括威廉诺·德豪斯、卡尔·谢尔和我）。参见 Hirofumi Uzawa. Optimum Technical Change in an Aggregate Model of Economic Growth. *International Economic Review*, vol. 6, no. 1, 1965, pp.18 ～ 31; Kenneth J. Arrow. The Economic Implications of Learning by Doing. *Review of Economic Studies*, vol. 29, 1962, pp. 155 ～ 173; Nicholas Kaldor. A Model of Economic Growth. *Economic Journal*, vol. 67, 1957, pp. 591 ～ 624; Richard R. Nelson and Edmond S. Phelps. Investment in Humans, Technological Diffusion and Economic Growth. *American Economic Review*, vol. 56, no.1/2, March to May, 1966, pp. 69 ～ 75。在 20 世纪 70 年代末，我与剑桥大学的帕萨·达斯古朴塔合作，发展了这个理论并把它整合到现代产业组织理论中，参见 Partha Dasgupta and Joseph E. Stiglitz. Industrial Structure and the Nature of Innovative Activity. *Economic Journal*. Royal Economic Society, vol. 90, no. 358, June, 1980, pp. 266 ～ 293。后来保罗·罗默对这些观点进一步发掘，参见 Paul Romer. Increasing Returns and Long-Run Growth. *Journal of Political Economy*, vol. 94, no. 5, 1986, pp. 1002 ～ 1037.

58 Joseph A. Schumpeter. *Capitalism, Socialism and Democracy*. New York: Harper and

Brothers, 1942.

59　自然选择并不十分奏效，尤其当资本市场是不完美的时候，而资本市场却总是不怎么完美。参见 J. E. Stiglitz. Information and Economic Analysis. J. M. Parkin and A. R. Nobay (eds.), *Current Economic Problems: The Proceedings of the Association of University Teachers of Economics*, Manchester, 1974, Cambridge: Cambridge University Press, 1975, pp. 27 ～ 52.

60　Friedrich Hayek. *Constitution of Liberty*. Chicago: University of Chicago Press, 1960, pp. 502 ～ 503.

61　尽管在其后期的著作中，他似乎对中央银行的作用存在一些顾虑。

第 10 章

1　如果安吉罗·莫兹罗（Angelo Mozilo）还保守着肮脏的秘密，他可能幸免，因为自欺欺人和劝说别人都不是犯罪。2002 年，许多投资分析师都陷入了相似的自欺欺人的幻觉中：他们犯罪，既不是因为他们夸大事实基础、吹嘘自己招揽生意的能力，以获得更高的薪酬，也不是他们歪曲股票的评级，将所有的股票标榜为"可买入"级别的股票。他们被抓是因为他们身上少见的"诚实"，在他们发送的邮件中，他们向公众推荐的股票称为"狗""吐司""破烂儿"。这提醒未来的金融家：不要分享你内心深处的质疑。参见 SEC Press Release. SEC Charges Former Countrywide Executives with Fraud. June 4, 2009; Deborah Lohse. Probe Fines Analysts Pushing Stocks They Privately Bad-Mouthed. *San Jose Mercury News*, April 12, 2002; Stiglitz. *Roaring Nineties*, op. cit.

2　为了规避利率和交易费用上的一点点限制，租赁中心公司出售"分期付款计划"的家具。但是在合同上，它们却把它说成是出租这个家具直到全部付清。算上延迟还款的罚金和其他隐藏的费用，需要支付的费用是其原始价格的好几倍。我之前看过一个案例，一个购买者要买一对 150 美元的沙发椅，在几年的时间里共支付给那家公司 2000 美元，仍然没有买到那个沙发椅。许多州都宣布这些公司不合法，但是它们却努力利用联邦政府的优先权逃避州监管。一些具影响力的公司甚至聘用前任威望较高的国会议员做它们的董事。

3　就像买卖奴隶没有错一样，只要它是合法的（J.P. 摩根的前任就是这种观点，参见 J.P. Morgan Admits US Slavery Links. BBC News, January, 2005），或者支持南非种族隔离（花旗银行就这么做过，参见 Barnaby J. Feder. Citibank Is Leaving South Africa; Foes of Apartheid See Major Gain. *New York Times*, June 17, 1987, p.A1）。

4　有些人认为经济学家应该坚持自己的原则，道德的讨论超出了他们的能力范围。

我们应该牢记亚当·斯密是一名道德哲学教授。经济学的准则是关注如何分配资源以及这种分配方式对他人的影响。任何影响到他人的行为都毫无疑问地应该归为道德范畴。

5　John Donne. Meditation XVII. in *Devotions upon Emergent Ocasions*, 1624.

6　另一个认知不一致的例子是对市值计价方法的强烈反感，我在第6章中提到过，许多金融部门的人将其视为行业众多问题的根源。许多年来，他们一直在强调市场的价格发现功能的重要性（见第9章），但是，现在房地产的价格比他们的期望值低，于是他们对市场定价失去了信心。他们称之为非理性的悲观主义，但是，非理性的悲观主义正反映了泡沫破灭前的虚假繁荣。如果价格是错的，那么，他们根据错误的利润数据而获得的红利就太多了。如果银行家的行为前后是一致的话，就应该退回一部分红利，以表示他们真的不相信市场定价机制。但是到目前为止，我没有听到一位市值计价方法的批评者这样做，以证明他批评逻辑的合理性。

7　正如我之前提过的那样，有许多好人意识到他们在做什么，因此无法继续下去。他们为自己的行为负责，但是更多的人却不是这样的。

8　这一节主要是根据 *Report by the Commission on the Measurement of Economic Performance and Social Progress* 完成的，同样参见 Layard、*Happiness*.

9　用GDP来衡量经济运行状况已经不止一次出问题了。20世纪90年代末，根据GDP指标的显示，阿根廷的经济进步似乎是惊人的。国际货币基金组织表扬了它，并且邀请了不久就让人生疑的总统卡洛斯·梅内姆参加在华盛顿举行的年会，并将他作为其他国家学习的榜样。但是阿根廷的表现和美国一样，都是空中楼阁，建立在不可靠的计划之上。它们有许多相似之处：都是建立在向国外大量举债产生消费泡沫的基础之上的。一个好的衡量指标应该反映出负债的增加，明确显示出未来经济增长的危险。

10　美国不是唯一一用GDP衡量经济水平的国家。那些严重依赖采矿、石油、木材或其他自然资源发展经济的国家，今天的大部分消耗都是以牺牲子孙后代的福利为代价的。所以就造成现在的生活标准是不可持续的。以英国为例，它把制造业建立在逐渐衰弱的北海石油的消耗上，并且把未来的希望寄托在活跃的金融体制上。还有其他一些国家，比如智利和挪威，已经意识到了这个问题，并设立了专项基金。随着国家地下资源的减少，它们用这项基金来增加地面上的财富数量。

11　如果我们的社会功能变得更加失衡，比如在监狱部门花费得更多，那么GDP也会上升，但这绝不是社会成功的标志，这种花费被视为"防御消费"。参见William D. Nordhaus and James Tobin. Is Growth Obsolete? *Economic Research:*

Retrospect and Prospect, vol.5: Economic Growth. New York: Columbia University Press, for the National Bureau of Economic Research, 1972.

12　经济分析局，国民收入与产出账户表：Table 7.1. Selected Per Capita Product and Income Series in Current and Chained Dollars, August 27, 2009；美国人口普查局，人口现状普查：Table P-7. Regions-People(Both sexes combined)by Median and Mean Income.

13　联合国开发计划署 2008 年人类发展指数，在 2008 年危机爆发之前，冰岛排名第一位，挪威排名第二位，瑞典排名第七位，芬兰排名第十二位。

14　Putnam. *Bowling Alone*.

15　如果房价进一步下跌，那么贷款额超过房屋价值的房子数目还会攀升，而房价究竟会下跌到什么程度，有很大的不确定性，但是有估计表明，2011 年的第一季度，随着价格的进一步下降，房屋价值低于贷款额的房子比例会上升到 48%，即 2500 万户房子。参见 Jody Shenn. Underwater Mortgages to Hit 48 Percent, Deutsche Bank Says. *Boomberg.com*, August 5, 2009.

16　Nayla Kazzi. More Americans Are Losing Health Insurance Every day: An Analysis of Health Coverage Losses during the Recession. Center for American Progress, May 4, 2009.

17　我在本书其他章节提到过，大多数美国人愿意工作，问题的关键不是他们懒惰，而是工作的机会太少。大多数美国人都会竭尽全力地避免失去房子，问题是他们被忽悠申请了抵押贷款，而这些贷款是他们所承受不起的。他们已经得到了极大的教训，正承受着巨大的痛苦，而且大多数人似乎不会再犯同样的错误。

18　关于这些"权力"问题的讨论，我要感谢哈佛大学的大卫·肯尼迪教授给我的帮助。

19　《世界人权宣言》被联合国大会于 1948 年 12 月 10 日采用。

20　Economic Possibilities for Our Grandchildren(1930), in John Maynard Keynes, *Essays in Persuasion* (Harcourt, Brace and Company, 1932), pp.358 ～ 373. 书中提出了凯恩斯的预言没有实现的另一种阐述。特别地，见此书的 Toward a General Theory of Consumerism: Reflections on Keynes's Economic Possibilities for Our Grandchildren(pp.41 ～ 87).

21　Oliver Blanchard. The Economic Future of Europe. National Bureau of Economic Research Working Paper 10310, February, 2004.

22　为了孩子们的教育、预防失业和预防紧急医疗费用，美国人知道他们应该更多地储蓄，但是对物品的"紧急"需求总是压倒性地盖过了这一切。在一个物质社会里，人们总是与自己的邻居或朋友比较所拥有和消耗的商品，这是一种友善的老鼠赛跑。为了不落后于和自己社会地位相近的人，不使自己孤单，人们不得不追求更多的收入。在这种环境下，怎样选择就很清楚了。这也在另一种方式上说明了新古典主义模型的缺陷：它假定每个个体的福利感受只取决于他自身的消费，而与其他人无关。然而事实上，有大量的证据表明人们很在乎其周围的环境。参见 Robert H. Frank and Cass R. Sunstein. Cost-Benefit Analysis and Relative Position. *University of Chicago Law Review*, vol.68, no.2, 2001, pp.323 ～ 374; Erzo F. p. Luttmer. Neighbors as Negatives: Relative Earnings and Well-Being. *Quarterly Journal of Economics*, vol.120, no.3, August 2005, pp.963 ～ 1002.

23 2009 年的诺贝尔经济学奖得主、政治学家埃莉诺·奥斯特罗姆，研究了小团体中的社会和经济的约束力如何能成为一种非常重要的社会管理工具。

24 Avner Greif. Contract Enforceability and Economic Institutions in Early Trade: The Maghribi Traders' Coalition. *American Economic Review*, vol.83, no.3, June, 1993, pp.525 ～ 548; Avner Greif, Paul Milgrom and Barry Weingast. Coordination, Commitment and Enforcement: The Case of the Merchant Guild. *Journal of Political Economy*, vol.102, no.4, August, 1994, pp.745 ～ 776.

25 导致信任缺失有一个很重要的原因：人们之间有很明显的利益冲突，当次级抵押贷款的持有者就是服务商时，这种冲突将进一步恶化。那样，不同的调整债务的重组方法会对优先级和次级抵押贷款的持有者产生不同的影响。在金融部门，这些不易察觉的、潜在的利益冲突更加明显。

26 Dieter Helm. Britain Must Save and Rebuild to Prosper. *Financial Times*, July 4, 2009, p.9.

27 Peggy Hollinger. Dirigisme de rigueur. *Financial Times*, July 4, 2009, p.7.

28 在艾森豪威尔总统 1961 年 1 月 17 日《告别演说》中，他说，"这种巨大的军事建设和一个庞大工业的结合在以前的美国历史中是没有过的。这种结合在经济、政治甚至精神层面产生的整体影响在每个城市、每个州议会的会场以及联邦政府的每个办公室都能被感受到。我们承认这种发展的迫切需要，但同时，我们不能错误地估计它沉重的含义。我们艰苦的工作、资源和生活都被卷了进来；这些就是我们社会的全部结构。"